»alles so schön bunt hier«

Für viele Jugendliche ist Pop zum Soundtrack ihres Lebens geworden. Aus den Stilgefechten zwischen alten und neuen Poptrends entstand ein schier unendliches Reservoir an Werten und Ritualen. Und auch heute noch, in Zeiten seiner größten Unübersichtlichkeit, bietet der Pop leidenschaftliche Überlebenshilfe.
Die in diesem Buch versammelten Texte zeichnen jene verschlungenen Wege nach, auf denen sich die schrille Welt des Pop seit fünfzig Jahren bewegt: vom Rock 'n' Roll über Heavy Metal bis Techno.

Peter Kemper, geboren 1950, und
Ulrich Sonnenschein, geboren 1961, sind Redakteure beim Hessischen Rundfunk. Zuletzt erschien von Peter Kemper und Ulrich Sonnenschein (als Hg.) bei Reclam Leipzig: *Die Kick-Kultur. Zur Konjunktur der Süchte* (RBL 20020).
Thomas Langhoff, geboren 1963, lebt als freier Fernseh- und Radioautor in Hamburg.

»alles so schön bunt hier«

Die Geschichte der Popkultur
von den Fünfzigern bis heute

Herausgegeben von Peter Kemper,
Thomas Langhoff und Ulrich Sonnenschein

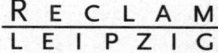

Besuchen Sie uns im Internet:
www.reclam.de

Veröffentlicht im Reclam Verlag Leipzig, 2002
© 1999 Philipp Reclam jun. GmbH & Co., Stuttgart
Reclam Bibliothek Leipzig, Band 20040
1. Auflage, 2002
Reihen- und Umschlaggestaltung:
Gabriele Burde | Kurt Blank-Markard
unter Verwendung eines Fotoporträts
der amerikanischen Sängerin Gwen Stefani
von Anna Meuer (Frankfurt a. M.)
Gesetzt aus ITC Slimbach und Futura
Satz: Reclam Verlag Leipzig
Druck und Bindung: Ebner & Spiegel, Ulm
Printed in Germany
ISBN 3-379-20040-9

Inhalt

6

Anhang

Vorwort

Wer heute eine Zeitschrift aufschlägt, Radio oder Fernsehen einschaltet, kann sich vor Pop nicht mehr retten. Wie eine Seuche scheint Pop alle öffentlichen Kommunikationsformen infiziert und besetzt zu haben. Pop ist zu einer multimedialen Dauerbelästigung geworden, seitdem Comic-Charaktere aus Quiz-Sendungen und Talk-Shows als neue Kultfiguren verehrt werden. Gleichzeitig wird die Symbolkraft von Pop genutzt, um neue Automodelle oder Chips-Sorten zu adeln. Nach fünfzigjähriger Geschichte ist Pop an der Jahrhundertwende für alles zuständig: Aldi ist Pop, Easy Listening ist Pop, Politik ist Pop. Der Begriff scheint zu einem folgenlosen Dummy-Term verkommen zu sein, der mit Jugendkultur kaum noch etwas, mit Märkten und Machtpositionen aber sehr viel zu tun hat.

Das war ja einmal – die Älteren wissen es, die Jüngeren mögen es getrost glauben – sehr anders: In den Sechzigern und Siebzigern stand »Pop« für »Gegenkultur«, beschrieb als Lebensstil-Projekt den Widerstand gegen einen vorschnellen gesellschaftlichen Konsens. Pop verkörperte englischsprachige Internationalität und sexuelle Revolution, stellte Autoritäten und kulturelle Standards radikal in Frage, wandte sich gegen die herrschende Arbeitsethik und bot dem einzelnen Möglichkeiten zur Selbstinszenierung. Von den Rockern der fünfziger Jahre bis zu den Grunge-Jüngern in den Neunzigern – immer nutzten Heranwachsende musikalische und modische Stilmerkmale der jeweiligen Bewegung zur Ermächtigung des eigenen Ich. Zugleich besaß Pop eine gemeinschaftsstiftende Funktion, die sich im Traum von der »gegenkulturellen Öffentlichkeit« ausdrückte. Pop mit seinen Musikstilen, Tänzen, Sprechweisen und Kleiderordnungen symbolisierte in der Vielzahl seiner Strömungen stets einen latenten Kulturkampf. Oder wie Greil Marcus einmal als rhetorische Frage formulierte: »Was ist Popmusik denn anderes als ein Streitgeschäft, bei dem jeder mitmachen kann?«

Und heute? Taugt Popmusik noch zur Beschreibung kultureller Selbstfindung, ermöglichen seine Spielvarianten noch Abgrenzungsgewinne für Heranwachsende? Der große Gegensatz zwischen »E« und »U« scheint sich – und nicht nur im Bereich der Musik – längst verflüchtigt zu haben. Auch der Kampf zwischen Eltern- und Jugendkultur hat in den letzten Jahren zunehmend an Sprengkraft eingebüßt und sich als »Krieg der kleinen Unterschiede« in die jeweiligen jugendkulturellen Szenen selbst hineinverlagert. Hier ist der Differenzdruck in den letzten Jahren allerdings extrem gestiegen.

Kein Wunder, daß selbst Zeitgenossen mit einem entwickelten Pop-Wissen heute kaum noch in der Lage sind, sich im immer dichter werdenden Dschungel der Gruppen und Szenen, der Klänge und Zeichen zu orientieren. Handelt es sich dabei um eine friedliche Koexistenz sich widersprechender Pop-Stile oder herrscht noch immer ein Kampf um kulturelle Hegemonie – nur flüchtiger und vielleicht versteckter? Was bedeutet es, daß Pop mittlerweile über eine reiche Geschichte verfügt und sich in der Form des Recyclings zunehmend auf sich selbst bezieht? War Pop womöglich *zu* erfolgreich und trägt als neuer »common sense« nur einen Pyrrhussieg davon? Lassen die wachsenden elektronischen Lebensaspekte von Pop die »Seele der Maschine« immer stärker ins Zentrum menschlicher Gefühle rücken? Ist Pop mit seinen Fun-Verheißungen und seinem Jugendlichkeitswahn längst selbst zu einem totalitären System der Vermarktung geworden? Wo regen sich auch heute noch Reste popmusikalischen Widerstands?

Mit diesen und weiterführenden Fragen hat sich das Neue Funkkolleg »Jugendkultur und Popmusik« beschäftigt, das 1998/99 vom Hessischen Rundfunk, Frankfurt, ausgestrahlt wurde. In dreißig Hörfunksendungen wurde die wechselvolle Entwicklung der Popkultur von den fünfziger Jahren bis zur Gegenwart sinnlich erlebbar nachgezeichnet. Musikexperten, Alltagshistoriker, Sozialwissenschaftler und Medienpraktiker diskutierten Vergangenheit und Zukunft des großen Pop-Projekts und ließen Zeichen und Zumutungen von Rock 'n' Roll bis Drum 'n' Bass kritisch Revue passieren. Für dieses Buch wurden alle Manuskripte überarbeitet und um Literaturhinweise und Playlists ergänzt. Die ersten drei Kapitel mit ihren grundsätzlichen Überlegungen zu Jugend, Stil, Szene, Mode, Kommerz, Dissidenz u. a. stecken zunächst einen begrifflichen Rahmen ab, in dem anschließend die wichtigsten Entwicklungen der Popkultur von den fünfziger Jahren bis heute diskutiert werden. Dabei geht es nicht nur um die dominanten Musikstile, sondern z. B. auch um die Rolle von Drogen im Popbereich, um die Funktion von Stars und Idolen oder um die Clip-Kultur des Musikfernsehens.

Ob im handgemachten Gitarrenrock der Sechziger oder in der schamanenhaften DJ-Culture der Neunziger – die Musik handelte immer vom Versprechen, den schnöden Alltag zu überbieten, zumindest für Momente die Realität aus den Angeln zu heben. Selbst in einem bescheidenen Schlachtruf wie »Fight for your right to party!« scheint dieser Schwur des Pop überleben zu können.

P. K., Th. L., U. S.

PETER KEMPER

Jugend und Offizialkultur nach 1945

Meine Generation – es gibt keinen Grund mehr anzuecken, es läuft im Grunde alles irgendwie supereasy, die ganze Revolte-Kacke, das haben die Leute vor uns erledigt. Das Wochenende ist nur noch dazu da, um Spaß zu haben. Techno ist kein Protest. Techno ist unpolitisch – würde ich auch nicht sagen. Es geht einfach um Spaß, das sind die 90er, das ist keine Bewegung wie in den 70ern, wo man gegen das Konservative aufgestanden ist – du wirst keinen Techno-Freak erleben, der sagt, er will anders sein als seine Eltern!
(Ein Techno-Jünger auf der Love Parade, Berlin 1998)

Von der Protestkultur zur Spaßkultur: liebgewonnene Verbindlichkeiten haben sich längst aufgelöst. Seit den Rock-'n'-Roll-Krawallen in den fünfziger Jahren – von der Studentenrevolte in den Sechzigern und Punk in den Siebzigern ganz zu schweigen – definierte sich Jugendkultur zuallererst über ihren Widerstand gegenüber der Offizialkultur. Wenn es auch oft nur symbolische Norm- und Regelverletzungen waren, »Jugend« galt all die Jahre als Metapher der Rebellion. In täglichen Kämpfen um die Kleiderordnung und die Haarlänge eroberten sich Jugendliche seit der Adenauer-Ära Schritt für Schritt ein eigenes Terrain der Selbstverständigung und Selbstdarstellung. Pop wurde zur Zauberformel eines wie auch immer gearteten »progressiven« Lebensstils. Pop signalisierte Frische, Freiheit, Aufbegehren. Trotz ihrer kommerziellen Zurichtung in einem ständig weiter wachsenden Jugendmarkt schafften es Bands wie die **Beatles**, die **Who**, die **Sex Pistols** oder auch **Nirvana** immer wieder, die Verhältnisse – zumindest in der Vorstellungskraft – zum Tanzen zu bringen. Pop in seiner umfassenden Bedeutung avancierte zum Synonym einer andauernden Aufbruchstimmung.

Und heute? Kann Popmusik weiterhin als zentrales Phänomen jugendlicher Sozialisation gelten? Oder ist Pop längst überall, in alle Nischen unserer Gesellschaft eingedrungen und somit für jugendliche Selbstfindung verharmlost? Erst im Jahr 1997 erkannte der damalige nordrhein-westfälische Wirtschaftsminister Wolfgang Clement zur Eröffnung der »PopKomm«: »Pop ist Schrittmacher der Innovation unserer Wirtschaft.« Und der Essener Medienphilosoph Norbert Bolz sekundiert: »Popkultur ist die Kultur des freien Marktes. Pop ist das Zentrum und der Lebensnerv der Marktvulgarität.«

Für Bolz und viele andere repräsentiert Pop dennoch die mächtigste, weil globale Kommunikationsmacht. Pop und Rock transportieren mächtige Metaphern, liefern mehr als alle anderen Musikgenres ein unendliches Reservoir von Zeichen und Ideen, Erinnerungsbildern, Geschichten und Erlebnissen. Die sind für die Werbewelt höchst wichtig geworden, weil unmittelbar anschlußfähig – stammen sie doch aus dem jugendlichen Wertekreis einer »anthropological correctness«.

Um eine Begriffsverwirrung zu vermeiden – wenn hier die Rede von Pop ist, so umschreibt dieser umfassendere Begriff nicht nur schweißtreibende Rockrituale. Er betont auch die Verspieltheit und Vieldeutigkeit, die ironischen Brechungen und die Reize der Oberfläche in Musik und Mode – von den **Beatles** bis zu den **Beastie Boys**. Frank Zappa, genialische Obermutter der **Mothers Of Invention**, hat das Wesen des Pop einmal folgendermaßen charakterisiert:

> Der Kontakt mit Leuten auf der Straße ist eminent wichtig, da lebt die Popmusik, nicht im Konzertsaal, sondern im mickrigen Zimmer jedes einzelnen. Er nimmt sich die Platten mit heim, und Pop gibt ihm eine »pleasure experience«. Es ist wie mit liebgewonnenen Praktiken beim Geschlechtsverkehr, auch da macht man immer wieder, was einem besonders Spaß macht. Genauso lebt Pop aus der Wiederholung. Er schafft beim Hören bestenfalls einen Zustand, wo du nicht wirklich hinhören mußt, sondern wo du fühlst, daß etwas passiert.

In seinem Buch *Sänger, Songs und triebhafte Rede* hat Jean-Martin Büttner eine Kurzdefinition angeboten, mit der sich ebenfalls arbeiten läßt: »Pop steht für das Einfache, hinter dem sich das Komplexe verbirgt.«

Doch wie steht es heute nach fast fünfzigjähriger Geschichte um den Werte-Kanon von Pop? Ist er noch immer ein Gegenmythos zu unserer hyperrationalen Welt? Bietet er mit seiner Gefühlsdemokratie Jugendlichen weiterhin die Möglichkeit, das Erwachsenwerden hinauszuzögern? Der Chef des TV-Musiksenders VIVA, Dieter Gorny, hat kürzlich ganz unsentimental festgestellt: »Der zeitgenössische kulturelle Gestus ist jugendlich, aber nicht mehr jung – jenseits aller Subkulturen, die es weiterhin gibt.«

Was bedeutet es für Heranwachsende heute, daß sie ihrer spezifischen Ausdrucksformen und Lebensstile immer schneller enteignet werden? Denn nie zuvor waren die Trendscouts der großen Marketing-Agenturen, die Pädagogen, Psychologen und Werbeforscher an »authentisch« jugendlichen Moden so stark interessiert. Mit Argusaugen beobachten sie, was in der Szene abgeht, um es als »Jugendlichkeits-Demonstration« unmittelbar in die Gesamtgesellschaft integrieren zu können. Heißt das: Pop und Rock als Zeichen authentischer Jugendkultur haben längst abgewirtschaftet? Was aber bewegt Jugendliche, die heute auf der Love Parade abtanzen, morgen Guildo Horn mit einer Nußecke huldigen und zwischendurch einer Boy-Group nachreisen oder in einem dunklen Keller ein Psychedelic-Revival anzetteln?

Dieter Baacke, bis zu seinem Tod 1999 Erziehungswissenschaftler an der Universität Bielefeld, beschäftigte sich drei Dekaden lang mit dem Themenkreis »Jugendkultur und Popmusik«:

Ich werde nun bald 60, bin mit Elvis Presley aufgewachsen und höre heute am liebsten Techno und sehe Horrorfilme. Also die Kulturen und die kulturellen und generationsspezifischen Zugehörigkeiten sind doch ein ganzes Stück durcheinandergewirbelt. Das sieht man auch, wenn man Elternverhalten beobachtet und Kinderverhalten. So daß man nur sagen kann: Wir haben heute eine bunte Versammlung von Stilen, Altersgruppenstilen, und es läßt sich nicht mehr ohne weiteres sagen, wer zu der einen Generation gehört oder gehören sollte.

Conny Froboess hatte in den Fünfzigern noch gut reden, als sie sang:

> Kinder, wär das wunderschön, wenn auf dieser Welt
> alle Menschen sich versteh'n, wie's die Jugend hält,
> denn wir pfeifen gut und gern auf die Politik,
> uns verbindet nah und fern unsere Musik.

Die Frontstellung zur Offizialkultur der Adenauer-Ära war noch klar, und so signalisierte Conny zusammen mit Peter Kraus den Beginn einer sanften Revolte. Nach amerikanischem Vorbild probten jetzt auch in deutschen Landen Jugendliche ihren Aufstand auf dem Tanzparkett und an der Musikbox. »Rock 'n' Roll« – ein amerikanischer Slang-Ausdruck für »Geschlechtsverkehr« – hieß jetzt die Parole, die ein neues, provozierend sinnliches Lebensgefühl versprach – wenn auch vorerst in der doppelt weichgespülten Variante des bundesdeutschen Schlagers.

Die ganze Problematik der bis heute von Erwachsenen oft als Bedrohung empfundenen »Jugendkultur« begann in den USA mit der »Geburt des Teenagers«. Obwohl bereits 1945 von Eliot E. Cohen in einem Artikel in der *New York Times* benutzt, entfaltete der Terminus »teenager« seine volle Bedeutung erst in den fünfziger Jahren. Ein literarisches Schlüsselwerk wie *On the Road* von Jack Kerouac konnte mit sechzehnjähriger Verspätung 1957 mit großem Erfolg erscheinen, der Roman *Rebel Without a Cause* von Robert Lindner kam als Film (zu deutsch: ... *denn sie wissen nicht, was sie tun*) mit James Dean und Natalie Wood zu großer Popularität. Die in diesen Werken porträtierten amerikanischen Jugendlichen wurden vor allem mit dem Stadtleben, mit der »high school«, dem »drugstore«, mit »blue jeans«, mit gebrauchten Autos, Pferdeschwanz und Rock 'n' Roll assoziiert. Erstmals verstand sich diese Generation als eigenständige und eigensinnige Gemeinschaft. Zugleich kulminierte im »Teenager« die seit Ende des vorangegangenen Jahrhunderts in den Vereinigten Staaten verbreitete Auffassung von der »Jugend als Problem«. Schon 1904 hatte der Psychologe G. Stanley Hall die Widersprüchlichkeit des amerikanischen Heranwachsenden hervorgehoben. Er zeichne sich zugleich durch Hyperaktivität und Trägheit, soziales Empfinden und Egozentrik, wache Intuition und kindliche Einfalt aus – Charakterisierungen, die auch heute noch nicht fremd anmuten. Aus dieser Beschreibung ergaben sich in der Folgezeit zwei konträre Forderungen, die die Debatte über die Jugend bis in unsere Tage bestimmten: Die einen möchten den Jugendlichen die Freiheit ihrer Selbst- bestimmung und spielerischen Identitätserkundung zugestehen, die anderen wollen die jugendlichen Impulse domestizieren, vereinheitlichen und in die Erwachsenenwelt zurücklenken. Mit dem Teenager war nun eine Figur geschaffen worden, die uns – nach einem Wort von Rolf Lindner – als »der kommerzielle Modelljugendliche« begegnet.

Trotz ihrer Marketing-Erfindung verkörperten Teenager ein nicht länger beherrschbares Konfliktpotential. Natürlich wurden die Heranwachsenden nach dem Zweiten Weltkrieg als neue Konsumentengruppe entdeckt, für die sich ein riesiger Markt von Kleidungsmode, Kosmetikartikeln, Coca Cola, Kaugummi, Schallplatten, Zeitschriften und Filmen auftat. Dennoch gewann beispielsweise die Sexualität für diese Teenager eine zentrale Position im Prozeß der Rebellion. Die neuen Praktiken des »necking« und »petting« beispielsweise verstärkten bei Eltern und Erziehern die Furcht vor Regellosigkeit und Kontrollverlust. Luisa Passerini bemerkt dazu ergänzend in ihrer Arbeit über die »Jugend als Metapher für gesellschaftliche Veränderung«:

> Besonders heftig war die Empörung über das Radio und die Kinofilme, aber auch über die Jugendzeitschriften, die Musik in Umlauf brachten und verteidigten, welche geeignet war, der Jugendkultur Zusammenhalt und Identität zu verleihen. Hierzu gehörte ganz besonders der »Rock and Roll« mit seinen Sängern wie Bill Haley und Elvis Presley, die die Normüberschreitungen der afroamerikanischen Musik übernommen hatten: sexuelle Anspielungen und

Verheißungen eines anderen Lebensstils und anderer körperlicher Ausdrucksmöglichkeiten.

Die Vollamerikanisierung der *deutschen* Jugend nahm erstmals bedrohliche Ausmaße an, als 1958 während einer Deutschlandtournee von Bill Haley Jugendliche in Berlin, Hamburg, Essen und Stuttgart die Konzertsäle verwüsteten. Nicht nur der *Rheinische Merkur* war ratlos und sprach vom »Komet der Triebentfesslung«, der ausgerechnet am Tag der Papstwahl im Bistum Essen einen »Generalangriff auf Geschmack, Anstand und Selbstachtung« gewagt hatte.

Auch die Medien reagierten zunächst hilflos und bemühten die medizinische Psychologie, um jene Faszinationskraft zu erklären, die der Rock 'n' Roll auf die bisher doch brav gebliebene Nachkriegsjugend ausübte. Vom Bedürfnis nach einem »Urrhythmus«, wie er aus Kriegstänzen afrikanischer junger Männer überliefert ist, war da die Rede – aber auch von einem »Schilderwald von Verbotstafeln«, in den Heranwachsende hineingeboren werden und aus dem sie mit wilden Tanzbewegungen auszubrechen versuchen.

Rock 'n' Roll sorgte in Deutschland für einen symbolischen Riß in der Adenauer-Kultur – auch wenn die sogenannten »Halbstarken« in der Gesamtjugend jener Jahre nur eine Minderheit bildeten. Jedenfalls begann damals der Großangriff auf den Geldbeutel junger Leute – zwischen 1957 und 1960 gaben bundesrepublikanische Jugendliche jährlich rund 200 Millionen Mark für Schallplatten aus, zehn Jahre später sind es bereits 475 Millionen Mark. Nach den ungeheuren Anstrengungen beim Wiederaufbau der Republik hatte das Nachkriegswirtschaftswunder Ende der Fünfziger seinen ersten Höhepunkt erreicht. Tariflich abgesicherte Arbeitnehmer mußten mittlerweile weniger als 48 Wochenstunden arbeiten, das durchschnittliche Arbeitseinkommen eines Arbeiters lag brutto bei ansehnlichen 2,17 DM pro Stunde, und auch die Situation auf dem Wohnungsmarkt hatte sich befriedet. Doch das äußere Wachstum im ökonomischen Bereich schien nicht zuletzt bei den Heranwachsenden eine zunehmende innere

Leere zu provozieren. Rockmusiker wurden zu Dolmetschern hungriger Herzen verklärt, der Beat der sechziger Jahre klang in den Ohren vieler Jugendlicher wie das Herzklopfen von zwei Verliebten über eine Verstärkeranlage.

In den Sechzigern tauchten in der öffentlichen Debatte immer häufiger die Begriffe »Subkultur« und »Jugendkultur« auf. In den USA gebrauchte man schon seit den fünfziger Jahren gern die Kategorie »subculture«, weil man damit die Andersartigkeit der Jugend nicht allzu hart verurteilte, gleichzeitig aber ihre Zweitrangigkeit betonte. Als sich dann in Europa im Zuge der Studentenbewegung ein kultureller »Underground« entwickelte – mit eigener Literatur, eigenen Filmen und eigener, oft psychedelisch verschlüsselter Musik –, wurde der Begriff »Subkultur« von den jugendlichen Akteuren selbst offensiv gegen die herrschenden kulturellen Institutionen gewendet. Ein Berliner Kommunarde konnte dennoch 1968 schon resigniert verkünden: »Die Subkultur ist ein aufgeblasenes, schönes, buntes Monster, das in sich zusammenfällt, wenn man nicht mehr Geld daraus rausziehen kann.«

Aus heutiger Perspektive stellt sich die »soziale Utopie« einer Subkultur nach den Worten des Pop-Soziologen Dick Hebdige wie folgt dar:

> Die Subkultur ist ein spontanes Versuchslabor, ein komplexer Raum, in dessen Rahmen sich neue soziale Identitäten widerspiegeln oder in bestimmten Fällen erst entstehen. Wenn die sozialen Identitäten stärker zergliedert werden, geschieht dasselbe mit den Subkulturen.

In seiner Definition spricht Hebdige zugleich das Problem des Subkultur-Begriffs an, will man ihn heute noch auf Entwicklungen in jugendlichen Lebenswelten anwenden. Längst stellt sich die Freizeit von Jugendlichen in den Neunzigern nicht mehr als explizite Gegenkultur dar. Zu groß und zu widersprüchlich sind mittlerweile die einzelnen Szenen geworden – man denke nur an die Heavy-Metal-Szene mit ihren Substilen wie Black Metal, Death Metal, Thrash, Doom, Glam, Grind

Core, Hardcore, Speed Metal oder Noise Core, um die bekanntesten zu nennen. Eine ähnliche Vielfalt hat sich in der Techno-Szene entwickelt – vom hyperschnellen Gabber bis zum fast meditativen Trance-Stil. So ist es jetzt oft wichtiger geworden, Abgrenzungsstrategien gegenüber anderen, konkurrierenden jugendkulturellen Szenen zu entwickeln, als noch Differenzgewinne gegenüber einer längst diffusen »Offizialkultur« zu verbuchen. Der Begriff »Subkultur« scheint auch deshalb nicht länger zu greifen, weil Jugendliche in den neunziger Jahren ständig zwischen neuen Stilen als Orientierungsmustern swingen können: heute Brit-Popper, morgen Schlager-Fan und übermorgen vielleicht Postrocker oder Drum-'n'-Bass-Bastler. Der Begriff der »Szene« als ein temporär anwählbares soziales Netzwerk scheint heute hilfreicher zu sein, will man sich im Labyrinth jugendkultureller Entwicklungen noch orientieren. Der Erziehungswissenschaftler Dieter Baacke versucht trotz der grassierenden Unübersichtlichkeit zu beschreiben, was heute unter »Jugendkultur« verstanden werden kann:

> Wir wissen ja, daß Jugend heute mit acht Jahren losgeht und mit dreißig noch nicht zu Ende ist. Und was eine Kultur ist, na ja, da streiten sich auch die Leute. Aber wenn ich es trotzdem wage, würde ich sagen: Jugendkulturen im Plural, in der Mehrzahl, sind Ereignisse, soziale Ereignisse, an denen vor allen Dingen Leute teilhaben, die sich über Medien, Mode, Konsum, Freizeitstile definieren und die auf diesem Wege ein Stück Selbstvergewisserung, Identität versuchen und Differenzerfahrungen machen zu anderen gesellschaftlichen Gruppenstilen und Traditionen.

Die Musik steht, dicht gefolgt von der Mode und dem Fernsehen, für die jüngste europäische Generation noch immer an erster Stelle. Schon Mitte der achtziger Jahre hatte der Braunschweiger Medienwissenschaftler Günther Bartel sehr zum Leidwesen der E-Musik-Verfechter betont: »Diese Pop- und Rockmusik besitzt für Jugendliche existentielle Bedeutung. Sie bietet ihnen eine psychologische Nische, ein mittlerweile höchst ausdifferenziertes Abgrenzungsmittel gegenüber der Erwachsenenkultur.«

Obwohl bisher noch jeder Stil den berüchtigten Zyklus von »Opposition und Entschärfung« durchlief – man denke nur an die marktförmigen Zurichtungen der »Mod«-Bewegung Mitte der Sechziger in England, später des »Punk« mit seiner Sperrmüll-Ästhetik zu hochpreisiger Designer-Ware oder des computergraphisch aufgepeppten Techno-Looks zum uniformierten Schuloutfit –, immer konnten sich diese Stilmittel eine Zeitlang ihrer kulturindustriellen Verharmlosung widersetzen.

Daß man mit Pop die Gesellschaft umkrempeln könnte, glaubt heute niemand mehr. Die Kaufkraftklasse »Jugend« sucht derweil mit neuer taktischer Beweglichkeit, mit einer »Politik der Präsenz« und des »richtigen Augenblicks« die etablierten Spielregeln der Vereinnahmung zu überlisten. Fast wehmütig resümiert der Pop-Theoretiker Diedrich Diederichsen die Ambivalenz im kommerziellen Widerstandspotential von Pop:

> In Amerika erfand man in den fünfziger Jahren das Konzept Jugend. Es war ein kapitalistisches Konzept, ein neuer Markt. Dieser Aspekt ist dem Konzept Jugend nie verlorengegangen: Es blieb ein kapitalistisches Konzept, aber es war trotzdem in der Lage, in einem progressiven und begrenzt antikapitalistischen Sinne geschichtsmächtig zu werden – insofern war es auch als Gegenbeispiel zu allen Thesen von der totalisierenden Wirkung des Kapitalismus zu gebrauchen.

Was ist an der Jahrhundertwende von der Popkultur geblieben? Gibt es noch das vielbeschworene Dissidenzvermögen des Pop, mit dem Heranwachsende seit fünfzig Jahren gegenüber Gleichaltrigen und Erwachsenen Unterscheidungsgewinne verbuchen können? Welche Beziehungen bestehen zwischen Pop und jugendlichen *Lebensstilen*, die ihre expressiven Darstellungsmuster, Arrangements und Inszenierungen immer wieder neu im Handeln erzeugen? Diese und weitergehende Fragen zur Geschichte und Gegenwart von Persönlichkeitsbildern und Stilen versuchen die Beiträge dieses Buches detailliert zu beantworten. Schon jetzt läßt sich vorausgreifend festhalten, daß sich in den neunziger Jahren gänzlich neue Taktiken jugendlicher Selbstermächtigung durchgesetzt haben. Nicht nur in der Musik gibt es einerseits das Modell der »Hommage« an vergangene, bereits gelebte Jugendkulturen. Schwieriger zu entschlüsseln sind andererseits Zitate ohne jegliche Referenz, die willkürlich und völlig unmotiviert daherkommen. Nicht zu vergessen die Spieltaktiken von Ironie und Selbstironie jugendlicher Selbstdarstellung. All diese nur schwer greifbaren Phänomene verleiten Dieter Baacke zu dem vorläufigen Resümee:

> Also ich bin kein Jugendlicher mehr und darf Jugendkulturen gar nicht mehr angehören, kann es auch nicht. Ich bin also dreißig Jahre hindurchgegangen und meine festzustellen, daß eine Entwicklung stattgefunden hat – ich sag's etwas plakativ – von der Protest- zur Ausdrucksgeneration. Ich bin 68er, wir haben damals noch immer gefordert: »Wir wollen diskutieren!«, und wir haben Gesellschaftsveränderung auf die Fahnen geschrieben, das war so in den sechziger Jahren, und das hat sich in den Siebzigern, als die Punk-Bewegung aufbrach, erheblich geändert. Als nämlich keiner mehr glaubte, daß man mit Musik und einer Jugendkultur die gesellschaftlichen Verhältnisse grundlegend verändern könnte. Und das zeigt sich in dem Slogan: »Keiner fragt, Politiker antworten!« ja dann auch sehr deutlich. Man hat heute eigentlich nicht mehr die Hoffnung, mit Diskussionen Probleme zu lösen. Und dann kommt der zweite Weg über das Zeigen von Autonomie, von Selbständigkeit, Originalität, also Ausdrucksgesten, ein Stück des eigenen Ich einzufangen und nach außen zu repräsentieren. Um vielleicht auf diese Weise das gesellschaftliche Leben zu überleben und neue kulturelle Muster ertragbar und vielleicht sogar attraktiv zu machen.

Baackes Diagnose hat beispielsweise in der Techno-Kultur längst ihre sinnliche Entsprechung gefunden. Mit der Arroganz des Nachgeborenen kann deshalb ein Techno-Freak heute verkünden,

> daß die früheren Jugendkulturen gemacht, gelenkt, erzeugt wurden. Da gab es die Beatles oder die Rolling Stones, und andere

Bands wurden danach aufgebaut. Die heutige Jugendkultur dagegen kommt aus sich selber. Diese Techno-House-Kultur macht sich selber. Die DJs sind meine Freunde und deine Freunde, die wir zu Hause besuchen können, und alle finden's toll.

Literaturhinweise

Willi Bucher/Klaus Pohl (Hrsg.): Schock und Schöpfung. Jugendästhetik im 20. Jahrhundert. Darmstadt/Neuwied 1986.

Jean-Martin Büttner: Sänger, Songs und triebhafte Rede. Rock als Erzählweise. Basel/Frankfurt a. M. 1997.

Giovanni Levi/Jean-Claude Schmitt (Hrsg.): Geschichte der Jugend. Bd. 2: Von der Aufklärung bis zur Gegenwart. Frankfurt a. M. 1997.

SPoKK (Hrsg.): Kursbuch JugendKultur. Stile, Szenen und Identitäten vor der Jahrtausendwende. Mannheim 1997.

TOM HOLERT

Abgrenzen und durchkreuzen
Jugendkultur und Popmusik im Zeichen des Zeichens

Pop and style have always been about money: you spending it,
people making it.

(Jon Savage)

Ein Urlaut der Popkultur ist das Kreischen: kreischende Elvis-
Fans, kreischende **Beatles**-Fans, kreischende Marc-Bolan-
Fans, kreischende **Take That**-Fans, kreischende Teenager in
Horrorfilmen. Das Kreischen ist ein Grenzwert und gleichzeitig ein Normalfall der Popkultur. Die aufgerissenen Münder,
die verzückten Gesichter und dann die Ohnmachtsanfälle –
jeder kennt die Bilder der Beatlemania aus den sechziger Jahren: entfesselte Teenager, zumeist Mädchen; sie halten sich
die Ohren zu und schreien. Der Zustand der Verzückung und
der Hingabe, das ekstatische Aufgehen im Moment; die Gemeinschaft der Kreischenden, die durch das Kreischen alle
ablenkenden Gedanken übertönt; die Ohren geschlossen,
damit das eigene Kreischen im Schädelinneren auch gut zu
hören ist. Unerhört.

Für die Eltern, die Journalisten, die Soziologen waren das
anfangs ganz neue Daten. Die Kinder außer Rand und Band!
Außerhalb jeder Disziplin! Gleichzeitig über alle Maßen kon-
zentriert! Diese Form der Entrückung war ja auch eine Form
der Entfremdung. Die Jugendlichen wurden fremd, oder vielmehr: sie *machten* sich fremd. Ihr Verhalten war schwer les-
bar, ihre Körpersprache kaum noch zu verstehen. Eine neue,
irritierende, dissidente Sexualität zeichnete sich ab. Dieser
Hüftschwung, dieses enge T-Shirt, diese langen Haare, diese
englischen Musiker, sie brachten ja alles *durcheinander*!

Die dominante Kultur mußte sich umstellen. Aber sie lernte
schnell, wie es ihre Art ist. Das Kreischen wurde eingeordnet
in den ewigen Katalog jugendlicher Wirrnis. Klassifikation ist

den Kräften der Disziplin immer leichtgefallen. Geschlechtsspezifisch konnte das Verhalten der Mädchen und der Jungen unterschieden werden, kulturanthropologisch das Verhalten bestimmter Fangruppen im Vergleich zum Verhalten bestimmter anderer Fangruppen.

So wurden die frenetischen Reaktionen auf Elvis oder auf die **Beatles** zu »Rezeptionsmodi« versachlicht. Man erkannte: In Anwesenheit eines Folksängers bewegte sich das Publikum anders als das Publikum auf einem Konzert der **Rolling Stones**. Das merkwürdige, vielgestaltige Benehmen der Fans schien eine eigene Gesetzmäßigkeit zu haben – eine entscheidende Voraussetzung dafür, daß das Ausdrucksspektrum zwischen Gewalt und Verzückung in die kulturellen Alphabete einziehen konnte. Die folgenschwere Erkenntnis: diese unbekannte Wildheit ließ sich organisieren!

Doch blieb das Kontrollbegehren von Kapital und Kultur nicht unbeantwortet: In vielen Mikro-Gegenbewegungen entzogen sich die jugendkulturellen Akteure dem disziplinierenden Blick. Zumindest *vorübergehend* sollte die eigene Lesbarkeit erschwert werden. Diesem Zweck dienten sonderbare Spezialinteressen und Sammelleidenschaften genauso wie eine zugespitzte Kleiderordnung oder Selbsterweiterungserfahrungen mit Drogen. Das ›andere Wissen‹ der Jugendlichen artikulierte sich in dramatischen Frisuren, in ungewöhnlichen Wortschöpfungen, in rätselhaften Konsumgewohnheiten und in der Begeisterung für avantgardistische Klangerzeugnisse.

Dabei waren die Motive, einen solchen kulturellen ›Leseschutz‹ anzubringen, durchaus unterschiedlich: Auf der einen Seite ging es um Abgrenzung gegenüber weiteren Szenen und Milieus, auf der anderen Seite darum, die Überwachung durch Staat und Polizei zu verhindern. Ganz zu schweigen vom Widerstand gegen die Vereinnahmungsdynamik von Kulturindustrie und Elternkultur.

Aber diese Widerstände waren kompliziert bis paradox. Denn häufig genug waren die Ursachen für die Abwehr hausgemacht. Schließlich verfügten die Jugendlichen durch ihre Absetzbewegungen über eine nie erlebte kulturelle Autonomie. Und es war nur eine Frage der Zeit, wann die Kulturindustrie beginnen würde, sich für genau diese Autonomie zu interessieren.

Nach dem Zweiten Weltkrieg sah sich die Welt, zunächst in den USA, mit einem neuen Phänomen konfrontiert: dem »teenage consumer«, Wahrzeichen einer ökonomischen und ästhetischen Frischzellenkur, wie sich bald herausstellen sollte. Im Einklang mit einem zunächst behäbig, dann aber sehr elastisch reagierenden Freizeitkapitalismus entstanden eigene, jugendlich codierte Geschmackskulturen, organisiert um Musikstile und Tanzmoden, aber auch in ›abweichenden‹ Lebensformen und Verhaltensmustern.

Nicht immer entsprachen die Signale solcher Verweigerung den abschreckenden Bildern von jugendlicher Delinquenz, wie sie der Disziplinarmacht bis zum heutigen Tag vor Augen stehen. Jugendkulturelle Selbst-Positionierung kann unterschiedlichste Formen jenseits sogenannter »Jugendgewalt« annehmen, auch die Form von radikaler Konformität. Ein »face«, ein avantgardistischer Vertreter der britischen Modkultur aus den sechziger Jahren, erinnert sich an die strenge Etikette des Posierens:

> Die Füße mußten richtig gestellt sein. Und wenn man seine Hände in die Hosentaschen steckte, zog man niemals das Jackett so hoch, daß es Falten warf. Statt dessen wurde der oberste Knopf geöffnet und das Jackett hinter den Arm gezogen, damit man sich nicht die Linie ruinierte. Solange man ein Jackett trug, hatte man höchstens eine Hand in der Tasche zu haben.

So wurde Abweichung im Medium extremer Selbstkontrolle angestrebt. Der Mod taucht nicht unter, sondern stellt sich aus. Er entwirft sich als Objekt der Beobachtung.

In den siebziger Jahren sprachen die britischen Subkultur-Forscher des Centre for Contemporary Cultural Studies noch zuversichtlich von einem »Widerstand durch Rituale«. Die Jugendlichen würden eine Politik der Symbole, des Genusses und der Gesten betreiben. Mit diesem neuartigen Typ der Ab-

lehnung der traditionellen Gesellschaft, aber auch der Zurück-
weisung eingespielter Methoden diese zu kritisieren, definierten sie spezifische gesellschaftliche Positionen. Die Waren-
welt, in der sie lebten, mache sie nicht abhängig, sondern
diene ihnen als Arsenal eines Kampfes um Zeichen und Ge-
genzeichen, um die Besetzung von Oberflächen und die Produktion von Interpretationen.

Diese Sichtweise hatte einiges für sich: Die Kultur der
Jugendlichen wurde nicht mehr an der bürgerlichen Hochkultur gemessen und dann abqualifiziert, sondern als eigenes
und eigenwertiges Ensemble von Praktiken beschrieben.
Auch die Kritik der Frankfurter Schule mit ihren nieder-
schmetternden Diagnosen einer gleichmacherischen, Befreiung zwar versprechenden, aber nie einlösenden Kulturindustrie wurde von der britischen Subkultur-Forschung zu Recht
in Zweifel gezogen. Lieber stellte man sich die Jugendlichen
als aktive Manipulatoren ihrer Umwelt vor, die weniger passiv
konsumieren, als selbst in kulturelle Prozesse eingreifen.
Nicht unbedingt intentional und bewußt, aber doch souverän
und deshalb – im weitesten Sinne – *politisch*.

Mag sein, daß diese Interpretation von jugendkulturellen Äußerungsweisen mehr über die Interpreten aussagt als
über die Jugendlichen, denen sie sich widmen. Aber als Dick
Hebdige, einer der führenden Vertreter dieser Version britischer Subkultur-Forschung, 1979 das Buch *Subculture. The
Meaning of Style* veröffentlichte, war die Gleichung von
Jugendkultur und Gegenkultur eine probate Methode, sich
von einer Soziologie abzugrenzen, die nur am Erhalt des Status quo interessiert ist.

Hebdige selbst kam aus der Arbeiterklasse, und es war für
ihn eine einschneidende Erfahrung festzustellen, daß sich die
Praxis der jugendlichen Subkulturen, mit denen er sympathi-
sierte, auch als semiotische Kriegsführung betrachten ließ.
Den pophistorischen Hintergrund für sein Buch bildete die
Punkbewegung. Punk war für Hebdige eine weitere Etappe
in der Geschichte der Subkultur-Stile. Diese Geschichte, so
Hebdige, verlaufe zyklisch, was damit zu tun habe, daß die

kapitalistische Verwertungslogik jede noch so subtile Verweigerung und Umwertung aufspüre und sich zunutze mache.

Tatsächlich grenzte sich Punk durch Überspitzung, Parodie und Dekontextualisierung vom selbstgenügsam gewordenen Rockmilieu der siebziger Jahre ebenso ab wie etwa von der britischen Nationalkultur. Punk wurde als Rebellion verstanden, durchgeführt von Strategen der Subversion. Doch ereilte diese Subversionsstrategien des Punk das immergleiche Schicksal subkultureller Bewegungen. Hebdige:

> Subkulturelle Abweichung wird von Schulen, Gerichten und Medien gleichzeitig erklärt und bedeutungslos gemacht, während im selben Moment die geheimen Objekte der Subkulturstile in allen Plattenläden der Einkaufsstraßen und allen Ladenketten in die Schaufenster gestellt werden. Von seinen ungesunden Konnotationen befreit, wird der Stil reif für den öffentlichen Konsum.

Die Niederlage der radikalen Verweigerungs- und Umwertungsstrategien zum Ende der siebziger Jahre hatte Folgen. Spürbar veränderten sich seit der Dislozierung von Punk die Arrangements mit und gegen die Kulturindustrie. Weiterhin gibt es popkulturelle *Rituale*, mehr als jemals zuvor vermutlich. Doch es ist zugleich fraglicher als jemals zuvor, inwieweit diese Rituale noch mit einem gesellschaftskritischen *Widerstand* in Verbindung gebracht werden können.

Lebensstil und Konsumverhalten stellen eher klar, wo die Grenzen zu anderen Gruppierungen verlaufen. Aus der Auflehnung gegen den Disziplinarapparat aus ›Familie – Schule – Beruf‹ wurde die Abgrenzung innerhalb der popkulturellen Jugend. Die Pop-gestützte Verweigerung verstärkte den Differenzdruck. Interne Hierarchien bildeten sich heraus. Wer stand im Zentrum, wer am Rand einer Gruppierung? Wer war »in«, wer war »out«? Sag mal, bist du jetzt HipHop oder Grunge?

Fragen, die auch die Medien und das Marketing interessieren. Ein Kampf gegen den gesellschaftlichen Konsens – Ausgangspunkt der Idee von Pop als Widerstand – ist bei der konsumistischen Abgrenzerei in der Regel gar nicht vorgesehen.

Dieser Konsens wird überdies von den popkulturellen Bewegungen spätestens seit den sechziger Jahren bereits kräftig mitgestaltet. So etwa, wenn die Konzepte »Jugend« und »Hipness« weit in die Alltagskultur vordringen konnten. Oder wenn der Bruch mit den Traditionen zur marktdynamischen ›Innovation‹ ummünzbar wurde.

Es ist deshalb auch nicht sonderlich verwunderlich, daß politische Überzeugungen, verstanden als Parteizugehörigkeit mit antikapitalistischen Zielen, in der Popkultur selten eine herausragende Rolle spielten. Allerdings kann Politik phasenweise popkulturell interessanter und damit zu einer Schnittstelle werden, an der sich Jugendkultur und Popmusik treffen. Der Pop-Theoretiker Diedrich Diederichsen erinnert sich im Gespräch mit dem Autor an den Kontext der sozialen Bewegungen und der Ereignisse von 1968:

> Die massenmediale Präsenz von politisierten Jugendlichen (oder überhaupt: Politisiertheit bzw. einer Politik außerhalb der Institutionen) mußte natürlich auch unter Pop-Aspekten gelesen werden. Rudi Dutschke und andere Leute der 68er-Revolte sind mit einem bestimmten Style wahrgenommen worden, ohne daß das Rudi Dutschkes Absicht war oder daß es irgendeine Absicht irgendwelcher anderer Strategien jener 68er-Revolte gewesen ist. Aber diese Aspekte haben einen starken Anteil ihrer Wirkung ausgemacht. Leute haben sich danach gerichtet. Wegen des Styles, das heißt wegen eines bestimmten Aussehens, wegen eines bestimmten Auftretens vor einer großen Öffentlichkeit, die dann plötzlich auch medial hergestellt war, hat sich diese Politisierung verbreitet. Umgekehrt kann sich die reine Reproduktion des Styles politisch gerieren, ohne alle Dimensionen der Politisierung mitzuvollziehen. In den vielen neuen Durchläufen, die diese Entwicklung noch gehabt hat, wo sich etwas Politisches auf eine bestimmte Weise, in einem bestimmten Stil gegeben hat, war es eigentlich immer so, daß die Politischen die Tatsache, daß sie einen Style hatten, nicht wahrhaben wollten, während umgekehrt diejenigen, die stylemäßig dem gefolgt sind, immer ihr Politisiertsein sehr stark gemacht haben.

Man sieht, die Rede von der »Politik der Stile« hat ihre Tücken. Stil kann noch so häufig als Politik behauptet werden, von den

Leuten aus der Politik wird er nur dann anerkannt, wenn er einer gegebenen Politik auch zur Verfügung steht. Die verschiedenen »Politiken des Pop« haben sich diesem Begriff von Politik nur selten gefügt. So war das politische Lied vor allem dann erfolgreich, wenn es auch eine jugendkulturelle Lebensform illustrierte oder in Aussicht stellte, wie z. B. bei **Ton, Steine, Scherben** in den siebziger Jahren, wenn der WG-Sex zum Politikum gesungen wurde.

Die größten politischen Energien entwickelt Popmusik aber dort, wo sie sich noch weiter vom politischen Diskurs entfernt. Wenn sie eine Rhetorik der Eleganz, der Versenkung und der Transzendenz entwickelt. Der Song »Faithless« von **Scritti Politti**, eine der politisch ambitioniertesten Bands der achtziger Jahre, vermittelt einen Eindruck von dieser Überschreitung des Politischen mit den Mitteln von Pop. Eine Überschreitung, die aber das Politische wiedergewinnt – nur eben an einem anderen Ort. 1982, zu einem Zeitpunkt, als die Popmusik, die Glamkultur und das Soulelement durch Punk heftig in Zweifel gezogen worden waren, eigneten sich **Scritti Politti** gezielt diese gerade überwunden geglaubten Qualitäten wieder an. Diese Aneignung von Soul und Softness ist das typische Beispiel einer Strategie der Um- und Neubewertung, die einen Unterschied markiert. Man nannte das einmal Subversion durch Affirmation.

Affirmation, das ist die Umarmung des Gegners. Die kontra-intuitive Feier des Systems; die Verwendung von Zeichen der Etabliertheit aus einer Position des Nicht-etabliert-Seins: Business-Anzüge tragen, weil man es liebt, sie zu hassen, diese Förmlichkeit; Streicher-Arrangements benutzen, weil man sich des Sounds der Gesetztheit *bedienen* kann, ohne seiner muffigen Konventionalität zu verfallen. Dieses ästhetische Verfahren grenzt an ein anderes – die *Dekontextualisierung*: Hier wird ein Element aus seinem angestammten Zusammenhang gerissen und in einen neuen eingefügt, auf daß es zu schillern beginne. Es ist dies auch eine Methode, das Verschmähte, Abgelehnte oder Depotenzierte positiv zu besetzen. Dem abgeschmackten Streicherarrangement eine neue Würde zu verleihen.

Solche Verfahren der historischen Um- und Neubewertung, der symbolischen Auf- und Entladung sind auf allen Ebenen der Popkultur aktiv. Retromoden, die Kultur des Camp, das B-Boy-Wesen, Glamour-Inszenierungen usw. – was auch immer die Protagonisten aus Popmusik, Fernsehen oder Kino an kulturellen Strategien vor- und durchführen, hallt in den jugendlichen Subkulturen, Mainstream-Popkulturen oder Bohème-Milieus wider. Und kehrt als Echo zurück auf die Medienbühnen, so daß ein einziger Kreislauf der strategischen Reaktionen entsteht.

Ein ständiges Aus- und Abweichen prägt das popkulturelle Verhalten und Denken. Gelungene Abgrenzung ist *informierte* Abgrenzung. Die Bezüge auf das Vergangene, das Abgewertete, das Zukunftsträchtige müssen beherrscht werden. Pop wird zu einem Bezugssystem, zu einem Feld des Wissens, das immer weiter wächst und sich schon lange potentiell selbst genügt. Denn irgendwann wurden die Sprachen der Mode und der Musik immer autoreferentieller, irgendwann begann die Popkultur, sich an sich selbst zu orientieren. Historische Gesten konnten in die Gegenwart hineinkopiert werden. Die jeweils aktuellste Form der Ablehnung oder Zustimmung bezog sich immer schon – bewußt oder unbewußt – auf vorangegangene Formen des Widerstands und der Konformität. Diedrich Diederichsen datiert die Wende zur Selbstbezüglichkeit auf die frühen siebziger Jahre:

Die Zeichen innerhalb der Popkultur, auf die man sich zu beziehen begann, stammten zunehmend aus Epochen, in der man Popkultur im heutigen Sinne schon kannte. Die Bands der sechziger Jahre, wie die Charlatans in San Francisco, bezogen sich noch auf etwas, was sie für Dandy-Kleidung hielten. Beatbands zogen sich lustige Phantasieuniformen an. Das waren Bezugnahmen auf eine Welt, die historisch außerhalb der Popkultur lag. Aber als Roxy Music 1972 ihre erste LP aufnahmen, da gab es musikalisch, vom Klang her, eine ganz klare Bezugnahme auf einerseits eine Chuck-Berry-Gitarre, und damit auch auf die Anfänge der Popkultur; andererseits gab es einen ebenso klar ausgestellten Synthesizer, der auf die Gegenwart, die Fortschrittsgläubigkeit, die damals noch herrschte, verwies. Entsprechend waren dann auch das Outfit, das Auftreten von Roxy Music und der Glamrock-Generation zum ersten Mal bezogen auf Codes, die es schon gegeben hatte im Zeitrahmen der Pop-Jahrzehnte.

Kann man diese Wende zur Selbstbezüglichkeit auch beim Pop-Publikum beobachten? Hat auch das Fantum, dieser Zustand konzentrierter kreischender Selbstvergessenheit, Momente von Reflexivität angenommen? Gibt es also eine Praxis des Fan-Seins, die sowohl über die eigene Geschichtlichkeit als auch über die eigene Besinnungslosigkeit aufgeklärt ist? Ein Beispiel: In *Soloalbum*, dem Debütroman des 23jährigen Journalisten Benjamin von Stuckrad-Barre von 1998, möchte der Ich-Erzähler unbedingt, neben vielem anderen, Fan sein. Der junge Mann schätzt britischen Pop. Er mag **Blur, Pulp** und **Elastica**, aber vor allem **Oasis**. Dabei hat er all seine Zweifel schon mitverarbeitet. Er verkörpert das Paradoxon des *reflektierten*, des *postmodernen* Fans, der über die üblichen Widersprüche einer Fan-Existenz informiert ist. Darüber, daß jeder Fan es mit vielen blinden Flecken zu tun hat: ihm selbst verborgenen Beweggründen, realitätsfremden Überhöhungen, sozialen Zwängen usw. Entweder diese Flecken bleiben blind, also unerkannt. Oder sie werden aktiv ignoriert: dann entsteht ein neues Verhältnis zur eigenen popkulturellen Existenz.

Die Liebe von Stuckrad-Barres Ich-Erzähler zu **Oasis** ist groß, aber er weiß, daß er sich mit ihr auch erhebliche Legitimationsprobleme einhandelt. Schließlich hat die Musik von **Oasis** ihre Defizite. Sie könnte etwas abwechslungsreicher, weniger schematisch sein. – Oder dieser Hemdengeschmack des **Oasis**-Sängers! Nicht so toll, wenn man ehrlich ist. Aber egal, fast egal, denn die Stuckrad-Barre-Figur ist ja auf unerschütterliche Weise von der nicht anfechtbaren Coolness der erwählten Pop-Helden überzeugt. Solche Überzeugung, gewonnen gegen eigene und fremde Widerstände, ist ein Schlüsselelement jeden Fantums. Der Fan baut sich eine Wunder-Mauer gegen alle Vernunft und genießt sich in dieser Irrationalität.

Was bedeutet es, in diesen Zeiten, am Ende der neunziger Jahre, in Deutschland zwischen Kohl und Schröder, zwischen Love Parade und Harald-Schmidt-Show, was bedeutet es in diesem Moment und an diesem Ort, Britpop-Fan zu sein wie diese Romanfigur? Ist Pop, als hymnische Veranstaltung, nicht auf dem Rückmarsch? Hat ›der Song‹ nicht ausgedient? Herrscht nicht das Regime der melodiefreien Beats und Sounds, der textlosen, elektronisch generierten Tracks, der Musik ohne Stars?

Irgendwann landet der Britpop-Fan auf einer studentischen Gartenparty. Seine Versuche, die richtige, das heißt *seine* Musik aufzulegen, werden von einer »Frau mit einem samtenen Wickelrock« unterbrochen. Sie sagt: »Spiel doch mal die Kruder & Dorfmeister«, also die erfolgreiche TripHop-Mix-CD eines österreichischen DJ-Duos von 1997. Und die Stuckrad-Barre-Figur fängt an zu räsonieren.

> »Spiel doch mal die Kruder & Dorfmeister.« Das ist so ein Satz wie »Na, wie geht's« oder »Das Wetter könnte auch besser sein« oder »Aldi ist scheiße, aber der Champagner, also der ist schon super!« – das kann man immer sagen. Platten wie eben die oder auch Portishead, Daft Punk, Massive Attack oder so sind ein echtes Problem – gute Musik, aber eben doch von allen so gnadenlos gerngemocht, daß man wirklich wieder dieses gymnasiale Abgrenzungsproblem aufkeimen spürt: Die sind blöd, die können also auch keine gute Musik hören. Und Umkehrschluß: Dann ist ja vielleicht doch die Musik doof? Ist sie natürlich nicht. Trotzdem ist »Kruder & Dorfmeister: DJ Kicks« jetzt schon mit ziemlicher Sicherheit die »Köln Concerts« dieser Generation.

Gibt es eine direkte Beziehung zwischen Musikgeschmack, Persönlichkeitsstruktur und sozial-kulturellem Milieu? Der Ich-Erzähler kann nicht akzeptieren, daß gute Musik, das heißt Musik, die er jedenfalls nicht himmelschreiend schlecht findet, offenbar allen, auch den dümmsten, gehört, und ihre Qualität noch nicht viel über die Qualität ihrer Liebhaber aussagt. Das »gymnasiale Abgrenzungsproblem«, das hier darin besteht, eine bestimmte Kultur, eine bestimmte Musik für sich und seinesgleichen reservieren zu wollen, führt zu einem eifersüchtigen Blick auf die Verwendungsweisen von Popkultur bei anderen. Der elektronische DJ-Mix von Kruder & Dorfmeister übernehme die gleiche Funktion wie die generations- und milieuverschweißenden E-Piano-Etüden eines Keith Jarrett knapp zwanzig Jahre zuvor. Diesem emotionalen Bindemittel einer Studierendenwelt zwischen Romanistik-Seminar, Esoterik-Workshop und Cocktail-Bar bringt die Stuckrad-Barre-Figur nur Verachtung entgegen. Doch damit wird der Musik zugleich ihre Wirkung zugestanden. Der abschätzig-trauernde Blick geht unausgesprochen davon aus, daß sich jedes musikalische Phänomen, also auch die elektronische Musik der neunziger Jahre, auf kulturelle Bedeutungen hin lesen läßt. Er setzt voraus, daß sich bei der Wahl einer CD mehr ereignet als eben die Wahl einer CD. Daß es darauf ankommt, welche sozial-ästhetischen Funktionen so eine Platte übernehmen kann.

Die Selbstprüfung der Popkultur-Protagonisten setzt sodann bei der Frage an: Wie verhalte ich mich zur kulturellen Praxis, zur Körperpolitik und zu den Modestatements, die von einer bestimmten Musik begleitet oder sogar hervorgerufen werden? Wie bringe ich mich und mein Äußeres in eine Beziehung zur Musik und zu den anderen? Diedrich Diederichsen:

> Im Laufe der Zeit, im Laufe dann vor allem auch der achtziger und neunziger Jahre, ist die Anzahl der möglichen Bezüge und verwendeten Bezüge so groß geworden, daß ein Love-Parade-Teilnehmer von heute übersät ist mit Zeichen und Verweisen – hier ein buntes Bärtchen, dort ein stehengelassenes Stück Haar, dort was Offenes, so daß alles sein kann: Punk und Nicht-Punk, Anti-Punk und Techno und sonstwas. Diese Überfülle von Zeichen, die gar nichts mehr bedeuten, außer einer allgemeinen Kreativität oder irgendeiner unklaren Unangepaßtheit, sind natürlich aus der Perspektive der Eingeweihten, des inneren Kreises der Clubkultur, wieder das, worauf man so ein bißchen herabsieht. Denn da weiß man wiederum sehr genau, was man in seinem jeweils kleineren Zirkel für Bezüge hat, und was die zu bedeuten haben.

Die Angst vor falschen Identifizierungen, die Paranoia, nicht für das gehalten zu werden, wofür man sich selber hält, befördert Strategien der Abgrenzung, die durchaus darin bestehen können, sich informiert zu uniformieren, also sich – abweichend – wieder einzufügen in eine Gemeinschaft der Gleichen, im Grenzfall eine faschistische. So oder so kann sich diese Abgrenzung nicht mehr in die Pose eines Rebellentums kleiden. Rebell zu sein, das nimmt einem heute niemand mehr ab. Oder vielmehr: es wird viel zu bereitwillig akzeptiert. Die popkulturellen Forderungen nach Individualität und Abgrenzung sind längst in bunte Abgrenzungsmoden und Individualitäts-Gadgets übersetzt worden.

Für die Romanfigur von **Stuckrad-Barre** bedeutet das unter anderem, sich kompromißlos für alles zu begeistern, was **Oasis** veröffentlichen und tun, ohne prinzipielle Zweifel an dieser Obsession zuzulassen. Legitimierender Hintergrund dieser Begeisterung ist die Phantasie von ›Pop‹ britischer Prägung mit seiner intensiven Durchdringung von Alltagskultur, Konsum, Klassenbewußtsein, von Popmusik, Mode, Kunstszene, Radio, Fernsehshows, einem Typus von Populärkultur, entwickelt im Großbritannien der Nachkriegszeit, der viele Jahre die verlockende, schnelle, reizhaltige Alternative zum bundesdeutschen Wirtschaftswunder-Muff war.

Mit MTV und anderen Effekten einer globalisierten Kulturökonomie stehen heute zahllose, ständig sich erneuernde Modelle der Abweichung zur Verfügung. Alternative Rock, diese letzte Bemühung um die Befreiungsrhetorik von Rock und Punk, demonstrierte Anfang der neunziger Jahre, wie gut sich »Revolution« und »Rebellion« auf »Marketing« reimen lassen. Zugleich war es eine Erinnerung daran, wie ambivalent all die historischen Gleichsetzungen von Rock und Antikapitalismus (oder Antirassismus) zu sehen sind.

Love Parade und Club Culture zeigen, wohin sich die sozialen Experimente der Popkultur verlagert haben. Einschließung und Abgrenzung ergänzen sich in den Techno-Massenaufmärschen und in den Partyabenden unter DJ-Ägide auf neuartige, äußerst problematische, aber auch produktive Weise. Das (selbst)behauptende Posing des Mod oder anderer Vertreter klassischer Subkulturen ist heute weniger Ritual als

Relikt: eine Erinnerung an eine Zeit *vor* der maximalen Verfügbarkeit der Stile und Posen. Die Geschlechterverhältnisse haben sich weiterentwickelt; Frauen und Homosexuelle sind stärker in den Subkulturen repräsentiert denn je, obwohl viele Situationen nach wie vor von Sexismen durchsetzt sind.

Auch andere Rollenverteilungen im popkulturellen Feld sind neu geregelt: eine Pop-Band wie **Oasis** funktioniert nicht mehr als Leitmodell. Auf einer Bühne zu stehen und dort ein Rock-'n'-Roll-Leben aufzuführen, ist heute im Zweifelsfall der elektronischen Kompetenz von Musikproduzenten, CuBase-Programmierern und DJs unterlegen. So produzieren popkulturelle Abgrenzungsstrategien und Innovationsprozesse immer auch ihre Opfer. Diedrich Diederichsen:

Man kann drei Typen von Opfern unterscheiden: Zum einen die Opfer des Authentizitätsterrors, also solche Popmusiker und Popmusikerinnen, die glaubten, auf eine bestimmte Weise leben zu müssen, also ihre sogenannte Botschaft, den Inhalt des Musikalischen leben zu müssen, und dabei dann vor lauter Authentizitätsnorm ein paar Flaschen Whiskey zuviel getrunken haben, und daran tatsächlich physisch gestorben sind. Dann gibt es diejenigen, die den vielen Veränderungen, den stilistischen Abgrenzungen, die ja notwendig sind, um überhaupt Pop-Produktion herstellen zu können, in einer bestimmten Zeit, irgendwann nicht mehr folgen konnten, die irgendwann die Veränderungen nicht mehr verstanden haben, und die vielleicht eine Zeitlang eine Existenz als Rocker auf irgendwelchen kleineren Bühnen führen konnten, bis sie oft auch physisch daran gescheitert sind. Und schließlich diejenigen, die von Anfang an nichts anderes wollten als Kurzfristigkeit, die oft sogar unter dem Motto der Kurzfristigkeit oder dem formulierten Ziel der Kurzfristigkeit einer langweiligen (weil langfristig gewordenen) Popkultur einen Tritt versetzen wollten, wie zum Beispiel die Beastie Boys, die sich ja am Anfang als nichts anderes benommen haben denn als kurzfristige, provokante und die gegebenen Verhältnisse attackierende Kinderdarsteller: Deren Talent allerdings im Umgang mit der Kurzfristigkeit und den strategischen Veränderungen in bezug auf neue Situationen sich als so dauerhaft erwiesen hat, daß sie eben immer wieder im Namen des Kurzfristigen im richtigen Moment der Popmusik die richtigen

Injektionen verabreichen konnten, so daß sie dann auch langfristig dafür Spezialisten geworden sind.

Das historische Wissen über die Beziehung von »longue durée« und »courte durée« im Pop erhöht die Überlebenschancen, verändert aber auch die Pop-Praxis als solche. Soziale Ausdifferenzierungsprozesse, die Zwänge unterschiedlicher Zeit-Ökonomien und das Verdrängungsprinzip des vom Neuen abhängigen und das Neue deshalb fortwährend produzierenden Marktes liegen nicht außerhalb von Popkultur. Ganz im Gegenteil. Die popkulturellen Abgrenzungsanstrengungen werden ja nicht in einem utopischen Jenseits des Kapitalismus unternommen, sondern irgendwo in dessen höllischer Mitte. Und so beginnt auch der Heroismus der Abgrenzung faul zu riechen. Denn woher bezieht er schon seine Legitimation?

Trotz dieser Verstricktheit – oder gerade deswegen – verdankt man Pop auch einige der analytischen und beschreibenden Fertigkeiten, ohne die eine Kritik der Zustände gar nicht möglich wäre. Denn in dieser Mitte, in der jede Geste schon befleckt ist, bevor sie vollzogen wird, entstehen paradoxe Potentiale: andere Lebensentwürfe, Stile des Dagegen, Welten aus Eleganz und Souveränität. Kaum zu glauben! Und doch: Popmusik war ein paar Jahrzehnte dazu in der Lage, die sozialen, ästhetischen und politischen Räume zu schaffen, in denen plötzlich möglich schien, womit sonst niemand gerechnet hätte. Einer wie der Schriftsteller Rolf Dieter Brinkmann wußte, was Popmusik konnte:

> Die Musik lief [...] ohne Knackser ab, sie ließ das Zimmer immer größer werden und schaffte einen großen leeren Raum, in dem sich alle zusammen bewegen konnten, und die Musik lief auch immer weiter ab, immer noch eine neue andere Platte.

Sicher, diese großen leeren, von der Musik erbauten Räume waren immer einsturzgefährdet. Es waren Räume fragilster Ordnung. Es waren Räume der Möglichkeit, und die stehen immer mächtig unter Druck. Pop, das kommt von Potential.

Pop, das ist – im besten Fall – immer das, was kommt. Was sein wird. Was die Gegenwart erlöst von ihrem Gewicht. Vom schlechtesten Fall, das heißt: von Pop als Mittel sozialer Erpressung, von Pop als Medium kontrollgesellschaftlicher Ordnungslogik, von Pop als kulturindustrieller Matrix, sollte gerade wegen dieses Potentials nicht geschwiegen werden – dem Kreischen zuliebe.

Literaturhinweise

Rolf Dieter Brinkmann: Keiner weiß mehr. Köln/Berlin 1968.
Diedrich Diederichsen: Sexbeat. 1972 bis heute. Köln 1985.
– 1500 Schallplatten. 1979–1989. Köln 1989.
– Freiheit macht arm. Das Leben nach Rock 'n' Roll. 1990–93. Köln 1993.
Lawrence Grossberg: We Gotta Get out of this Place. Popular Conservatism and Postmodern Culture. New York/London 1992.
Dick Hebdige: Subculture. The Meaning of Style. London 1979. – Dt.: Subculture. Die Bedeutung von Stil. In: Diedrich Diederichsen/Dick Hebdige/Olaph-Dante Marx: Schocker. Stile und Moden der Subkultur. Reinbek 1983. S. 8–121.
– Hiding In the Light. Ort Images and Things. London/New York 1988.
Tom Holert/Mark Terkessidis (Hrsg.): Mainstream der Minderheiten. Pop in der Kontrollgesellschaft. Berlin 1996.
Simon Reynolds/Joy Press: The Sex Revolts. Gender, Rebellion and Rock 'n' Roll. London 1995.
Jon Savage: England's Dreaming. Sex Pistols and Punk Rock. London 1991.
– Time. Travel. From the Sex Pistols to Nirvana: Pop, Media and Sexuality, 1977–96. London 1996.
Benjamin von Stuckrad-Barre: Soloalbum. Roman. Köln 1998.

MARTIN BÜSSER

Gimmie Dat Old Time Religion
Pop-Werte im Wandel

Welche gesellschaftlichen Werte hatte Pop einmal angegriffen, und welche neuen Werte hatte er transportiert? Heute erscheint es uns unbegreiflich, wie Elvis allein durch seine wackelnden Hüften schockieren konnte. Unbegreiflich auch, wie es den **Beatles** gelang, die moralische Mehrheit wegen ihrer Haare zu entrüsten; Frisuren wohlgemerkt, die heute problemlos im öffentlichen Dienst getragen werden können. Aber auch solche Wandlungen gehören zum Themenkreis Pop: »The times they are a-changin'.«

Hüften und Haare sind ein gutes Stichwort, um auszumachen, worin einmal der Pop-Aufstand bestanden hat: Pop, das ist der Triumph des Lustprinzips über die Leistungsgesellschaft, ist die Sprache des Begehrens gegenüber einer argumentativen Kultur. Weil Pop die bürgerliche Sprache ablehnt, findet seine Ablehnung weniger durch klar artikulierte Argumente statt als durch den Einsatz symbolischer Zeichen und Gesten – Lautstärke, Haarlänge, Sonnenbrillen auch bei Nacht. Nichts hat die bürgerliche Kultur gegen Pop wohl mehr aufgebracht als dessen Weigerung, mit ihr zu sprechen.

Woodstock zum Beispiel: Der Mythos des Festivals entstand aufgrund eines riesigen Pools an Zeichen. Zehntausende bedienten sich da vorwiegend nonverbal einer Sprache des Begehrens. Nackte, die sich im Schlamm wälzen, Haare, immer wieder Haare, Armbänder, Halsketten, Umarmungen, Kiffen und das schrille Feedback einer Gitarre. Genüßlich wurde da von Jimi Hendrix die amerikanische Nationalhymne als Soundtrack einer lustfeindlichen und kriegerischen Kultur zerpflückt. Wenn von Pop als rebellischer Kultur die Rede ist, wird dieser Auftritt noch heute als Paradebeispiel zitiert.

Kein Wunder, daß die bürgerliche Kultur auf das hedonistische Dreigespann von »sex, drugs & rock 'n' roll« zunächst schockiert reagierte. Ein Blick in die eigene Geschichte hätte da jedoch helfen können, den Aufbruch der Subkulturen als etwas zu begreifen, was sich längst auch schon innerhalb der Hochkultur als Angriff auf die regressive bürgerliche Gesellschaft angekündigt hatte: Nietzsche sprach davon in seiner Lobrede auf das dionysische Fest, Freud in seinem Kampf zwischen »Es« und »Über-Ich«, gänzlich desillusioniert in seiner Schrift *Das Unbehagen in der Kultur*.

Was sich in Amerika vor dem Hintergrund von Vietnam vollzog, fand in Deutschland in Auseinandersetzung mit der Nazi-Vergangenheit statt: Das faschistische Deutschland war immerhin fähig, Goethes *Faust* aufzuführen, während nur wenige Kilometer entfernt Menschen zu Tausenden in die Gaskammer getrieben wurden. Der neuen Generation erschien eine solche Gesellschaft als zutiefst verlogen. Während 68er-Philosoph Herbert Marcuse einen direkten Zusammenhang zwischen Klassengesellschaft, Triebunterdrückung und Faschismus zog, tönte bereits aus den Gitarrenverstärkern die Botschaft, daß nur die lautstark zelebrierte Lust sich der mörderischen Vernunft entziehen könnte. Beinahe euphorisch begrüßte der jüdische Literaturwissenschaftler George Steiner 1972 die jugendlichen Gegenkulturen als einzig legitime Formen von Kultur nach Auschwitz:

> Überall scheint eine neue Soundkultur im Begriff zu stehen, die alte, auf verbale Ordnung beruhende Autorität zu verdrängen. Die Gegenkultur ist sich ganz darüber im klaren, wo sie mit ihrem Zerstörungswerk anzusetzen hat. Die Aufrührer und Freak-Outs haben das Gespräch mit einem kulturellen System abgebrochen, das sie verachten als einen grausamen, antiquierten Betrug.

Ganz egal, ob man nun die **Beatles** oder die **Stones** bevorzugt, die sanften Töne von Joan Baez oder die ersten Garagen-Kracher von den **Stooges**, die Ironie von Frank Zappa oder die psychedelischen Fluchten von **Pink Floyd**: Sie alle stehen trotz unterschiedlicher ästhetischer Ansätze für ein Modell von Pop, das sich bis Mitte der siebziger Jahre hatte halten können. Das Modell beanspruchte von sich, ehrlichere, also authentische Kultur zu sein; keine durch schulisches Wissen vorgeprägte Kultur, sondern eine direkt auf den Körper einwirkende Kultur. Und vor allem eine Kultur, deren Wissen sich nur im semi-legalen Milieu aneignen ließ, in Cliquen, Kneipen und Bars.

Doch worin bestand dieses Eigentliche, diese echtere, unseren Bedürfnissen nähere Kultur? Wurde sie erreicht durch einen tiefen Zug an der Wasserpfeife, dadurch, den **Grateful Dead** von Konzert zu Konzert im VW-Bus nachzureisen? War sie erreicht durch Küssen und Kuscheln mit jeder und jedem je nach Laune? Am Ende sogar Geschlechtsverkehr mitten in der Fußgängerzone? – »Why don't we do it in the road?« fragte hierzu John Lennon. Oder waren die Punks am Ende befreiender, indem sie frei nach Johnny Rottens »I wanna destroy passers-by« (»ich will die Fußgänger kaputtschlagen«) eine ganz eigene Form der Stadtguerilla bildeten?

Der Beginn von Hans Henny Jahnns Romanfragment *Jeden ereilt es* liest sich diesbezüglich wie eine einfache, aber in seiner Aussage ungeheuerliche Zusammenfassung der Pop-Philosophie. Dort heißt es:

> Man begegnet einem Menschen und sagt von ihm: »Welch hübscher Mensch!« oder »Welch abstoßender Mensch!« Und es ist unwichtig, daß man den anderen sieht und dies von ihm sagt, denn den einen umarmt und küßt man nicht, und den anderen schlägt man nicht oder speit ihn an. Wir haben die Wildheit verlernt – vor allem die Wildheit der Liebe.

Obwohl Pop sich in einem eher linken, liberalistischen Umfeld abspielte, konnte er mit überzeugten Kommunisten keine Ehe eingehen. Von der Pop-Ablehnung in den kommunistisch regierten Ländern einmal ganz zu schweigen, war Popkultur auch den Linken im Westen häufig suspekt: Mit Haschisch und Viervierteltakt, wußten sie, läßt sich kein Klassenkampf durchführen. Pop war nichts für die Helden der Arbeit, eher für die Helden der Arbeitsverweigerung. Das Zusammentreffen des Beat-Poeten Allen Ginsberg mit der Punkband **The Clash** illustriert, daß Popkultur sich von keiner Doktrin mehr gängeln lassen wollte, unter welchem Vorzeichen sie auch immer auftritt: Bei einem Gastauftritt 1980 hält Ginsberg, von den **Clash** als Reggae untermalt, eine Rede darüber, daß er die neue Generation weder im Kapitalismus noch im Kommunismus repräsentiert sehe. Beide Systeme, so Ginsberg, verhindern Gedankenfreiheit und erst recht die freie Liebe.

Man muß jedoch gar nicht mal die linken Kritiker zitieren, um zu erkennen, daß in Sachen Pop-Rebellion von Anfang an ein Grundwiderspruch auf der Hand liegt: Die sich gerne antikapitalistisch gebärdende neue Generation war selbst ein riesiger Markt – Pop ließ die Unterhaltungsindustrie boomen. Bereits am Mythos Woodstock ist etwas faul gewesen: Das Festival war nicht etwa ein Ereignis »von unten«, sondern eine kommerzielle Veranstaltung, die fast ausschließlich auf Superstars setzte.

Ist es nicht ein Paradox, wenn in einer, sagen wir, trotzkistischen Kommune in Berlin den ganzen Tag **Pink Floyd** dudelte, ein Millionseller aus dem EMI-Konzern?

Durch Kommerzialisierung ursprünglich radikaler Bewegungen werden allerdings immer wieder Freiräume geöffnet, in denen sich neue Subkulturen einnisten. So entstanden bereits in den sechziger und frühen siebziger Jahren Bands, deren Musik sich textlich wie ästhetisch der kommerziell verwertbaren Rockmaschine widersetzte. Bands wie die **Godz** und die **Fugs** in den USA, **Amon Düül** und **Faust** in Deutschland lieferten verstörende, dilettantische, zum Teil collagenhafte Klänge gegen Pop als bloßen Beat einer Spaß- und Freizeitkultur.

Eine eigene Form von Underground entwickelte sich, kaum daß sich Pop als verkäufliche Stimme der Rebellion etabliert hatte. Arnulf Meifert, ein Gründungsmitglied von **Faust**, erinnert sich:

Rockmusik, vordem noch mit der Aura der Rebellion versehen, begann um 1970 bereits zu Muzak zu verkommen, zur Kaufhausberieselung. Eine Entwicklung, die heute ihren Höhepunkt erreicht zu haben scheint. Musik, eines der erfreulichsten Elemente, die den Mensch zum Menschen machen, wird zur widerwärtigsten

Form der Dauerbelästigung erniedrigt. Wir wollten dem eigene Klänge entgegensetzen. Was immer die individuellen, subjektiven Beweggründe waren bei den einzelnen sechs Mitgliedern der Gruppe Faust, ganz egal auch, wie einige Musiker sich damals oder heute befragt dazu äußern würden, so kann wohl zusammengefaßt werden, daß bei uns allen ein Wille zur Erneuerung und Rebellion gegen die bestehenden Zustände in Gesellschaft, Kultur und Kunst da war. Dem Status quo setzten wir unsere spezifische Mischung aus Dilettantismus und Willen zum Ungehörten, Unerhörten, zum Experiment entgegen.

Aus der Not, also dem Dilettantismus, wurde eine Tugend gemacht: Er galt im Gegensatz zur etablierten Kultur als die echtere, ursprünglichere Ausdrucksform, war sozusagen Antikunst, eine Kultur, die sich dem Elitären und Erhabenen verweigerte, also auch dem Virtuosentum, das in der Rockkultur immer größere Ausmaße annahm. Erste Ansätze dieser Art, etwa bei Gruppen wie **Red Krayola** und **Velvet Underground**, sollten für die Popgeschichte wegweisend werden.

In der zweiten Hälfte der siebziger Jahre kam es nämlich mit Punk und New Wave zur ersten entscheidenden Zäsur innerhalb der Popgeschichte: Die rauschhaft hedonistische Pop-Phase wurde lautstark zu Grabe getragen. »All you hippies better start to face reality«, lautet ein berühmter Punk-Slogan. Gerade Dilettantismus ist mit einem Mal zum Garanten für Lebensnähe und also auch zum ästhetischen Kriterium für Qualität geworden; der Star, wie er in der Popgeschichte von Elvis bis Eric Clapton, von den **Bee Gees** bis zu John Lennon mit je eigen ausgeprägtem Starkult entstanden war, wurde von den neuen Subkulturen verworfen und gegen einen Musikertypus ersetzt, der zumindest vorgab, dem Publikum ebenbürtig zu sein.

»One Chord Wonder« lautet der Titel einer Punk-Hymne von den **Adverts**: Ein Akkord genügt. Wenn du etwas zu sagen hast, stelle dich auf die Bühne! Hauptsache, du hast etwas zu sagen. Der neue, oberste Wert im Pop hieß nun, ganz gleich, ob eine Band sich zu dieser Zeit eher als Punk, New Wave oder als Industrial verstand – der Realität ins Auge zu blicken.

Natürlich gab es auch in der Popkultur der sechziger und siebziger Jahre gesellschaftskritische Texte, die alles andere als psychedelische Flucht angeboten hatten – verwiesen sei z. B. auf Bob Dylan oder auf die für die afroamerikanische Bewegung wegweisenden Musiker Sly Stone und Curtis Mayfield –, nicht aber in dieser zynischen, negativistischen Roheit.

Unter dem Slogan »No future« wurden alte Pop-Werte ästhetisch radikal umgemünzt: Die neue Generation gab sich unversöhnlich aggressiv. Am drastischsten und musikalisch auch extremsten widersetzte sich die sogenannte »Industrial Culture« dem Pop als versöhnliche Feierabendkultur von Party, Spaß und Tanz. Deren bekannteste Vertreter, **Throbbing Gristle**, benutzten den Verbrennungsofen von Auschwitz als Label-Logo, verstörten live durch ein Gemisch aus sägendem Lärm, Militarismus und offensiv zur Schau gestellten Sexualität. Ziel war es, das kollektiv Verdrängte der Gesellschaft aufzudecken.

Die von Arbeitslosigkeit heimgesuchten, neokonservativ regierten Industrieländer wurden Anfang der Achtziger im Getöse des Industrieschrotts dem Untergang preisgegeben: »Ich steh auf Verfall«, riefen die **Einstürzenden Neubauten** auf ihrem LP-Debüt aus.

Diese apokalyptische Geste hatte nun wirklich nichts mehr mit dem »All you need is love« der ausgehenden sechziger Jahre gemeinsam.

War der neue, lärmende Aufstand von Punk und Industrial nur eine selbstmitleidig aggressive, am Ende pubertäre Geste junger Männer, oder hat damit Jugendkultur erstmals, wie der amerikanische Pop-Theoretiker Greil Marcus behauptet, eine Ernsthaftigkeit erreicht, die in ihrer ästhetischen Konzeption gar mit dem Dadaismus vergleichbar ist?

Donna Klemm, die mit Artware Audio den bis heute größten deutschen Vertrieb für Schallplatten aus der Industrial- und Noise-Culture leitet, erklärt sich die Faszination aus einer unvermittelten, direkten Schockkultur heraus, von der eine beinahe katharische Wirkung ausgeht:

Was mich an der Sache fasziniert und was viele abschreckt, ist die extrem brutale Herangehensweise. Hier wird sich unverschlüsselt mit den Sachen auseinandergesetzt ... in den Medien geschieht es den ganzen Tag, daß du etwas über Massenmord, Kriegsschauplätze liest, doch es wird dort so entindividualisiert dargestellt, daß jeder es zwar mitkriegt, sich aber nicht bewußt damit auseinandersetzt. Bestimmte Gruppen aus der Noise Culture schleudern dagegen dem Zuschauer und dem Zuhörer die ganze brutale Realität um die Ohren. Er muß sich damit auseinandersetzen. Es wird geschockt.

All das jedoch ist Geschichte. Sehr leicht läßt sich in der Tat bis in die Achtziger hinein eine Popgeschichte referieren, deren Entwicklung und deren Grundwerte bei allen Widersprüchen doch eines gemeinsam hatten: Stets ging es darum, der bürgerlich vernünftelnden Kultur eine Wildheit entgegenzusetzen, die das Eigentliche hervorkitzeln wollte, das, wofür sich wirklich zu leben lohnte. All dies konnte so lange als befreiender Schock gegen eine repressive Gesellschaft gedeutet werden, solange Pop selbst sich eher als linke, liberalistische Bewegung deuten ließ: Für die Interessen von Afroamerikanern, Schwulen und Lesben beispielsweise, gegen Nationalismus, gegen die Wettbewerbsgesellschaft und gegen eine elitäre, nur Privilegierten zugängliche Hochkultur – so zumindest lautete lange Zeit die Lesart von Pop seitens seiner Befürworter.

Doch wie hieß es bereits Pop-programmatisch zu Beginn dieses Textes: »The times they are a-changin'.«

Nazirock in Deutschland, antisemitischer und sexistischer HipHop aus den USA und die Kommerzialisierung sowie inhaltliche Entleerung von Punk zeigten zu Beginn der Neunziger, daß Popkultur nicht notwendig emanzipatorisch, dissident und autonom verläuft. Die Karten mußten neu gemischt werden. »The Kids are not Alright« betitelte Diedrich Diederichsen kurz nach dem rassistischen Brandanschlag in Rostock einen Artikel in der Musikzeitschrift *Spex*: Unter denen, die da »Ausländer raus!« plärrten, waren, so gibt er in seinem Text zu bedenken, tatsächlich Jugendliche zu beobachten, die »Malcolm X«-Kappen trugen und aussahen, als ob sie HipHop oder Grunge hören würden.

Phänomene wie der sogenannte Rechtsrock, also offen rechtsradikale Rockbands, der Tod Kurt Cobains und die Mainstreamisierung einstiger Indie-Sparten gaben zu erkennen, daß Pop-Werte wie Dissidenz und Authentizität stets nur vage Projektionen gewesen sind. Dennoch kann Pop bis heute die Biographie vieler Jugendlicher positiv beeinflussen: Nirgends ist die ästhetische Erfahrbarkeit einer Befreiung von gesellschaftlichen Zwängen größer. Wer daran einmal teilgenommen hat, wird selbstbewußter und kritischer auf eben solche Zwänge reagieren.

In den Neunzigern begann Popkultur also, selbstgeschaffene Mythen zu reflektieren. Zumindest die versiertere, ästhetisch wie inhaltlich interessantere Popmusik unserer Tage läßt nichts unversucht, möglichst wenig authentisch und triebhaft zu wirken. Gruppen wie **Tortoise** und **Stereolab, Blumfeld** und **Les Robespierres** sind Beispiele für eine sehr reflektierte, bewußt gefilterte und artifizielle Arbeitsweise, deren Ziel gerade nicht mehr ist, für bloße Versenkung in die Musik oder für Identifikation innerhalb einer Subkultur zu sorgen, sondern Pop- beziehungsweise Rock-Werte zu dekonstruieren. **Les Robespierres** aus Hamburg sind ein sehr gutes Beispiel für diese Methode: Ihr ästhetisches Konzept spielt mit linker Symbolik – vom Bandnamen, der Plattengestaltung bis zum Auftreten der Musiker –, doch die Texte sind in einer Art virtueller Sprache abgefaßt, in einem Portugiesisch, wie es in keinem Wörterbuch gefunden werden kann. Wie auch immer man dieses Bemühen um Codierung deuten mag – bezüglich einer Sache sind sich die Bandmitglieder allemal einig: Über Werte, wie sie die vorherrschende Rockkultur der Sechziger und Siebziger hervorgebracht hat, muß gar nicht mehr diskutiert werden. Klaus Ramcke **(Les Robespierres)**: »Es geht ja nicht um Anti-Rock, weil Rock ist so passé, daß sogar eine Anti-Rock-Position völlig obsolet ist. Das ist ja kein Statement von uns, daß wir anti-rock sind, denn das ist ja sowieso so.«

Sammler katalogisieren Pop und legen Preise für Schallplatten fest. Die Universitäten beginnen, dem Pop einen Platz in den Regalen zwischen Lessing und Mozart einzuräumen. Popkultur ist inzwischen ein so dominanter Bestandteil unserer Kultur und damit Voraussetzung geworden, unsere Kultur überhaupt verstehen zu können. Ein heute Dreißigjähriger wird sich eher blamieren, wenn er Madonna nicht kennt, als wenn er die Handlung von *Wilhelm Tell* nicht zusammenfassen kann.

All das sind offenkundige Anzeichen dafür, daß die einstige Wildheit des Pop wie auch seine Schockwirkung verblaßt sind. Eine vitale, auf Präsenz angelegte Bewegung wird dann erst zum Objekt von nostalgischer Nacherzählung durch Sammler und Chronisten oder zum Objekt wissenschaftlicher Erklärung, wenn sie ihre unmittelbare Wirkung als Schlagkraft eingebüßt hat. War es denn mit den künstlerischen Avantgarden anders? – Dada, Surrealismus, später Pop Art, Fluxus und Happening zielten auf Schock, auf augenblickliche Gleichsetzung von Kunst und Leben, und fanden sich doch kurz darauf im Museum wieder.

Pop befindet sich in einer ähnlich ratlosen Situation wie die Bildende Kunst heute. Es gibt eine Unzahl an verschiedenen Stilen, Ausdrucksformen und Rückbezügen auf die eigene Vergangenheit, allerdings keine Werte mehr, auf die sich verbindlich geeinigt werden könnte.

Musiker, die sich mit postmoderner Theorie auseinandergesetzt haben, stehen dieser Entwicklung im Pop sogar optimistisch gegenüber. Zum Beispiel Thomas Meinecke, Sänger der Münchner Gruppe **Freiwillige Selbstkontrolle**, die ihr Publikum seit den frühen Achtzigern dadurch irritiert, Stile ständig zu wechseln und über musikalische Klischees – etwa aus Country und deutscher Folklore – authentische, nicht korrumpierbare Musik an sich in Frage zu stellen: Für ihn besteht die emanzipatorische Chance der neueren Popmusik gerade darin, keine Identifikationsmuster mehr anzubieten:

> Die Wechsel im Stilistischen sind dauernde Reaktionen auf Zuschreibungen, die uns nicht gefallen. Als wir ein Akkordeon auf der Bühne hatten, kamen Leute und sagten: »Toll, hier wird noch

richtig handgespielte Musik gemacht.« Aber das ist ja für uns das Schlimmste, was es gibt! Also nix wie weg mit dem Akkordeon und her mit dem Yamaha-Keyboard. Dann landet man eben plötzlich sehr ruckartig in einem ganz anderen Kontext. Und die einen sind enttäuscht – und das ist auch gut, wenn die dann wegbleiben, dann kommen andere hinzu.

Der reflektierte Pop spielt heute mit den Verhaltensmustern seiner eigenen Geschichte, nicht zuletzt auch humorvoll mit den Codes, über die einmal Rebellion, Echtheit und Wildheit vermittelt wurden. Seit Pop nämlich selbst zu einer Art Museumsstück geworden ist und der eigenen Vergangenheit in geweihten Hallen mit ganz anderen Augen begegnet, kommt er sich stellenweise ähnlich lächerlich und doktrinär vor wie die Lebenswelt der Generation, gegen die er sich einmal auflehnte.

»Gimmie dat old time religion«, sang Don van Vliet alias Captain Beefheart 1968 auf der Nummer »Moonlight On Vermont«. Heute scheint dieser Slogan zur Durchhalteparole der Popkultur geworden zu sein, deren stilistische Vielfalt nicht darüber hinwegtäuschen kann, daß allerorts hauptsächlich Recycling betrieben wird: **Bad Religion** und **Die Ärzte** beschwören alte Punk-Werte auf VIVA und MTV; **Guns 'n' Roses** zertrümmern ihre Gitarren pflichtgemäß im Gestus der alten **Who**; Easy Listening, Cool Jazz, Funk und Rap werden – ihrer historischen Bedeutungen beraubt – in TripHop-Nummern wohlig zusammengespült; von **Supertramp** bis zu den **Sex Pistols**, von **Velvet Underground** bis **Kiss** bleibt kaum eine Reunion unversucht. Jene Wehmut im posthistorischen Zeitalter, die um »dat old time religion« bettelt, ist ja weniger darauf zurückzuführen, daß heute musikalisch nichts Spannendes, Intensives, Innovatives, Belebendes, Belustigendes und Aussagekräftiges passiert; sie ist vielmehr Wehmut nach einer Zeit, in der bestimmte Stile und Gesten noch eindeutige Werte wie Direktheit, Ehrlichkeit und Dissidenz vermitteln konnten. Wo Abgrenzungen und Positionierungen in welcher Richtung auch immer ausbleiben, können sogar Schlager und Easy Listening von damals wehmütig besetzt werden, weil ihnen immerhin noch gelang, über ein ganz bestimmtes Milieu Kontroversen auszulösen. Wen wundert da also noch, daß trendige Popbands wie **Air** weicher und gefälliger klingen als der Yankee-Krach, mit dem Opa einmal den Wirtschaftswunder-Frieden ins Wanken brachte?

Literaturhinweise

Roger Behrens/Martin Büsser (Hrsg.): Testcard – Beiträge zur Popgeschichte 4: Retrophänomene in den Neunzigern. Mainz 1997.

– Testcard – Beiträge zur Popgeschichte 5: Kulturindustrie. Mainz 1997.

Jean-Martin Büttner: Sänger, Songs und triebhafte Rede. Rock als Erzählweise. Frankfurt a. M. 1997.

Klaus Farin: Jugendkulturen zwischen Kommerz und Politik. Berlin 1998.

Simon Frith: Performing Rites. On the Value of Popular Music. Oxford 1996.

Ansgar Klein (Hrsg.): Forschungsjournal Neue Soziale Bewegungen 2/1995: Subkultur und Subversion. Wiesbaden 1995.

Oliver Kleinschmidt/Andreas Platzgumer/Andre Ringel (Hrsg.): Musik – Macht – Politik. Ein Symposium zur gesellschaftlichen Relevanz zeitgenössischer Populärmusik. Stuttgart 1994.

Richard Meltzer: The Aesthetics of Rock. New York 1970. Neuausg. New York 1987.

Craig O'Hara: The Philosophy of Punk. More Than Music! San Francisco 1995.

RÜDIGER BLOEMEKE

Aufbruch – Suche nach dem neuen Rhythmus Rock 'n' Roll und Halbstarke

Ein simpler Titel, ein simpler Song: »Rock Around the Clock«.
Aber mit dem »One, two, three 'o clock, four 'o clock, rock«
von Bill Haley wurde Mitte der fünfziger Jahre die alte Zeit
ausgezählt. Für alle, die ein Ohr für diese Klänge hatten, begann eine neue Epoche. Der Abschied von gestern kam allerdings nicht über Nacht, und er kam nicht allein durch den
Rock 'n' Roll oder den 30 Jahre alten Bandleader aus Michi-
gan, der mit seiner dicklichen Statur und seiner berühmten
Schmalztolle alles andere als ein Revolutionär war. Schon
1955 empörte sich das *Hamburger Abendblatt* über einen »Tu-
mult der Jazz-Anhänger«, bei dem »das jugendliche Publikum
rücksichtslos die Stuhlreihen niedertrampelte«. Anlaß war ein
Konzert von Louis Armstrong, der seinen Auftritt aufgrund
der schlechten Tonanlage in der Ernst-Merck-Halle vorzeitig
abbrach. In der Halle flogen Flaschen und Stuhlbeine auf die
Bühne, vor der Halle ging die Polizei mit Wasserwerfern gegen
die Randalierer vor. Dasselbe passierte einen Tag später noch
einmal in Frankfurt.

Das war zehn Jahre nach Kriegsende. Der Jazztrompeter aus
New Orleans, für die Bundesdeutschen damals der Inbegriff
amerikanischer Musik, besuchte das Land schon zum zweiten
Mal. Das Plattenlabel Brunswick der Deutschen Grammophon
hatte die Schellackplatte mit Armstrongs »C'est Si Bon« über
100 000mal verkauft. In der Nazi-Zeit noch verpönt, fand Jazz
in unserem Land jetzt offiziell Anerkennung.

Satchmo, »der alte Zauberer der Jazzmusik, die von ihren
Ursprüngen her ein einziger Aufschrei Unterdrückter gegen
die Macht der Konvention und der spießbürgerlichen Ordnung
ist«, wurde auch in den Medien begeistert gefeiert. Hart ging
das *Abendblatt* aber mit den »Tausenden« ins Gericht, die

»sich von einer nervenaufpeitschenden Musik (hatten) fanatisieren lassen«. Das Fazit der Zeitung:

> Das Vertrauen zu den haltlosen Elementen einer Generation, die ihre entscheidende Prägung in den turbulenten Nachkriegsjahren erhielt, hat einen empfindlichen Stoß erhalten.

Musik und Jugend, Nachkriegsgeneration und Jazz – das Thema sollte in den nächsten Jahren zu noch mehr empfindlichen Stößen führen. Denn es kam schlimmer. Die deutschen Plattenfirmen übernahmen seit Beginn der fünfziger Jahre hitverdächtige Aufnahmen aus den USA. Da war vor allem viel Jazz dabei, was dazu führte, daß man alles, was aus Amerika kam, zunächst einmal für Jazz hielt. Die Labelmanager, allesamt betagte Herren, dachten damals nicht daran, für Jugendliche eine besondere Musik auf Platten anzubieten. Schon zwischen den einzelnen Musikstilen zu unterscheiden hätte sie überfordert.

So kamen die ersten Rock-'n'-Roll-Aufnahmen in deutsche Plattenläden, und keiner wußte, was das eigentlich war. Als »für die Jazz-Fans interessant« stellte z. B. Teldec 1953 das Rhythm & Blues-Stück »Big Mamou« des schwarzen Musikers Smiley Lewis vor. 1954 folgte Bill Haleys »Crazy Man, Crazy« – beides noch auf Schellack. Und so ging es – ganz langsam – weiter.

Bill Haley hatte mit seiner Tanzkapelle **The Comets** an amerikanischen High Schools zunächst alles gespielt, was sein Publikum hören wollte. Dixieland, Schlager, Country & Western, sogar Rhythm & Blues. Sein Vorbild war der weiße Country-Sänger und erste Popstar Hank Williams, dessen Song »Move It On Over« ein musikalischer Vorläufer von »Rock Around the Clock« war. Aber auch die schwarze Musik entwickelte sich damals zu einer einflußreichen Szene, an der ein Entertainer wie Haley nicht vorbeikonnte. In New Orleans, Memphis, Chicago und Los Angeles bekamen Schwarze jetzt Plattenverträge, um dort die Jazz- und Blues-Stücke aufzunehmen, die im Mississippi-Delta in den Kneipen zum Tanz gespielt wurden. Für ihre Platten – von den Weißen abschätzig

»race records« genannt – gab's extra Schwarzen-Hitparaden. Die von den Plattenfirmen beabsichtigte Rassendiskriminierung scheiterte jedoch an den Musikern.

»Rocket 88«, ein Rhythm & Blues-Stück, das 1951 von Ike Turners Band mit dem Sänger Jackie Brenston im Sun-Studio in Memphis für den »schwarzen Markt« aufgenommen wurde, ließ auch Bill Haley aufhorchen. Schwarz oder weiß, das spielte für ihn keine Rolle. Er coverte es mit den **Comets** für sein Label Essex. Und sein junges Publikum stieg darauf begeistert ein. Die Folgen ließen nicht lange auf sich warten. Schon bald entdeckte das Musikbusiness ein neues Geschäft: schwarze Musik von Weißen für die weiße Klientel gespielt. Haley selbst landete 1954 auf diese Weise mit Joe Turners »Shake, Rattle and Roll« einen Millionseller. Und Haley-Fan Elvis Presley brachte nach demselben Muster Amerikas Teens zum Kochen. Seine erste veröffentlichte Aufnahme, »That's All Right«, aus dem legendären Sun-Studio, hatte die »race«-Platte »That's All Right« von Arthur Crudup zum Vorbild.

Aber auf Elvis mußte die deutsche Jugend noch zwei Jahre warten. Erst 1956 übernahm der RCA-Konzern seinen Vertrag und sorgte dafür, daß diese »Rockabilly« genannte Mischung aus Rhythm & Blues und Hillbilly der Welt ein Begriff wurde. Dann allerdings unter dem Namen »Rock 'n' Roll«, der mittlerweile für den schwarzen Rhythm & Blues wie für die weiße Kopie gebräuchlich wurde. Und so betulich kündigte damals seine Plattenfirma ihren größten Star an:

> ... die Spitzenstars nun auch in Ihrem Heim. Hier eine Probe: der jüngste aus der langen klangvollen Namensliste der RCA-Favoriten, Elvis Presley, der 21jährige Komet am Himmel der Rock-'n'-Roll-Ekstase in der Jugend der ganzen Welt. Sein »Hound Dog« hat bereits die Verkaufsziffer von zwei Millionen überschritten ...

Rock-'n'-Roll-Ekstase – da schlug auch Bill Haleys Stunde. Der Film *Blackboard Jungle*, der unter dem Titel *Saat der Gewalt* 1955 in die deutschen Kinos kam, setzte Bill Haleys Single, die bisher wenig Beachtung gefunden hatte, für den Vorspann ein.

So wurde »Rock Around the Clock« nicht nur zur berühmtesten Filmmusik aller Zeiten, sondern auch zur vielzitierten »Marseillaise der Teenager-Revolution«.

Wer den Film heute sieht, kann die Aufregung von damals nicht begreifen. Die naive Handlung: Böse Jugendliche rebellieren gegen einen netten Lehrer – gespielt von Glenn Ford. Die braven Mitschüler sorgen aber schließlich für ein Happy-End. Das Aufbegehren der Jugend wurde in den fünfziger Jahren in Hollywood mit Streifen wie *Der Wilde* (mit Marlon Brando als Motorrad-Rowdy) und ... *denn sie wissen nicht, was sie tun* (mit James Dean) vermarktet. Aber *Saat der Gewalt* stellte die Revolte nicht nur dar, sondern löste sie auch aus. Und zum erstenmal wurden Rock 'n' Roll und Jugendrebellion miteinander in Verbindung gebracht. »Fieberhaft, aber harmlos«, lautete der Kommentar, als in Princeton (New Jersey) Studenten nach einer Aufführung von *Blackboard Jungle* auf dem Campus randalierten. Auch in Deutschland hatte der Aufstand eher rührende Züge. *Rock Around the Clock*, auf deutsch *Außer Rand und Band*, hieß ein schnell nachgedrehter Bill-Haley-Film, dessen Aufführung Edith Klatte, Jahrgang '40, in der Kleinstadt Winsen an der Luhe erlebte:

> Der Film *Rock Around the Clock* wurde in einem der Lichtspielhäuser gespielt, und wir verabredeten uns schon in der Schule, daß wir alles, was Krach machte, unter anderem waren das Kämme mit Pergamentpapier, mitbrachten. Und dann ging es ganz fürchterlich los: Wenn Bill Haley auf der Leinwand rockte und stampfte, tanzten wir in den Gängen, sprangen auf die Bühne, tanzten vor der Leinwand. Einige waren so begeistert, die rissen die Stuhllehnen von den Sesseln. Nachdem das Spektakel beendet war, zogen die verschiedenen Gruppen und Cliquen in die Stadt, um ihr Gefühl noch weiter auszuleben, während andere auch zum Bahnhof gingen und dort ein Auto umkippten, so daß die *Hamburger Morgenpost* eine Schlagzeile brachte: »Winsener Jugend vom Rock-'n'-Roll-Fieber ergriffen«.

Danach kehrte wieder Ruhe im Wirtschaftswunderland ein. Zur Eskalation kam es Jahre später, als Bill Haley mit seinen »Kometen« in Europa auf Tournee ging. Er spielte immer noch dieselbe Masche, die in Amerika keiner mehr hören wollte. Dort beherrschten mittlerweile Elvis Presley, Little Richard, Jerry Lee Lewis, Chuck Berry, Fats Domino und Buddy Holly die Hitparaden. Aber in Europa hatte Haley auch 1958 noch das Zeug zum Jugendidol und Elternschreck. Seine Auftritte erschütterten das Abendland. In der Bundesrepublik hielt seine Plattenfirma es für eine gute Idee, ihn und die **Comets** mit Kurt Edelhagens Jazzband im Vorprogramm auftreten zu lassen. »Seine Musik grenzt an Jazz«, hatte ein deutscher Musik-Kritiker »Rock Around the Clock« eingeordnet. Mit dieser Vorstellung wurde jetzt gründlich aufgeräumt. Nach der Konzertreihe galt bei uns die Gleichung: Rock 'n' Roll gleich Krawall. Aus nächster Nähe erlebte das Bill Ramsey, Amerikaner in Deutschland, der in Edelhagens Big Band als Sänger auftrat.

> ... daß Bill Haley nichts damit zu tun hatte, kann ich als eyewitness, als Zeuge, sagen. Er hat nicht einmal anderthalb Titel gespielt, dann kamen die Leute auf die Bühne. Die haben nur auf ihn gewartet und gesagt: Jetzt machen wir Remmidemmi. Diese Leute haben die Baßgeige kaputtgemacht und einen Konzert-Steinway-Flügel zerschlagen. Es war wirklich ganz schlimm!

Konzertveranstalter Kurt Collien erinnert sich, daß Bill Haley »über diese Krawalle erschüttert« war. An historischem Ort, dem Berliner Sportpalast, wo Goebbels den totalen Krieg ausgerufen hatte, erlebten am 26. Oktober 1958 Bill Haley, Kurt Edelhagen, Bill Ramsey und Kurt Collien den totalen Terror. Für den Konzertveranstalter war das eine Erfahrung, die »rund 80 000 Mark Schaden« mit sich brachte. Und während Ramsey sicher ist, daß die Randalierer von der SED aus Ostberlin geschickt wurden, sagt Collien im Rückblick: »Das war der Aufbruch der deutschen Jugend!«

Die Haley-Berichterstattung der Zeitungen wurde vom Feuilleton in den Polizeibericht verlegt, und dort blieb der Rock 'n' Roll von jetzt an angesiedelt. Die festgenommenen Rock-'n'-Roll-Fans waren – wie konnte es anders sein – »Schlosser, Mechaniker, Elektrotechniker, Verchromer«. Mit einem Wort: »Halbstarke«. Als Ausnahme wird »ein Gymnasiast« hervorgehoben. Das Bild entspricht der Einschätzung des Kulturwissenschaftlers Kaspar Maase, der die Jugendkultur in der Bundesrepublik der fünfziger Jahre analysierte. Er sieht vor allem »das Milieu städtischer Arbeiterjugendlicher« als anfällig für das neue Rock-'n'-Roll-Fieber. Auch wenn die Einschränkung auf das Proletariat zu einseitig ist, war es sicher nur eine Minderheit, die das mit dieser Musik verbundene neue Lebensgefühl auskostete. Musikalisch hatte sich die Republik ansonsten nicht weit von den Vierzigern entfernt. Der vorherrschende Beat der Zeit war der Rhythmus bayerischer Trachtenkapellen. Und die Mehrheit der Jugendlichen hörte, was auch den Eltern gefiel.

Die Bereitschaft zur Rebellion wird in den meisten Rückblicken auf die fünfziger Jahre überbewertet. Ein Jahrzehnt vor dem alles verändernden Jahr '68 war das Bestreben der Heranwachsenden vielmehr, in die Fußstapfen der älteren Generation zu treten. Nicht ohne Grund: Im Mief der Nachkriegsrepublik galt die Kindererziehung hauptsächlich dem Ziel der Anpassung an die Erwachsenenwelt. Mädchen machten zur Begrüßung einen Knicks, Jungs einen Diener. In den Schulen führten Lehrer, die ihren Drill in der Nazizeit erfahren hatten, ein hartes Regiment. Jugendliche trugen die Kleidung ihrer Eltern und der älteren Geschwister auf. Erst mit 21 war man volljährig und konnte wählen. Zur Wahl standen ausnahmslos ältere Herren. 1956 war der Bundeskanzler Konrad Adenauer 80 Jahre alt geworden – ein Großvater und ein Greis.

Mit dem Kulturtransfer von Amerika in die Alte Welt kamen mit einem Mal Idole über den Atlantik, die das Zeug hatten, den Urwalddoktor Albert Schweitzer als Vorbild abzulösen. Elvis Presley, Jerry Lee Lewis, Eddie Cochran, Duane Eddy und Ricky Nelson – allesamt nicht älter als 25 – wirkten so völlig anders als die spießigen deutschen Schlagersänger. Vor allem gaben sie sich lässig, so wie James Dean, dem *Bravo* eine ganze Serie widmete. Jeder von ihnen verkörperte den Typ des Außenseiters, des Unverstandenen und Aufmüpfigen. »Was damals entstand, waren die Anfänge einer Jugendkultur, wie es sie zuvor in Deutschland nie gegeben hatte«, faßt Kaspar Maase zusammen. »Eine ganze Altersgruppe fühlte sich, über die Grenzen sozialer Milieus hinweg, verbunden im gemeinsamen Musikgeschmack und Kleidungsstil.«

Die Jugend schaute westwärts. Amerikanische Filme wie ... *denn sie wissen nicht, was sie tun* und *Saat der Gewalt* führten vor, daß Bluejeans und Lederjacken, Bolo ties (sogenannte »Halbstarken-Schlipse«) und Slipper für junge Männer zum lässigen Erscheinungsbild beitrugen. Die Rebellion gipfelte in einer kühnen Haartolle, die mit Brill frisiert wurde. Statt des Motorrads, das Marlon Brando so selbstbewußt über die Leinwand steuerte, konnten sie sich allerdings nur ein Moped leisten. Weibliche Teenager (damals »Backfische« genannt) brauchten unbedingt einen Petticoat, um in der Milchbar mithalten zu können. Wer sich auf diese Weise ausstaffierte, grenzte sich nicht nur von der Welt der Erwachsenen ab, sondern auch von Gleichaltrigen, die damals Seppl-Lederhosen und Faltenröcke schick fanden. Rock-'n'-Roll-Fan Edith Klatte erinnert sich:

> Ich hatte einen Freund, der hatte einen Pepita-Anzug und diese Al-Capone-Schuhe, so schwarz-weiße Schuhe, und das Brill-gestylte Haar wie Elvis Presley. Ich selber hatte ganz steif gestärkte Petticöter ...
>
> Sobald wir wieder Freizeit hatten, zogen wir in unsere heißgeliebte Milchbar in Winsen, die Treffpunkt vieler begeisterter jugendlicher Rock-'n'-Roll-Fans war. Denn dort stand eine Musicbox, und die spielte pausenlos unsere geliebten Titel von Elvis Presley und Bill Haley – und nachher Little Richard auch, und dazu haben wir in den Gängen zwischen den Stühlen getanzt, sind auf die Stühle gestiegen, dann gab's dazu Negerkußmilch – mit dem Strohhalm getrunken. Im Grunde war das ja total harmlos, und trotzdem hatte es einen Hauch von Verruchtheit, so daß sogar der Rektor der Oberschule in Winsen bei meiner Mutter anrief, ob die wüßte, daß ich nach der Schule in der Milchbar verkehrte ...

Die Alten witterten Autoritätsverlust und schlugen zurück. Wenn sich in dieser Zeit der Generationskonflikt entlud, dann ging es oberflächlich gesehen um solche Geschmacksfragen.

Was man in der Freizeit tat, wie man sich kleidete, wie man sein Haar trug, welche Musik man hörte, wie man tanzte. Eine Gesellschaft, die den Walzer zum Ideal erhob und den Tango augenzwinkernd als Ausschweifung akzeptierte, mußte Rock 'n' Roll als ungehörig ablehnen. An »Kult- und Kriegstänze des Urwalds« fühlte sich 1956 die Tageszeitung *Die Welt* erinnert. Und *Die Zeit* beschrieb fassungslos: »Sie tanzen Rock 'n' Roll auf der Stelle. Sie werfen die Arme hoch. Der Blick bekommt etwas Starres.« Der Psychologe Dr. Joost Meerlo erkannte daher Parallelen mit dem St.-Vitus-Tanz, der Ende des 14. Jahrhunderts Deutschland eroberte. Sein Urteil: »Rock 'n' Roll ist ein Symptom für die Gier nach einem Zurückgleiten in archaische Dumpfheit und passive Raserei.« Über solche Geschmacksfragen gab es allerdings keine Diskussionen, im Zweifelsfall wurde von den Eltern entschieden, was sich gehörte oder nicht. Dem Wunsch nach mehr Individualität und Freiheit begegneten sie mit Zwang und Unterdrückung. An solche Szenen erinnert sich Rock-'n'-Roll-Liebhaber Joachim P. Schmidt, der sich 1956 »Rock Around the Clock« als Schellack-Platte kaufte: »Uns wurde eigenartigerweise immer vorgeworfen, wir wollten ›alles wieder kaputtmachen‹.« Schmidt, Jahrgang '42, heute Dr. jur. und Richter am Oberlandesgericht in Düsseldorf, nennt auch die tieferen Gründe: »Nachdem diese Generation von Coventry bis Stalingrad alles in Schutt und Asche gelegt hatte – von Auschwitz gar nicht zu reden –, verspürte sie offenbar das große Bedürfnis, sich der Jugend gegenüber besonders ›moralisch‹ zu gebärden.«

Rock 'n' Roll wurde mit Ausschweifungen gleichgesetzt. Ohne zu wissen, daß der Begriff in der Sprache der schwarzen Amerikaner ein Synonym für Sex war, spürte die ältere Generation, daß der Freiheitswunsch der Rock-'n'-Roll-Anhänger nicht bei der Musik haltmachen würde. Faschismus-Forscher Klaus Theweleit, Jahrgang '42: »Über die amerikanische Lebenskultur haben wir Jungen die Verklemmtheit unserer Eltern entdeckt: Die haben mit Ausdrücken wie Niggermusik darauf reagiert, da wurde uns klar, was für eine Angst in ihnen steckte. Angst vor der Sexualisierung des Lebens, die da plötzlich erfolgte durch die Musik, die nackten Schultern.« Der neue Rhythmus war der Rhythmus der Sexualität – das hatten schon die Amerikaner durchschaut. Wenn Schwarze wie Joe Turner »Shake, Rattle and Roll« sangen, dann war das eindeutig. So eindeutig, daß Bill Haley für den weißen Markt eine jugendfreie Fassung aufnahm. Die Szenerie wurde vom Bett an den Küchenherd verlegt. Und es ist auch nicht mehr die Rede davon, was unter dem Rock des Mädchens zu sehen ist. Es waren diese entschärften Versionen der Original-Rock-'n'-Roll-Stücke, die Deutschland zunächst erreichten. Und doch reichten sie aus, um die Jugend nach Ansicht der Eltern rebellisch zu machen. Meister des purgierten Rock war Pat Boone, der mit Vorliebe Coverversionen der Hits von Fats Domino und Little Richard zum besten gab.

Solche aseptischen Liedchen hatten in Amerika der Jugendkultur die Schärfe genommen. Sie eröffneten die Möglichkeit zu deren Kommerzialisierung. Als AFN und BFN, die Soldatensender der amerikanischen und britischen Besatzungsmächte, die Kunde von einem neuen Lebensgefühl in deutsche Familien trugen, hatte die US-Unterhaltungsindustrie die jungen Wilden längst im Griff. Und als die Brunswick-, London-, RCA- und Heliodor-Singles mit Rock-'n'-Roll-Stücken in deutschen Radio-Fachgeschäften angeboten wurden, schoben die Plattenfirmen schnell eingedeutschte Versionen von Peter Kraus, Conny Froboess und Ted Herold nach. Die Texte hatten jetzt wieder die Sprengkraft deutscher Schlager erreicht. Auch Elvis Presley gab den Deutschen, was sie hören wollten, als er sich nach anderthalb Jahren Militärdienst aus Deutschland verabschiedete: »Muß i denn zum Städtele hinaus . . . «

Die Repression hatte gegriffen. Der Angriff auf die Anständigkeit demonstrierende Gesellschaft, die sich voller Heuchelei über das Callgirl Rosemarie Nitribitt empörte, war abgewehrt. Für Joachim P. Schmidt, der die fünfziger Jahre im katholischen Ruhrgebiet erlebte, wurde in dieser Zeit »das Sexuelle zum Verbotenen schlechthin«: »Die Beschränkung der Moral auf das Sexuelle ermöglichte aber nicht nur die

Unterdrückung elementarer Lebensäußerungen der Jugend und ihrer unerwünschten Kritik an den restaurativen politischen Zuständen, sondern auch die Verdrängung der Moralbegriffe aus allen anderen Lebensbereichen, insbesondere der Wirtschaft und der Politik.«

Der Aufstand der Rock 'n' Roller verpuffte im Privaten. Es ging ihnen um die persönliche Freiheit, ihre Gegenkultur entwickelten sie als Abwehr gegen die elterlichen Verbote. Daß in Bonn noch alte Nazis den Kanzler berieten, daß die Kommunistische Partei verboten wurde, daß die Wehrpflicht wieder eingeführt wurde, das alles brachte die Fans von Elvis und Coca Cola nicht auf die Barrikaden. Und auch nur im persönlichen Bereich haben sie den Aufbruch in die neue Zeit gewagt. Sie haben die Schleusen geöffnet, durch die die Popkultur den alten Kontinent überschwemmen konnte. Sie haben die Freiheiten ertrotzt, die für die Jugendlichen der sechziger Jahre selbstverständlich waren: daß man sich die Schallplatten kaufen konnte, die man mochte, daß man sich die Kleidung kaufen konnte, die man mochte. Die Botschaft des Rock 'n' Roll war für sie: Du kannst anders leben als deine Eltern, und du kannst Spaß dabei haben. Aus vollaufgedrehten Röhrenverstärkern hörten sie diese Botschaft in braven Milchbars und auf Kirmes- und Rummelplätzen. Dabei liefen sie voll in die Falle des Kommerzes: Die Freiheiten, die sie wollten, waren allesamt käuflich. Ihr Taschengeld wurde zum Wirtschaftsfaktor. Das erkannte vor allem Helmut Kindler, Verleger der 1956 gegründeten Jugendzeitschrift *Bravo*. Die Idole der Jugendfilme und der Hitparaden wurden darin in immer neuen Posen abgebildet, bis zu den kleinsten Details der Mode. Um sie im lebensgroßen Star-Schnitt an die Wand kleben zu können, mußte man mehrere Ausgaben nacheinander kaufen. In Anzeigen pries Kindler biedere Kleidungsstücke aus dem Versandhaus seines Bruders als »James-Dean-Jacke« und »Peter-Kraus-Coll« an. Die Aufmüpfigen wollten nur noch schick sein. Ganz im Sinn des Schlagers »Wenn die Conny mit dem Peter« von Conny Froboess und Peter Kraus:

Zieht Euch nur die flachen Schuhe an,
weil man damit besser tanzen kann,
die Pullis blau und gelb und rot,
zum Rock den neuen Petticoat,
Kinder, das wird heute wieder schick.

Der Schock traf Deutschland um so härter, als 1963 – fünf Jahre nach Bill Haleys Europa-Tournee – zum erstenmal richtige Rocker unser Land heimsuchten. Der Rock 'n' Roll hauchte gerade mit dem Twist sein Leben aus. Die **Beatles** übten schon im Star-Club, da haute ein Bürgerschreck erster Güte im selben Hamburger St.-Pauli-Establissement in die Tasten: Jerry Lee Lewis, der »Killer«, der »Kinderschänder«, der eine 13jährige geheiratet hatte. Der ganze Mann war die Personifizierung der Obszönität, wenn er sein »Whole Lotta Shaking Goin' On« intonierte.

Und wieder reagierte die bürgerliche Welt verstört, als sie die unverdünnte Dosis Rock 'n' Roll um die Ohren gehauen bekam. Der Reporter des *Hamburger Abendblatts* beschrieb das Unbehagen, das diese Form der Jugendbewegung seit fast einem Jahrzehnt auslöste:

> Der Lärm ist rhythmisch stampfend wie in einer Maschinenhalle. Die jungen Leute, zum Teil sehr jung, sind … einfach, anspruchslos, stark. Es sind dieselben, die auf dem Dom die Raupenbahn belagern. Derselbe Typus, der das Publikum beherrscht, findet sich auch auf der Bühne. Bewaffnet mit elektroverstärkten Gitarren und Schlaginstrumenten.

Der Unterschied zu 1958: Jetzt, fünf Jahre nach Bill Haley, tobte sich das Publikum der Rock-'n'-Roll-Show im Saal aus und ging danach friedlich nach Hause. Anfang der sechziger Jahre war die Luft raus aus der vermeintlichen Rebellion. Wasserwerfer und Schlagstöcke kamen nun nicht mehr zum Einsatz. Die Polizei wurde gar nicht mehr angefordert. Den Amerikaner Bill Ramsey, der die Entwicklung in Deutschland damals beobachtete, wundert das nicht:

Die Jugend fühlte sich wohl, sah eine Zukunft und war brav, sehr brav! Die ganze Bewegung der Jugend kam erst '68, im Vietnamkrieg und so, da erst haben sie sich mobilisiert – und ich weiß nicht, ob das nicht vorwiegend Studenten und Intellektuelle waren.

Literaturhinweise

Rüdiger Bloemeke: Roll Over Beethoven. Wie der Rock 'n' Roll nach Deutschland kam. St. Andrä-Wördern 1996.

P[eter] Cornelsen/H[arald] D. Kain: Bill Haley. Bergisch Gladbach 1981.

Kaspar Maase: Bravo Amerika. Erkundungen zur Jugendkultur der Bundesrepublik in den fünfziger Jahren. Hamburg 1992.

JOHANNES ULLMAIER

Subkultur im Widerstreit
Mods gegen Rocker – und gegen sich selbst

> Why don't you all f-f-f-fade away?
> *(The Who, »My Generation«)*

David hielt seinen Motorroller an der Ecke, die Julie ihm anwies. Er war als Rocker schon zu weit ins Modgebiet geraten, um sich noch gemütlich zu fühlen, aber er hätte sie unmöglich allein nach Hause lassen können. Außerdem mochte er es, wie sie sich an ihm festhielt. Du bist ein Idiot, sagte er zu sich, da bändelst du mit diesem Mädchen an, dessen Vater deinen Vater schon seit Jahren haßt und dessen Bruder der Anführer der Mods ist ... Julie sprang an der Ecke ab und wußte eine Weile nicht, was sie sagen sollte. [...] Da plötzlich: »Julie, ab ins Haus!« Im Umdrehen sah sie ihren Bruder Tom und dessen Modfreunde auf sie zustürmen. »Oh, David, hau schnell ab, bevor es Ärger gibt.« »Genau das dachte ich gerade auch, mein Liebling«, sagte er und trat auf den Anlasser. Doch es war bereits zu spät. Die Mods hatten ihn schon eingekreist. Und sie waren zu siebt. »Ein bißchen weit weg von zu Hause, was? [...] Hier, das wird dich lehren, da zu bleiben, wo du hingehörst – weg von unseren Vögelchen!«, und eine Faust traf Davids Kinn ...

Vorstehender Ausschnitt aus Sandra Lawrences Kolportage-Photo-Roman *The Mods* von 1967 gibt ein aufschlußreiches Bild davon, wie Mods und Rocker damals in der Öffentlichkeit wahrgenommen wurden: als motorrollende Straßengangs, deren Bestimmung darin lag, die jeweils andere zu hassen, sich mit deren Anhängern, wo es ging, zu prügeln, das eigene Stammrevier zu schützen und sich gegenseitig hübsche Nachbarstöchter abzujagen. Einiges davon – vor allem das territorial bestimmte Selbstverständnis – mag nicht völlig aus der Luft gegriffen sein, doch wird das so gezeichnete Szenario, schon weil es sich um jeden beliebigen Dorftanzschuppen ähnlich formen kann, dem Stellenwert, welcher den Mods und ihren Kämpfen mit den Rockern popgeschichtlich zukommt, kaum gerecht.

Was aber macht die Mod-Bewegung aus, von der Pete Townshend – ihr Idol und Biograph zugleich – sagt, sie sei »der Punkt, wo zum erstenmal Musik die britischen Jugendlichen voll erfaßte«? Worin bestanden ihre Eigenheiten, was fügte sie der Popkultur hinzu?

Um eines ersten Eindrucks willen lohnt es sich, zunächst noch etwas beim Klischee zu bleiben und zu sehen, wie sich der Wochenablauf eines typischen Mods laut einer Reportage aus der *Sunday Times* von 1964 ausnimmt:

> Montagabend, das bedeutet Tanzen gehen im Mekka, im Hammersmith Palais, im Purley Orchard oder im Stretham Locarno.
> Dienstag bedeutet Soho oder den Scene Club.
> Mittwoch, das war der Abend im Marquee.
> Der Donnerstag war dem rituellen Haarewaschen vorbehalten.
> Freitag, das hieß wieder in den Scene Club.
> Samstagnachmittag hieß, Kleider und Schallplatten einkaufen gehen.
> Samstagnacht ging's dann tanzen, und es endete selten vor 9 oder 10 Uhr am Sonntagmorgen.
> Sonntagabend war das Flamenco dran oder, falls einer Anzeichen von Schwäche zeigte, auch mal Ausschlafen.

Auch das klingt reichlich überzogen, wenn man bedenkt, daß selbst von denen, die von etwa 1962 an zum engsten Kern der Mods in Soho oder Central London zählten, nur die wenigsten die nötige Konstitution und Finanzkraft für ein solches Dasein mitgebracht haben dürften. Gleichwohl weist gerade die Übertreibung auf das Ideal – welches darin bestand, ein »face« – also: Gesicht – zu sein. Voraussetzung dazu war, daß man dem strengen und bisweilen wöchentlich wechselnden Outfit-, Tanz- und Geschmacksreglement perfekt entsprach bzw. es am besten selber mitbestimmte. Darüber hinaus kam es entscheidend darauf an, sich »cool« zu geben – was hier soviel bedeutet wie: in einem fort in Fahrt zu sein, von Shop zu Shop, von Club zu Club, und doch stets über allem zu stehen – ein Anspruch, der den Pop-Theoretiker Simon Frith in seiner Studie *Sound Effects* dazu veranlaßt, Mod als »arrogant, narzistisch, zynisch und gespannt« zu charakterisieren.

Welch starke Faszination trotzdem oder gerade deshalb von dem »face«-Ideal ausstrahlte, zeigt sich nicht zuletzt an den zwei Bands, welche am frühesten und erfolgreichsten den Anschluß an die Mod-Bewegung suchten: **The Small Faces** und **The Who**. Ist der Wunsch und Anspruch, »face« zu sein, bei ersteren bereits im Gruppennamen selbst präsent, so artikulieren letztere ihn – mindestens genauso plakativ – auf ihrer ersten, noch als **The High Numbers** veröffentlichten Single »I Am the Face«:

> I'm the face baby is that clear
> I'm the face baby is that clear
> I'm the face if you want it
> I'm the face if you want it, dear
>
> All the others are third class tickets by me, baby is that clear?

Sucht man nach den Anfängen der Mod-Bewegung, so stößt man – wie so oft im Pop und anderswo – auf konkurrierende Schöpfungsmythen. Pete Townshend etwa pflegt den folgenden:

> Im Londoner Scene Club begann ein gewisser Steven Underground-Jazz-Platten zu spielen. Daraus entwickelte sich nach und nach eine Szene. Finanziert wurde der Club von jungen Strichern, die das gesamte Geld, das sie mit Sex verdienten, für ausgefallene Kleidung ausgaben. Ein Mod zu sein war am Anfang also eine recht harte Sache. Denn es war ja so: Du hattest tolle Klamotten, weil du dir das Geld dafür mit Blow-Jobs bei reichen Homosexuellen verdient hattest.

Am wahrscheinlichsten erscheint indes die Variante, wonach die ersten »Modernists« – so lautete die ursprüngliche Langform – sich aus modebewußten jüdischen Kleinbürger-Kids rekrutierten, die zu Beginn der Sechziger in Sohos Kaffeehäusern mit der dort aufkeimenden Beatnik-Bohème in Berührung kamen. Sicher ist jedenfalls, daß sich der Mod-Stil als integrale Lebensform nach und nach herausbildete, wobei der Kleidungsaspekt voranging und erst in den folgenden Jahren durch charakteristische Motorroller, Tänze, Drogen, Clubs, Frisuren, Musik, Farbkombinationen und Embleme ergänzt wurde.

Wie der klassische Mod aussah, dürfte im allgemeinen Bewußtsein vor allem durch die Verfilmung von Pete Townshends Rock-Oper *Quadrophenia* verankert sein: feiner Anzug im Italo- oder Gangsterstil mitsamt entsprechender Krawatte; kurzer, nach vorne gekämmter French-Haarschnitt, mit unsichtbarem Haarspray festgezurrt; dazu bisweilen ein Schieberhut oder Barett und eine möglichst dunkle Sonnenbrille (auch und besonders in der Nacht); auf der Vespa ferner obligatorisch der olivgrüne Parka – und noch manch anderes Accessoire, wobei es aber viel Fluktuation und durchaus unterscheidbare Substile gab.

In welchem Maße das Kleiderreglement zur Identitätsstiftung der Mods beitrug, dokumentiert exemplarisch die B-Seite der zuvor zitierten Single, die – neben der Bekräftigung der »coolness« – im wesentlichen der Verherrlichung des titelgebenden »Zoot Suit«, eines Anzugs mit weißem, seitlich geschlitztem Jackett, gewidmet ist:

> I wear a zoot suit jacket with side vents five inches long
> I have two-tone brogues all the rest say you know this is wrong
> But the main thing is
> Unless you're a fool
> Ah you know you gotta know
> Yeah you know yeah you gotta be cool

So zahm dies heute anmuten mag und so sauber, wohlgepflegt und fein die Mods in ihrem Unterklassen-Dandy-Look erschienen, so wenig gesellschaftskonform war das Ganze doch. Zwar wirkte ihre Kluft insofern integrativ, als sie das zwanglose Changieren zwischen den Hauptlebensbereichen Schule, Arbeit und Vergnügen erlaubte. Jenseits davon aber hing der unübersehbar ins Selbstzweckhafte übertriebenen Geschniegeltheit und Akkuratesse immer etwas Verstörendes an, und mochte solcher Outfitfetischismus auch bisweilen äußerlich als modische Reaktion auf den starken Anpassungsdruck der typischen Mod-Berufe Kleinangestellter, Kaufhausverkäufer oder Bürobote durchgehen oder schlicht als übergroße Bravheit mißverstanden werden, so mußte er sich bei genauerem Hinsehen doch gerade in dem Maße als unverständlich und beängstigend erweisen, wie die Mods ihn selbst als *ihren Style* begriffen.

Wie dieses Etwas-zum-eigenen-Style-Machen in der Mod-Bewegung – und seither bei vielen Jugendkulturen – vor sich ging, läßt sich schön an ihrem markantesten Statussymbol, dem Italian Scooter, ablesen. Dieser wurde keineswegs etwa speziell für die Mods (geschweige denn von ihnen selbst) *er*funden, sondern vielmehr als für sie geeignet *vorge*funden – und dann schrittweise »mod«-ifiziert. Kam die Vespa ursprünglich nur allgemein dem Modwunsch nach Mobilität entgegen – wenn auch mit dem großen Vorteil, daß man auf ihr, im Gegensatz zu anderen Motorrädern, auch in der ausladenden Mod-Garderobe fahren konnte –, so wurde sie in der Folge durch allerhand Verzierungen wie Wimpel mit charakteristischen Emblemen, Hupen, Chromverkleidung, Extralampen, Extraspiegel oder Leopardfell-Sitz zum unverkennbaren Mod-Wahrzeichen umgestaltet.

> I ride a GS Scooter with my hair cut neat
> I wear my wartime coat in the wind and sleet
> *(The Who, »I've Had Enough«)*

Allerdings betraf die Modifikation nicht nur die Ausstattung, sondern vor allem auch den Gebrauch. Denn die Basisfunktion der Fortbewegung wurde, wie zuvor schon bei den Teds, alsbald vom Drang nach Selbstpräsentation überlagert. In seiner Studie *Hiding In the Light* zitiert der Pop-Theoretiker Dick Hebdige sogar konkrete Haltungsvorschriften:

> Es gab eine korrekte Art zu fahren. Du strecktest deine Füße im Winkel von 45 Grad heraus, und der Typ auf dem Sozius hielt seine Hände hinter dem Rücken und lehnte sich zurück.

Auch hierbei blieb der Außeneindruck freilich zwiespältig: Denn während die rituellen Scooter-Paraden, die die Mods alsbald veranstalteten, einerseits von Disziplin und Ordnung zeugten, mußte solch quasi-militärisches Formationsfahren doch auch den Eindruck der Bedrohung potenzieren.

Die größte Entfernung von der bürgerlichen Gesellschaft erreichten die Mods jedoch in ihrem exzessiven Drogenkonsum, der wiederum auf einer Umfunktionierung – nämlich von regulierenden Medikamenten zu deregulierenden Genußmitteln – beruhte. Die Mod-Droge per se war Speed, d. h. Amphetamine jeder Art. Mit ihrer Hilfe schien es möglich, der Tristesse des Alltagslebens zu entkommen und sich in jenen Rausch aus Action, Risiko und Raserei zu phantasieren, der das Mod-Ideal darstellte – und der, anders als etwa in weiten Teilen der aktuellen Technoszene, als *permanenter* eingefordert wurde:

> Here come the Nice
> Looking so good
> He makes me feel
> Like no one else could
> He knows what I want
> He's got what I need
> He's always there
> If I need some speed
>
> Here come the Nice (it's understood)
> Here come the Nice (he makes me feel so good)
> I'd be just like him (if I only could ...)
> *(The Small Faces, »Here Come the Nice«)*

Doch selbst wo der fortwährende Speed-Konsum nicht irgendwann zum Zusammenbruch führte, hatte der eher eskapistisch-kompensatorische als bewußtseinserweiternde Drogenumgang der Mods zur Folge, daß ihre temporären Omnipotenzgefühle weitgehend ohne eigenen künstlerischen Ausdruck oder programmatisch-ideologische Entsprechung blieben. Pete Townshend erinnert sich der Situation wie folgt:

Für mich war das komisch, ich kam ja von der Kunstschule und hatte bei den Mods eine zweite Jugend, ich war viel mit ihnen zusammen, es waren die Drogen, auf der Kunstschule war es Marihuana, bei den Mods auf der Straße waren es die Leapers, Pillen, die dich schneller sprechen ließen. Diese Leute hatten was in sich, das sie sagen wollten, aber sie waren so voller Drogen, daß sie nicht sprechen konnten. Und sie hatten auch keine Worte dazu, weil ihre Schulbildung so schlecht war.

Das Überdrehte, Energetische und doch zugleich Unartikulierte der Mods manifestiert sich nicht zuletzt in deren Verhältnis zur Musik. Zwar hat die Pophistorie im nachhinein die **Who**, die **Small Faces** sowie gelegentlich noch die frühen **Rolling Stones** zu *der* Musik der Mods erklärt, doch wenn man bedenkt, daß keine der genannten Bands wirklich genuin aus der Mod-Szene hervorging, daß die Mod-Drapierung der beiden ersteren primär auf die Findigkeit ihrer Manager zurückging und daß die **Small Faces** schon um 1967 zeitgemäß zu Hippies wurden, während **The Who**, die musikalisch ohnehin eher als Urväter des Hardrock gelten können, wenig später mit einem so ambitionierten Œuvre wie *Tommy* aufwarteten, so erhält das Bild vom »urenglischen«, »ureigenen« Mod-Sound manchen Riß. Natürlich waren **The Who** unter den Mods sehr populär. Und natürlich blieb Pete Townshend ihnen stets im Geiste nah. Doch darf darüber nicht vergessen werden, daß auch die Mod-Musik ursprünglich ganz im Zeichen der Umfunktionierung ›fremder‹, d. h. hier fertig vorgefundener Kulturerzeugnisse für den eigenen Stil stand. Entdeckt wurden dabei namentlich der Früh-60er-Soul von James Brown, **Booker T. & The M. G.'s** und diversen Phil-Spector-Gruppen, ferner **The Kingsmen**, Tony Clarke, Dobie Gray oder Jamaika-Ska. Dabei ist die massive Zuwendung zu neueren Formen scharzer Popmusik in zweierlei Hinsicht symptomatisch: Einerseits diente sie der Abgrenzung von anderen Strömungen sowie von weniger Eingeweihten innerhalb der eigenen Szene, andererseits zeugt sie aber auch von einer positiven, auf Selbststilisierung zum »white negro« hinauslaufenden Identifikation mit den schwarzen Vorbildern.

Wie bedingungslos die Hingabe dabei sein konnte, wird deutlich, wenn in Dick Hebdiges Studie *Subculture. Die Bedeutung von Stil* ein Mod mit folgendem Statement aus dem Jahre 1964 zitiert wird:

> Im Moment beten wir die Schwarzen als unsere Helden an – sie können tanzen und singen. Wir tanzen den Shake und den Hitchhiker zu schnellen Stücken, aber wir werden wieder anfangen, eng zu tanzen, weil die Schwarzen es tun.

Zu einer wirklichen Integration von Schwarzen (sprich: der westindischen Einwanderer) in die Mod-Bewegung kam es gleichwohl nicht. Und so wiederholt sich auch hier das Prinzip der Ko-Option, welches die weißen Großstadtkinder die von ihnen so heftig nachempfundene Energie der neuen schwarzen Popstile zwar materialiter adaptieren, aber gerade dadurch einen neuen Kontext schaffen ließ.

Inwiefern solche Eigenweltlichkeit indes auch weitergehende gesellschaftliche Konsequenzen in sich bergen konnte, ist nicht leicht zu sagen. Denn selbst sofern **The Who** das Mod-Credo in ihrer Hymne »My Generation« mit den Zeilen

> Not t-t-try-ying to cause a big sensa-shun
> J-j-just t-t-talking 'bout m-my genera-ra-shun

gültig auf den Punkt gebracht haben sollten, bleibt die Frage, ob diese Form von »talking«, dieses stotternde, inhaltlich nicht weiter spezifizierte Sich-zu-Wort-Melden und Sich-Präsentieren im letzten eher harmlos oder umgekehrt womöglich sogar subversiver ist als jede noch so wortreiche Revolte.

Den markantesten Einblick in das Verhältnis der Mods zur sie umgebenden Gesellschaft bieten jene Ereignisse, in deren Zuge sie ihre größte Publizität erlangten, nämlich die sagenumwobenen Schlachten gegen die Rocker an der englischen Südküste im Frühling und Sommer 1964. Für deren Verständnis scheint es jedoch unerläßlich, vorab auch den Gegner, sprich: die Rocker, kurz zu charakterisieren. Daß letztere in den Darstellungen zum Thema meistens seltsam farblos bleiben, hat verschiedene Gründe. Nicht nur, daß sie mit ihrer

Fünfziger-Verwurzelung eine popgeschichtlich ältere und demgemäß – nach unbarmherziger Poplogik – schon abgelebte (sowie nicht genuin englische) Strömung repräsentierten; sie befanden sich zudem zum fraglichen Zeitpunkt gerade in einem komplizierten Transformationsprozeß vom ursprünglichen Teddy Boy zum späteren Nieten-Rocker – womit sie zwischenzeitlich etwas an Kontur verloren.

Die wohl ausführlichste, wenngleich erst gegen 1969 ansetzende Beschreibung der englischen Rocker-Szene findet sich in Paul Willis' Untersuchungen zur *Profane Culture.* Folgende Attribute werden dort hervorgehoben: nietenbehaftete Lederjacken, schmierige Jeans, fettig-lange und – abgesehen von einer kleinen Tolle auf der Stirn – stramm zurückgekämmte Haare, Armee- oder Motorradstiefel, Tätowierungen und bisweilen goldene Ohrringe; dazu die kultische Hingabe an das eigene Motorrad, die Herkunft aus der unteren, sozial deklassierten Arbeiterschicht, ein rowdyhaftes, die eigene Maskulinität mit jedem Schritt betonendes Auftreten, eine ausgeprägte Bürgerschreck-Attitüde bei gleichzeitig strenger Observanz eines gruppeninternen Wertekodexes um die Ideale männliche Robustheit und Fahrkönnen samt den dazugehörigen rituellen Machtkämpfen; ferner eine im ganzen eher konservativ-patriotische Einstellung, die sich nicht zuletzt in der Unverbrüchlichkeit des identitätsstiftenden, den weißen Rock-'n'-Roll-Kanon der Fünfziger perpetuierenden Musikgeschmacks dokumentiert.

Wollte man den Antagonismus zwischen Mods und Rockern möglichst kraß hervorheben, wären folgende, wenn auch ziemlich kruden Gleichungen aufzustellen:

Mod   = Zukunft – Metropole – New York/Paris – Barett – Büro – Amphetamine – drahtig – geschniegelt – verunsichernd – schwarz – feminin

Rocker = Vergangenheit – Provinz – Memphis – Cowboyhut – Fabrik – Bier – fett – ungepflegt – herumpöbelnd – weiß – maskulin

Daneben gibt es aber auch eine Reihe von – freilich seltener herausgestellten – Übereinstimmungen, sei es die gemeinsame Herkunft aus der unterprivilegierten Schicht, der Motorradfetischismus, die obsessive Liebe zum Detail in Outfit und Musik, die weitgehend apolitische und privatistische Ausrichtung oder – last but not least – das chauvinistische Gebaren gegenüber Frauen. So kann es nicht verwundern, wenn in der historischen Konfrontation zwischen Mods und Rockern unter allen soeben aufgezählten Gegensätzen eigentlich nur zwei eine signifikante Rolle spielten: Während die Mods den Rockern vorwarfen, »dirty« und »ignorant«, also schmierig und verstockt zu sein, wurden sie von diesen umgekehrt – vergleichbar stereotyp – als »soft« und »pansy«, sprich: als homosexuelle Weichlinge beschimpft. Daß die Teds bzw. Rocker sich seit den Rassenkrawallen im Jahre 1958 immer wieder aktiv an Ausschreitungen gegen westindische Einwanderer beteiligt hatten, während die Mods diese gerade zum Vorbild nahmen, blieb dagegen als Argument weitgehend außen vor.

Stellt man vor diesem Hintergrund in Rechnung, wie wenig Interesse zwischen den beiden Lagern ursprünglich bestehen mußte, so wird man den Anteil, den die Medien – als polarisierende Aufpeitscher und Herbeibeter – an den feindseligen Ausschreitungen hatten, nicht zu gering veranschlagen dürfen. Doch wie immer sich die Verantwortung zwischen der sensationsgierigen Schaulust der sogenannten Allgemeinheit, der sie schürenden und gleichzeitig bedienenden Journaille sowie der kaum zu überschätzenden Eitelkeit der pubertierenden Akteure auch verteilen mag: Tatsache ist, daß im Jahre 1964 an der englischen Südküste einiges los war.

> We are the mods, we are the mods!
> We are, we are, we are the mods!
>> (Schlachtruf der Mods)

Einen lebendigen Eindruck vom Ablauf der Ereignisse gibt neben der *Quadrophenia*-Verfilmung auch die im gleichen Jahr – 1979 – erschienene Romanbearbeitung des Stoffes durch Alan Fletcher. Wichtig sind hier insbesondere die dokumentarischen Partien, aus denen sowohl die Chronologie als auch das Ausmaß der Auseinandersetzungen hervorgeht:

An der Küste haben sich an jedem der drei diesjährigen gesetzlichen Feiertagswochenenden ernsthafte Störungen durch Mods und Rocker zugetragen:
Ostern (27. bis 30. März) – In Clacton: 100 Festnahmen, 56 angeklagt oder mit schwebenden Verfahren.
Pfingsten (16. bis 18. Mai) – In Brighton: 1000 Beteiligte, 75 Festnahmen, 48 Gerichtsverfahren – In Margate: 400 Beteiligte, 65 Festnahmen, 47 gerichtlich verurteilt – In Bournemouth: 54 Gerichtsverfahren.
Dieses Wochenende (Samstag bis Montag) – In Hastings, 70 Festnahmen in Great Yarmouth, 31 Festnahmen usw.

Ein damaliger Pressebericht schildert die Ereignisse wie folgt:

Liegestühle und Müll wurden geworfen, als sich die Gangs zum östlichen Ende der Strandpromenade bewegten. Einige Rocker wurden von den sie verfolgenden Mods über die Terrasse gejagt und entkamen, indem sie über eine Mauer kletterten und auf die darunterliegende Straße fielen. Dann nahmen die Rocker, nun auf Motorrädern, den Fehdehandschuh auf, der ihnen von den Mods entlang des Terrassengeländers in Form von Müll entgegengeschleudert wurde. Nur knapp verfehlte ein Metallkorb einen Jugendlichen, und die berittene Polizei sowie die Hundeführer, die versuchten, die Ordnung wiederherzustellen, hielten die Massen nur weiter in Bewegung. Die Polizei gab später an, bei ihren Versuchen, die Gangs auseinanderzutreiben, von der großen Menge gaffender Urlauber behindert worden zu sein …

Die Kämpfe hatten offenbar im ganzen etwas Irreales und waren alsbald sehr stark ritualisiert. Es wurde für die Kameras gekämpft – in Wirklichkeit ganz so wie später für den *Quadrophenia*-Film. Dazu paßt es, wenn Pete Townshend, der die reißerische Umsetzung seines ursprünglich eher introspektiv angelegten Opus vielfach kritisiert hat, zu den Unruhen selbst nur folgendes bemerkt:

Diese Schlachten wurden ganz kurzfristig arrangiert, und wir **[The High Numbers]** mußten dann schnell dafür sorgen, daß wir da am Ort auftraten. Also riefen wir den Besitzer des Clubs in

Brighton an und bettelten, damit er die vorgesehene Band rauswerfen und uns spielen lassen würde.

Insgesamt bleibt festzuhalten, daß – mögen die Vorfälle in Brighton oder Bournemouth auch die denkwürdigsten der ganzen Mod-Geschichte gewesen sein und mag die intuitive Modtaktik, durch bloßes Paradieren für Unruhe zu sorgen, hier auch ihre größten Triumphe gefeiert haben – es letztlich doch gerade die gesteigerte Medienaufmerksamkeit war, welche den Mods am Ende das Genick gebrochen hat.

In seiner klassischen Pop-Chronik *A WopBopaLooBop ALopBamBoom* von 1969 schreibt Nik Cohn im Anschluß an die Brighton-Krawalle:

Als alles vorüber war, veränderten sich die Rocker nicht: Sie waren solide, und sie machten genauso weiter, wie sie es immer getan hatten, fuhren auf ihren Motorrädern und soffen sich die Hucke voll und machten Putz. Aber die Mods waren nervöser, neurotischer, und alles, was jetzt passierte, war Niedergang. Sie machten ihre Runden, hübschten sich auf und starrten in die Gegend, aber sie waren gelangweilt, und sie konnten sich nicht halten. Sie verloren ihre Hingabe.

Und auch der *Quadrophenia*-Held kommt zu dem Schluß:

I've had enough of dancehalls
I've had enough of pills
I've had enough of streetfights
I've seen my share of kills
I'm finished with the fashions
And acting like I'm tough
I'm bored with hate and passion
I've had enough of trying to love
  (The Who, »I've Had enough«)

Von etwa 1966 an konnte die Mod-Bewegung dem Medien- und Vermarktungsdruck nicht länger standhalten und verlor ihre Stilautonomie. Der einstmals, wenn nicht subversive, so doch kreative und autonome Warenkonsum mündete nun vorbehaltlos in die kulturindustrielle Verwertungsmaschinerie, das ›echte‹ Face hob sich kaum mehr vom eigenen Klischee ab, und die kleinbürgerlich-indifferenten Züge, die im Mod-Bewußtsein stets latent gewesen waren, traten gnadenlos hervor. Pete Townshend macht diese innere Anlage zur Veräußerlichung namhaft, wenn er im Rückblick konstatiert:

> Das Mod-Ding war die Ablehnung von allem, was man bereits hatte. Du wolltest nichts aus dem Fernsehen wissen, du wolltest nichts von Politikern wissen, du wolltest nichts vom Vietnam-Krieg wissen. [...] Es war perfekt. Du mußtest kurze Haare haben und genug Geld, um einen wirklich schicken Anzug, gute Schuhe, gute Hemden zu kaufen. Du mußtest tanzen können wie ein Verrückter. Du mußtest immer mit Pillen bestückt sein. Du mußtest einen mit Lampen übersäten Motorroller haben. Das war's, ein Mod zu sein.

Ob das wirklich alles war, oder ob Mod nicht doch mehr war oder hätte werden können, ist von heute aus kaum entscheidbar. Tatsache ist jedoch, daß die Vespa-Helden nun bald selbst vom Trubel der Pop-Ereignisse überrollt wurden und von da an – ungeachtet periodischer Revivalunternehmungen – kaum mehr nennenswerten Einfluß ausübten. Ihrer historischen Bedeutung tut das freilich keinen Abbruch: Denn nicht nur transferierten die Mods das Dandyhafte, Metropolisch-Coole und zugleich Rasend-Überdrehte wirkungsmächtig in die weiße Popkultur; nicht nur führten sie das – in der Ted-Kultur präfigurierte – Style-Bewußtsein und die damit verbundene Form verfremdenden Konsums zur Perfektion; und nicht nur strahlte ihr Habitus im Zuge des massenhaften Exports des British Beat indirekt auch nach Europa und Amerika aus. Sondern es gelang ihnen vor allem auch, Pop erstmals als *alle Lebensbereiche umgreifenden Stil* zu modellieren und dergestalt die drückenden Realverhältnisse zumindest temporär und symbolisch zu bezwingen – ein Anspruch, der den Begriff von Jugendkultur seither – nämlich als Mindestforderung – geradezu definiert.

In ihren Auseinandersetzungen mit den Rockern sind die Mods darüber hinaus vor allem in dreierlei Hinsicht interes-

sant: zunächst als – wenn auch noch so rudimentärer – Präze-
denzfall einer popkulturellen »Querelle des anciens et des mo-
dernes«, wie sie den Gang der Popgeschichte später noch so
oft vorangetrieben haben; ferner überhaupt als erstes Beispiel
*inner*popkultureller Segregation, d. h. des Falles, daß Jugend-
bewegungen auf die Distinktion von den jeweils anderen mehr
Energie verwenden müssen bzw. können als auf die von der
Erwachsenenwelt; schließlich aber auch als weiteres Indiz
dafür, wie stark die Massenmedien die Pop-Entwicklung von
Anfang an nicht bloß begleitet, sondern aktiv mitgestaltet oder
selbst geschaffen haben.

Jenseits aller pophistorischen Einordnung und Funktions-
bestimmung behält das Mod-Phänomen gleichwohl bis heute
– ganz im Sinne seiner Repräsentanten – etwas Geheimnisvol-
les, Vieldeutiges, Unauslotbares. Am 5. November 1966 fuhr
eine Gruppe von Mods eine selten erwähnte Scooter-Attacke
gegen den Buckingham Palace. War das ein subversiver Akt?
Ein Mediencoup? Oder ein Lausbubenstreich? Man mag darüber streiten. Aber hat man jemals eine Horde Raver auf das
Bundeskanzleramt oder das Deutsche-Bank-Hochhaus zurol-
len sehen?

Literaturhinweise

Dieter Baacke: Jugend und Jugendkulturen. Darstellung und Deu-
    tung. Weinheim 1987.
Richard Barnes: Mods! Over 150 Photographs from the early 60's.
    London 1991.
Mike Brake: Soziologie der jugendlichen Subkulturen. Eine Einfüh-
    rung. Aus dem Engl. von Horst Schäfer. Frankfurt a. M. [u. a.] 1981.
John Clarke [u. a.]: Jugendkultur im Widerstand. Milieus, Rituale,
    Provokationen. Hrsg. von Axel Honneth [u. a.]. Dt. von Thomas
    Lindquist und Susi Büttel. Frankfurt a. M. 1979.
Ingo Eitelbach: Mod '79. (Powerpop. 2.) Bad Oldesloe 1991.
Alan Fletcher: Quadrophenia. London 1979.
Simon Frith: Sound Effects. Youth, Leisure, and the Politics of Rock 'n'
    Roll. New York 1981.

Francesco Gazzara: Mods. La Rivolta dello Stile: Storia, Ambienti, Musica e Protagonisti. Rom 1997.

Dick Hebdige: Hiding In the Light. On Images and Things. London 1988.

Robert Hewison: Too Much. Art and Society in the Sixties 1960–75. New York 1987.

Idole 4: Nachrichten aus seltsamen Träumen. Pete Townshend, Frank Zappa, David Bowie, Craig Russel. Frankfurt a. M. 1985.

Sandra Lawrence: The Mods. A Lancer Photo Novel. New York 1967.

Roland Schmitt/Uli Twelker: Happy Boys Happy. Die Geschichte der Small Faces. Augsburg 1993.

Greg Shaw (Hrsg.): Bomp! Die Briten kommen. Aus den Kindertagen der englischen Rockmusik. Aus dem Amerikan. von Walle Bengs. Reinbek 1983.

George Tremlett: The Who. Die härteste Rockband der Welt. [Übers. von Michael Kubiak.] München 1980.

Beat Beat Beat
Beatles vs. Rolling Stones: Das Brave und das Wilde

Das Beben begann exakt am Abend des 13. Oktober 1963: Auf den Straßen rund um das Londoner »Palladium« brach der Verkehr zusammen. Immer größer werdende Menschentrauben bedrängten das Gebäude, Jugendliche kreischten – völlig außer sich – um ihr Leben. Die Polizei, von dieser Massenhysterie überrumpelt, konnte der Menge kaum noch Herr werden. Fernsehteams trafen ein, um den Ausbruch einer kulturellen Epidemie zu kommentieren. Stunden vorher erst hatte sich das Virus im Innern des Gebäudes eingenistet: Die **Beatles** probten für ihren zwölfminütigen Auftritt in der TV-Sendung »Sunday Night At The London Palladium« – der damals beliebtesten Fernsehshow Englands. Rund fünfzehn Millionen Zuschauer wurden an diesem Abend Zeuge einer seltenen Metamorphose: Eine allenfalls für Teenager interessante Popgruppe verwandelte sich in ein Massenphänomen, das Menschen aller Altersstufen, Schichten und Hautfarben in seinen Bann schlug.

Die besorgte Diagnose des Daily Mirror lautete »Beatlemania«. Für die nächsten drei Jahre bezeichnete dieser Begriff jenen Fieberinfekt, der in **Beatles**-Konzerten weltweit das Publikum befiel.

Gerade erst begann sich in jenem Oktober das britische Königreich vom Christine-Keeler-Profumo-Skandal zu erholen, als es durch den triumphierenden »Yeah, Yeah, Yeah«-Hedonismus in seinen soziokulturellen Grundfesten erschüttert wurde. Wenn John Lennon und Paul McCartney bei dem hochfahrenden »Ooooooh«-Gesang in »She Loves You« ihre Köpfe vorm Mikrophon zusammensteckten und dabei noch mit jungenhaftem Grinsen ihre Mähnen schüttelten, trieb es vor allem weibliche Fans in den temporären Wahnsinn. Zu Hunderten versuchten sie die Bühne zu stürmen, rauften sich in begeisterter Hingabe die Haare, schlugen die Hände vor das Gesicht, um die heftig strömenden Glückstränen zu verbergen, und steigerten sich nach Auskunft der damals diensttuenden Krankenschwestern nicht selten in echte Orgasmen.

> Man glaubte ja wirklich, daß sie einen sehen konnten, nur einen ganz allein, wenn sie dort oben auf der Bühne standen. Deswegen schrie man auch, damit sie einen bemerkten. Ich hatte die ganze Zeit das Gefühl, daß John mich sehen konnte. Es war wie in meinem Traum: Nur ich und John und sonst niemand.

Nicht allein für die damals fünfzehnjährige Sandy Stewart verkörperten die **Beatles** Anfang der sechziger Jahre ein völlig neues Lebensgefühl. Dabei standen da vier ganz normale junge Burschen, erfrischend unbekümmert und mit einer optimistischen Ausstrahlung, wie man sie in jedem Gemeindesaal einer englischen Kirche antreffen konnte. Die Leidenschaftlichkeit ihres Spiels aber wirkte unmittelbar ansteckend. Schon für das Jahr 1961, nach ihrem ersten Hamburg-Trip, konstatierte ihr früher Biograph Bob Wooler treffend: »Die Beatles explodierten geradezu in eine ermattete Umwelt hinein. Sie waren der Stoff, aus dem Schreie gemacht wurden.«

»Wireless Innocence« – es war die Zeit der »drahtlosen Unschuld«, wo Bands noch live in den Studios der Rundfunkanstalten oder in Tanzhallen, Kinos und kleinen Clubs zusammen mit Komikern oder fünf anderen Gruppen an einem Abend auftraten. Es waren Jahre, in denen es wichtig war, zu Freunden zu gehen, um seltene Platten zu hören, wo die aufbrechende Popkultur noch von einem unbesiegbaren Weltverbesserungsglauben getragen war. Und die **Beatles** wurden zu strahlenden Weltbewegern. Doch erst ihr unprätentiöses »down to earth«-Verhalten in Verbindung mit unverwüstlichem Witz ermöglichte die totale Identifikation. Der Zündfunke sprang von ihrer aufreizenden Vitalität auf das Publikum über. Ihr melodisches Ingenium, die Wärme, die John und Pauls Harmoniegesänge ausstrahlten, der Glanz der Gefühle, der über all den eingängigen Rhythmen lag, betörten selbst die königliche Familie. Während der »Royal Variety Performance« im »Prince of Wales Theatre« vom November 1963 übertönte von Anfang an eine Lärmwoge wimmernder und kreischender Mädchen den Auftritt der **Beatles**. Den »Royals« machte das alles großen Spaß, vielleicht weil sie als einzige auf den vorderen Rängen die Musik noch akustisch wahrnehmen konnten. Lennons Ansage vor der letzten Nummer »Twist and Shout« war jedenfalls gut zu verstehen: »Would the people in the cheaper seats clap your hands? And the rest of you, if you'll just rattle your jewellery.«

»Auf den billigen Plätzen darf jetzt geklatscht werden, die anderen brauchen nur mit ihrem Schmuck zu klimpern.« Lennons berühmte Ansage klang damals ein bißchen frech, aber immer noch lausbubenhaft charmant. Immerhin trug sie dazu bei, John Lennon den Ruf eines unentwegten »working class hero« einzutragen, der Klassenunterschiede betont und seine Herkunft aus der Liverpooler Unterschicht nie verleugnet hat. Glaubt man allerdings den Recherchen Albert Goldmans, John Lennons unfreundlichem Biographen, war diese spontan wirkende Ansage in Wahrheit als Gag sorgfältig geplant und diente ausschließlich der Selbststilisierung Lennons. Jedenfalls konnten die **Beatles** damals durch solche kleinen Unverschämtheiten ihren Ruf als nette junge Männer nur noch verstärken. Auf der Bühne waren sie ruhig, wirkten selbstsicher und entspannt, schienen unbeeindruckt von der Hysterie um sie herum zu sein. Um von den beständig heranrollenden Lärmwogen aus Schreien nicht überrollt zu werden, scherzten sie untereinander und – wenn es das Gekreisch zuließ – mit dem Publikum. Daß sie schon bald als Pop-Götter verehrt wurden, konnten sie kaum verhindern. Als sie in einem Interview einmal ihre Vorliebe für Gummibärchen zugaben, wurden sie im nächsten Konzert mit Süßigkeiten überhäuft, und John Lennon entmystifizierte später ihre unorthodoxen Tanzbewegungen auf der Bühne als schlichte Notwehr: »Gummibärchen bestehen aus der klebrigsten Substanz, die Menschen bekannt ist. Manche Leute dachten wohl, wir hätten damals irgendwelche neuen Tanzschritte auf der Bühne geprobt, dabei versuchten wir nur, unsere festgeklebten Füße freizubekommen.« Schon früh wurden den **Beatles** von der Öffentlichkeit sorgsam verteilte Rollen angedichtet: John galt als der Rebell mit der scharfen Zunge, Paul schien hinter seinem Chorknabengesicht ein cleveres Geschäftsbewußtsein zu verbergen, George war der ernste Gentleman, und Ringo mußte ständig den Clown spielen. Doch ihre überbordende Individualität, ihr jungenhafter Enthusiasmus sprengte immer wieder jedes vorgefertigte Image.

Fast zeitgleich mit den **Beatles** verstörten die **Rolling Stones** die Londoner Szene: Sie galten als »die bösen Buben des Blues«. Mit ihrem irrlichternden Rhythm & Blues, der drängenden Schwere ihrer Gitarrenriffs, Micks atavistisch-lüsternem Gesang, ihrer rohen, beinahe beleidigenden Kraft, waren die **Stones** als Gegenspieler der **Beatles** geradezu prädestiniert. Brian Jones bemerkte später: »Wir haben genau das Richtige zum richtigen Zeitpunkt gebracht. Wir sind mit einer harten Musik gekommen, als alles noch ganz brav war. Eine rauhe Gangart kam in Mode, und wir hatten eben die Musik, die dazu paßte.«

Von der Presse sofort als »Höhlenmenschenquintett« tituliert, begannen die **Stones** unter ihrem Manager Andrew Loog Oldham, bis Mai 1963 noch als PR-Mann für die **Beatles** tätig, ein »bad boy«-Image zu kultivieren. Mit ihrer herausfordernden Schnoddrigkeit auf der Bühne – sie legten für damalige Verhältnisse eine abweisende »coolness« an den Tag –, mit ihrem ständigen Changieren zwischen Gesten der Gewalt und Posen der Zärtlichkeit provozierte das Quintett Saalschlachten und Randale. Für die noch immer prüde Presse ein gefundenes Fressen: »Würdest Du Deine Schwester mit einem Rolling Stone allein lassen?« fragte besorgt die Pop-Postille *Melody Maker*. Dabei war die Schlagzeile nur eine Variante jenes Slogans, den Manager Oldham lanciert hatte: »Die Stones sind die Gruppe, die von den Eltern mit ganzer Liebe gehaßt wird.«

Während die **Beatles** von ihrem Manager Brian Epstein in speziell entworfene kragenlose Anzüge gesteckt und mit uniformiertem Pilzkopf-Look ausstaffiert wurden, versuchte auch der **Stones**-Manager Andrew Oldham für ein einheitliches Erscheinungsbild seiner Band zu sorgen: Mal posierten sie in Lederwesten, dann in albernen Pepita-Jacken. Der expandierende Jugendmarkt verlangte nach eindeutig identifizierbaren Symbolfiguren. Keith Richards erinnert sich:

> Am Anfang in den frühen Sechzigern ging es gar nicht so sehr um die Musik, nur das Image war wichtig. Alle waren auf ihr Image aus und wie man ein paar Schlagzeilen machen konnte. Gar nicht mal so bewußt, sondern eher so, was stellen wir heute an? Andrew denk dir doch mal einen Gag aus!

Mit jedem ihrer unberechenbaren Auftritte – Saalschlachten und Schlägereien mit der Polizei waren an der Tagesordnung – trugen die **Stones** ihre »Liebt-uns-haßt-uns-Botschaft« durch das Land. Als sie im Juni 1964 während ihrer ersten US-Tournee einen Fernsehauftritt hatten, wurden sie von Dean Martin mit öliger Arroganz abgekanzelt. Sein triefender Hollywood-Charme gipfelte in der Ansage: »Sie kennen ja diese ganzen singenden Bands heute. Man glaubt, sie hätten lange Haare. Aber das ist nur eine optische Täuschung. Sie haben nur eine niedrige Stirn und hohe Augenbrauen. Hier sind also aus England die Rolling Stones.« Keith Richards erregte sich noch Jahre später über die Diskriminierung: »All diese Anfeindungen haben uns nur aggressiver gemacht. Wir haben zurückgeschlagen und wurden nur noch härter.« Schon im August 1964 lieferten Jagger & Co. bei einem Konzert in Den Haag eine Kostprobe ihrer gewalttätigen Ausstrahlung: Die Zuschauermenge geriet außer Rand und Band und lieferte sich eine erbitterte Saalschlacht mit der Polizei. Englands Presse titelte am nächsten Tag genüßlich: »Rolling Stones, loved by kids, hated by parents.« Doch die sich erst langsam entwickelnde Rock-Kritik war anderer Meinung. Nicht nur ein faszinierter Pop-Chronist wie Nik Cohn erlag dem finsteren Charisma von Jagger & Co.:

> Die Rolling Stones stiegen aus der Limousine. Sie hatten Haare weit über die Schultern, und trugen Sachen in unvorstellbaren Farben, und sie sahen gemein aus, sie sahen einfach unwahrschein-

lich böse aus. In dieser grauen Straße strahlten sie wie Sonnengötter. Sie schienen nicht menschlich. Sie waren wie Geschöpfe von einem anderen Stern, unmöglich zu erreichen oder zu verstehen, unglaublich exotisch, ungeheuer schön in ihrer Häßlichkeit.

Dabei entlarvt Mick Jagger, der die Bühne schon früh zu einem Altar seines sündigen Vergnügens machte, die ganze hochgepuschte Rivalität zu den **Beatles** – die waren ja angeblich so jungenhaft adrett – rückblickend als clevere Marketingmaßnahme:

> Andrew hat uns als Gegenpol zu den Beatles aufgebaut. Eigentlich waren die Beatles genauso zynisch wie wir, aber sie wurden einfach als wohlerzogen hingestellt mit ihren Anzügen. Wir sollten sozusagen die Negativausgabe von ihnen sein. Und wenn man jetzt mal die alten Bilder anschaut – wir waren doch eigentlich ganz brav und niedlich, wirklich!

Daß es zwischen beiden Bands freundschaftliche Beziehungen gab, dokumentiert nicht allein die Tatsache, daß die **Stones** ihre zweite Hit-Single den **Beatles** verdankten. Auf der Suche nach einem schlagkräftigen Nachfolgetitel des Debüts »Come On« traf Oldham im Herbst 1963 in Soho zufällig John Lennon und Paul McCartney auf der Straße. Dreißig Minuten später trugen John und Paul ihre Komposition »I Wanna Be Your Man« den **Stones** vor, die gerade ein paar Hausecken weiter probten. Mit ihrer hart treibenden Rhythm & Blues-Variante des Stücks kamen Jagger & Co. immerhin in die »Top Ten«. Schon diese Aufnahme mit jaulenden Einwürfen von Brian Jones' Slide-Gitarre verweist auf die unterschiedlichen Wurzeln der **Beatles** und der **Stones**. Zwei verschiedene Traditionslinien brachen sich in beiden Gruppen Bahn und erklärten auf einer musikalischen Ebene, daß es gute Gründe für die Rivalität zwischen **Beatles**- und **Stones**-Fans gab. Denn Mitte der Sechziger lautete unter fast allen Beat-begeisterten Jugendlichen die inquisitorische Aufforderung: »Sag mir, ob du die **Beatles** oder die **Stones** magst, und ich sage dir, wer du bist!«

Das Rhythm & Blues-Revival Anfang der Sechziger hat viele

Väter. Der Produzent und Promoter Giorgio Gomelsky erinnert sich: »Die Stones waren in England nicht die ersten, die Blues spielten. Das waren der Gitarrist und Sänger Alexis Korner zusammen mit dem Mundharmonikaspieler Cyril Davies. Aber die Stones waren die ersten ganz Jungen.«

Die Legende erzählt, daß die ehemaligen Kindergarten-Gefährten Keith und Mick sich im Bahnhof des heimatlichen Dartford kennenlernten, weil Jagger an diesem Tag einige seltene Blues-Platten des legendären Chess-Labels unter dem Arm hatte – absolute Raritäten im Jahr 1960. Während Brian Jones in Korners Kollektiv **Blues Incorporated** die ruppigen Riffs des schwarzen Chicago-Blues nachahmte, versuchte Mick Jagger, so unbarmherzig rauh wie Bo Diddley zu klingen. Das Apartment von Jones verwandelte sich in einen wilden, fremden Ort:

> Hier hörten wir zum ersten Mal den Delta-Blues-Mann Robert Johnson. Der Raum war mit Sperrmüll vollgestopft – alles, was Brian besaß, war ein Stuhl, ein Plattenspieler und ein paar seltene Scheiben.

Blues war damals für Mittelstandsjugendliche in England, die ihre Zeit mit Vorliebe auf »Art Schools« totschlugen, ein willkommenes Vehikel für adoleszente Phantasien von Gewalt, Sex und zügelloser Freiheit. Keith Richards hat immer wieder betont, wie sehr ihn seine jugendlichen Musikinteressen in der Folgezeit geprägt haben:

> Bei einem Musiker kommt alles, was er je gehört hat, in seiner Musik raus. Auch wir hatten natürlich unsere Idole: Howlin' Wolf, Muddy Waters, Jimmy Reed, Chuck Berry, Little Richard.

Zwar wurden die Melodien und Texte von den schwarzen Vorbildern übernommen, doch die afroamerikanischen Songs über wachsende Entfremdungen des einzelnen in einer immer komplexer werdenden Moderne wurden jetzt mit jugendlicher Respektlosigkeit und Verächtlichkeit aufgeladen. Die **Rolling Stones** und andere britische Bands wie z. B. die **Yardbirds** oder die **Pretty Things** übersetzten den Blues in aufreizende

Ausdrucksgesten, die unmittelbar verstanden werden konnten. Keith Richards hatte instinktiv den Unterschied zwischen sich und den schwarzen Vorbildern erfaßt: »Ich glaube, es sind drei Gründe, warum britische Teenager-Fans nicht auf amerikanische Rhythm & Blues-Stars stehen. Erstens sind sie alt, zweitens sind sie schwarz und drittens sind sie häßlich.«

Obwohl auch die **Stones** vom anbrandenden Rock 'n' Roll inspiriert wurden, waren ihre Aufnahmen der ersten Jahre doch zuallererst vom Blues durchtränkt. Den Verlockungen dieser simplen zwölftaktigen ›schwarzen‹ Form sind die **Beatles** nie erlegen. Ihre Wurzeln sind vielmehr im englischen Skiffle-Sound und den körperlichen Erregungen eines Elvis Presley zu suchen. Beides zusammen ergab dann den berühmten »Merseybeat« aus Liverpool.

»Skiffle« – von Musikern wie Chris Barber und Lonnie Donegan Ende der Fünfziger popularisiert – war von Jugendlichen einfach zu spielen. Der Baß wurde aus einer Teekiste mit einem Besenstil und einem Stück Schnur zusammengezimmert, das Waschbrett stammte aus Mutters Wäschekeller, und die Gitarre, meist ein einfaches akustisches Instrument, spielte selten mehr als einen Akkord. Über dieses durchgehämmerte Geschrammel legten sich ein paar abgehackte Textzeilen, und fertig war dieser handgemachte Pop-Stil. Daneben lieferte der schwarzbebrillte und brav wirkende Buddy Holly für Lennon und McCartney eine Art Rollenvorbild: Er verkörperte den weißen Poprevolutionär, der Songschreiber, Sänger und Gitarrist in einem war. Ihre Herzen hatten Lennon/McCartney allerdings in einem gewissen »Heartbreak Hotel« verloren. John gesteht:

> Als ich 16 Jahre alt war, war Elvis das Ereignis für mich, ein Kid mit langen öligen Haaren, der mit dem Arsch wackelte und »Hound Dog« und »That's All Right Mama« sang. Für mich war das eine große Zeit. Das war der Geist, auf den wir gewartet hatten: »Der Messias ist gekommen!« Ich hatte keine Ahnung, wie man Musik zu seinem Lebensstil machen kann, bis mich der Rock 'n' Roll wie ein Schlag traf.

Obwohl die »Fab Four« aus Liverpool in ihren Anfängen nicht nur auf der Hamburger Reeperbahn als schwarzlederne Teddy Boys auftraten, wandelten sie sich schon mit ihrem ersten Album zu einer prototypischen Pop-Band. Titel wie »Please Please Me« signalisierten das lautstarke Vergnügen jugendlicher Selbsterfahrung. Der hämmernde Beat glich einem musikalischen Überfall, weil er einen diffusen Überschuß an Empfindungen ausdrückte, der sich nicht mehr mit der herrschenden Ökonomie der Gefühle verrechnen ließ. Plötzlich hatten emotionale Verausgabung und Verschleuderung von Kraft und Energie Vorrang vor Disziplin und Ordnungsliebe. Lärmende Gitarren, das hämmernde »Boom, Boom, Boom, Boom« im Viervierteltakt – Markenzeichen des sogenannten »Mersey Sounds« – all das wurde zur abenteuerlichen Verheißung. In diesem »Rhythmus, daß jeder mit muß!« entdeckten Heranwachsende zunehmend die Möglichkeit, aus vorgezeichneten Biographien auszubrechen – nicht im Gleichschritt, sondern in wilder Tanzbewegung. John Lennon hat später rückblickend hervorgehoben:

> Wir waren die ersten Pophelden aus der Arbeiterklasse, die das auch bewußt ausdrückten. Wir haben z.B. nie versucht, unseren Liverpooler Akzent zu verleugnen. Normalerweise wird man deshalb in England schnell von oben herab angesehen.

In Liverpool – die Innenstadt und die Industriebezirke an der »Mersey Side« waren im Zweiten Weltkrieg durch deutsche Bombenangriffe weitgehend zerstört worden, auch der Hafen hatte nach dem Krieg rapide an Bedeutung verloren – schossen 1956/57 Hunderte von neuen Tanzlokalen und Jazzclubs aus dem Boden. Sie wurden zu willkommenen Schutzräumen für Heranwachsende, die angesichts der Wohnungs-, Ausbildungs- und Arbeitsplatzprobleme eine kurzlebige Idylle persönlicher Selbstverwirklichung suchten. John, Paul, George und Ringo gehörten zu ihnen. Harrisons Mutter erinnert sich nur mit Grausen: »Der ›Cavern Club‹ war wirklich ein Loch. Man glaubte dort zu ersticken. Der Schweiß tropfte von den Wänden herunter, er tropfte auf die elektrischen Gitarren und verursachte Kurzschlüsse.« Dennoch entpuppte sich der »Cavern Club« in Liverpool, wo die **Beatles** für aufstörende Beat-Begeisterung sorgten, als Brutstätte eines neuen Selbstbewußtseins. Ein historischer Dialog zweier englischer Kids im »Cavern« ist mit folgenden Worten überliefert: »›Ich finde, dies ist ein ziemlich schäbiger Club, wenn man ihn mit einem Nachtclub in der Stadt vergleicht!‹ – ›Aber er repräsentiert ‚Jugendkultur‘. Dieser Club steht für eine Jugend, die rebelliert.‹« Und die **Beatles** verhalfen diesem jugendlichen Selbstverständnis zu musikalischem Ausdruck. Die direkte Ansprache gelang ihnen nicht zuletzt durch den strategischen Gebrauch des Personalpronomens. Paul McCartney erläutert in einem Interview aus dem Jahr 1963 in Paris:

> Unsere Songs haben fast alle etwas gemeinsam, das finden die Leute auch. Es sind Wörter wie »ich«, »du«, »mich«, »dich« usw., die immer wieder in den Titeln auftauchen: »I Want To Hold Your Hand«, »She Loves You« oder »Love Me Do«. Wir machen das, weil wir diese Stücke als ganz persönliche Botschaften an die Zuhörer richten wollen. Wir beziehen die Gefühlswelt unseres Publikums mit ein, darum geht es vor allem in unseren Liedern.

Und die elektrisierten Jugendlichen verstanden den Aufruf zum Mitmachen. Von der Unterhaltungsindustrie längst als neue Konsumentenschicht verhätschelt, bedankten sie sich für die Ermutigungen der »Fab Four« durch massenhaften Kauf von »**Beatles**-Perücken«, »**Beatles**-Jacken«, hochhackigen »**Beatles**-Lederstiefeln« mit seitlichem Gummizug oder »**Beatles**-Party-Kuchen« – jedes Stück mit einem Marzipanbild der »Moptops« dekoriert. Der schwunghafte Devotionalienhandel, der sofort mit dem **Beatles**-Boom einsetzte, konnte dennoch nicht über eine subversive Symbolwirkung der Band hinwegtäuschen. Der tagtägliche Kampf um die Haarlänge begann nicht zuletzt in bundesdeutschen Kleinstädten den Alltag von Jugendlichen zu bestimmen. Schnell wurde er zum Gradmesser der »Emanzipation« vom »Establishment«. Lange Haare wirkten damals extrem schockierend auf die Erwachsenenwelt und waren so ein existentielles Symbol der Abgrenzung von den Eltern und Erziehern. Nicht selten wurde man an einem Tag dreimal zum Friseur geschickt, weil die Mähne noch immer nicht kurz genug geraten war. Dabei hatte man durch einen kleinen Bestechungsversuch den »Herrn der Scheren« gerade noch vom Schneiden abhalten können. Wem der Wechsel vom moderaten Tony-Curtis-Schnitt zum Pilzkopf gelang, hatte die Reifeprüfung zum rockmusikalischen Rebellen geschafft.

Auch jenseits des Atlantiks wurde die aufstörende Wirkung, die von den Pilzköpfen ausging, unmittelbar verstanden. Als die **Beatles** am 7. Februar 1964 auf dem Kennedy International Airport in New York landeten, wurden sie von Tausenden kreischender Teenager, die sich auf dem Dach und rund um das Flughafengebäude versammelt hatten, hysterisch begrüßt. Mit ihrem Auftritt in der »Ed Sullivan Show« zwei Tage später gaben die »Fab Four« vor rund 73 Millionen Fernsehzuschauern in den USA das Startsignal für die sogenannte »British Invasion«. In der Nachfolge eroberten Bands wie **The Who, The Hollies** oder **Herman's Hermits** mit ihrer ansteckenden Beat-Begeisterung den amerikanischen Musikmarkt – Erfolge, die britische Künstler bis dato in den USA noch nie verbuchen konnten. Für Keith Richards von den **Rolling Stones** ist heute klar:

> Die Beatles haben die Tür aufgestoßen, und wir sind hinterher. Es gab noch die Dave Clark Five, die Searchers, Gerry & The Pacemakers – jeder wußte aber, das waren eher Randfiguren. Die ersten, das waren die Beatles und wir. Das blieb während der ganzen Sechziger so eine Art Doppelvorstellung. Wenn wir eine Single rausbringen wollten, dann riefen wir John Lennon an und fragten: »Was macht eure neue Platte, wann bringt ihr sie auf den Markt?« Und sie sagten dann: »Wir sind noch am Mischen, bringt eure doch raus, wir halten unsere noch ein paar Wochen zurück, damit wir uns nicht in die Quere kommen.« Das war jedesmal eine ganz schöne Tüftelei.

War wohl nichts mit dem liebgewonnenen Vorurteil einer feindseligen Rivalität zwischen **Beatles** und **Stones**! Immer wieder hatten sich diese beiden prototypischen Bands der Sechziger aller öffentlichen Meinung zum Trotz in irgendwelchen gemeinsamen Projekten zusammengerauft: Im Juni 1967 hieß es in einer weltweiten TV-Übertragung:

> Ladies and Gentlemen, »Our World« sendet live aus dem Plattenstudio der Beatles in London. Gerade wird die neueste Beatles-Platte aufgenommen. Die neue Beatles-Komposition »All You Need Is Love« handelt von Frieden und Liebe. Mit von der Partie sind auch die beiden Rolling Stones Mick Jagger und Keith Richards. Ein großes Ereignis!

Im Gegenzug luden die **Stones** im darauffolgenden Monat Lennon/McCartney für die Aufnahme der Single »We Love You« als Backgroundsänger ein, als sie sich für die Solidarität der Fans mit den wegen Drogenbesitz inhaftierten Delinquenten Jagger, Richards und Jones bedanken wollten.

Trotz aller persönlichen Respektbezeugungen läßt sich am musikalischen Spannungsverhältnis **Beatles/Stones** die Aufsplitterung der noch jungen Jugendkultur in eine Pop- und eine eher Rock-orientierte Entwicklung exemplarisch aufweisen. Die unendlichen Kopiervorgänge dieser ästhetischen Differenzen sind diesseits und jenseits des Atlantiks bis heute nicht abgeschlossen. Ein namenloser Liebhaber des Liverpooler Quartetts zog Ende der Sechziger für die Popmusik das Resümee:

> Vor 1955 gab es eigentlich nur Schlager. Erst mit dem weißen Rock 'n' Roll begann die Aufspaltung in der populären Musik. Als dann in den Sechzigern die Beatles kamen, wurde aus der populären Musik eine Spielart der modernen Kunst. Mit anderen Worten: Hier kam eine weiße Musik, die man nicht mehr vom Notenblatt lernen konnte, sondern die man auf Platte hören mußte, um zu verstehen, was der Beat einem sagen wollte. Darin lag das Hauptverdienst der Beatles: Sie machten Pop zur Kunstform.

Während die **Beatles** 1969 ihr suitenartiges Meisterwerk *Abbey Road* als Krönung einer sich ständig verfeinernden Pop-Finesse herausbrachten, provozierten die **Stones** mit *Let*

It Bleed. Dieses Album war nicht nur das akustische Pendant zum Altamont-Desaster mit seinen blutig verendeten Blütenträumen von »Love and Peace«, es klang zugleich wie ein Monument der Zügellosigkeit und Dekadenz im Rock. Knallharter Sexismus paarte sich hier mit dem Hohen Lied der Paranoia. Die Songs eröffneten den Ausblick in eine Zukunft, wo sich eine neue, kaltschnäuzige Dimension des Geschäfts mit der Rockmusik abzeichnete. Für den Musikkritiker Karl Bruckmaier kündigte sich mit *Let It Bleed* und der dämonischen US-Tournee der **Stones** von 1969 »der Rückzug einer ganzen, eigentlich politisch motivierten Generation in die kümmerliche Privatheit an, die sich bei den Stones zwar zwischen Heroin, Champagner und Lear Jets abspielte, aber nie mehr die gleiche Grandeur verstrahlen konnte wie zu Beginn ihrer Karriere«.

Wo die **Beatles** durch ihren melodischen Charme eine ganze Generation verzauberten, setzte Jagger mit seinen Bluesmutanten auf klirrende Coolness, stoische Überheblichkeit und voll aufgedrehte Verstärker. Oder wie ein Kritiker es einmal auf den Punkt brachte: »Wo die Beatles um einen Kuß bettelten, vollzogen die Stones den schnellen Fick am Hinterausgang.«

Dennoch dürften Mick Jaggers ironische Antworten auf einer Pressekonferenz von 1967 nicht nur den **Beatles**, sondern auch vielen Jugendlichen jener Zeit aus der Seele gesprochen haben:

Reporterin: Sind Sie jetzt ausreichend befriedigt?
Jagger: Meinen Sie sexuell oder philosophisch?
Reporterin: Beides!
Jagger: Ja, sexuell fühle ich mich sehr befriedigt!
Reporterin: Und philosophisch und finanziell?
Jagger: Finanziell bin ich frustriert, sexuell befriedigt, philosophisch auf der Suche.

Literaturhinweise

Stanley Booth: The Rolling Stones. Der Tanz mit dem Teufel. Aus dem Amerikan. von Rudi Barcal. 2. dt. Ausg. Neu überarb. von Manfred Gillig-Degrave. St. Andrä-Wördern 1998.

David Dalton: The Rolling Stones. Die ersten 20 Jahre. München 1982.

Hunter Davies: The Beatles. Die einzige offizielle Biographie. Aus dem Engl. von Werner von Grünau und Peter Hiess. St. Andrä-Wördern 1994.

Barry Miles: Paul McCartney. Many Years From Now. Übers. von Carl-Ludwig Reichert und Fritz Schneider. Reinbek 1998.

ANDREAS VICK

Love, Peace and Music
Von Haight Ashbury um die ganze Welt

Old cop, young cop feel alright an a warm San Franciscan night
(Eric Burdon)

San Francisco 1967. Sommer, Sonne, Sound und Streetlife: junge Leute, lächelnde Gesichter, leuchtende Augen und lange Haare, Bärte, nackte Haut in Batikhosen, Fransenhemden, Sandalen und Glöckchenketten an den Füßen. Sitar-Klänge schweben durch die heiße Luft in den engen Straßen des Künstler- und Bohème-Viertels Haight Ashbury – »Hashbury« genannt. Indische Musik und Blues-Rock, getränkt in süßlich-exotischen Räucherstäbchenduft, quellen aus den Poster-, Platten- und Klamottenläden. An den Häuserwänden werben wildverschnörkelte Plakate in grellen Leuchtfarben für sogenannte »Dance Rock Concerts« am Abend im Avalon Ballroom oder im Fillmore Auditorium mit Bands wie **Santana, Jefferson Airplane, Big Brother & The Holding Company** oder **Quicksilver Messenger Service**. Der Sommer der Liebe dauert hier in San Francisco bereits seit Januar an, seit dem großen »Human Be-In«, dem ersten Free Concert im Golden Gate Park mit der ortsansässigen Acid-Rock-Band **Grateful Dead** und dem LSD-Propheten Timothy Leary, der seine Devise »Turn On – Tune In – Drop Out« vor 20 000 verzückten Blumenkindern verkündete. Ach was, der Sommer der Liebe, der ausgelassenen Sinnenfreuden, des gemeinschaftlichen Ausflippens begann schon 1964, als der Schriftsteller Ken Kesey, der durch den Erfolg seines Romans *Einer flog über das Kuckucksnest* finanziell unabhängig geworden war, mit seiner Anhängerschar, den »Merry Pranksters«, von seinem Anwesen La Honda in der Nähe von San Francisco aus in einem bunt bemalten Bus durch Kalifornien kutschierte und LSD-Happenings, die sogenannten »Acid Tests«, veranstaltete. Am

Steuer saß niemand Geringeres als Neal Cassady, jener Speed-freak und Outlaw, der Jack Kerouac als lebendes Vorbild für seinen berühmtberüchtigten *On the Road*-Romanhelden Dean Moriarty gedient hatte.

Die Beatniks und Hipsters, Künstler, Dichter und Drop-Outs einer enttäuschten Nachkriegsgeneration, die sich in den fünf-ziger Jahren im New Yorker East Village um William S. Bur-roughs und im Stadtteil North Beach in San Francisco um Allen Ginsberg angesiedelt hatten, bildeten die direkt vorgelebte Basis für die ursprüngliche Protestbewegung der Hippies.

Schon die Beatniks führten eine nonkonformistische Bohème-Existenz am Rande der amerikanischen Konsum-gesellschaft, deren Wohlstands-, Ordnungs- und Sauberkeit-sideale sie radikal ablehnten und statt dessen – in Anlehnung an Aldous Huxleys Erfahrungsbericht *Die Pforten* der *Wahr-nehmung* – den Genuß psychoaktiver oder »bewußtseinser-weiternder« Drogen wie Marihuana, Peyote oder Psilocybin propagierten und praktizierten. Auf der Suche nach immate-riellen, neuen Werten beschäftigten sie sich zudem mit fern-östlicher Religion, mit transzendentaler Meditation und Zen-Buddhismus …

Der kalifornische Teil dieser Szene – mit Ginsberg als ihrem Guru an der Spitze – zog 1962/63 nach Haight Ashbury um; und ein Jahr später galt dieser ziemlich heruntergekommene Straßenzug in San Francisco als der Treffpunkt schlechthin für Aussteiger, Verweigerer und Tagträumer jeglicher Couleur.

Kurioserweise brachte die amerikanische Regierung selbst zu diesem Zeitpunkt die relativ neue chemische Droge LSD ins Spiel, indem der Geheimdienst CIA auf der Suche nach einer sogenannten »Wahrheitsdroge« Versuchsreihen an der nahe gelegenen Stanford University förderte.

Zu den ersten freiwilligen Testteilnehmern bei den staat-lichen Experimenten gehörte neben Ken Kesey auch der junge Textdichter Robert Hunter, der zusammen mit einem Gitar-risten namens Jerry Garcia und anderen Musikern aus der Ge-gend als wilde Folk-Bluegrass-Band durch die Nachtlokale von Palo Alto, Berkeley und North Beach zog.

Nach und nach stießen der Schlagzeuger Bill Kreutzmann, Gitarrist Bob Weir, Ron »Pigpen« McKernan und Phil Lesh am Baß zu diesem losen Haufen, der sich zunächst **Warlocks** nannte und – im Bann der Beatlemania – seinen Sound in Richtung elektrischer Rock 'n' Roll verstärkte. Erst als **Warlocks** und schließlich als **Grateful Dead** wurden sie zur Hausband von Ken Keseys privaten und dann öffentlichen LSD-Parties.

Ich war ihr Fan vom ersten Augenblick an, als ich sie zum ersten Mal hörte – bei der Eröffnung des Grande Ballrooms im Oktober '66. Sie spielten damals großartige Rock-'n'-Roll-Coverversionen von den Kinks, The Who, von den Beatles und den Stones, aber auch James Brown und Screamin' Jay Hawkins – und ein paar eigene Stücke.

Und nach so einem Programm folgte dann diese Nummer »Black to Come«, eine freie, laute, elektrische Gruppen-Improvisation, die jede Nacht anders war. Und wer am Anfang des Konzerts LSD genommen hatte, war jetzt voll auf dem Trip. Und man war mittendrin. Wir waren alle zusammen drauf und alles und jeder verschmolz miteinander – irgendwie …

Was John Sinclair hier beschreibt, hätte auch ein frühes **Grateful Dead**-Happening sein können, war aber eins der ersten **MC5**-Konzerte in Detroit. LSD war noch nicht illegal, und die Kunde von den aufregenden Ereignissen an der Westküste machte schnell die Runde über Kalifornien hinaus. Angetörnt von der grassierenden, euphorischen Aufbruchstimmung, wurde der junge Rebell Sinclair zum Manager und Ideengeber von **MC5**, die mit »Kick Out the Jams« (etwa: »Schmeißt eure Verklemmtheiten über Bord«) kurze Zeit später einen schwergewichtigen frühen Polit-Punk-Hit landeten.

Als ihr Mentor dann allerdings wegen zwei Marihuana-Zigaretten zu neun Jahren Gefängnis verurteilt wurde, von denen er immerhin zwei absaß, ging es mit der Karriere der Band bergab, der kurze Sommer der Rock-'n'-Roll-Anarchie war vorbei …

Aber zurück zu den Anfängen in San Francisco.

Ken Keseys letzter Acid Test fand im Januar 1966 in der Longshoremen's Hall als »Trips Festival« statt, eine dreitägige Multi-Media-Feel-Free-Be-Yourself-Orgie mit **Grateful Dead** auf der Bühne, jeder Menge Performance-Künstlern, Tänzerinnen und Körpermalern im Publikum und einer zuckenden und wabernden psychedelischen Lightshow, die die dichten, berauschenden Marihuanaschwaden gespenstisch durchleuchtete und umtanzte.

Dem Publikum und der Band ging es gleichermaßen um die gemeinsame LSD-Erfahrung und deren kreatives Nacherleben – visuell wie auch akustisch. Das drückte sich in der psychedelischen Kunst der Plakatmaler und Plattencover-Gestalter mit ihren fließenden Buchstabenbildern und Neonfarbeffekten ebenso wie in der schrillen, überkandidelten »Everything-Goes-Recycling«-Mode aus.

Die Elektrifizierung der amerikanischen Folk- und Blues-Musik und die Bekanntschaft der Musiker mit bis zu zwanzigminütigen indischen Meditations-Ragas öffneten den musikalischen Kosmos der unbegrenzten Möglichkeiten. Endlos gerieten die Gruppenimprovisations-Trips, bei denen sich die Musiker in ihre Instrumente versenkten, während sie gleichzeitig damit über den Köpfen des Publikums durch den Saal oder sogar gen Himmel schwebten ...

Das Drei-Minuten-Format war aufgebrochen. Nicht mehr die kurze Single, sondern die Langspielplatte war das Medium der Stunde, in voller Länge in den Äther geblasen von den neuen UKW-Sendern in der Bay Area um San Francisco.

Im Oktober 1966 wurde LSD in den USA zwar offiziell für illegal erklärt, aber die Acid Tests gingen weiter, hießen jetzt »Dance Rock Concerts« und fanden an den Wochenenden im Fillmore und im Avalon Ballroom statt.

Gleich um die Ecke, mitten in Haight Ashbury, wohnten inzwischen auch fast alle dort regelmäßig auftretenden Bands meist in Wohngemeinschaften unter einem Dach: **Jefferson Airplane, Big Brother & The Holding Company** mit ihrer neuen Sängerin aus Texas: Janis Joplin; **Quicksilver Messenger Service** und – allen voran – **Grateful Dead**. Ihr angemietetes Haus in der Ashbury Nr. 710 diente gleichzeitig als Wohnung, Büro, Übungsraum und sturmfreie Bude für eine ständig wachsende Musik-Kommune.

Wir denken nur an einen friedvollen Planeten. Wir denken nicht an irgendeine Macht, an Machtkämpfe, Revolution oder Krieg oder so. Wir wollen niemandem weh tun. Wir wollen nur ein geordnetes, einfaches, gutes Leben. Und vielleicht können wir dazu beitragen, die Menschheit einen oder auch nur einen halben Schritt weiterzubringen, anstatt daß sich die Dinge, wie im Augenblick, weiter nur im Kreis drehen.

Mit anderen Worten: »Love, Peace & Happiness« – das Mantra einer neuen Generation aus den Mündern einiger ihrer – zumindest musikalischen – Ziehväter, den Musikern von **Grateful Dead**.

Aber auch Grace Slick, die attraktive Sängerin von **Jefferson Airplane**, beteuerte damals, daß es in ihren Texten eigentlich immer nur um die Liebe ginge. Nichtsdestotrotz wurden ihre großen Hits wie »White Rabbit« als verschlüsselte Drogenerlebnisse oder als direkte Antikriegshymnen, wie z. B. »Volunteers«, verstanden und gefeiert.

Politisiert wurde die Szene über die Studenten von Stanford und vor allem Berkeley, die sich einerseits mit den schwarzen Bürgerrechtlern im Süden der USA solidarisierten und andererseits die ersten friedlichen »Sit-Ins« aus Protest gegen den Vietnamkrieg organisierten. »Make Love – Not War!«

1967 war ein bedeutsames Jahr, weil das einzelne, einsame Bewußtsein, das seit Mitte der Fünfziger viele Individuen entwickelt hatten, plötzlich zusammenkam – in Human Be-Ins wie in San Francisco. Es gab keinen rationalen Grund, dort zu sein, nur den der gemeinsamen Party. Die Zeit zusammen zu verbringen.

Ein bis dahin als Underground-Poet predigender Allen Ginsberg konnte sich durch die plötzliche Aufmerksamkeit der Medien und der Massen natürlich nur bestätigt fühlen. Seine Vision von einer friedlichen Welt ohne Kriege, in der alle Altersgruppen und Bevölkerungsteile in gegenseitiger Liebe und Respekt voreinander zusammenleben würden, schien Wirklichkeit zu werden. Der Traum vom Heraufnahen des vielbeschworenen neuen Zeitalters schien sich zu erfüllen ...

Die Saat der Blumenkinder ging auf. Nicht nur in anderen

amerikanischen Großstädten, auch in europäischen Metropolen wie London, Paris oder Berlin blühte die »Flower Power« in all ihren Facetten auf.

»Let It Grow« meinte insbesondere Haare, Koteletten und Bärte, aber auch Hanf und selbstangebautes Marihuana, letztendlich aber »Mutter Natur« im allgemeinen.

Die Losung »Back to Nature« befolgten konsequente amerikanische Zivilisationsflüchtlinge mit den ersten Gründungen von Landkommunen, europäische Stadtneurotiker trieb es zum Schafezüchten auf die griechischen Inseln.

Auf der Suche nach anderen, neuen Wegen orientierten sich die vermeintlich wissenden Meinungsführer in den Zentren der Bewegung an fernöstlichen Glaubenslehren ebenso wie an den Werten vergangener Kulturepochen. Der plötzlich hippe Oma- und Uniform-Look, der in der Folge die Flohmarkt-Branche zum Boomen brachte und dann zum Gammler-Image verkam, gemahnte ursprünglich an den unerschrockenen, selbstbewußten Pioniergeist der ersten nordamerikanischen Siedler.

Und von den Ureinwohnern, den Indianern, übernahm man nicht nur Schmuck- und Fransenmode, das Ritual des Pfeife- bzw. Jointrauchens und das beruhigende Gefühl der Stammeszugehörigkeit, sondern vor allem auch ihre zutiefst naturverbundene Lebenseinstellung.

Die Rückbesinnung der Hippies auf irdische Zwischenmenschlichkeit, die Hoffnung auf himmlische Harmonie und der Glaube an eine kosmische Wahrheit gedieh als passive Protesthaltung gegen die unmenschliche Künstlichkeit der »plastic society«, gegen die profitorientierte Wegwerfindustrie, gegen die skrupellos technokratische Militär- und Kriegsmaschinerie, gegen die verlogene und in doppelmoralische Konventionen verstrickte Erwachsenenwelt, deren Zukunft das jugendliche Bildungsbürgertum höchstens und allzu trefflich in den Romanen *1984* von George Orwell oder *Schöne Neue Welt* von Aldous Huxley beschrieben sah.

Die Alternative, das real existierende »Wonderland«, das gelobte Land der weltweiten Hippie-Gemeinde, lag im Sommer

1967 indes immer noch am Fuße der Golden Gate Bridge und hieß San Francisco.

Und der Faszination dieser »Free City« konnte sich selbst einer der populärsten Vorreiter aller Pilzköpfe und »Deadheads« nicht entziehen, wobei Paul McCartney, ganz visionärer Künstler und gleichzeitig mit den merkantilen Mechanismen der jungen Popkultur bereits bestens vertraut, schon früh den Ausverkauf erahnte:

> Ich erinnere mich in Haight Ashbury gewesen zu sein, um meine Freunde Grateful Dead zu besuchen. Und ich weiß noch, wie ich dachte – oohh, oohh, das wird nicht lange dauern, und die Medien werden das alles vereinnahmen. Und tatsächlich: schon kurz darauf war die Haight die Abzock-Meile, wo die Kinder, die von zu Hause abgehauen waren, um »beautiful people« zu werden, mit dem ganzen Merchandisingkram zugeschüttet wurden ...

Vielleicht war es nicht zuletzt der weltweite Hitparadenerfolg von »(If You're Going To) San Francisco«, dem Soft-Folkie Scott McKenzie auf den Leib geschrieben vom cleveren **The Mamas & The Papas**-Boß John Phillips, der den Hippie-Hype gewinnträchtig zum Überkochen brachte und letztlich den Traum in einen Alptraum verwandelte. Die Botschaft vom vermeintlichen Spaß-, Musik- und Drogen-Paradies in der Bay Area hatte bereits Zehntausende Teenager aus der nordamerikanischen Provinz ins Hippie-Mekka an der Pazifikküste gelockt. Aber dieser Sirenengesang schallte bis nach Europa und kurbelte den Flower-Power-Tourismus noch mal so richtig an. Allein in den ersten sechs Monaten 1967 folgten 100 000 Jugendliche aus aller Welt den verklärenden Lockrufen und hofften in der märchenhaften Kulisse der maroden viktorianischen Holzvillen in den hügeligen Straßen der Hafenmetropole auf die Erfüllung ihrer Träume: ein selbstbestimmtes Leben unter Gleichgesinnten, ohne Kontrolle der Eltern oder anderer Autoritäten, freie Entfaltung der Sexualität, uneingeschränkter Drogen- und Musikkonsum. Die kleine Gemeinde von Haight Ashbury war überfordert, denn praktisch über Nacht hatte sich die Einwohnerzahl der einst idyllischen Nachbarschaft mehr als verdoppelt.

Daß die Verhältnisse nicht schon frühzeitig außer Kontrolle gerieten, war vor allem den sogenannten »Diggers« zu verdanken, einer altruistischen Straßentheatergruppe, die Kleider- und Essensspenden organisierte und dafür sorgte, daß Hunderte Gestrandeter jeden Nachmittag im Golden Gate Park eine Gratismahlzeit erhielten.

Einer der damaligen »Diggers«, Dave Simpson, macht hauptsächlich den rebellischen Akademiker Timothy Leary und seine vermeintliche Heilsbotschaft für das Debakel verantwortlich:

> Timothy Leary's berühmter Slogan »Turn On, Tune In and Drop Out« brachte eine Menge Leute in Rage. In Haight Ashbury hatten wir das alle schon irgendwie hinter uns. Aber als nationale Leitfigur so was landesweit über die Medien zu fordern, das hatte natürlich eine Reihe von Fragen zur Folge, z. B. »Wie bleibst du danach am Leben?«
>
> Ich persönlich war damals kein Kind mehr und konnte in gewisser Weise für mich selbst sorgen. Aber diese Message wurde auch von 13- und 14jährigen im amerikanischen Hinterland erhört. Und die strömten in die Mekkas wie San Francisco auf der Suche nach dem Paradies, um allerdings etwas ungleich Geringeres zu finden.

Die energiegeladene Galionsfigur Janis Joplin genauso wie die **Grateful Dead**-Familie und andere Musiker und Künstler waren bereits auf der Flucht vor dem Trubel in der Haight vor die Tore der Stadt in ruhigere Landhäuser gezogen; im Herzen des Hurricanes allerdings standen die Zeichen weiterhin auf Sturm bzw. Invasion.

Die Vielvölkermetropole San Francisco mit ihrem Überseehafen an der Pazifikküste hatte seit jeher Abenteurern und Freidenkern ein günstiges Klima geboten: weltoffen und tolerant. Die trockenen Sommer- und milden Wintertemperaturen ermöglichten ein kommunikatives Leben auf der Straße.

Die magische Anziehungskraft der »Free City«, als die der Ort im Sommer '67 kurzzeitig deklariert wurde, erklärt ein damals dort diensthabender Police-Officer aber vor einem ganz anderen soziologischen Hintergrund:

Die Kids von Haight Ashbury kommen nicht unbedingt aus ärmlichen Verhältnissen. Viele von ihnen sind zur Schule gegangen und kommen aus guten Elternhäusern. Aber aus irgendeinem Grund gehen sie dort weg und kommen hierher. Tatsache ist: Haight Ashbury ist das Symptom, nicht die Ursache. Es ist ein bestimmter intellektueller Notstand ihrer früheren Umgebung, der die Kids nach Haight Ashbury treibt. Deshalb ist auch die Mittelklasse dort so stark involviert. Das ist keine Bewegung am Rande. Es ist eine direkte Reaktion auf die Kräfte, die Amerika kontrollieren. Das hat nichts mit Anarchie zu tun. Die Hippies haben kein Interesse an irgendeiner Philosophie, auch nicht am Kommunismus. Sie wollen einfach nur ihr Leben auf ihre Weise leben, ohne irgendwelche strukturellen Bindungen.

Der lange Sommer der Freiheit und des Abenteuers, der lange Sommer der Liebe kam – der offiziellen Rock-'n'-Roll-Geschichtsschreibung nach – zu seinem Höhepunkt und fand gleichzeitig sein frühes Ende mit dem legendären dreitägigen Open-Air-Festival im Bundesstaat New York nahe der kleinen Gemeinde Woodstock im August 1969. Der Ort des Geschehens, nach dem anschließend eine ganze Generation benannt wurde, symbolisierte und demonstrierte einer verblüfften Weltöffentlichkeit zwar eindrucksvoll die Machbarkeit des friedlichen Zusammenseins Hunderttausender junger Leute auf der gemeinsamen Basis ›ihrer‹ Musik, besiegelte aber auch gleichzeitig die endgültige kommerzielle Vereinnahmung der ›Bewegung‹ durch die amerikanische Unterhaltungsindustrie, wie der Zeitzeuge John Sinclair zu bestätigen weiß:

Woodstock war der Wendepunkt – in zweierlei Hinsicht. Erstens konnte man zeigen, daß es 500 000 oder sogar eine Million Hippies gab. Vorher wurden sie immer als kleine, unbedeutende Minderheit von Ausgeflippten abgetan, und plötzlich sind eine halbe Million da – im Regen, und sie halten durch. Ein ziemlich machtvolles Bild. Das ermunterte natürlich noch mehr Leute, zu denken: »Hey! Super! Das ist auch meine Musik! Ich will auch Spaß haben und Hippie werden!«

Aber gleichzeitig entdeckten natürlich auch die Plattenfirmen und die Medienfabriken diesen riesigen neuen Markt; – eine Erweiterung der dritten Welt, an die sie Schokolade verkaufen konnten. Und von da an dauerte es noch drei Jahre. 1972 hatten sie alles unter Kontrolle.

1972 waren die größten und wichtigsten musikalischen Hippie-Idole allerdings auch schon längst tot: Brian Jones von den **Rolling Stones**, Jim Morrison von den **Doors**, Janis Joplin und Jimi Hendrix – alle mehr oder weniger Opfer ihrer Drogensüchte nach dem Motto »Live Fast – Die Young«.

Aber das böse Erwachen am nächsten Morgen, das langsame Sterben einer kurzen, intensiven Ära und ihrer Ideale hatte sich, wie könnte es anders sein, schon viel früher in Kalifornien selbst abgezeichnet.

Nämlich beim Monterey International Pop Festival im Juni 1967. Beim bis dahin größten und professionellsten Open-Air-Spektakel waren bereits 50 000 »beautiful people« zusammengekommen, um neben Jimi Hendrix, Otis Redding, **The Who** und Ravi Shankar die inzwischen auch international bekannten San-Francisco-Bands **Jefferson Airplane** und **Grateful Dead** zu erleben. Als letztere allerdings hinterher vom Veranstalter John Phillips – ja, genau der von den **Mamas & Papas** – erfuhren, daß Monterey keine reine Wohltätigkeits-, sondern auch eine Profitunternehmung war, weigerte sich die Band, im anschließend veröffentlichten Film oder auf dem Soundtrack zu erscheinen. **Grateful Dead**, ganz Proto-Hippies, die am liebsten aus Spaß an der Freude, umsonst und für einen guten Zweck aufspielten, blieben aber nicht die einzigen, die bereits in Monterey den Ausverkauf der jungen Gegenkultur sahen. Wie leicht sich mit den Attraktionen des sogenannten »Undergrounds« – Sex, Drugs & Rock 'n' Roll – Geld verdienen ließ, hatte ja schon der örtliche Haight-Ashbury-Veranstalter Bill Graham mit seinen Konzerten im Fillmore Auditorium vorgemacht.

Die Hippie-Kultur wurde jedenfalls in San Francisco nicht nur geboren, getauft und vermarktet, sondern auch – zumindest symbolisch – bereits im Oktober 1967 in Haight Ashbury gleich wieder zu Grabe getragen. Und das Fernsehen war natürlich genießerisch live und in Farbe dabei, wie der zynische Kommentar eines Sprechers von damals belegt:

Die Hippies schlagen zurück! Sie feiern Beerdigung, um den Begriff »Hippie« symbolisch zu Grabe zu tragen. Gleichzeitig soll ein neuer Name etabliert werden. Die Sandalen-, Bart- und Perlenketten-Fraktion möchte von nun an nur noch als »Freie Menschen« oder als »Freebees« bezeichnet werden.

People try to put us down – talking 'bout my generation ...

(The Who)

Literaturhinweise

Jost Hermand: Pop International. Eine kritische Analyse. Frankfurt a. M. 1971.

Raoul Hoffmann: Zoom Boom. Die elektrische Rock- und Popmusik. München 1974.

Uwe Hußlein/Gerda Wendermann: The American Psychedelic Poster Art of the Sixties. Münster 1988.

Jamie Jensen: Grateful Dead – Built to Last. 25th Anniversary Album, 1965–1990. London/New York 1990.

Rolf-Ulrich Kaiser: Das Buch der neuen Pop-Musik. Düsseldorf/Wien 1969.

Theodore Roszak: Gegenkultur. Gedanken über die technokratische Gesellschaft und die Opposition der Jugend. [Aus dem Amerikan. von G. E. Ottmer und G. Kopper.] München 1973.

John Sinclair: Guitar Army. Street Writings, Prison Writings. New York 1972.

Lewis Yablonsky: The Hippie Trip. New York 1969.

Ich singe dir die Welt
Singer-Songwriter: Dylan, Donovan & Co.

Wer jung war in den fünfziger Jahren und auf Ärger aus, der mußte nur die Skala seines Radioapparates auf den Sender der amerikanischen Besatzungstruppen einstellen und voll aufdrehen. Da war »music in the air«, ein Sound, der die Jungen elektrisierte und die Alten fassungslos machte: »Was soll der Amikram?« »Stell diese Niggermusik ab.« Dumpfmeister gaben den Ton an in den fünfziger Jahren. Jeans und Jazz, Swing und Rock 'n' Roll – alles Amikram. Ungeeignet und schädlich für die deutsche Jugend. Zu wild, zu schmutzig und zu fremd. Die Nazis waren besiegt, ihre Vorstellung von Zucht und Ordnung noch lange nicht. Der Krieg war verloren, das Land war zerstört, die Nation geteilt. Auf der Tagesordnung stand der Wiederaufbau. Jede Rückbesinnung auf die gerade überstandene Katastrophe und jede Frage nach deren Ursachen war in der Euphorie des erfolgreichen Neubeginns verpönt. Das ganze Ausmaß des Naziverbrechens begann gerade erst ins öffentliche Bewußtsein zu dringen, da kursierte auch schon die Forderung nach einem Schlußstrich. Warum auch nicht? In der neuen Schlachtordnung des kalten Krieges hatten auch die Deutschen – genauer: die im Westen – wieder Gott auf ihrer Seite.

> When the Second World War
> Came to an end
> We forgave the Germans
> And we were friends
> Though they murdered six million
> In the ovens they fried
> The Germans now too
> Have God at their side.
> (Als der Zweite Weltkrieg / Zu Ende war / Vergaben wir den Deut-

schen / Und wurden Freunde sogar / Obwohl sie sechs Millionen /
In den Öfen verheizten / Haben jetzt auch die Deutschen / Gott auf
ihrer Seite.)

Deutschland hatte einen Vernichtungsfeldzug begonnen, der
die Welt auf den Kopf stellte, und Millionen Amerikaner waren am Kampf gegen den Terror der Nazis beteiligt. Jeder Krieg
hinterläßt Spuren – auch bei den Siegern: »Als ich 1945 aus
dem Krieg in die USA zurückkam, kehrte ich zurück nach
Harlem und überlegte, was ich mit meinem Leben anfangen
sollte. Man hatte uns gesagt, daß wir für Demokratie zu kämpfen hätten, daß wir die Welt befreien sollten, damit alle Menschen am ›guten Leben‹ teilhaben könnten. Das hatte besonders für uns Schwarze eine Bedeutung.«

Auch Harry Belafonte, damals ein noch unbekannter junger Mann auf der Suche nach einer Rolle im Leben, war voller
Fragen, als er vom europäischen Kriegsschauplatz in die USA
zurückkehrte: »Wenn wir gekämpft haben, um die Welt für die
Demokratie zu retten, wie steht es dann mit den Vereinigten
Staaten? Was wird dann aus den Gesetzen, die die Rassentrennung festschreiben? Was machen wir mit der fehlenden
Chancengleichheit? Wie gehen wir mit den rassistischen Vor-
urteilen um? Viele von uns sind heimgekommen, fest ent-
schlossen, sich für die Veränderung der Verhältnisse in den
Vereinigten Staaten einzusetzen.« Doch das weiße Establish-
ment dachte nicht daran, auch an der Heimatfront schwarze
Kriegsveteranen als Gleiche unter Gleichen zu behandeln:
»Eine der üblichen Phrasen der Anhänger der Rassentrennung
war: Wir müssen die Nigger wieder an ihren Platz verweisen.
Und sie taten ihr schmutziges Geschäft.«

Ursprünglich ein Baptistenchoral, wurde »We Shall Over-
come« zur Hymne der neuen Bürgerrechtsbewegung. Sie
wurde überall gesungen, wo sich in den fünfziger und sechziger Jahren Widerstand gegen das atomare Wettrüsten, gegen
koloniale Ausbeutung und Rassendiskriminierung formierte.
Mit seiner einfachen Botschaft – black and white together –
und seiner eingängigen Melodie war dieser Protestsong der
amerikanischen Bürgerrechtsbewegung schon bald die Erken-

nungsmelodie einer weltweiten Bewegung gegen den Krieg und gegen die atomare Bedrohung.

Jetzt waren auch auf deutschen Radiosendern immer häufiger die Stimmen amerikanischer Folksänger zu hören: Woody Guthrie, Pete Seeger, Peter, Paul and Mary, Judy Collins, Odetta, Joan Baez und der tiefe Baß von Paul Robeson, der schon als Sänger im Spanischen Bürgerkrieg vor den Internationalen Brigaden aufgetreten war. Und dann war da noch die näselnde Stimme eines jungen Sängers, der Lieder sang, in deren Texten die richtigen Fragen gestellt wurden: Ihr Herren des Krieges, beantwortet mir eine Frage:

> Let me ask you one question
> Is your money that good
> Will it buy you forgiveness
> Do you think that it could
> I think you will find
> When your death takes its toll
> All the money you made
> Will never buy back your soul.
> (Beantwortet mir eine Frage: / Hat euer Geld so viel Macht? / Läßt sich Vergebung erkaufen? / Habt ihr daran ernsthaft gedacht? /Ich glaube, ihr werdet merken / Wenn euch der Tod einst holt / Daß ihr auch für all euer Geld / Eure Seele nicht mehr wiederbekommt.)

Dieser Typ mit der sägenden Stimme schlug einen ungewohnt scharfen und unversöhnlichen Ton an: »I hope that you die« ... Ich hoffe, ihr verreckt bald, und ich werde eurem Sarg folgen, um sicher zu sein, daß ihr auch unter die Erde kommt. Die sechziger Jahre hatten begonnen. Niemand konnte wissen, daß man von diesem Jahrzehnt einmal sprechen würde, wie die Alten von den goldenen zwanziger Jahren sprachen.

> Come mothers and fathers
> Throughout the land
> And don't criticize
> What you can't understand
> Your sons and your daughters
> Are beyond your command

Your old road is
Rapidly agin'
Please get out the new one
If you can't lend your hand
For the times they are a-changin'.

(Kommt, Mütter und Väter / Im ganzen Land / Und kritisiert nicht,
was / Euch geht über den Verstand / Eure Söhne und Töchter /
Sind euch davongerannt / Mit eurem alten Weg / Könnt ihr nur
scheitern. / Bitte versperrt nicht den neuen / Wenn ihr nicht an-
packen könnt / Denn es kommen andere Zeiten.)

Das war die Lage, wie viele sie sahen, die damals jung waren:
Wir haben verstanden, wir sind bereit zu handeln, und es wird
gelingen. Schluß mit der Korruption, Schluß mit den Lügen
und der Doppelmoral. Wir machen das Spiel nicht mehr mit.
Das war die Haltung. Jede einzelne Zeile in den Liedern
des jungen Robert Allan Zimmermann, der sich Bob Dylan
nannte, war eine Bestätigung dieser Haltung.

Bob Dylan hatte seine Jugend in einem Kaff namens Hib-
bing nahe der kanadischen Grenze verbracht, bevor es ihn
nach New York zog, wo er mit seiner Gitarre, seiner Mundharmonika und seiner ungewöhnlichen Vortragsweise sofort
die Aufmerksamkeit des Folk-Publikums auf sich zog. Dylan
wurde zum Folkstar. Er blieb es so lange, wie er sich an die
ebenso rigiden wie willkürlichen Regeln der Folk-Szene hielt.

Mit dem Erstarken der Bürgerrechtsbewegung erlebte auch
der Folksong ein Revival. Folk war eine Rückbesinnung auf die
Geschichte der Klassen- und Rassenkämpfe in den USA und
ein Rückgriff auf die Lieder dieser Zeit. Die Folk-Szene verstand sich als Teil der politischen Bewegung. Als Folksänger
galt, wer einen selbst oder von anderen ausgegrabenen Song
so vortrug, wie er im Original geklungen hat bzw. geklungen
haben könnte. Akustische Gitarre, Banjo, Fidel, Harmonika,
irgendeine Art von Baß und manchmal auch ein Shufflebrett
waren die von Folkinterpreten bevorzugten Instrumente. Jede
textliche, musikalische und interpretatorische Abweichung
vom Original wurde als Verrat an der Folk-Tradition ange-
prangert.

Dylan verstieß gleich mehrfach gegen das Reinheitsgebot der Folk-Puristen. Als Künstler, der noch viel vorhatte, konnte und wollte er sich auf Regeln nicht festlegen lassen. Schon die Etikettierung als Folksänger ging ihm auf den Geist.

> Die Bezeichnung »Folk Music« war mir nicht geläufig, bis ich nach New York kam. »Folk Music« ist nur ein Name. Ich singe eine Menge alter Jazz-Songs, sentimentale Cowboy-Songs, Sachen aus den Top 40, aus den Hitparaden. Die Leute müssen für alles einen Namen haben.

»Die Leute« – genauer: die Leute von der Tonträgerindustrie – sollten schon bald auch einen Namen für das finden, was dieser junge, schmächtige, leicht schmuddelige Typ auf den Bühnen kleiner Cafés und Clubs down-town New York City bot. Spätestens mit *Highway 61*, Dylans erstem Rockalbum, begannen die Plattenbosse zu erkennen, daß da einer die eingespielte Arbeitsteilung der Musikbranche aufzuheben begann. Denn anders als die meisten seiner singenden Folk-Kollegen kam Dylan mit eigenen Songs. Das war eine neue Qualität. Singer und Songwriter waren identisch. Anfang der siebziger Jahre ging diese Erkenntnis in den Branchenjargon der Tonträgerindustrie ein. Das Etikett »singer/songwriter« war kreiert.

In Europa machte derweil ein verträumt-romantischer Junge, der sich Donovan nannte, auf sich aufmerksam. Seine Plattenfirma pries ihn als den britischen Dylan an. Mit seiner Huckleberry-Finn-Mütze und dem auf die Gitarre geklebten Woody-Guthrie-Spruch »This machine kills fascists« sah er aus wie eine wandelnde Dylan-Kopie.

Bob Dylan wurde zum Maß aller Dinge. Jeder Newcomer mußte sich an ihm messen lassen. Auch Bruce Springsteen wurde, kaum hatte er sein erstes Album veröffentlicht, als der »neue Dylan« promotet. Eine Hypothek, die nicht abtragbar ist, eine Last, an der er als Singer und als Songwriter fast zerbrochen wäre. Dylan selbst hätte sich so nie bezeichnet. In seinen Reisepapieren gibt er als Beruf »entertainer« – Unterhaltungskünstler – an. Er sei ein »song and dance man«, hat er irgendwann einmal in einem seiner wegen ihrer Aggressivität, ihres Hochmuts, ihrer Komik und ihres Nonsens legendären Interviews gesagt. Auch politisch wollte Dylan sich nicht vereinnahmen lassen. »Ich bin mit allem einverstanden, was sich da tut, aber ich bin kein Mitglied von irgendeinem Movement.«

Es dauerte nicht lange, und der Vorwurf des Verrats lag in der Luft. Er wurde zu einem Leitmotiv in der Auseinandersetzung mit Dylan. Als der dann im Juli 1965 beim Folk-Festival in Newport den »ghost of electricity« losließ, die elektrische Gitarre in die Hand nahm und mit einer laut hämmernden Rockband auftrat, war der Bruch mit den Hütern der Folk-Tradition besiegelt: »Was sich dort am 25. Juli 1965 zugetragen hat, das war ein regelrechter Aufruhr. Ein Orkan aus Schreien und Flüchen, aus Ablehnung, Verdammung und – möglicherweise – vor allem aus Fassungslosigkeit.« Greil Marcus, ein profunder Kenner von Dylans Leben und Werk, sieht in dem Sturm der Entrüstung, der über Dylan losbrach, einen Wendepunkt in dessen Schaffen.

Newport war mehr als nur ein Zwischenfall. Dylans Kritiker – einige von ihnen haßerfüllt – gaben keine Ruhe. Der ›Skandal‹ folgte ihm bis nach Europa. Am 17. Mai 1966 entlud sich in Manchester die Spannung zwischen Dylan und einem Teil seines Publikums in einem pophistorischen Dialog: Dylan auf der Bühne. Er stimmt die Gitarre, als aus dem Publikumsgeraune klar und deutlich die Stimme eines Rufers dringt: »Judas«. Dylan – verblüfft oder auch nicht – zupft die Saiten seiner Gitarre, um dann – perfekt getimed – zu antworten: »I don't believe you. You are a liar.« (Ich glaube dir nicht. Du bist ein Lügner.)

Folk- und Protestsongs dienten der ›moralischen Aufrüstung‹. Sie waren eine musikalische Bestätigung dessen, was man wußte, was man dachte, wofür man sich einsetzte und wofür man kämpfte. Kopfmusik mit oft pathetischen und sentimentalen Untertönen. Jede Massenbewegung bringt solche Lieder hervor. Auch in Deutschland – hüben wie drüben, in der BRD wie in der DDR – versuchten Musiker und Musikerinnen sich in den Dienst der politischen Sache zu stellen. Die einen trafen sich in der Singebewegung, die anderen auf der Burg Waldeck. Zu wenig Blues, zu viel Pathos. Einzig Franz-Josef Degenhardt, der sich musikalisch am französischen Chanson orientierte, hat Lieder geschrieben, die über politische Gebrauchsmusik hinausgehen. Der Versuch aber, eine der angelsächsischen Folkmusik entsprechende Tradition zu begründen, ist gescheitert – in beiden deutschen Staaten. Wolf Biermanns Selbsteinschätzung, er sei der »deutsche Dylan«, ist einfach nur grotesk. Sie ist auch ein Beleg dafür, wie wenig Biermann den anglo-amerikanischen Einfluß auf die bundesdeutsche Jugendkultur, die auf diesem Umweg Afrika entdeckte, verstanden hat. Erst Sängern und Gruppen wie Lindenberg, Ambros, **BAP** und allen voran Rio Reiser ist es gelungen, den angelsächsischen Sound so zu verarbeiten, daß ein eigenständiges Produkt entstand – weder bloße Kopie der anglo-amerikanischen Tradition noch ein Anknüpfen an die vom Faschismus mißbrauchte und vom Stalinismus verdorbene deutsche Lied-Tradition.

Beim Folk-Festival in Newport vollzog sich Dylans Wandlung vom Typ eines singenden, klampfenden und Mundharmonika spielenden Straßensängers zum elektrifizierten Song-Poeten, der, mehr als jeder andere, mit seinen Liedern den Soundtrack zur Jugendrebellion der sechziger Jahre lieferte: Bringing it all back home. Dylan war da, wo er schon immer hinwollte – beim Rock 'n' Roll. Die **Byrds** hatten mit der Coverversion von »Mr. Tambourine Man« einen Hit gelandet, und *Highway 61* war längst eingespielt, als Dylan mit seiner Band die Bühne in Newport betrat. Es funktionierte also, und es gab keinen Grund, sich die falsche Alternative – Folk oder Rock – aufdrängen zu lassen. »Ich wußte, daß es nicht so zu sein brauchte. Ich stand auf dem, was die Beatles machten, und ich merkte mir das für später.«

Über das Radio hielt Dylan sich auf dem laufenden. Wie alle damals.

> Amerika war in den Jahren, in denen ich aufgewachsen bin, über das Radio verbunden. Damals konnten die disc-jockeys spielen, was sie spielen wollten. Radiostationen gab es überall. Sie erfaßten

riesige Gebiete und strahlten tausende Kilometer aus. Denk an Jimi Hendrix – er wuchs in Seattle auf, aber er hat dasselbe empfangen. Das Radio verband jeden mit jedem wie Orpheus. Was Amerika verband, war das Radio. Ich kann dessen Bedeutung gar nicht genug betonen.

Dylan hat sich nie von seinen sogenannten Protestsongs distanziert. Er singt sie bis heute. Und bis heute wühlt er im Fundus der amerikanischen Folk-Tradition. Seine Entdeckungen präsentiert er auf der Bühne und auf seinen Platten. Der Vorwurf des Verrats konnte ihn nicht treffen. Der formale Rahmen traditioneller Protestsongs mit ihrem Zwang zu eindeutigen Aussagen und unmißverständlichen Botschaften war ihm einfach zu eng. Er hatte mehr zu sagen.

Aus Unterhaltungen mit Woody und Pete und anderen Leuten, die ich kenne, habe ich den Eindruck, daß damals noch alles gut und schlecht war, schwarz und weiß und leicht zu unterscheiden. Es gab die eine Seite oder die andere.

Mit seinen neuen Songs, die verlockende Bilder von Freiheit und Glück transportierten, traf Dylan die Sehnsüchte und Visionen seiner zur Rebellion entschlossenen Generation. Davon ist auch sein Biograph Anthony Scaduto überzeugt: »Als er den Protestsong aufgab und sich einer neuen literarischen Form zuwandte, wurde Dylan noch viel politischer als zuvor, jedenfalls in der Stimmung, die er ansprach.« Dylans Abkehr von der Folk-Szene steht auch für die Radikalisierung der Protestbewegung. Die Protestkultur zerfiel in einen traditionalistischen, an der Kultur der Arbeiterbewegung und deren Aktionsformen orientierten Flügel und einen antiautoritär-hedonistischen, der nicht nur die politischen, sondern auch die privaten Verhältnisse zur Sprache brachte und dabei das Sexuelle ebensowenig ausklammerte wie die Erfahrungen im Umgang mit Drogen: »Everybody must get stoned.«

Dylans Art, Geschichten zu erzählen, seine Art, die Wirklichkeit zu brechen und zu verfremden, um sie dann wieder in surrealen Traumsequenzen und visionären Bildern zusammenzusetzen, löste einen Schock aus. Wer jung war in den sechziger Jahren und wach, der lebte nicht einfach mit Musik. Er lebte *in* der Musik. Da geschahen plötzlich Dinge, die niemand für möglich gehalten hätte. Dylans Texte führten weg von den Trivialitäten gängiger Rocksongs hin zur Alltagserfahrung von Jugendlichen. Musik wurde zu einer Erlebniswelt, in der Liebe, Sehnsucht, Haß, Trennungsschmerz, Angst, Wut, Verzweiflung, Trauer, Paranoia und Einsamkeit – alle Stimmungslagen und alle Gefühlszustände ihren Platz hatten. Durch ihn fand die Rockmusik zur Selbständigkeit und bekam den Mut, Intelligenz zu beweisen.

> There was music in the cafés at night
> And revolution in the air.
> (Da war Musik in den Cafés in der Nacht / Und Revolution lag in der Luft.)

Mit dem treibenden Beat von »Highway 61 Revisited« fand Dylan Anschluß an den von den **Beatles** und den **Rolling Stones** vorgegebenen und am Blues der Schwarzen orientierten Sound, während – umgekehrt – die britischen Popbarden über Dylan das poetische Potential ihres Genres entdeckten: »Damals begann ich düster und undeutlich zu schreiben à la Dylan.« Nicht nur John Lennon, auch andere Sänger und Sängerinnen, die in den sechziger und siebziger Jahren mit eigenen Liedern auftraten, betonen den Einfluß Dylans auf ihre eigene Arbeit.

Das »Phänomen Dylan«, diese exotische, eigenartige Figur, die plötzlich in der Öffentlichkeit auftauchte, erinnerte an Marlon Brando und James Dean, Jugendidole einer Zeit, in der die Identifikationsfiguren noch aus dem Film kamen. Mit ihrem lässig antiautoritären Gestus, ihrer verächtlichen und herablassenden Art, ihrem ›Ihrkönntmichmal‹ nahmen sie eine Haltung vorweg, die in den sechziger Jahren zur Antriebskraft der Jugendrebellion wurde. Dylan gab dieser Haltung eine Sprache. Innerhalb weniger Jahre wurde er von den Medien zum Sprachrohr seiner Generation gekürt und von seinen Fans zum Idol gemacht. Kein Zweifel, er wollte immer nach oben in den Olymp eines Elvis Presley. Doch als er oben war, machte ihm der Starruhm angst. »Die Fans wollten, daß ich ihr Leben in die Hand nehme. Das ist ein Haufen Verantwortung. Ich habe genug damit zu tun, mein eigenes Leben in die Hand zu nehmen. Ich will das nicht. Ist zu viel für meinen Kopf.«

Schon aus Gründen des Selbstschutzes war Dylan gezwungen, zu seinen Fans Abstand zu halten. Phil Ochs, ein Star der New Yorker Folk-Szene, der Dylans Aufstieg aus nächster Nähe verfolgte, zeigte sich entsetzt über die Emotionen, die Dylan nicht nur bei seinen Gegnern, sondern auch bei seinen Fans auslöste:

> Ich fragte mich, was noch alles passieren wird. Ich weiß nicht, ob Dylan sich in einem Jahr überhaupt noch auf der Bühne zeigen kann. Ich bezweifle das. Ich meine, das Phänomen Dylan wird solche Dimensionen annehmen, daß es für ihn gefährlich sein wird. Es gibt so viele durchgeknallte Typen in Amerika, und der Tod ist mittlerweile zu einem festen Bestandteil des amerikanischen Alltags geworden.

Die Ermordung der Kennedy-Brüder, die Attentate auf Malcolm X und Martin Luther King machen die Ängste von Dylans Weggefährten nachvollziehbar. Jahre später wurden sie auf traurige Weise bestätigt, als ein durchgeknallter Fan das Leben von John Lennon auslöschte. Dylans Lust, sich mit einer Distanz schaffenden Aura des Geheimnisvollen zu umgeben, machte ihn nur noch mehr zum Objekt wilder Spekulationen und Nachforschungen. Er war der Junge, der mit Woody Guthrie gesprochen hatte, er war der Typ, der sich auf seinen Reisen von legendären Bluesmusikern in die Geheimnisse der schwarzen Musik einführen ließ. Niemand war dabei, niemand wußte, was wirklich gelaufen war. Ist Dylan tatsächlich wie ein Hobo in Viehwaggons übers Land gefahren? Man traute es ihm zu. Das genügte.

Mit spürbarem Vergnügen erfand er sich immer wieder neu, indem er die Spuren seines wirklichen Lebens, seiner realen Biographie, verwischte. Er scheute sich nicht, seine Eltern für tot zu erklären und sich zum Waisenknaben zu machen. Selbst wenn es ums Geschäftliche ging, gefiel er sich in der Rolle eines

Lügenbarons. In Anthony Scadutos Dylan-Biographie schildert ein Vertreter von Columbia Records Dylans Auftritt bei den Verhandlungen um seinen ersten Plattenvertrag: »Ich sagte ihm, ich wolle ihn für Columbia haben, und ich ließ einen Vertrag aufsetzen. ›Wie alt bist Du?‹, und er sagte, er sei zwanzig, und ich sagte: ›Ich brauche die Unterschrift Deiner Eltern unter diesen Vertrag, und er sagte: ›Ich habe keine Eltern.‹ Ich fragte: ›Hast Du Verwandte?‹, und er sagte: ›Ja, ich habe einen Onkel, der ist Dealer in Las Vegas.‹« Solche Geschichten wollten die Fans hören. So redet man mit den Vertretern des Establishments, wenn man überhaupt mit ihnen redet.

Dylan steckte tief in der Psyche einer Menge von Leuten. Er war anders. »To be different« galt als Gütesiegel in jenen Jahren. Was Dylan zum Idol machte, war der Glamour der Intelligenz. Er verkörperte das Bedürfnis vieler Jugendlicher, sich selbst zu erfinden und neu zu definieren, um sich zu unterscheiden von einer Elterngeneration, die moralisch versagt hatte. Ob Rock-'n'-Roll-Exzeß oder militanter Protest, ein erheblicher Teil der jungen Generation in den Industriegesellschaften des Westens war entschlossen, das Wertesystem der Elterngeneration zu überwinden. Diese Selbstfindung einer Generation, die sich nicht dumm machen ließ, wurde untermalt vom ekstatischen Beat der schwarzen Musik. »With the Power of soul everything is possible«, sang Jimi Hendrix, ein Dylan-Fan der ersten Stunde.

Dylan war zur Stelle, als ihn die Bürgerrechtsbewegung mit ihren Ansprüchen und Erwartungen konfrontierte. Mit seinen Protestsongs hat er das Repertoire des politischen Liedes um Songs erweitert, die an Bedeutung nicht verloren haben.

Ich denke, die »Idee«, daß man etwas ändern kann, war damals wichtiger, als es tatsächlich zu tun. Man hatte das Gefühl, etwas passiert. Diese Idee ist heute verlorengegangen. Ideen sind sehr stark. Ideen können nicht gekillt werden.

Dylan war auch zur Stelle, als eine rebellische Generation von Jugendlichen – seine Generation – versuchte, die Verhältnisse zum Tanzen zu bringen. Er brachte die Steine ins Rollen.

Still on the road
Hiding for another joint –

Dylan ist noch immer unterwegs. Er hat noch immer ein Publikum. Ihm ist gelungen, was anderen Sängern und Bands seiner Generation, wenn überhaupt, dann nur mit gigantischem Sponsorenaufwand gelang – auch unter den heute Jungen gibt es viele, die ihn wahrnehmen, die seine Musik hören und zu seinen Konzerten kommen.

Eigentlich wollte Dylan immer nur eines: Musik machen. Das ist es, was ihn interessiert und was ihn immer interessiert hat. Wer ihn heute auf der Bühne erlebt, sieht einen Mann, der sich von allem befreit hat, was einen daran hindern kann, auf die Bühne zu gehen und Musik zu machen.

Literaturhinweise

Harry Belafonte: Was mich bewegt. Gespräche mit Günter Amendt. Übers. von Liane Ücker und Günter Amendt. Hamburg 1982.
Greil Marcus: basement blues. Bob Dylan und das alte, unheimliche Amerika. Übers. von Fritz Schneider. Hamburg 1998.
Anthony Scaduto: Bob Dylan. Eine indiskrete Biographie. Übers. von Carl Weissner. Frankfurt a. M. 1976.

ULRICH SONNENSCHEIN

Turn On – Tune In – Drop Out
Psychedelische Musik und Drogen

> Eine Pille, und du wirst größer,
> Eine andere, und du wirst klein,
> Doch bei denen, die dir deine Mutter gibt,
> Stellt sich keinerlei Wirkung ein.

Mit »White Rabbit« schufen **Jefferson Airplane** 1967 den ersten großen Hit einer neuen Musik, die in erster Linie von dem Konsum psychedelischer Drogen inspiriert war. »Wenn du dich an die sechziger Jahre erinnern kannst, warst du nicht wirklich dabei«, sagt Paul Kantner von **Jefferson Airplane**. Schon der Titel ihrer LP *Surrealistic Pillow* kündigte eine sanfte Fahrt durch das Wunderland der Drogen an, das Lewis Carrolls Alice und auch das weiße Kaninchen längst verlassen hatten, und wies auf ein bequemes Sich-Einrichten in der Welt jenseits der Wirklichkeit hin. Die Drogen, die diese Musik aus dem anderen Zustand ermöglichten, waren Haschisch und Marihuana, vor allem aber LSD.

In den frühen dreißiger Jahren versuchte Albert Hofmann, Chemiker in den Labors des Schweizer Pharmaziekonzerns Sandoz, ein Kreislaufmittel zu entwickeln. Aus den Alkaloiden im Mutterkorn, einem Pilz, der Roggen befällt, isolierte er gemeinsam mit zwei amerikanischen Forschern die Lysergsäure, konnte dem Konzern aber keine seiner Verbindungen von Lysergsäurediäthylamid als medizinisch sinnvoll vorstellen. So wurde der Forschungszweig 1938 als ergebnislos eingestellt. Hofmann allerdings gab nicht auf, und es war ein Zufall, der ihn zum Vater der stärksten bewußtseinsverändernden Droge schlechthin machte. 1943 isolierte er seine letzte Formel LSD 25, und trotz aller Sorgfalt kamen seine Fingerspitzen mit der Chemikalie in Berührung. In seinen Erinnerungen schrieb er:

Am 16.April 1943 sah ich mich gezwungen, meine Arbeit im Laboratorium am mittleren Nachmittag zu beenden, da ich von leichten Schwindelgefühlen befallen war. Daheim legte ich mich hin und verfiel in einen nicht unangenehmen, rauschähnlichen Zustand, der sich durch äußerst stimulierte Phantasie auszeichnete. In einem traumähnlichen Bewußtseinszustand und mit geschlossenen Augen nahm ich einen ununterbrochenen Strom phantastischer Bilder und außergewöhnlicher Formen in einem intensiven Farbenspiel wahr.

Zehn Jahre später – Versuche, die LSD als Wahrheitsdroge oder als chemisches Kampfmittel nutzbar machen sollten, waren gescheitert – begann der englische Psychiater Humphrey Osmond, LSD und Mescalin an Psychiatriepatienten auszuprobieren. Mit seinen Versuchen zur Bewußtseinskontrolle erregte er die Aufmerksamkeit Aldous Huxleys, und gemeinsam begannen sie mit den Drogen zu experimentieren. In *Die Pforten der Wahrnehmung*, einem Buch, dessen englischer Titel *The Doors of Perception* für Jim Morrisons Band **The Doors** Pate stand, schrieb Huxley seine Erfahrungen mit Mescalin nieder, die auch ein neues Licht auf die Wirkung von LSD warfen. Hier erschloß sich ein geheimnisvoller innerer Weg, der gleichermaßen zum Glück wie zum Wahnsinn führen konnte.

Einem Liegestuhl gegenüber, der aussah wie das Jüngste Gericht, ertappte ich mich plötzlich auf der Schwelle zur Panik. Dies, so fühlte ich auf einmal, ging dann doch zu weit, obgleich es ein Eindringen in intensivere Schönheit, tiefere Bedeutung war. Die Furcht, wie ich sie nun nachträglich analysiere, galt einem Überwältigtwerden, einem Zerfallen unter einem Druck der Wirklichkeit, der so stark sein würde, daß ihn ein die meiste Zeit in einer kosigen Welt von Symbolen zu leben gewohnter Geist unmöglich ertragen könnte.

Huxleys Erkenntnisse veränderten Osmonds Einstellung zu LSD. Auch hier also lauerte das Glück neben der Hölle der eigenen Empfindung, und sein Ziel war es nun, LSD als Mittel einzusetzen, das aus der Lebenskrise herausführen konnte, indem es den Patienten auf eine Art religiöse Erfahrung zurückwarf. Diese Form von Bewußtseinserweiterung nannte er »psychedelisch«, indem er die griechischen Worte *psyche* (Bewußtsein) und *delos* (offenkundig sichtbar) verband.

Bereits in den fünfziger Jahren begannen einige Forscher die Beziehungen zwischen LSD und der Kreativität zu erkunden. André Previn experimentierte mit der Droge, James Coburn, Lord Buckley, Jack Nicholson und Roger Corman. Nicholson schrieb später das Drehbuch zu Cormans Film *The Trip*, der mit einfachen Farb-Effekten die psychedelischen Erfahrungen festzuhalten versuchte. Auf den Dinnerpartys amerikanischer Intellektueller gab es LSD zwischen den Gängen, bei bunten Lichtern versuchte man die damals noch legale Droge als willkommene Abwechslung im stereotypen Alltag der allzu saturierten fünfziger Jahre zu etablieren. Doch einer hatte andere Hoffnungen. Gemeinsam mit seinem Assistenten Richard Alpert wollte der Harvard-Professor für Psychologie Dr. Timothy Leary LSD aus den Kreisen der Eingeweihten hervorholen und es zu einem Allheilmittel für das Volk machen, das auf eine immer komplexer werdende Weltordnung mit einem psychotischen Rückzug ins Innere reagierte. In einer Radioansprache sagte Leary:

> Dies geht an die Eltern, die Angst davor haben, daß ihre Kinder mit Marihuana oder LSD in Berührung kommen könnten. Sie werden es, da gibt es keinen Zweifel. Mein Rat ist, fragt sie, warum sie es tun und was sie dabei empfinden, und lernt von euren Kindern. Vielleicht werdet ihr euch ja miteinander antörnen.

Es war der Beat-Literat Allen Ginsberg, der Leary zum LSD gebracht und einen fast religiösen Eifer für die Droge entfacht hatte. Bis zu seinem Tod, auch nach seiner Entlassung aus dem universitären Betrieb und dem LSD-Verbot durch die amerikanische Regierung am 1. Februar 1966, sollte die Droge Gegenstand seiner psychiatrischen Forschung bleiben. Mit Allen Ginsberg kamen aber auch Schriftsteller, Künstler und Musiker zum LSD. Thelonious Monk, Dizzy Gillespie und John Coltrane gehörten zu seinen engsten Freunden, und so waren es Jazz- und nicht Rockmusiker, die als erste versuchten, psychedelische Erfahrungen in Musik zu verwandeln: »Ich habe die wechselseitigen Beziehungen zwischen allen Lebensformen wahrgenommen«, sagte John Coltrane nach einem LSD-Trip. Die psychedelische Musik verband die verschiedensten Einflüsse zu einem neuen, mit einer Art kosmischen Pathos aufgeladenen Pop. Folk, Blues, Beat und Rock 'n' Roll kamen hier zusammen, wurden elektrifiziert, mal mystisch schwebend, mal rauh und bissig, dann wieder leicht und kitschig. Eine bislang unbekannte musikalische Freiheit begann sich zu einem Kaleidoskop der für den Pop der sechziger Jahre ungewohnten Klänge auszuwachsen.

In den frühen sechziger Jahren war an der Westküste Amerikas ein musikalisches Vakuum entstanden. Die Haupteinflüsse kamen nun aus England, vor allem Bands wie die **Beatles**, die **Rolling Stones** oder die **Yardbirds** wurden erst mal vorbehaltlos imitiert. Erst durch Experimente mit Drogen wie LSD, Mescalin, Peyote, Psilocybin, Haschisch oder Speed entwickelte sich hier in den Jahren 1964/65 ein neuer, psychedelischer Stil, der dann auch auf England und Europa übergriff. Das war die Geburtsstunde einer neuen Popkultur, mit einer eigenen Ideologie und einem eigenen Publikum, den Hippies. Die Suche nach neuen Ausdrucksmöglichkeiten wurde zum eigentlichen, sich selbst genügenden Ziel der jungen psychedelischen Bands, die nun zahlreich in allen Teilen Kaliforniens, aber auch in Texas hervortraten und sich zunächst als eine Art Elite der entlegenen Klänge verstanden. Man war nun nicht mehr nur Musiker, sondern Künstler, der Drei-Minuten-Song war verpönt, statt dessen verlegte man sich auf lange, meditative Improvisationen und dissonante Experimente. Eine ganze Reihe neuer Instrumente hielt Einzug in die Popmusik, Sitars, Tablas, Windharfen, Glocken und verschiedene elektronische Effektgeräte waren erstmalig in einem neuen Kontext zu hören.

Ein märchenhafter Mystizismus stand für die Suche nach dem Ungewöhnlichen, dem Übersinnlichen und Archaischen. Bands wie **Clear Light, Chocolate Watch Band, Straw-**

116

berry Alarm Clock oder **Beau Brummels**, die sich auf Folk-Traditionen beriefen, wollten mit ihrer Musik nicht nur ihr eigenes Bewußtsein erweitern, sondern vor allem in die Traditionen anderer Kulturkreise eindringen, aus denen die Drogen, die ihnen dazu verhelfen sollten, letztlich stammten. Noch heute blickt Donovan mit etwas verklärtem Blick auf diese Zeit zurück.

> Mein *Sunshine Superman*-Album von 1965 ist möglicherweise eines der ersten, das auf der Grundlage von Psilocybin-Pilzen und dem damals noch legalen LSD entstand. Aldous Huxley, Timothy Leary, Doktoren und andere gebildete Menschen erkundeten die Droge, und dann kamen die Dichter und Künstler dazu. Einige nannten es Halluzination, aber das hieße ja, es wäre nicht real. Für mich aber war es sehr real. Man konnte die Dinge genau so sehen, wie es die alten Indianer und Schamanen schon getan hatten. Wie im Science-fiction wurde da eine ganz eigene Welt eröffnet. Als wir also nach innen blickten und mit Hilfe von Pilzen und LSD tatsächlich andere Welten sahen, beeinflußte das unsere Songs ungefähr zwei Jahre lang. Es hatte die Qualität eines Traumes, einer Vision oder Meditation.

In ihren Texten griffen die psychedelischen Bands indische Motive ebenso auf wie die der Indianer Nordamerikas und Mexikos. Mit dem Anthropologen Carlos Castaneda begab man sich auf die Spuren der Schamanen und versuchte, der immer beherrschbareren Außenwelt den endlosen Raum einer rätselhaften Innenwelt entgegenzusetzen. Raum und Zeit verloren unter dem Einfluß der Droge ihr Gewicht, das Ziel war eine begrenzte Ausnahmeexistenz mit Rückkehrgarantie und kalkulierbarem Risiko. Schon zu Beginn war die Droge also weniger ein Mittel, geistige Prozesse auszulösen, Bewußtsein zu erweitern und von ihr für eine nüchterne Wirklichkeitserfahrung zu profitieren, sondern ein Weg aus dieser heraus. Der Widerstand gegen eine Erwachsenenwelt, in der die grundlegenden Geheimnisse entdeckt und nutzbar gemacht worden waren, suchte nach einem neuen Raum. Jung zu sein allein reichte in den Zeiten des »Forever Young« nicht mehr aus, schließlich war Jugendlichkeit an sich ein neuer Wert der

Erwachsenenwelt geworden. Die Droge half, sich davon zu lösen, eröffnete dem jugendlichen Forschungsdrang einen Raum, den die Elterngeneration nicht zu betreten wagte und der vor allem eins garantierte: die individuelle, einzigartige und mitteilbare Erfahrung. Und so war es nicht nur das quasi-ethnologische Interesse der Bewußtseinserweiterung, sondern die Droge an sich, die in ihrer geheimnisvollen Kraft operationalisiert wurde und dann auch noch eine ganz andere Art von Musik hervorrief, deren Merkmale vor allem in der einfachen, handgemachten und darin oft brachialen Form lagen.

Zu Beginn der sechziger Jahre konstruierte sich die Identität der Jugend, die nun weit über die Phase der Adoleszenz hinausging, vor allem durch den Kampf gegen die Elterngeneration. Die Provokation war der Motor einer Rebellion, die sich zwar gegen konkrete Ziele richtete, den Vietnamkrieg und die imperialistische Politik eines übermächtigen Staates verurteilte, doch von den revolutionären Inhalten der späten sechziger Jahre noch weit entfernt war. Die persönliche Rebellion hatte 1965 noch keine Ziele jenseits der eigenen Erfahrbarkeit. Und so war das musikalische Produkt von Bands wie den **Seeds**, deren Sänger Sky Saxon zum dunklen Fürsten einer drogenpsychotischen Gegenwelt wurde, lyrisch-bizarr, wild und antiintellektuell. Viele dieser extrem jungen Bands kamen über ein, zwei Songs nicht hinaus und sind heute zu Recht vergessen. Doch der sogenannte »Acid Punk« machte aus der Droge eine eigene banale Ideologie, kündete von traumatischen Reisen ans Ende der Zeit oder von horrorähnlichen Bewußtseinszuständen, die durch die Droge nicht nur erzeugt, sondern mit einigen Ausnahmen auch handhabbar gemacht wurden. Der psychische Kollaps, ein Abgleiten in die selbstzerstörerische Sucht oder der Drogentod waren Teil des Lebensrisikos dieser handgemachten Rebellion einer unzufriedenen Individualität. Auf beiden Wegen aber, in der zweckfreien Rebellion ebenso wie in der sehnsuchtsvollen Suche nach einer noch immer unentdeckten zauberhaften Welt, traf sich eine Jugend, deren Ziel nicht der gesellschaftliche Erfolg als Mittel zur Eingliederung in ein bestehendes System war. Vielmehr war Rebellion als authentischer Widerspruch ein Mittel zur Selbstermächtigung. Rückblickend bestätigt auch Eric Clapton diese Funktion des Drogenkonsums:

> Ich habe Drogen als Stimulans benutzt, um Songs zu schreiben. Bei »Derek and the Dominos« dachte ich noch, es sei nötig, Drogen zu nehmen, um in eine gewisse Denkweise einzusteigen. Ich weiß nicht, ob das so eine gute Idee war. Denn der Preis ist hoch. Danach ist man richtig krank, man leidet unter physischem oder mentalem Entzug. Ich kann das nicht empfehlen. Ich habe es getan, weil ich jung und unerfahren war, und außerdem ein Rebell.

Natürlich war die radikale Veränderung durch den Drogenkonsum nicht auf die Musik allein beschränkt, sondern durchdrang alle Aspekte dieser psychedelischen Subkultur. Mit dem *Rolling Stone* und dem *Mother Magazine* in Amerika und *It* und *Oz* in England entstand damals eine eigene Untergrundpresse, die Kleidung wurde mit den Farben der LSD-Trips bunter und exotischer. In den Kaftans, den Perlen, Glöckchen und Paisley-Hemden, die plötzlich in allen Boutiquen auftauchten, mit den Head-Shops, den Räucherstäbchen und kunstvoll geschnitzten Hasch-Pfeifen hatte die Psychedelia ihre erste kommerzielle Seite gefunden. Aber auch musikalisch schieden sich die verschiedenen Gruppen an genau diesem Aspekt.

Denn wer sich radikal zu den Drogen bekannte, in den Songtexten immer wieder direkt und offen mit derlei Referenzen umging, wurde von den Radiostationen verbannt. Andere, wie **The Move** oder **The Mamas & The Papas**, deren Texte von Blumen, Liebe, Frieden und Freiheit sprachen, verkauften Platten in neuer Rekordzahl. Der Markt für eine dezidierte Jugendkultur, mit eigenen Zielen, Inhalten und Produkten, hatte sich schneller etabliert, als es die Beteiligten selbst merken konnten. Vor allem aber hatte er die intendierte Freiheit, auch von der konsumorientierten Moral des Establishments, gekonnt unterlaufen und sich die subversiven Inhalte merkantil zu eigen gemacht. Headhunter verschiedenster Plattenfirmen zogen aus, um Psychedelic-Bands unter Vertrag zu nehmen, die Produktpalette für eine drogenbejahende Subkultur erweiterte sich beständig, Poster, Plattencover und Objekte des alltäglichen Gebrauchs wurden durch ein stimulierendes, psychedelisches Design geprägt, so daß fast eine eigene Industrie entstand, die ihren Höhepunkt dann später in der Pop-Art fand. Psychedelia war durch die Hippies von einer elitären Bewegung zum Massenphänomen geworden.

In Andy Warhols »Factory« traf sich nicht nur die avancierte Künstlerszene New Yorks, sondern auch Autoren, Musiker, Schauspieler und Models, sowie deren Fans. Jim Morrison, der alles ausprobierte, was es an Drogen gab, kam zu den Partys, die dort regelmäßig stattfanden. In der Factory ging es nicht um Mystik, nicht um Natur oder Bewußtsein, sondern um exzeßhaften Rausch. Die Drogen dort waren Kokain, jede Art von Amphetaminen, Heroin, Mathedrin und Speed. Mit dem fahlen Gesichtsausdruck der Junkies, ganz in Schwarz gekleidet, projizierten diese Intellektuellen ein anderes Image nach außen, das des kompromißlosen Lebens ohne Aussicht auf ein Morgen. Viele überlebten das nicht. Die musikalische Umsetzung der Amphetaminerfahrung waren **The Velvet Underground**, denen Andy Warhol die Deutsche Nico für ihre erste Platte als Sängerin beistellte. Lou Reeds »Heroin« ist ein Song, der kenntnisreich beide Seiten der Droge, Rausch und Untergang, offenbart.

Nico, deren Stimme schon immer verwundet und leidvoll klang, starb nicht an den Drogen, sondern am 17. Juli 1988 bei einem Fahrradunfall auf Ibiza. Doch kritisch sah sie ihre Drogenkarriere nie, in die sie auch ihren und Alain Delons Sohn Ari Boulogne mit hineinzog. Nach ihrem Tod noch sah er diese Erfahrung ambivalent: »Wenn man mit Heroin anfängt und noch nicht sehr viel braucht, ist es großartig. Das heißt, es war großartig, das ist es nicht mehr. Es ist ein Killer.« Für Nico dagegen gab es kein Schuldgefühl. Die Droge, als Stimulans von individueller Erfahrung, blieb positiv besetzt: »Ich bereue nichts, außer daß ich als Frau geboren wurde, und nicht als Mann.«

Patti Smith, die von Lou Reeds Musik maßgeblich beeinflußt wurde, formuliert ihr Recht auf Drogen folgendermaßen:

> Du mußt dir das Recht auf Drogen erst verdienen. Ich glaube, ich habe mir dieses Recht verdient. Ich habe drei Schachteln, meine Grass-Schachtel, meine Haschisch-Schachtel und meine Opium-Schachtel. Drogen sind für mich Ritual. Menschen brauchen Rituale. Ich mag es, Pot zu rauchen, aber wahrscheinlich wäre ich mit Zigaretten genauso glücklich. Schau dir an, wie Jeanne Moreau eine Zigarette raucht – sie ist so high. Für mich sind Drogen Arbeit. Vergnügen ist privat. Sicher gibt es auch Vergnügen in der Arbeit, aber privates Vergnügen, das ist, wenn du jemanden liebst.

Im Widerspruch zu der Illegalität der Drogen war der Ort dieser Subkultur der öffentliche Raum. Nachdem Ken Kesey, Autor des Bestsellers *Einer flog über das Kuckucksnest*, mit seinen »Pranksters« von einer Drogenreise quer durch die Vereinigten Staaten zurückgekehrt war, öffnete er seine Farm La Honda, einige Meilen südlich von San Francisco, und führte dort einen »Acid Test« durch. Jerry Garcia und seine **Grateful Dead** waren dabei, **Jefferson Airplane** und einige andere Musiker aus der Bay Area. In einem Glas Orangensaft, »Kool Aid«, wurde flüssiges LSD verabreicht, und am Ende richtete Kesey in der Longshoremen's Hall in San Francisco vom 21. bis zum 23. Januar 1966 das erste große »Trips Festival« aus, eine Art Multimedia-Event, an dem nicht nur Musiker, sondern auch Avantgarde-Künstler und Autoren teilnahmen. Verschiedene Light-Shows, Stroboskop-Lampen, Dias mit einer in sich verlaufenden farbigen Flüssigkeit waren von nun an Teil der Rock-Konzerte. »Be-Ins«, »Smoke-Ins« und »Sit-Ins« entstanden, argwöhnisch beobachtet, aber von der Öffentlichkeit geduldet. Tom Wolfe hat diese Periode der Drogenkultur, die letzten Tage des legalen LSD-Gebrauchs, in seinem Buch *The Electric Kool-Aid Acid Test*, oder auf deutsch *Unter Strom*, ausführlich dokumentiert. Mit der Illegalität der Droge aber kam nicht deren Niedergang, sondern ein unerwarteter Boom. Schneller, als irgendein Gesetz greifen konnte, war ein gut organisierter Markt entstanden, Zulieferstrukturen und professionelle Vertriebssysteme garantierten die Verteilung einer Droge, deren Herstellung mit einem Chemiebaukasten der Grundausstattung zu leisten war. In der rigiden Reaktion der Staatsmacht fand die Protestbewegung, der es zu diesem Zeitpunkt 1966 noch immer an eigenen Inhalten mangelte, ihre erste Selbstbestätigung. In der Illegalität bewegte man sich somit gänzlich jenseits des verachteten Establishments, von dem man jedoch weiterhin profitierte.

Immer wieder aber griff der Arm des Gesetzes zu. Die **Rolling Stones** wurden verhaftet und wegen Drogenbesitzes verurteilt, ebenso wie John Lennon, der sich schon 1969 vorsichtig vom Drogenkonsum distanzierte:

> Mich interessieren Drogen heute nicht mehr besonders, wenn mir jemand etwas anbieten würde, käme es darauf an, wie ich mich fühlte. Beim Whiskey ist es dasselbe, ich trinke auch nicht regelmäßig. Es könnte sein, daß ich mal wieder Pot rauche, aber ich werde mir sicher keinen mehr besorgen. Das mache ich nicht noch einmal durch, und ich brauche es auch nicht. Bereits bevor wir nach Indien gingen, hatte ich mit den Drogen aufgehört.

Viel härter aber traf es John Sinclair, den radikalen Schriftsteller und Manager der politischen Rock-'n'-Roll-Band **MC5**. Mit der ersten LP der Band, *Kick Out the Jams*, hatte er ein Manifest veröffentlicht, in dem es hieß: »Wir haben keine Gewehre, weil wir mächtigere Waffen besitzen – der direkte Zugang zu Millionen von Teenagern ist eine unserer wichtigsten, und deren Glaube an uns ist eine weitere.« Die Antwort des Systems auf die politische Drohung Sinclairs war deutlich. Im Juli 1969 wurde er zu 10 Jahren Gefängnis verurteilt, weil er einem Undercoveragenten zwei Marihuanajoints verkauft hatte. Auch für ihn war die Droge Mittel zum künstlerischen Schaffen:

> Wenn ich stoned war, war das Schreiben für mich viel leichter, weil es einfach aus mir herausfloß, und das gilt bis heute. Immer wenn ich beim Schreiben merke, es wird schwerfällig, kantig oder es fließt einfach nicht, dann mach ich eine Pause, rauche einen Joint, und alles beginnt zu tanzen. Der Rhythmus stimmt dann einfach.

Die drogenfreie Gesellschaft ist bis heute eine Illusion, der die Politik weltweit anhängt, und ein strenges Verbot ist der beste Anschub für einen illegal florierenden Markt. So ließ sich auch damals eine Jugend die Droge ihres Aufbruchs nicht nehmen.

Bei dem größten Popmusik-Festival der Zeit, im August 1969, fand die Jugendkultur der sechziger Jahre ihren Höhepunkt. Als »Rock and Drug Picknick« bezeichnete der Hippie-Führer Abbie Hoffman dieses Ereignis der »Woodstock Nation«, bei dem 400 000 Jugendliche auf Max Yasgurs Farm kampierten, Marihuana rauchten, LSD schluckten und der Welt demonstrierten, daß Frieden und Brüderlichkeit nicht nur leere Worte waren. Selbst der Farmer Yasgur, sicher kein Kind des Flower-Power, war beeindruckt.

Später sagte er, man solle doch einmal nur fünfzig Amerikaner in einen Raum sperren, ihnen eine beliebige Menge Whiskey geben und drei Tage warten, das Ergebnis wäre ein Schlachtfeld. Noch sah man in den psychedelischen Drogen einen Rausch der Friedfertigkeit. Plakate verkündeten: »Schafft ein schöneres Amerika – nehmt Drogen«, und von der Bühne warnte man vor schlechten Trips.

Heute ist aus dem verklärten Aufbruch in die große Gemeinsamkeit eine zweckfreie rhythmische Bewegung der Massen geworden, doch die Drogen sind geblieben. LSD, Marihuana und als neue Errungenschaft der Leistungsgesellschaft Ecstasy. Und immer noch ist ihr Ort, der Illegalität zum Trotz, der öffentliche Raum. Ecstasy verändert die Körpererfahrung, das Zeitgefühl verschwindet, und man geht auf im Rhythmus der Musik. Es ist die Droge des Tanzes und der Bewegung, heftig, kurz, und sie bedient, was die Musik vorführt. Keine Mystik, keine Suche nach Ursprüngen, sondern Spaß im Hier und Jetzt: Hedonismus zwischen Chemie und High-Tech, in den verlassenen Tempeln der Industriegesellschaft.

Literaturhinweise

Matthew Collin/John Godfrey: Im Rausch der Sinne. Ecstasy-Kultur und Acid House. Aus dem Engl. von Kirsten Borchardt. St. Andrä-Wördern 1998.

Harry Shapiro: Sky High. Drogenkultur und Rock 'n' Roll. Aus dem Engl. von Peter Hiess und Kirsten Borchardt. St. Andrä-Wördern 1998.

Gisela Völger [u. a.] (Hrsg.): Rausch und Realität. Reinbek 1992.

Deutsch-Rock – Kräfte aus dem Chaos
Von Amon Düül bis Kraftwerk

Pop in Deutschland, das war bis Mitte der sechziger Jahre eine ziemlich genaue Kopie des englischen Beat. Man ahmte fleißig die angelsächsischen Vorbilder nach, und das hieß vor allem die **Beatles** und die **Rolling Stones**. Daneben gab es wenige andere große kopierwürdige Idole – zum Beispiel die **Kinks**, deren »You Really Got Me« von den deutschen **Lords** gecovert wurde. Mit diesem Song landeten die **Lords** sogar einen Erfolg in den nationalen Charts.

Neben den **Lords** wären die **Rattles** die bekanntesten Vertreter der Vollanpassung an den britischen Beat. Die 1961 gegründete Band aus Hamburg tourte schon 1963 und 1964 in erlauchtester Gesellschaft durch England – neben Little Richard, Bo Diddley, den **Everly Brothers** und den **Rolling Stones**. Sie wurden als die »deutschen Beatles« gefeiert. Die Mädchen rissen ihnen die Hemden von den Leibern und belagerten ihre Hotelzimmer. Und sie durften die echten **Beatles** auf deren 66er Deutschland-Tournee begleiten. Doch bei allem wohlverdienten Ruhm – einen eigenen stilistischen Beitrag hatten die **Rattles** nie geleistet.

Erst gegen Ende der sechziger Jahre begann die deutsche Rockmusik sich von den angelsächsischen Vorbildern zu lösen und eine originär teutonische Version der Beat Music zu entwickeln.

»Autobahn« von **Kraftwerk** beispielsweise wurde das weltweit bekannteste Stück Deutsch-Rock, also ein Identifikationstitel schlechthin. Doch darum ging es Ralf Hütter und den Mitgliedern von **Kraftwerk** nicht.

Wenn im Radio nur noch Musik aus Los Angeles gespielt wird, wie Anfang des siebziger Jahre, wo einem von morgens bis abends das California-Ding aufs Hirn gehämmert wird, das hat uns ziemlich erzürnt. Nicht zuletzt hat dies bei uns die Reaktion hervorgerufen, Musik zu machen, die von hier handelt und uns betrifft.

Doch bis zu einer solch eigenständigen Position war es ein langer Weg, der – Ironie des Schicksals – in Kalifornien begann.

Die Hippies der sechziger Jahre machten San Francisco und das benachbarte Berkeley zum Zentrum ihrer Revolte. Drogen und die entsprechenden Träume trugen zur Auflösung formal-musikalischer Konventionen bei. Die mäandernden Endlos-Improvisationen der **Grateful Dead** versetzten ihr Publikum in Trance und führten die Musiker selbst zu immer neuen Klangexplorationen. Schubartig war ein neuer Freiraum entstanden. Dem »drop out« durfte das »freak out« folgen. Nach dem Motto »Do your thing! ... Blow your Mind!«.

Die Bezeichnung »psychedelic music« bzw. »Psychedelia« setzte sich durch. Und mit Psychedelia verlor das US-amerikanisch und britisch kontrollierte Popkartell seine Bedeutung. Auch in Deutschland war nun der Weg frei für eine autonome Pop-Clique, die, statt den Sound anderer zu kopieren, einen eigenen Sound kreieren wollte. Landesweit zündeten **Amon Düül, Can, Kraftwerk, Tangerine Dream, Cluster, Popol Vuh, Guru Guru, Grobschnitt, Eloy, Kraan** und Co. fast zeitgleich ihre Leuchtfeuer des Aufbruchs. Erst das Sich-Besinnen auf die eigene Herkunft und die eigene Geschichte ohne jegliche nationale Rhetorik machte die deutsche Psychedelik groß. Und es war paradoxerweise das »Deutsche«, das auch im Ausland Anerkennung fand.

Anfang der siebziger Jahre beschallt der legendäre Radio-DJ John Peel Englands Studentenbuden mit den delirierenden Soundcollagen von **Amon Düül, Ash Ra Tempel** und **Tangerine Dream**. Das Konzert der Gruppe **Faust** wird als Underground-Event des Jahres gefeiert. Der Musikjournalist Nick Kent attestiert der Kölner Gruppe **Can,** daß sie »alle Superlative rechtfertigt«. Und selbst die britischen Sonntagsbeilagen und der altehrwürdige *Spectator* entdecken teutonische Music.

Die Begeisterung ist auch Jahrzehnte später nicht abgeflaut: Im Winter 1996/97 veranstalteten Londoner Clubs

»Krautrock«-Nächte, und die für deutschen Eigensinn stets aufgeschlossenen Japaner sind vollkommen hin und weg von den psychedelischen Tönen aus deutschen Landen. Der englische Art-Rock-Exzentriker Julian Cope hat seiner Bewunderung für die deutsche Psychedelik in dem 1995 erschienenen Buch *KrautRockSampler* freien Lauf gelassen:

> Als ich beschloß, diesen *KrautRockSampler* zu schreiben, mußte ich feststellen, daß ich auf eine der großen unerzählten Visionärs-Geschichten gestoßen war. Als ich hinter diese hochmagische Musik blickte, entdeckte ich das Offensichtliche. Krautrock schwebte auf den Flügeln des ungestümen Ostwindes, der sich über die entfesselten englischen und amerikanischen Szenen der 60er emporschwang. Krautrock transzendierte all das und mehr. Und das ist Krautrock – eine der erstaunlichsten, beschwörendsten, heroischsten Ahnungen des Menschen auf dem Gipfel seiner künstlerischen Harmonie. Ich las über diese wundervollen deutschen Nachkriegskünstler, und mir kamen die Tränen. Wäre ich in den 60ern ein junger Deutscher gewesen, hätte ich Krautrock spielen oder sterben müssen.

Die Essener Songtage 1968 in der Gruga-Halle wurden für den Deutsch-Rock zum Schlüsselereignis. Die deutschen Psychedelia-Fans füllten mühelos eine der größten Hallen des Landes. Die Szene wurde sich ihrer Größenordnung und kommender Dimensionen bewußt. Neben den **Mothers of Invention** und den **Fugs** traten **Tangerine Dream, Guru Guru** und **Amon Düül I** und **II** zum ersten Mal vor einem derart großen Publikum auf. Zu jener Zeit tauchten auch die ersten Fanzines wie *Sounds* und *Flash* auf. Eine eigene Kommunikationsebene war geschaffen. Überdies wurde das Wir-Gefühl durch den offenen Affront von außen verstärkt. Unvergessen die Verdächtigungen und Besudelungen, die die Tagespresse über Musiker und Zuhörer dieses Festivals ausgoß und die der Ansager zur Aufmunterung der Tausenden druckfrisch von der Bühne verlas: »Wir sind der langhaarige Abschaum.«

Mit dem Stück »Reise durch ein brennendes Gehirn« von den Berliner Elektronik-Pionieren **Tangerine Dream** stellte sich eine neue Elektronik teutonischer Machart vor. Ihr Gründer und Kopf Edgar Froese bediente zuvor bei der Beat-Combo The Ones die Gitarre. Nachdem Salvador Dalí **The Ones** zu einem kleinen Konzert in sein Privathaus eingeladen hatte, beschloß der von Dalí zutiefst beeindruckte Froese, »als Musiker das zu tun, was Dalí als Meister tat«.

Tangerine Dream schufen ein Universum von überbordendem akustischem Reichtum und avancierten so – ganz ungeplant – zum Zentrum der sogenannten »Berliner Schule«, die mit **Ash Ra Tempel** und Klaus Schulze weitere, heute legendäre Gestalten in den Orbit der deutschen Psychedelik schickte. Als **Tangerine Dream** 1974 mit dem Album *Phaedra* in die englischen Top ten vorstießen und im selben Jahr vor 6000 begeisterten Zuschauern in der Royal Albert Hall reüssierten, pries sie die internationale Presse als »wichtigste Synthesizergruppe der Welt«.

Tangerine Dream haben nicht nur ein eigenes Genre mitbegründet und geprägt, sondern haben die Pop-Welt auch jenseits der elektronischen Musik maßgeblich beeinflußt. Die amerikanische Musik-Zeitschrift *Billboard* wußte diese Tatsache als zynisches Kompliment zu verkleiden: »Tangerine Dream ist wahrscheinlich die am meisten beklaute Band der Welt.« Niemandem gelang es, die – im wortwörtlichen Sinn – »phantastischen« Klangexplorationen **Tangerine Dreams** zu übertreffen. **Tangerine Dream** haben auch die Filmmusik nicht nur bereichert, sondern tatsächlich stilprägend verändert. Dabei hätte alles auch schiefgehen können. Mitte der Siebziger blickt Edgar Froese auf die wagemutige Frühphase zurück:

> Mir ging das sehr oft so, wenn wir auf Reisen im Bus die Autobahn entlanggefahren sind, kam mir das auf einmal hoch: OK, jetzt fährst du wieder zum Job, verdienst wieder ein bißchen Geld. Der normale Ablauf. Letztlich, was machst du denn da überhaupt? Was setzt du den Leuten im Grunde vor? Auch wenn wir frei spielten, war es vom Instrumentarium her wieder eine Sackgasse. Gut, man kann uns nicht kopieren, und wir sind individuell, was uns auch etwas gibt. Aber wir haben erkannt, daß wir uns selbst Grenzen gesetzt hatten. Es war ein Moment, als wir alles verkauften – Gitarre, Schlagzeug –

alles weg, als wir anfingen, mit Synthesizern zu arbeiten. Das war schon eine recht komische Angelegenheit. Wir konnten uns gar nichts ausrechnen. Wir konnten mit den Dingern nicht mal richtig umgehen. Wir haben aus englischen Beschreibungen etwas nachgestochert. Ist ja auch eine Fachsprache innerhalb des Englischen. Furchtbar schwierig. Und von Erfolgen zu reden, war nun völlig aussichtslos. Warum wir das eigentlich gemacht haben? Das war, um ganz ehrlich zu sein, totale Frustration. Ohnmachtsgefühle in einem selbst. Das willst du nicht mehr. Was du wirklich willst, davon hast du nur eine vage Vorstellung. Aber auf keinen Fall zurück! Lieber jetzt reinspringen. Wenn du Pech hast, säufst du ab. Wenn du Glück hast, kannst du dich schwimmend an irgendein Ufer retten. Das war die Situation für uns.

Die Mehrheit der Zuschauer bei den Essener Songtagen dürfte wenige Tage zuvor noch bei einer Demo gegen die Notstandsgesetze mitgelaufen sein. Dessen ungeachtet sollten sich die Wege des eher dogmatisch-linken Publikums und seiner vermeintlichen musikalischen Vorreiter bald trennen, und zwar recht undramatisch. Anders die Situation in Frankreich und Italien: Als sich die Musiker der politischen Umfunktionierung widersetzten, gingen dort mehrere Festivals in Flammen auf. In Deutschland klärte der Auftritt von Frank Zappas **Mothers Of Invention** die Fronten zwischen musikalischer Avantgarde und Anarcho-Publikum. Am Abend des Konzerts war auch eine große Demonstration auf dem Kurfürstendamm angesetzt. Das Gros der 30 000 Zuschauer drängte den Bürgerschreck, voranzumarschieren – doch der weigerte sich.

Die rund ein Dutzend Mann und Frau starke Münchener Kommune **Amon Düül** versuchte, die Idee einer »alternativen Gesellschaft« nicht nur auf ihr alltägliches Leben zu übertragen, sondern auch auf ihre Musik. **Amon Düül** zelebrierten einen anarchischen Stammesbeat, versetzt mit »emanzipatorischen« Texten. Just wegen dieser »vordergründigen Agitation mit zeitbezogenen Texten« löste sich alsbald eine Gruppe aus der Urkommune, um sich mehr auf das Musikalische konzentrieren zu können: **Amon Düül II**. Die anderen musizierten als **Amon Düül I** munter weiter – mit recht eingeschränktem Instrumentarium, wie Julian Cope schreibt:

Der Aderlaß bei Amon Düül I war so extrem, daß sie zu einer klimpernden, klopfenden, schreienden männlich/weiblichen Masse schrumpften [...]. In der Hippie-Atmosphäre konnte man keinen ausschließen, der einen Joint und ein paar Maracas mitbrachte. Das Line Up bestand mittlerweile praktisch nur noch aus Perkussionisten!

Die Credits ihres 69er Debüts *Psychedelic Underground* sagen alles:

Rainer – 12saitige Gitarre und Gesang,
Ulrich – Baß und Double-Baß,
Helge – Conga,
Krische – Drums und Piano,
Ella – Drums und Gesang,
Angelika – Drums und Gesang,
Uschi – Maracas.

Amon Düül II hingegen avancierten schnell zu einer der führenden Bands Deutschlands. Ihr Album *Phallus Dei* aus dem Jahr 1969 gilt als Meilenstein deutscher Psychedelik. **Amon Düüls** prägender Mann, der Multi-Instrumentalist Chris Karrer, offenbart ein vorrangig ästhetisches und ebenfalls von der Malerei beeinflußtes Selbstverständnis, wenn er sagt:

Ich sehe es visuell. Durch die Malerei, die ich früher betrieben habe, habe ich einen sehr plastischen Eindruck von der Musik. Es bauen sich für mich unheimliche Räume auf. Es gibt verschiedene Ebenen, wo man hinterblicken kann. Man entdeckt neue Szenerien, die sonst nur vom Traum her geläufig sind. Wie wenn du hineingleitest und es passiert mit dir was.

Und was passiert der Hörerschaft, die den **Düüls** in ihre Klangräume folgt? Ein Fan:

Wenn ich Musik wie zum Beispiel Amon Düül höre, dann fühle ich mich in eine andere Welt versetzt. Wie auch bei Kraftwerk oder Popol Vuh oder so etwas. Und ich bin mehr ich selbst. Wohingegen, wenn ich normale Gruppen höre, kommerzielle, dann geht das mehr in die Beine. Ich muß fühlen, was die Gruppe aussagen will. Während ich bei solchen Gruppen ich selbst sein kann.

Amon Düül II selbst erhob den Anspruch, »Kunstmusik innerhalb des Rock« zu machen. Und ihr Gitarrist John Weinzierl wollte sogar noch höher hinaus: »Wir wollen auf populärer Ebene zur Vorstellungswelt Beethovens zurückkehren.« Wenn schon Vergleiche mit der großen deutschen Musikhistorie, so kamen die **Düüls** – und auch **Can** – der fachkundigen Musikwelt eher wagnerianisch vor. Die Wucht, der dunkle Ernst, die Schwere, die tragischen Septimakkorde machen diesen Vergleich nachvollziehbar. Diese Schwere hat jedoch nicht dazu geführt, daß nur kleine, elitäre Zirkel **Amon Düül** goutiert hätten. Mit immer wieder aufflammenden internen Streitereien hatte es die Gruppe jedoch geschafft, ihre Anhängerschaft sukzessive zu dezimieren. Nichtsdestotrotz zählen **Amon Düül II** unbestritten zu den wegweisenden Pionieren der deutschen Psychedelik. Als **Amon Düül II** Anfang der Siebziger durch England tourten, schrieb die englische Musikzeitschrift *Melody Maker* im Ton höchster Wertschätzung:

> Amon Düül II ist die erste deutsche Gruppe, die einen eigenen Beitrag zur internationalen Musikszene geleistet hat.

Die deutsche Psychedelik hatte ihre internationale Reputation nicht zuletzt einem gewissen Rolf-Ulrich Kaiser zu verdanken. Kaiser brachte als Chef des Labels »Ohr« die erste Platte von **Amon Düül I**, *Paradieswärts Düül*, heraus. Aber Kaiser war niemand, der sich mit den merkantilen Aspekten des Popgeschäftes begnügte; Kaiser wollte selbst Einfluß nehmen auf die musikalischen Ergüsse ›seiner‹ Bands. Unter seiner Regie wurden **Popol Vuh** groß, unter seiner Regie verwandelten sich die Straßenmusikanten Witthüser und Westrupp – wie Julian Cope findet – »in ein absolut inspirierendes gotisches Kammer-Space-Folkgerät, als hätte man Neil Young, Frank Zappa und Tim Buckley zusammengerührt«.

Nachdem Rolf-Ulrich Kaiser die ersten deutschen Kraut-Labels »Ohr« und »Pilz« etabliert hatte, widmete er sich den »Kosmischen Kurieren«. Bei unzähligen Wochenend-Sessions trafen sich ausgewählte Psychedeliker, um stundenlang vor sich hin zu jammen. Die Gage: freie Unterkunft und freies

LSD. Kaiser montierte schließlich aus diesen Jam-Sessions fünf Platten für die »Kosmischen Kuriere«, allesamt Monumente psychedelischer Improvisation. Kurz zuvor hatte er die großartige Idee, den vom FBI international gesuchten LSD-Apologeten Timothy Leary zusammen mit **Ash Ra Tempel** und einer großen Portion LSD in eine Schweizer Studiogruft zu sperren und das Ergebnis als *SevenUp* herauszubringen. Schlußendlich flippte Rolf-Ulrich Kaiser jedoch ganz aus, vertonte das handgemalte Tarot-Spiel eines gewissen Walter Wegmüller und ließ einen Schweizer Eremiten als »Lord Krishna von Goloka« zusammen mit **Ash Ra Tempel** jammen. Mittlerweile hatten deutsche Gerichte aufgrund der »Mittäterschaft« Timothy Learys alle Verträge mit Rolf-Ulrich Kaiser für null und nichtig erklärt. Das war das Ende der »Kosmischen Kuriere«, und auch Rolf-Ulrich Kaiser ist seit jener Zeit nicht mehr in der Öffentlichkeit aufgetaucht.

Trotz der hohen Reputation, die die deutsche Psychedelik mittlerweile auch im Ausland genoß, verpaßte ihr die englische Presse den abwertend klingenden Begriff »kraut rock«. Ob die englische Presse diesen Begriff selbst erfunden hat oder ob sie sich auf einen Titel von **Amon Düül I** bezog – »Mama Düül and Her Sauerkrautband Start Up!« –, sei dahingestellt. Fest steht, daß sich Inga Rumpf, als Sängerin von **Frumpy** und **Atlantis** sozusagen die First Lady of Krautrock, schwer beleidigt fühlte. Holger Czukay von **Can** sah das alles ganz anders: »Das heißt doch nur, daß wir in Deutschland etwas machen, wofür die Engländer kein passendes Wort haben. Rock wollen sie es gar nicht so ohne weiteres nennen.«

Die Kölner hatten gut reden. Kaum hatte der beliebteste englische Radio-DJ John Peel **Cans** erste Platte *Monster Movie* aus dem Jahr 1970 in die Finger bekommen, kürte er »Father Cannot Yell« zum besten Stück des Jahres.

Als sich **Can** 1968 zusammentaten, waren drei ihrer Musiker schon 30 und älter. Organist Irmin Schmidt war studierter Kapellmeister und hatte schon zwei Jahre lang dirigiert. Baßgitarrist Holger Czukay hatte an Konservatorien, Musikhochschulen und – wie auch Irmin Schmidt – bei Karlheinz Stockhausen und anderen Neutönern studiert. Schlagzeuger Jaki Liebezeit hatte zuvor Free Jazz gespielt. Oft wurde **Can** nachgesagt, sie seien von Stockhausen geprägt. Das Gegenteil war der Fall: **Can** suchten Distanz zum Übervater. Auf die Frage, was sie an den Neutönern auszusetzen hätten, antwortet Gitarrist Michael Karoli:

> Der intellektuelle Anspruch und das Elitäre. Daß es Musik für eine Elite war, die aus gebildeten Leuten bestand, die eine Spezialausbildung für diese Musik hatten, ohne die diese Musik überhaupt nicht verständlich war. Was bei dem größten Teil dieser Musik der Fall ist. Also ein gewisses Fachidiotentum, was Leute wie Holger und Irmin abschrecken mußte. Wir haben immer Wert darauf gelegt, daß unsere Musik beim Neandertaler losgeht.

Wer sich einen Eindruck von **Cans** demonstrativ zur Schau gestelltem Dilettantismus machen will, dem seien Holger Czukays Erinnerungen an das erste Konzert mit Cans neuem Sänger Damo Suzuki ans Herz gelegt:

> Es war ein wildes Konzert. Erst sang Damo sehr dramatisch, es war sehr friedlich, er war sehr konzentriert. Und dann sprang er auf wie ein Samurai-Krieger, nahm das Mikrofon in die Hände und brüllte das Publikum an. Das Publikum wurde nervös, Leute fingen an, sich zu schlagen, es kam zu einer Prügelei, und alle gingen. Am Ende waren nur ein paar unbeugsame Fans übrig, dreißig Deutsche, dreißig Amerikaner, sehr enthusiastisch, und der Rest des Konzerts wurde nur für sie gespielt. Es war wunderschön, ein sehr gutes Konzert.

Der Vollständigkeit halber sei erwähnt, daß sich der Kölner Neutöner Holger Czukay und der japanische Straßenmusikant Damo Suzuki erst ein paar Stunden vorher kennengelernt hatten. Angeblich hatte Suzuki die **Can**-Belegschaft musizierend von Straßencafé zu Straßencafé verfolgt – bis Holger Czukay den Japaner ganz einfach als Lead-Sänger verpflichtete.

Aber auch zu Zeiten ihres ersten Sängers, des schwarzen US-Amerikaners Malcolm Mooney, herrschte bei **Can**-Auftritten wohlgeordnetes Chaos. Julian Cope schreibt:

Die zweite Show auf Schloß Nörvenich kollidierte mit einer Ausstellung im Stockwerk über den Performern. Das ständige Hin und Her des Publikums, das das Event eher als Multi-Media-Sache denn als Auftritt der Band betrachtete, provozierte Mooney, immer wieder »Upstairs, Downstairs, Upstairs, Downstairs« zu singen, bis nur noch er alleine die Worte herunterleierte und der Rest der Band längst aufgehört hatte. Er machte die Pause über weiter bis zu Cans zweitem Auftritt und brach schließlich vor Erschöpfung zusammen. Der Rest von Can akzeptierte das als das übliche »Sonstwas«, das solche Events mit sich bringen.

Can machte avantgardistische Musik für interessierte Laien, wie Gitarrist Michael Karoli betont:

> Du kannst in unser Konzert kommen ohne jegliche musikalische Vorbildung und kannst es voll genießen. Die Leute, die stärker mit musikalischer Vorbildung belastet sind, haben es schwer in unserem Konzert. Die wirklichen Erfolge live haben wir nie vor einem Publikum von Kritikern und Theoretikern gehabt. Sondern eher in den Arbeiterteilen der Städte.

Auch wenn die Kritiker **Cans** Live-Auftritte nicht so zu feiern wußten wie die von Karoli zitierten »Arbeiter«, Englands Musikpresse war ganz hin und weg von der Kölner Psychedelik. »Keine Gruppe hier in England spielt solche Musik«, schrieb Robin Williams im *Melody Maker*. Und selbst die der neutönenden Pop-Avantgarde eher mißtrauisch gegenüberstehende *Times* sah sich veranlaßt zu konstatieren:

> Keine Band der Welt illustriert die Unangemessenheit der heutigen Musikterminologie besser als Can.

Neben **Can** feierte die englische Presse auch **Amon Düül, Kraftwerk** und **Tangerine Dream** als Avantgarde der Rockmusik schlechthin. Die weltweit größte und musikhistorisch nachhaltigste Wirkung hatte **Kraftwerk. Kraftwerk** – das waren die Rheinländer Ralf Hütter und Florian Schneider. Die britischen New-Wave-Ikonen **Orchestral Manoeuvres In the Dark** konstatierten lapidar: »Kraftwerk, das sind die Beatles der siebziger Jahre.«

Ralf Hütter und Florian Schneider lernten sich Ende der sechziger Jahre an der Remscheider Jazz-Akademie kennen. Noch während des Kurses kam ihnen die erhellende Einsicht:

> Wir sollten nicht so tun, als lebten wir in Kalifornien am Swimmingpool. Wir kommen von hier, nicht von woanders her. Wir machen besser die Heimatmusik von Rhein/Ruhr. Unsere Musik liegt im Schnittpunkt von Elektronik und Rock. Die kulturelle Herkunft ist wichtig. Es mangelt hierzulande noch immer an Selbstbewußtsein. Lokalkolorit ist ungeheuer wichtig auf der Weltbühne. Als wir in den USA auf Tournee waren, riefen uns die Leute zu: »Hey Autobahn! I like your music. You're different. Where are you from?« Das ist es doch, was die Leute erwarten. Keine drittklassigen Kopien dessen, was sie selber machen. Warum soll man seine Eigenheit verleugnen? Der Adenauer sprach ja auch immer seinen kölschen Dialekt und kam mit den Herren Kennedy, Chruschtschow und de Gaulle gut zurecht.

Auf ihrer ersten Platte hatten **Kraftwerk** noch mit einem sehr klassischen Instrumentarium – Schlagzeug, Gitarre, Percussion und sogar Flöte – experimentiert. Der Synthesizer, zunächst noch eines unter vielen Instrumenten, sollte jedoch schnell den Sound von **Kraftwerk** definieren und alle Erinnerungen an »handgemachte« Musik verdrängen. Die Frage »Gitarre oder Synthesizer« war für Ralf Hütter keine Frage des Geschmacks, sondern der historischen Notwendigkeit:

> Für uns ist völlig klar, daß die Musik des 20. Jahrhunderts, der Neuzeit, nur auf einem Instrumentarium des 20. Jahrhunderts, der Neuzeit, gespielt werden kann. Man kann die Neuzeit nicht auf Gitarre darstellen. Die Gitarre ist ein Instrument aus dem Mittelalter. Die ganze Rockmusik ist für uns ganz archaisch. Die Musik der technisierten Welt läßt sich nur auf einem Instrumentarium der technisierten Welt darstellen.

Kraftwerks Musik, so Ralf Hütter, sei insofern »politisch«, als daß sie zukünftige Entwicklungen aufzeige und die Zukunft musikalisch antizipiere. Der Siegeszug von Techno und insbesondere der Neuen Elektronik geben Ralf Hütter und Florian Schneider im nachhinein recht: Nicht umsonst feiern nahezu alle großen Techno-DJs – besonders amerikanischer Herkunft – **Kraftwerk** als konkurrenzlose Referenz aus dem popmusikalischen Mittelalter. Als **Kraftwerk** sich 1997 in England nach jahrzehntelanger Abstinenz wieder auf der Bühne zeigten, leerte sich das benachbarte Techno-Zelt im Nu – nicht etwa, weil die Zuschauer plötzlich keine Lust mehr auf Techno hatten, sondern weil sich die DJs der alten Detroit-Schule weigerten, weiter aufzulegen. Schließlich wollten auch sie ihre Götter wenigstens einmal live sehen. Das 78er Album *Die Mensch-Maschine* war tatsächlich nur ein Schrittlein entfernt vom Grundraster vieler zeitgenössischer Techno-Produktionen.

Literaturhinweise

Julian Cope: KrautRockSampler. One Head's Guide to the Große Kosmische Musik. Dt. von Clara Drechsler. Löhrbach 1996.

Ingeborg Schober: Tanz der Lemminge. Amon Düül – eine Musikkommune in der Protestbewegung der sechziger Jahre. Reinbek 1979.

Testcard – Beiträge zur Popgeschichte 2: Inland. Mainz 1995.

ANDREAS VICK

Glanz und Glamour
Glitterlook und Bombastwelle der Siebziger

Time may change me, but I can't trace time
(David Bowie)

Die Siebziger sind eine Discokugel: innen Styropor – heiß aufgeschäumte, künstliche Masse ohne eigene Mitte, außen kaltes Spiegelmosaik –, facettenreiche Glanzfassade, die jede schrille Eitelkeit im Scheinwerferlicht vergoldet ...

Soweit das abwaschbare, unverwüstliche Klischee von der genußsüchtigen, selbstverliebten Ich-Dekade ...

In Wirklichkeit waren die Siebziger eine orientierungslose Odyssee des einzelnen durch den perspektivisch atemberaubenden Weltanschauungs-Kosmos des Raumfahrtzeitalters. Überdosis »Anything Goes«. Schneller, höher, weiter, größer; mehr schwindelerregende Möglichkeiten und bessere Bedingungen zur schonungslosen Selbstbetrachtung und grenzüberschreitenden Persönlichkeitsentfaltung hatte es – anscheinend – bis dahin nie gegeben.

Aber der Fernsehblick zurück vom Mond auf die Erde fiel ernüchternd aus: »Planet Earth is blue, and there's nothing I can do.« Die anfangs verheißungsvolle High-Tech-Fata-Morgana entpuppt sich als reales Monster, das Hoffnungen und Utopien frißt und schließlich auch den letzten Fortschrittsgläubigen allein mit seinen Alpträumen in der Wüste zurückläßt.

Die komplexe Wirklichkeit der anhaltenden Kriege und des weltweiten Terrorismus, das zunehmende Ohnmachtsgefühl gegenüber Umweltzerstörung und globalem Raubbau sowie die ständige Drohung einer atomaren Katastrophe treibt das rat- und machtlose Individuum des modernen Westens in die Flucht: nach innen und zum Psychiater, ins Wohnzimmer vor den Fernseher und in andere abgeschirmte Kuschelecken der Unterhaltungsindustrie.

»Viva Las Vegas!« gilt auf der Mattscheibe, im Rockkonzert, in der Disco, denn »The show must go on!«.

Die gesellschaftlichen Errungenschaften der sechziger Protest- und Aufbruch-Jahre kommen zwar erst im Verlauf der Siebziger so richtig zur alltäglichen Geltung – z. B. mit der Schwulen- und Frauenbewegung, der Sexindustrie oder den Anfängen alternativer Umweltpolitik. Der alles verändernde Umsturz aber, die Weltrevolution, der Beginn eines neuen, friedlichen Zeitalters oder gar die Rückkehr in Zustände paradiesischer Unschuld: all das bleibt zwangsläufig aus.

Jimi Hendrix und Jim Morrison sind tot, Che Guevara, Robert Kennedy und Martin Luther King erschossen, und zu allem Überfluß haben sich auch noch die **Beatles** aufgelöst.

Frustrationen, Resignation und unerfüllte Zukunftswünsche reißen ein imaginäres Loch, durch das die Schwerelosigkeit aus der Kapsel der Astronauten quasi in die Köpfe der Menschen gelangt. Ein Vakuum entsteht, in dem Freiheit richtungslose Langeweile bedeutet, Freizeit dagegen das halbe Leben und damit reichlich Raum für Gestaltung bietet.

Das Vakuum wurde übertüncht. Im *Rolling Stone* deutsch hat Wolfgang Doebeling die frühen 70er die Dekade der Maskeraden genannt. Und in der Tat war das ein äußerliches Zuhängen der Leere. Und in der Tat war diese Enttäuschung spürbar allenthalben. Und ich glaube, daß die Enttäuschung, die heute sich in der Musik artikuliert, wiederum einen Bezug zu den frühen 70ern hat, und deshalb die 70er im Augenblick so eine Art Revival erleben.

Siegfried Schmidt-Joos, in den siebziger Jahren Kulturredakteur beim *Spiegel*, seit 1973 Mitautor und -herausgeber des ersten deutschsprachigen Rocklexikons und anderer Publikationen zur Popmusik, arbeitet heutzutage als Musikchef beim SFB-Hörfunk. Er gilt zwar seit jeher als passionierter Blues- und Jazz-Fan, hat die internationale Pop-Entwicklung aber von Anfang an professionell und kritisch begleitet:

Ich glaube, daß die 70er mit ihrem Glam-Rock, mit Slade und Mud und Sweet und T. Rex und Bowie usw. einen ganz frischen Effekt hatten. Und diese Frische, diese oberflächliche Frische oder frische Oberflächlichkeit entspricht auch dem Zeitgeist der 90er.

Wohl niemand sonst verkörpert das Wesen des Rock-'n'-Roll-Theaters der Siebziger besser als David Bowie – von Anfang an, durch alle Akte hindurch balancierend zwischen ungeahnten Höhenflügen und grandiosen Fehlinszenierungen, unentschieden zwischen Leben und Kunst, zerrissen zwischen genialer Vision und Drogen-Wahnsinn. Regisseur, Dramaturg, Drehbuchautor und Hauptdarsteller seines exaltierten Bühnenspektakels zugleich, durchlebt Bowie eine Flut von künstlerischen und persönlichen Metamorphosen, immer auf der Suche nach neuen Identitäten und Ausdrucksmöglichkeiten. »Das Chamäleon der Rockmusik« kommt zwar zwischen seinen schillernden Kunstfiguren wie Major Tom, Ziggy Stardust, Aladdin Sane oder dem Thin White Duke irgendwann selbst ins Schleudern, bewahrt sich aber bis zum Ende dieser »Art Decade« die Rolle des Schleusenwärters und Katalysators im Strom der Stile und Steigerungen: vom comicheldenhaften Folk-Troubadour über den außerirdischen, androgynen Glitzer-Rocker und den weißen Soulbrother bis zur elektronischen Disco-Diva entwarf Bowie immer wieder Gegenwelten aus »Sound and Vision«, die seinem Publikum als Projektionsflächen für pubertäre Phantasien und zeitgenössischen Rockkünstlern als Wegweiser zwischen Kommerz und Avantgarde dienten.

Dabei destillierte der gelernte Pantomime und spätere leidenschaftliche Maler schon Ende der Sechziger im Swinging London einfach nur die diffuse Atmosphäre zu einer anschaulichen Stimmung:

Ich war damals auf alle Fälle sehr stark durch meine Umgebung in London geprägt. Also machte ich in den späten 60ern sogenannte »Mixed Media Shows«, bei denen man so viele Gimmicks und Ideen wie möglich auf die Bühne brachte und dabei Film, Poetry und Tanz benutzte. Tyrannosaurus Rex, später T. Rex, gehörten zu dieser Szene und natürlich The Crazy World of Arthur Brown; eine große und wichtige Band seinerzeit.

Ich glaube, alle standen immer erst ziemlich spät auf, so gegen elf Uhr abends. Niemand schlief besonders viel. Und mein Zimmer ähnelte irgendwie der »Caligari«-Kulisse: alles war expressionistisch angemalt. Jeder wollte ein kleiner Picasso oder Dalí sein, machte Belladonna in die Augen, damit sie rot wurden, und streifte ein schwarzes Cape über.

Für ein paar ehemalige Kunststudenten aus Detroit bedeuteten solche lächerlichen Verkleidungen indes nur billiges britisches Straßentheater. **Alice Cooper** provozierte programmatisch – mit einem Mädchennamen für Sänger und Band, um vorgebliche Bisexualität zu propagieren, und mit nekrophil geschminkten Gesichtern, lebenden Schlangen und einer Guillotine, um das letzte Quentchen Schockanfälligkeit aus einer fernsehverseuchten, minderjährigen Käuferschar zu kitzeln.

Die eigene Show-Schulzeit verbrachten der gebürtige Vincent Damon Furnier und seine Band **Alice Cooper** unter den Fittichen von Frank Zappa. Für dessen Plattenfirma Straight spielten sie drei Alben ein und machten mit ihrer Rock-'n'-Roll-Sado-Maso-Geisterbahn-Show lange vor *Rocky Horror* mächtig Furore, bevor sie spätestens 1972 mit der Schüler-Hymne »School's Out« auch in Europa so begeistert gefeiert wurden wie das tägliche Pausenklingeln an jedem Gymnasium. Cooper:

> Ich habe in den 70ern geschafft, was ich erreichen wollte, nämlich das Theater im Rock zu etablieren. Und das zog dann Kreise: Kiss fingen damit an und Elton John. David Bowie machte es. Und ich freue mich darüber, daß es so gut ankam. Ich habe eine Tür für sie geöffnet.

Daß der bekennende Dada-Fan und Marcel-Duchamp-Verehrer Alice Cooper die nachgeborenen Schock-Rocker **Kiss** zum Feuerspeien und anderem Budenzauber ermutigt hat, mag angehen; die Inspirationen für Elton Johns Mega-Brillen und Giga-Plateau-Sohlen entstammten dagegen wohl eher der karikierten Welt des »Pinball Wizards« aus Pete Townshends Rock-Oper *Tommy* ...

Aber: die Funktion und Wirkung seiner selbstgewählten Rolle weiß Alice Cooper dann doch realistisch, oder sagen wir: »surrealistisch« einzuschätzen:

> Es ist, als wäre Alice eine überdimensionale Göre. Und das ist fast schon mystisch: Er erscheint wie ein Phantom da oben auf der Bühne. Du siehst ihn nur an, und er spricht niemals zum Publikum. Denn wenn er es täte, würde er menschlich werden. Und du willst ganz bestimmt nicht, daß Alice menschlich wird.

Nein, neue *Über*menschen waren jetzt bei der Jugend gefragt. Nachdem die meisten Pop-Idole der wilden Sixties für immer oder vorübergehend schlappgemacht hatten, gierte die neue Generation nach Space Cowboys und Electric Warriors, nach strahlenden Helden aus einer heilen Science-fiction-Welt am anderen Ende des Regenbogens ...

Der feminine Marc Bolan vollzog mit seiner Band **T. Rex** im Hintergrund am eindrucksvollsten die aufsehenerregende und willkommene Wandlung vom versponnenen Spät-Hippie zum androgynen Hitparaden-, Poster- und Fernsehstar.

Die attraktive Mischung aus flauschiger Elektrizität, kreischender Teenager-Lust und Rock-'n'-Roll-Space-Age-Phantasien wurde in der Folge oft kopiert: von **The Sweet** über **Mud** bis zu den **Bay City Rollers**, von Suzi Quatro über Gary Glitter bis zu Alvin Stardust.

Das grassierende Vergnügen an vermeintlich origineller Mimikry, überzogen, mißverstanden und daher später – vor allem in der einfachen Fan-Version – auch immer öfter mißglückt, führte im nachhinein mit zur pauschalen Geringschätzung der Siebziger als »Dekade der Peinlichkeiten und des schlechten Geschmacks«.

Große Sehnsucht. Sentimentalitäten zwischen Foto-Tapete, Flokati und Sitzsack aus Knautschlack. »Kitsch as Kitsch can«. Für die seinerzeit Beteiligten bleiben jene Jahre aber wahrscheinlich gerade wegen ihrer aufreibenden Hemmungslosigkeit »The Best Years of Our Lives« ...

Der engelgleiche Marc Bolan, der 1971 den Wettbewerb »Gesicht des Jahres« glatt auf beiden Seiten, bei den Jungen und bei den Mädchen, gewonnen hätte, war sich seiner vorbildhaft mediengerechten Ausstrahlung damals jedenfalls durchaus bewußt, bei ihm kam die Schönheit allerdings noch von innen:

> Ich glaube nicht, daß ich ein anderes Image habe als mein Aussehen. Und das ist zumindest kein konstruiertes, was ja im heutigen Pop-Business schon eher selten ist ... Aber ich könnte nie einen Eindruck forcieren. Die Klamotten, die ich trage, habe ich immer an. Ich habe nichts gegen Glamour; es geht mir nur einfach darum, eine Reaktion zu kriegen, wenn irgendein Daddy zuschaut, egal, ob ich dabei als Tusse oder als Ausgeflippter wegkomme. Jim Morrison hat mal sehr treffend gesagt: Du mußt jede Show so machen, als wenn es Deine letzte wäre. Und das stimmt. Ich wette, daß es schon passiert ist, daß Leute sich den Ablauf abgucken und dann damit arbeiten, speziell jetzt übers Fernsehen. Ich mache es einfach so, wie ich mich immer fühle.

Das Massenmedium Fernsehen vereinnahmte die Reste einer korrumpierten Gegenkultur und präsentierte sie als Pop-Alltag für jedermann: Mit Shows wie »Top of the Pops« und dem »Old Grey Whistle Test«, in Deutschland mit dem »Beat Club«, dem »Musikladen« und Ilja Richters »Disco«, aber auch mit Serien wie der *Partridge Family*, aus der David Cassidy als kurz aufblühendes Teenie-Idol hervorwuchs. Lange Haare galten plötzlich als »okay, solange sie gepflegt« waren. Deswegen hatten auf einmal alle diese giftgrünen oder quietsch-violetten Plastik-Bürsten oder Kämme gut sichtbar oben in der Jeansjacke oder hinten in der Jeanshose stecken. Jeanstasche, Jeansbikini, Jeansfederetui, Jeans-Strandbuggy ... Die traditionelle Working-Class-Kluft wurde von der Fashion- und Lifestyle-Industrie geadelt und brachte es bis zum Designer-Markenartikel für die elitäre Masse. Mini, Midi, Maxi. Modische Maschen, Gimmicks und Gags jagten durchs Jugendzimmer, neueste Erfindungen für Familie und Haushalt, meist sogenannte Abfallprodukte aus der Weltraumforschung, hielten die Leute bei Laune und außer Atem und das Freizeitkarussell auf der Achse Personenkult und Merchandising in rasanter Rotation. Das ständig wachsende Heer nachholbedürftiger Vergnügungssüchtiger lechzte nach Befriedigung; das Pop-Imperium nahm diese Herausforderung gerne an, pumpte den Markt auf und erweiterte seine Angebotspalette bis an den Rand der Unübersichtlichkeit: von Teenie-Bop über Glam-Rock bis Heavy Metal, von Country- über Kuschel- bis zu Classic- und Jazz-Rock, von Southern über Soft bis zum Stadion-Rock: Wer auffallen wollte, mußte lauter sein oder schriller, härter oder ausgeflippter, am besten aber alles zusammen ...

Queen trafen ins Schwarze – mitten ins Herz aller Teenagersehnsüchte nach Turbo-Vergnügen um jeden Preis – Dekadenz im siebten Glitzer-Himmel bis zum erlösenden »Rock 'n' Roll Suicide«: *Sheer Heart Attack*, so 1974 der Titel ihres dritten Albums mit der Hit-Single »Killer Queen«.

Aber das überdurchschnittlich talentierte Quartett aus London schockte nicht mit seinem Namen oder wilden Titeln, sondern machte ernst: Auf der Basis eines soliden, aber variationsreichen Hard-Rock-Fundaments mit erfrischenden und überraschenden Anleihen bei Vaudeville, Chanson und Operette und der unnachgiebigen, hochmusikalischen Gier des Sängers nach Selbstinszenierung entstand binnen eines Jahres mit »Bohemian Rhapsody« eine Rock-'n'-Roll-Zirkus-Monarchie, die ihren Einfluß und ihre Macht bis zum Tod von Freddie Mercury 1991 – und darüber hinaus – behaupten konnte.

Exzentrisch bis zum Overkill auf der Bühne und rücksichtslos hedonistisch dahinter, lebte das Herz von Queen, La Diva Mercury, den Traum und den Alptraum von Sex, Drugs and Rock 'n' Roll bis zum Exzeß. Vom Rotlicht-Leder-Schwulen über den geschmeidigen Transvestiten im Harlekinkostüm oder den sterbenden Schwan bis zum schwitzenden mexikanischen Torero zog der charismatische Supermacho alle Register einer Showmaschinerie, die die Kriterien der heiligen Dreifaltigkeit Hollywoods – Imagination, Attraktion und Perfektion – mehr als erfüllte. Während Mercury den Spagat schaffte, sich als Führer-Figur für hartgesottene Motorrad-Rocker und gleichzeitig als unerreichbarer Latin Lover der heimlichen Teenie-Träume beider Geschlechter zu inthronisieren, setzte das Gesamtkunstwerk **Queen** immer wieder Maßstäbe mit seinen gigantomanischen Produktionen – auf Alben wie *A Night At the Opera* oder *A Day At the Races* mit den dazugehörigen Pionierleistungen im jungen Medium Videoclip und natürlich live an stage: »Welcome back my friends to the show that never ends« …

So konnten frühe Mitbewerber von den **New York Dolls** über **Mott The Hoople** und **Roxy Music** bis zu **Uriah Heep** und **Deep Purple** ebenso aus dem Feld geschlagen werden wie die spätere Mega-Kunst-Rock-Konkurrenz zwischen **Genesis, Gentle Giant**, Emerson, Lake & Palmer und **Yes**. Auch wenn diese noch mehr Sattelschlepper voll schwergewichtigem Equipment auf Tour brachten, Keith-Emerson-Lidschatten und Bolero-Jäckchen trug und seinen Synthesizer mit Messern malträtierte, der Verkleidungsfetischist Peter Gabriel erst nach seinem Weggang von **Genesis** als menschliches Wesen wiederzuerkennen war oder Rick Wakeman sich als Zauberer von Oz in knöchellanger Glitzerrobe hinter seiner Keyboard-Burg verschanzte:

Queen überlebten als einzige das Punk-Fegefeuer gegen Ende der Dekade, nachdem sie sich mit »Another One Bites the Dust« bereits offensiv aus den Stadien in die Discos gerettet hatten.

Die Flucht vor der herannahenden »No Future«-Generation in den Tanz auf dem Vulkan war vor allem auch für den riesigen US-Markt wichtig, der sich, mit Ausnahme von **Queen**, Elton John und – verspätet – David Bowie, herzlich wenig um die britische Teenie- und Glam-Rock-Hysterie geschert hatte. Selbst Marc Bolan konnte sich mit **T. Rex** nur einmal in den amerikanischen Hitparaden gegen das prüde Volksempfinden des Kontinents durchsetzen – mit einer verharmlosenden Umetikettierung von »Get It On« in »Bang a Gong« …

Anfang der Siebziger schwelgte die überaus populäre Singer/Songwriter-Szene Amerikas – von Carole King und Joni Mitchell über James Taylor und Carly Simon bis zu Neil Young und Don McLean – noch zu sehr in verklärender Erinnerung an die vermeintlich glorreichen »Swinging Sixties«. Außerdem trieben weltpolitische Horror-Ereignisse wie der Krieg in Kambodscha, Nixons Watergate, das PLO-Terror-Drama bei der Olympiade in München oder der Schock der ersten großen Ölkrise die Jugend einer überforderten Wohlstandsgesellschaft in den tröstenden Schoß der Illusions-Industrie. Willig ließ sie sich von weichgespülten akustischen Zuckerwatte-Kokons einlullen und frönte dem frommen Wunsch, das Wochenende möge nie zu Ende gehen. »Saturday Night« wurde zum Mittelpunkt der Arbeitswoche. Und die letzten Blüten der Graswurzel-Revolution klebten als abziehbare Pril-Blumen an Muttis Küchenschrank ... »Beautiful Sunday« ... Die entscheidenden Impulse zur letztendlich dominierenden Elektronisierung und Synthetisierung von Pop kamen derweil schon frühzeitig von Visionär David Bowie:

> Diese ganze Flower-Power-Geschichte und ihren humanistischen Ansatz wollte ich komplett umkrempeln und setzte eine fremdartige, entmenschlichte Welt dagegen, in der wir es mit einer technologischen Gesellschaft zu tun haben. Das war der Zeitpunkt, an dem ich mich erstmals mit Robotern und Synthesizern beschäftigte. Die sehr aktive und starke europäische Elektronik-Szene brachte Anfang der 70er ebenfalls wichtige Bands wie Neu und vor allem Kraftwerk hervor, und als ein Titel wie »Autobahn« auch vom amerikanischen Publikum wahrgenommen wurde, war klar, daß in Europa schon wieder ein neuer Sound geboren war.

Diese synthetischen Klangerrungenschaften aus Deutschland läuteten letztendlich den weltweiten Siegeszug von Disco und deren erster Galionsfigur Donna Summer ein, wie David Bowie folgerichtig kombiniert:

> Das war schon außergewöhnlich. Da rannte dieses Mädchen in Europa von Club zu Club, um Auftritte zu bekommen, und traf schließlich auf Giorgio Moroder. Und der produzierte diesen unbeschreiblichen Sound, eine Mischung aus Kraftwerk und amerikanischem Soul, also eigentlich unvereinbar. Aber es funktionierte – und zwar auf breitester Ebene.

So war die Brücke Europa – Amerika wieder hergestellt. Rod »The Mod« Stewart, neben Mick Jagger, Keith Richards und Ron Wood einer der letzten britischen Jet-Set-Rock-'n'-Roller, lustwandelte entrückt auf ihr hin und her zwischen Diskotheken in Los Angeles und dem Fußballstadion in Manchester. Bier und Koks. Disco wurde einerseits zur Proll-Kultur und sorgte andererseits bei so manchem, so auch bei Siegfried Schmidt-Joos, für den bittersüßen Beigeschmack in Erinnerung an die Seventies:

> So 'ne Erscheinungen wie Club 54 in New York, das war ganz anders als der Rock der 60er – sowohl was die Mode anging als auch der elitäre Betreiberstil. Wir haben ja gedacht in den 60ern Rockmusik wäre 'ne demokratische Musik … Und die Disco-Mode war demonstrativ undemokratisch und nur auf die Reichen und die Schönen ausgerichtet.

Wenn auch nicht reich werden, so konnte doch zumindest jeder schön sein in den Siebzigern. Jeder nach seiner Façon – in der eigenen Spiegel-Facette … Und manche wurden sogar berühmt im Scheinwerferlicht. Wie Christiane F. vom Berliner Bahnhof Zoo – wenn auch nur für fünfzehn Minuten, so, wie es Andy Warhol allen versprochen hatte …

> Though nothing will keep us together,
> We can beat them for ever and ever,
> Oh we can be heroes just for one day
> *(David Bowie)*

Literaturhinweise

Don Breithaupt/Jeff Breithaupt: Precious and Few. Pop Music in the early Seventies. New York 1996.

Markus Caspers: 70er – Einmal Zukunft und zurück. Utopie und Alltag 1969–1977. Köln 1997.

Phil Dellio/Scott Woods: I Wanna Be Sedated. Pop Music in the Seventies. Toronto 1993.

Uli Engelbrecht/Jürgen Boebers: Licht aus – Spot an! Die Musik der 70er Jahre. Frankfurt a. M. 1998.

Tony Jasper: The 70's – A Book of Records. London 1980.

Peter Knobler/Greg Mitchell (Hrsg.): Very Seventies. A Cultural History of the 1970s, from the pages of Crawdaddy. New York 1995.

GERALD HÜNDGEN

Do You Like Good Music?
Schwarze Musik zwischen Soul, Funk und Disco

1959 schlug Ray Charles' »What'd I Say« wie eine Bombe in die amerikanischen Rhythm & Blues-Charts ein. Nicht allein, weil sie Ray Charles ausgelassener, ja wilder denn je präsentierte. Vor allem elektrisierte der ungeheure Tabubruch, der hier stattfand: Der blinde Pianist und Sänger hatte Gospelrhythmen und weltliche Texte in *einem* Song verschmolzen. Dabei gehörte es bis dahin zu den ehernen Gesetzen der afroamerikanischen Kultur, daß niemand die Musik Gottes mit der des Teufels mischen dürfe. Doch nicht allein Ray Charles riß Ende der fünfziger Jahre diese Barriere nieder. James Brown, der sich als Sänger zuerst im Gospelchor eines Jugendgefängnisses hervorgetan hatte, flehte jetzt sein Baby zu den gleichen Klängen an, die zuvor dem Good Lord vorbehalten waren. Sam Cooke, der in den Kirchen des Landes mit seinen **Soul Stirrers** Mitternachtsgottesdienste zelebriert hatte, pries nun »The Wonderful World«. Und in Detroit besaß ein gewisser Berry Gordy die Frechheit, mit Barrett Strongs »Money« eine lupenreine Gospelplatte zu veröffentlichen, die freilich Geld statt Gott anbetete.

Jahrhundertelang mußten Afroamerikaner das Verlangen nach Reichtum, Ansehen und Sicherheit ins ewige Leben projizieren. Doch die Verhältnisse, die seit den Tagen der Sklaverei scheinbar unabänderlich von Rassismus, Unterdrückung und Armut geprägt waren, gerieten in Bewegung. Afroamerikaner gingen jetzt auf die Straße für ihr Recht, dieselben Parks und dieselben Universitäten wie Weiße zu besuchen. Sie kämpften um Gleichberechtigung im Bus, am Arbeitsplatz und an der Wahlurne. Und obwohl die Auseinandersetzung mit rassistischen Polizisten und Ku-Klux-Klan-Männern viele Tote und Verletzte forderte, war die neue Zeit offenbar nicht mehr aufzuhalten.

Nicht zufällig weist der Werdegang des charismatischen Führers der Bürgerrechtsbewegung, Martin Luther King, eine bezeichnende Parallele zu den Soulsängern auf: Auch er hatte sich in der Kirche auf die Welt vorbereitet. Seine mitreißende Rhetorik und die von ihm verwendeten Bilder stammten direkt aus der Bibel. So wirkt seine berühmte Rede von 1963, die jede seiner Forderungen nach einem Amerika der gleichen Rechte und Chancen mit »I have a dream« beginnen läßt, wie die von göttlicher Eingebung befeuerte Predigt eines alttestamentarischen Predigers.

Doch bei diesem Traum hatte der schwarze Führer wohl kaum an einen weißen Bankangestellten und dessen Schwester in Memphis, Tennessee, gedacht. Jim Stewart und Estelle Axton waren keine politischen Köpfe, geschweige denn Bürgerrechtsaktivisten. Sie spürten jedoch, daß etwas in der Luft lag. Und sie wußten, daß ihre Heimatstadt Memphis in den letzten Jahrzehnten immer vorneweg war, wenn neue Zeiten neue Platten erforderten. Das war beim Blues eines Howlin' Wolf so wie beim Rock 'n' Roll Elvis Presleys.

Jim Stewart und Estelle Axton gründeten deshalb ein Label, das sie nach ihren Initialen »Stax« benannten. Zwei schwarze und zwei weiße Musiker, die unter dem Namen **Booker T. & The MG's** firmierten, sollten ihnen schon 1962 mit »Green Onions« einen der ersten großen Hits bescheren. Er leitete eine Serie von Erfolgen ein, die Stax in den nächsten Jahren zu *dem* Soul-Label machten. Und es war dieselbe Band, die später auf unzähligen Platten Otis Redding, Carla Thomas oder Sam & Dave begleitete. Wohl nichts macht die kulturelle Revolution dieser Tage anschaulicher als dieses Quartett, in dem schwarze und weiße Musiker ganz selbstverständlich zusammenarbeiteten, obwohl sie nach ihren Sessions nicht einmal gemeinsam ein Bier trinken konnten. Denn alle Bars waren Anfang der sechziger Jahre immer noch strikt nach der Hautfarbe getrennt.

Selbst wer jetzt, über dreißig Jahre nach seiner Entstehung, Wilson Picketts Klassiker »In the Midnight Hour« hört, spürt, warum diese Platte auf die Zeitgenossen mit ihrer aggressiven

Zurschaustellung von schwarzem männlichen Selbstbewußtsein ebenso bedrohlich wie faszinierend wirkte. Doch was schwärzer als schwarz klang, war in Wahrheit das Ergebnis einer außergewöhnlichen kulturellen Fusion. Natürlich drückte »The Wicked Pickett«, der auch privat sehr unberechenbare Pickett, der Platte seinen Stempel auf. Doch die Komposition stammte vom damals 23jährigen weißen Booker-T.-Gitarristen Steve Cropper. Und die zündende Idee, den Beat auf die eigentlich unbetonte Note im Takt zu legen, kam von Jerry Wexler. Der weiße Chef des New Yorker Labels »Atlantic«, der mit dem Modern Jazz der frühen fünfziger Jahre großgeworden war, hatte sich persönlich nach Memphis begeben, um zu erkunden, was es mit diesem neuen Musikboom im tiefen Süden der USA auf sich hatte. Denn neben Jim Stewart und Estelle Axton in Memphis hatte sich mittlerweile eine Menge unternehmungslustiger Menschen den Traum vom eigenen Label und Studio erfüllt. Muscle Shoals, Atlanta, Houston und sogar die Country & Western-Hauptstadt Nashville hatte Mitte der sechziger Jahre das Soulfieber gepackt.

Nicht nur Jerry Wexler, sondern auch die Chefs der anderen großen Plattenkonzerne wollten da ein Stück vom Soulkuchen abhaben und machten sich auf an die Ufer des Mississippi. Selbst ein Label wie RCA, das zuvor einzig elegante weiße Crooner und Country & Western-Sänger im Repertoire hatte, verpflichtete in den sechziger Jahren schwarze Künstler. Und RCA schickte sogar seinen größten Star nach Memphis. Der King höchstpersönlich, Elvis Presley, sicherte sich die musikalischen Dienste von jungen Musikern, die bisher allein Soulsänger wie Percy Sledge, Bobby Womack oder Wilson Pickett begleitet hatten.

Elvis, Dusty Springfield, Neil Diamond und Bob Dylan sind nur einige der weißen Stars, die in den sechziger Jahren genau den Sound wollten, der wenige Jahre zuvor noch kleinen unabhängigen Labels und unbekannten schwarzen Sängerinnen und Sängern im Süden vorbehalten war. Auch dreißig Jahre danach kann man nur darüber staunen, daß ausgerechnet im Süden der USA, der von alltäglicher Apartheid gekennzeichnet war, weiße und schwarze Jugendliche eine Musik erschufen, die in Drei-Minuten-Singles zustande brachte, woran die Politik noch heute arbeitet. Hier war sie, die Verschmelzung von schwarzem Blues und weißem Country & Western, der Wildheit des Rock 'n' Roll und der musikalischen Finesse des Jazz zu *einer* Kultur. Denn was als Ausdruck des neuen schwarzen Selbstbewußtseins etikettiert wurde, war tatsächlich die musikalische Verwirklichung des amerikanischen Traums – des Traums von Martin Luther King, vom einen aus vielen Quellen gespeisten Amerika.

Auch im Norden der USA, in der Autostadt Detroit, spürte ein Ex-Boxer, Ex-Fordarbeiter, Ex-Plattenladenbesitzer und Gelegenheitssongschreiber den Anbruch der neuen Zeit. Berry Gordy lieh sich, so will es die Legende, 1959 ein paar Tausend Dollar von seiner Verwandtschaft, packte die Tantiemen, die er für die Komposition von vier Hits für Jackie Wilson verdient hatte, dazu und gründete das Plattenlabel »Tamla«. Und weil er wußte, daß Radiostationen von einem Label in einer Sendung nur immer eine Platte spielten, folgten in kurzen Abständen »Motown«, » Gordy«, »V.I.P.« und » Soul«, auf denen er bald alles untergebracht hatte, was in Detroit überdurchschnittlich singen, musizieren und tanzen konnte.

Von 1959 bis 1969 gelangten 78 Platten von Gordys Labels in die Top ten der amerikanischen Pop-Charts. Dank einer rigiden Qualitätskontrolle schafften es zum Beispiel 1966 drei von vier seiner Veröffentlichungen in die Hot 100. Von den Platten wurden dabei 70 Prozent an Weiße verkauft. Das hat Berry Gordy den Vorwurf eingetragen, daß er eigentlich »braune« Musik produziere – d. h., er verwäßre die schwarze Musik, um sie auch für ein weißes Massenpublikum akzeptabel zu machen.

Tatsächlich setzte sich das Stammpublikum des Southern Soul von »Stax« und den anderen Südstaaten-Labels überwiegend aus – erwachsenen – Afroamerikanern zusammen. So schaffte es nur eine einzige Platte selbst des umsatzstärksten Stax-Künstlers, Otis Redding, unter die ersten zehn der amerikanischen Pop-Charts. Was der Sänger freilich selbst nicht mehr erlebte, weil »Sittin' On the Dock of the Bay« 1968 wenige

Monate nach seinem Tode veröffentlicht wurde. Sängerinnen und Sänger wie Joe Tex, Carla Thomas, Wilson Pickett oder sogar Sam & Dave hingegen brachten es zwar in den schwarzen R&B-Charts mit beinahe jeder Platte zu Spitzenpositionen, während sie in den Pop-Charts irgendwo zwischen Platz 30 und 60 herumdümpelten. Doch was die auch beim weißen Teenager-Publikum erfolgreichen Motown-Stars wie Marvin Gaye, die **Temptations**, die **Supremes**, Edwin Starr und die **Four Tops** in Detroit aufnahmen, war unverkennbar schwarze Musik. Ihr Beat, ihre Ruf-und-Antwort-Gesänge, die lärmenden Tambourine verweisen eindeutig auf ihre Herkunft aus den Gospelgemeinden. Sicherlich, die Platten waren makellos arrangiert und instrumentiert. Doch Perfektion gehörte immer schon zu den ersten Ambitionen der schwarzen Musiker in den Zentren des Nordens – ob es die raffinierte Mehrstimmigkeit der DooWop-Gruppen im New York der fünfziger Jahre oder Curtis Mayfields gleichzeitige Mini-Symphonien in Chicago waren. Nein, was den Motown-Sound so aussergewöhnlich erfolgreich machte, war, daß er die schwarze Erfahrung von Entfremdung in Bilder verwandelte, mit denen sich auch weiße Jugendliche identifizieren konnten.

Martha & The Vandellas' »Dancing In the Street« drückte musikalisch aus, was für die Jugendlichen in Detroit, London und Berlin längst offenkundig war: daß ihnen heute die Straße und morgen die Zukunft gehört. Und wenn **The Marvelettes** »I'll Keep Holding On« sangen, war es nicht genau der Ausdruck einer neuen Generation, die sich weder durch Repression noch Konsumverheißung besänftigen lassen wollte? Natürlich erklärt dies nicht allein den Siegeszug von Motown, die es in ein paar Jahren aus dem Nichts zu einer der größten Plattenfirmen der USA und der insgesamt zweitgrößten Firma in schwarzem Besitz gebracht hatte. Denn überall in den USA gab es ambitionierte Plattenmacher. Von Chicago im Norden bis nach Houston in Texas verwandelten sich Garagen in Tonstudios und Lagerhaus-Etagen in Kommandozentralen von Möchtegern-Studiomogulen. Doch die Erzeugnisse der meist obskuren Labels, die in der Regel nach ein oder zwei Veröffentlichungen schlappmachten, lassen zwar noch heute Sammlerherzen höher schlagen, in den Hitparaden wurden sie meist überhaupt nicht geführt. Berry Gordy hingegen verband geschäftlichen Realismus, schlafwandlerischen Erfolgsinstinkt und unbestechliches Qualitätsbewußtsein zu der Mischung, die Millionäre macht.

Johnnie Taylor, der bei »Stax« die Nachfolge Otis Reddings als Hauptumsatzbringer angetreten hatte, verkündete voller Stolz »I Am Somebody«! Und es sind bis dahin unmöglich erscheinende Erfolgsgeschichten wie die des Berry Gordy oder eines Muhammad Ali, der als erster schwarzer Boxer den Ring zum politischen Forum machte. Onkel Tom war tot! Zum ersten Mal in der Geschichte der USA eröffnete sich für schwarze Frauen und Männer der Weg in ein Leben, das sie selbst in die Hand nehmen konnten. Dieser Chance wollte sich das schwarze Amerika dann auch kollektiv als würdig erweisen.

Otis Redding ersehnte »Respect«, Aretha Franklin schwebten »Do-Right Women, Do-Right Men« vor, und James Brown predigte »Don't Be a Drop Out«. Während die Bluessänger des vergangenen Jahrzehnts die Rolle des Trunkenbolds, Frauenhelden und Glücksritters zelebriert hatten, standen jetzt die Werte des guten Bürgers auf der Tagesordnung. All das, was den weißen Jugendlichen in den USA wie in anderen Industriestaaten als abgeschmackt und verlogen erschien, wirkte auf die Afroamerikaner als Verheißung einer Zukunft, die anstelle von Unterdrückung, dauernder Suche nach schlechtbezahlter Arbeit und ständig gefährdeten zwischenmenschlichen Beziehungen Gleichberechtigung, materielle und emotionale Sicherheit bringen würde. Weder vorher noch nachher war eine populäre Musik so offensichtlich erwachsen. Otis Redding war erst 26 Jahre alt, als er bei einem Flugzeugabsturz starb. Doch alle Bilder zeigen den seriösen Familienvater, der er tatsächlich war. Und kein Foto der 25jährigen Aretha Franklin präsentiert einen unbeschwerten Twen, sondern immer eine Frau, die die Schattenseiten des Daseins kennt. Und wer mit dem Godfather of Soul sprechen wollte, der mußte ihn mit »Mister Brown« anreden – denn als »Boy« waren er und alle Afroamerikaner lange genug in den USA gerufen worden.

Johnnie Taylors »I Am Somebody« lieferte dem aufstrebenden politischen Sprachrohr der Afroamerikaner, Jesse Jackson, ein ständig wiederkehrendes programmatisches Schlagwort. »We're Movin' On« und »Keep On Pushin'« von Curtis Mayfields **Impressions** hallten aus den Mündern von Tausenden schwarzer Bürgerrechtskämpfer wider. Plattenfirmen wie Stax und Motown übernahmen die Rolle von Sozialministerien und initiierten Kampagnen zu Schulbesuch und Drogenprävention. Diese Popmusik wollte niemals Underground sein. Sie verstand sich und wurde – von Feind und Freund – verstanden als oppositionelle, aber auch konstruktive gesellschaftliche Kraft. Zumindest in den USA.

Bobby Womacks »It's All Over Now« oder Bessie Banks' »Go Now« sind nur zwei der unzähligen Songs, die erst in den Versionen von weißen Beat- oder R&B-Gruppen wie den **Rolling Stones** bzw. den **Moody Blues** zu weltweiten Hits wurden. Trotz aller verständlichen Verbitterung der schwarzen Sängerinnen und Sänger der Originale war es echte Liebe zu dieser Musik, die **Beatles, Rolling Stones, The Who** oder die **Moody Blues** am Anfang ihrer Karrieren viele afroamerikanische Songs aufnehmen ließ. Und erstaunlicherweise funktionierte diese Musik, die im Kontext der erwachsenen Bürgerrechtsbewegung entstanden war, auch als tragender Part im Soundtrack zu einer weißen Jugendrebellion. Jugendliche, die sich freiwillig außerhalb der geltenden Regeln und Mechanismen gestellt hatten, identifizierten sich mit den politisch, sozial und ethnisch Diskriminierten und Unterdrückten in Vietnam, Palästina oder den USA. Die Afroamerikaner verfügten über die zusätzlichen Vorzüge, daß ihre Sprache verstanden wurde und ihre Musik schon seit Jazz und Blues zur kulturellen Grundausstattung der Hipster und Existentialisten in den USA wie in Europa gehörte. Ja, Norman Mailer stufte diese weißen Außenseiter in einem gleichnamigen Buch als »Weiße Neger« ein:

Ein neues Geschlecht von Abenteurern war herangewachsen, städtischen Abenteurern, die zu nächtlicher Stunde auszogen und nach Bestätigung suchten, im Herzen das Gesetz des schwarzen Mannes, das ihrem Wahrheitsbegriff entsprach. Der Hipster hat sich die existentialistischen Litaneien des Negers zu eigen gemacht und konnte praktisch als weißer Neger gesehen werden.

Vielleicht hätten es die Mods, die vor allem in London Mitte der sechziger Jahre die Popkultur entscheidend prägten, nicht so gewählt ausdrücken können. Doch in ihren Clubs ließen sie nur afroamerikanische Musik gelten, und wenn ein englischer Live-Act Gnade vor ihren wählerischen Ohren finden wollte, dann mußte er, wie Georgie Fame oder Zoot Money, die amerikanischen Vorbilder naturgetreu nachahmen. Als sich Mods wie Marc Bolan oder die Musiker von **Pink Floyd** am Ende der Sechziger zu Hippies weiterentwickelten, da gingen die Jugendlichen im industrialisierten Norden Englands diesen Weg nicht mit. Hier hielten junge Angehörige der Arbeiterklasse an der Musik und den Idealen des Sixties Soul fest. Diese sogenannte »Northern Soul«-Szene gehörte bis zu den Anfängen der Achtziger zu den wichtigsten Subkulturen Großbritanniens. Ungezählte Clubs, Labels, Fanzines und Plattenläden hielten hier noch zwanzig Jahre nach dem Entstehen der Soul Music die Songs von Motown und all den anderen Sixties-Labels der USA hoch. Der Rest der Welt hatte sich jedoch längst von der klassischen Soul-Musik abgewandt. Denn es hatte ein Bruch zwischen weißer und schwarzer Kultur stattgefunden, dessen Auswirkungen bis heute zu spüren sind.

Am 4. April 1968 war Martin Luther King in Memphis einem Attentat zum Opfer gefallen. Vier Jahre zuvor hatte er den Friedensnobelpreis erhalten, weil er die Gleichberechtigung der Afroamerikaner gewaltlos durchsetzen wollte und anders als etwa Malcolm X keiner separaten schwarzen Nation das Wort redete. Sein Ziel blieb bis zu seinem Tode das Aufgehen der Afroamerikaner in einem Gemeinwesen, in dem Hautfarbe und Rasse keine Rolle mehr spielen würden. Mit seinem Tod schien sich zu erweisen, daß vor allem er es war, der diese Hoffnung am Leben erhalten hatte. Die fortdauernde Diskriminierung in den Südstaaten, die Brutalität einer rassistischen Polizei bei den Ghettoaufständen im Norden, der Krieg in Vietnam, den überdurchschnittlich viele Schwarze mit ihrem Leben bezahlten – bewies dies alles nicht, daß Martin Luther Kings Traum eben nur ein Traum war und bleiben sollte?

Am Ende der sechziger Jahre begab sich das schwarze Amerika auf Distanz. James Brown hatte sich früher – voller patriotischer Hochgefühle – im Weißen Haus als Beispiel für ein Amerika gleicher Chancen präsentieren und auf Truppenbetreuungsreise nach Vietnam schicken lassen. Jetzt verkündete er »Say It Loud, I'm Black and I'm Proud« und ging auf Konfrontationskurs, indem er sein Anderssein als Schwarzer hochhielt. Zwar hatte gerade die Musikindustrie in Ansätzen vorgelebt, daß ein integriertes Amerika besondere kreative Potenzen entfalten kann. Doch jetzt, 1968, mußte sich Jimi Hendrix dem massiven Druck schwarzer Militanter beugen und ließ sich fortan von einer schwarzen Band begleiten. Der weiße Labelchef Jerry Wexler, der mit Atlantic seit Ende der vierziger Jahre wie kaum ein anderer schwarze Musik und Musiker gefördert hatte, verließ Hals über Kopf das jährliche Meeting von R&B-Produzenten, weil er um sein Leben fürchtete. Stax-Besitzer Jim Stewart trat einen Teil seiner Firma an seinen schwarzen Geschäftsführer Al Bell ab, nachdem ihm schwarze Radiostationen und Plattengroßhändler einen Boykott angedroht hatten.

Die politische Radikalisierung der Afroamerikaner, die sich in großen Teilen als separate Nation zu definieren begannen, führte nun zu einer Sturzflut von Platten, die sich ganz explizit mit politischen und sozialen Fragen beschäftigten. Edwin Starrs »War«, Sly Stones »There's a Riot Going On«, Curtis Mayfields »Move On Up« oder Marvin Gayes »What's Going On« deckten ein weites Spektrum von kämpferischen Antikriegssongs bis zu verzweifelten Lamentos ab. Doch ihnen allen war gemeinsam, daß sie einen entschiedenen Bruch zwischen Privatsphäre und politischer Arena thematisierten. Das hatte die Soul-Musik bisher nicht gekannt. Für sie war typisch gewesen, daß sie in den Texten individuelle Vervollkommnung, die

Übernahme von persönlicher Verantwortung und das respektvolle Miteinander von Männern und Frauen forderte – ohne dabei mögliche Konflikte und dramatische Wendungen zu verschweigen. Doch für den traditionellen Soulsänger fand in den eigenen vier Wänden oder der Nachbarschaft der Kampf statt, den jeder Schwarze für die Zukunft führen mußte. Es war, als wenn sie sich kollektiv John F. Kennedys Wort zu eigen gemacht hatten, nach dem man nicht fragen soll, was die Gemeinschaft für den Bürger tun kann, sondern was der Bürger für die Gemeinschaft tun kann. Mittlerweile hatten die Afroamerikaner jedoch erfahren müssen, daß es ökonomische Strukturen und politische Interessen gab, an denen selbst der beste Wille scheitern mußte.

Die Texte wurden deshalb kämpferischer, die Rhythmen harscher. Längst ließ sich die Komplexität der Wirklichkeit nicht mehr in die hergebrachten Songstrukturen zwingen. Bis dahin war *das* Medium der schwarzen Musik die Single gewesen. Jetzt trat an ihre Stelle das Album, das statt der einen klaren Botschaft, die für die Sixties typisch gewesen war, eine Vielzahl von Themen und Perspektiven zuließ. Und dieser Raum wurde zusehends nicht allein für kämpferische Aufrufe oder radikale Anklagen genutzt. Das schwarze Amerika unterzog sich einer kollektiven Standortbestimmung und Selbstbefragung: **The Temptations** rechneten in »Cloud Nine« mit der ernüchternden Wirklichkeit in den Ghettos ab, wo Drogen weniger Mittel kollektiver Bewußtseinserweiterung als der verzweifelten Flucht aus der alltäglichen Trostlosigkeit waren. Stevie Wonder beschrieb in »Superstition« mit bitterem Sarkasmus das Abgleiten in Irrationalität und Aberglaube. Gladys Knight verabschiedete sich im »Midnight Train To Georgia« von den Städten des Nordens und den Hoffnungen, die sie einst verkörpert hatten. Überhaupt waren es Frauen, die alle überkommenen Vorstellungen radikal überprüften. In den frühen Siebzigern gaben sich Sängerinnen wie Millie Jackson, Doris Duke, Shirley Brown oder Laura Lee nicht länger mit der Rolle der zuerst göttinnengleich Angebeteten und dann treusorgenden Seele des Heims zufrieden.

Als diese Künstlerinnen erstmals offensiv eine eigene Frauenperspektive in die afroamerikanische Kultur einführten, brachten schwarze Sänger wie Bobby Womack, Sam Dees oder Curtis Mayfield im Gegenzug Platten heraus, die ein in der schwarzen Musik bis dahin nicht gekanntes Maß an männlichen Selbstzweifeln und Orientierungssuche dokumentieren. Die weiße Hörerschaft konnte mit dieser Verarbeitung von grundlegend schwarzen Erfahrungen in der Regel wenig anfangen. Millie Jackson oder Bobby Womack schafften immer wieder Spitzenplätze in den R&B-Charts, doch in den Hot 100 blieb ihnen stets die untere Hälfte vorbehalten. Nicht, daß in dieser Zeit Platten schwarzer Sänger und Gruppen erfolglos geblieben wären. Doch sie mußten jetzt in der Regel dem Bild entsprechen, auf das ein weißes Publikum die »schwarzen Qualitäten« immer stärker reduziert hatte. In den sechziger Jahren fühlten sich die **Beatles** mit den **Supremes** und **The Who** mit James Brown noch als Teil des einen hippen Universums. In den siebziger Jahren erlebte das uralte Klischee seine Renaissance, nach dem für differenzierte Texte und musikalisches Experiment allein die weiße Kultur zuständig war, während unverfälschte Gefühle und körperbetonte Rhythmik die schwarze Domäne darstellten.

Einzelne Soulsängerinnen und -sänger wie Aretha Franklin, Marvin Gaye oder Al Green schafften es, den gewandelten Ansprüchen zu genügen, ohne an Individualität und Kreativität einzubüßen. Doch insgesamt saß der Generation der klassischen Soulster Mitte der siebziger Jahre eine neue Generation im Nacken. Die hatte einen Ausweg aus politischer und persönlicher Orientierungslosigkeit gefunden, der auch geradewegs zu weißen Hörern führte: Disco. Form und Inhalt dieser Musik fielen auf unglaubliche Weise zusammen: Es war Musik für die Tanzfläche, deren Texte von nichts anderem als der Tanzfläche handelten. Natürlich sind Tanzsongs so alt wie die schwarze Musik. Doch Twist, Boogaloo, Bus Stop oder Jerk waren Mittel zum Zweck bzw. die ersten rasanten Schritte zu stärkeren sexuellen Vergnügungen. Jetzt schien die Sexualität selbst in narzißtischer Selbstdarstellung aufzugehen. Die Platten kamen nicht mehr schnell zur Sache, sondern waren oft zehnminütige Inszenierungen mit Vorspiel, Höhepunkt und Ausklang. Disco hob auch die vertraute Trennung in musizierende Stars und konsumierende Fans auf. Die Stars der Discoszene waren die Tänzer, und die Qualität der Musik wurde daran gemessen, ob und wie sie sich dazu präsentieren konnten. Um dies zu erreichen, wurde jeder wirksame Effekt und alle vorhandene Technologie eingesetzt. Da das Leben die Disko selbst war, bedeutete dies den Abschied von Live-Musik. Am ehesten künstlerisch-autonom arbeiteten da noch die Produzenten in den Plattenstudios – und der DJ in der Diskothek. Denn aus dem einstigen Plattenaufleger war der alles beherrschende Zeremonienmeister geworden. Seine Zusammenstellung der Platten entschied über Atmosphäre und Dramaturgie der Nacht. Er bestimmte sogar den Klang der einzelnen Platten, indem er Bässe und Höhen nach Belieben manipulierte.

Aus Sängern oder Musikern, die traditionell im Zentrum gestanden hatten, waren bloße Rohstofflieferanten für Produkte geworden, die nicht einmal mehr vorgaben, daß sie authentische Äußerungen wirklicher Menschen waren. Kein Wunder, daß dies Disco den Vorwurf einbrachte, »Plastikmusik« zu sein. Bilder aus der Ende der siebziger Jahre angesagtesten Disko, dem »Studio 54« in New York, taten und tun ihr übriges. Da zelebrierten sich die Schönen und die Reichen, und um unter sich zu bleiben, war der Türsteher zur zentralen Instanz geworden, die darüber entschied, wer bedeutend oder ein Nichts war. Doch ausnahmsweise kam hier das Kino der Wirklichkeit näher: In *Saturday Night Fever* führten John Travolta und Olivia Newton-John ein Unterschichtspaar vor, das über den Tanz die einzige Selbstverwirklichungs- und Aufstiegschance nutzte, die sich ihnen bot. *Das* war die Essenz von Disco, schon von seinen Anfängen in der Schwulenszene an: Hier konnten Männer und dann Frauen aus den unterschiedlichsten Minderheiten sich neu definieren – über ihre Tempel, Kleidung und Bewegungsriten. Titel wie »Take Me To Heaven« von Sylvester, »Lost In Music« von **Sister Sledge** oder »Shame« von Evelyn King lassen viel von der eigenartigen, beinahe religiösen Entrückung ahnen, die z. B. in einer der wichtigsten Diskotheken, dem »Paradise«, herrschen konnte. **Silver Convention** oder **Boney M.** waren dagegen nur dümmliche Tanzbodenfüller, die Disco auf den Beat reduzierten. Doch Nile Rodgers von **Chic** oder Larry Levan von den **Peech Boys** waren Produzenten, die der schwarzen Musik neue klangliche Dimensionen erschlossen.

Disco mochte als Zelebration der Nacht entstanden sein, die von den Alltagsrealitäten nichts wissen wollte. Doch ein Label in Philadelphia bewies, daß sich ein tanzbarer Beat und raffinierteste Produktionstechnik auch für sehr handfeste Anliegen eigneten. Die Produzenten und Labelbesitzer Kenny Gamble und Leon Huff traten in den Siebzigern mit Philadelphia International Records die Nachfolge von Motown in Detroit an, von wo aus der städtische Sound der Sixties ausgegangen war. »Wake Up Everybody« von **Harold Melvin & The Blue Notes**, »People Power« von Billy Paul oder »Give the People What They Want« von **The O'Jays** lauteten ein Jahrzehnt später die programmatischen Titel aus Philadelphia. Instrumentiert von Streichern und Bläsern in Bataillonsstärke und unterlegt mit einem oft atemlosen Beat, boten sie die wohl aufwendigsten und filigransten politischen Statements, die Popmusik je hervorbrachte. »Philly Soul« spiegelte damit auch eine veränderte soziale Zusammensetzung der Afroamerikaner wider: In ihren Reihen existierte mittlerweile ein Mittelstand, dessen gediegene und elegante Lebensführung bewußt jeden Anklang an die Niederungen von Sklaverei, schlechtbezahlter Land- und Industriearbeit vermied, aus denen er sich emporgearbeitet hatte. Und dennoch mußte er weiterhin seine Rechte auf gleichberechtigte politische Repräsentanz und Mitentscheidung einklagen. Er tat dies nun allerdings im Wissen des » Ain't No Stoppin' Us Now«, wie es eine der erfolgreichsten Philly-Platten verkündete.

Von diesem Optimismus waren viele Afroamerikaner jedoch weit entfernt. *Ihre* Realität hieß: unsichere Jobs, triste Wohnverhältnisse, Gewalt und Brutalität. Und die Musik, die diese Verhältnisse hervorbrachte, nannte sich »Funk«. Das heißt, »funky« nannte man immer schon die harschen Platten, vor allem aus dem Süden, die meist mittelschnell bis schleppend daherkamen. Der Beat ruckte und zuckte mehr, als daß er pulsierte. Eine spröde Instrumentierung, die Songs mehr anriß als ausführte, und ein lasziv-aggressiver Gesang erzeugten stets einen Sound, der sich um Erwartungen und Ansprüche seines Publikums offenbar nicht scheren wollte. Statt dessen knallte er ihm Bilder und Botschaften vor den baßgeschüttelten Leib, die aller Bildung und gutem Geschmack Hohn sprachen. Der Godfather des Funk, James Brown, konstruierte eine »Sex Machine«, **Funkadelic**-Chef George Clinton ließ den außerirdischen »Dr. Funkenstein« gleich auf mehreren Alben los, die **Commodores** brachten ein »Machine Gun« in Anschlag, und unzählige » Foxy Ladies«, »Booty Babies« oder »Sexy Mamas« forderten die Männer heraus. Im Funk fanden sich kosmische Szenarien neben sozialrealistischen Beschreibungen, politische Militanz neben moralfreier Gangsterverehrung und die besinnungslose Anbetung von Frauen neben ihrer Reduktion auf bloße Sexualobjekte. Auch die musikalischen Ingredienzien folgten keinerlei Reinheitsgebot: Funk integrierte und zermalmte alles vom minimalistischen Bluesschema über Hardrock-Gitarren bis zu elaborierten Jazzimprovisationen. Außer rabiatem Baß und Drums schien das Genre allein durch eine Haltung zur Wirklichkeit zusammengehalten zu werden, die zwischen Ironie, Sarkasmus und glattem Zynismus schwankte – als ob man in Zeiten der Reaganomics der Wirklichkeit nur noch mit Verachtung begegnen könne.

Spätestens Anfang der achtziger Jahre konnte von *einer* afroamerikanischen Musik nicht mehr die Rede sein. Zwar erlebten Sänger wie Bobby Womack, Anita Baker oder Luther Vandross, die in der zwanzigjährigen Soul-Tradition standen, eine eindrucksvolle Renaissance. Doch was verband sie mit Afrika Bambaataa oder Grandmaster Flash, die die neue Hip-Hop-Kultur ankündigten? Und die vermochte selbst das offenste Musikverständnis nicht mit der entstehenden Detroiter

House-Szene auf einen Nenner zu bringen. Die nächsten Jahre sollten dann erweisen, daß diese neue Freiheit, diese Koexistenz von Tradition und Gegenwart, von jugendlicher Ghetto-Kultur und von der Schwulenbewegung inspirierter Dance-Music, von Balladensängern und politischen Propagandisten, der Nährboden für eines der erfolgreichsten Jahrzehnte afroamerikanischer Musikproduktion seit den Tagen von Stax und Motown werden sollte.

Literaturhinweise

Ray Charles: Brother Ray. Ray Charles' own Story. Glasgow 1988.

Nelson George: Where Did Our Love Go. The Rise and Fall of the Motown Sound. New York 1985.

Charlie Gillett: The Sound of the City. The Rise of Rock and Roll. London 1984. 2., erw. Aufl. New York 1996.

Peter Guralnick: Sweet Soul Music. Rhythm and Blues and the Southern dream of freedom. London 1986.

Michael Haralambos: Right On. From Blues to Soul in black America. New York 1975.

Gerri Hirshey: Nowhere To Run. The Story of Soul Music. London 1985.

Greil Marcus: Mystery Train. Der Traum von Amerika in Liedern der Rockmusik. Aus dem Amerikan. von Niko Hansen. Reinbek 1981. – Überarb. Neuausg. u. d. T.: Mystery Train. Rock 'n' Roll und amerikanische Kultur. Aus dem Amerikan. von Nikolaus Hansen und Fritz Schneider. Berlin 1999.

Ben Sidran: Black Talk. Schwarze Musik – die andere Kultur im weißen Amerika. Aus dem Amerikan. von Heinrich Keim. Hofheim 1985.

JENS SOENTGEN

Yes, Lion Reggae als Volksmusik und Gegenkultur

»Don't you ride like lightning – cause mon, if you ride like
lightning, you will fiash like thunder«, heißt es in dem Hit
»S. 90 Skank« von **Big Youth**: Wer wie der Blitz fährt, kracht
wie der Donner. Dem Reggae ist bis jetzt noch nichts passiert,
seine Konjunktur hält an. Seit den siebziger Jahren ist er Teil
der internationalen Popkultur.

Es gibt einen Ursprungsmythos: Es heißt, der Offbeat, dieses für den Reggae so typische musikalische Element, imitiere
den Rhythmus der Wellen im Karibischen Meer. Aber wahr-
scheinlicher ist wohl, daß der Reggae so entstanden ist, wie
neue Musik schon immer entstanden ist: aus der Abwandlung
bekannter Songs. Wann aus dem bloßen Nachsingen eine ori-
ginelle Schöpfung wird, läßt sich im nachhinein nicht mehr
feststellen. Derrik Morgan, ein früher Pionier des Ska, erinnert
sich:

> Es begann 1957, als wir Rhythm & Blues hörten, Little Richard und
> Rock 'n' Roll, Professor Longhair und Smiley Lewis, das waren so
> die Leute, die uns anregten. Wir versuchten, ihre Musik zu spielen,
> die dann bei uns irgendwie anders klang.

Es entwickelte sich ein eigener Stil, der zunächst Ska genannt
wurde. Aus ihm wurde wenig später der Reggae. Was die Bezeichnung » Reggae« bedeutet, darüber gibt es die unterschiedlichsten Theorien. Es wurde spekuliert, daß »Reggae« eine Abkürzung für »ragamuffin« sei, was wörtlich »Grabschänder«
bedeutet, im Slang aber auch einen armen Ghettobewohner
bezeichnet. Andere verweisen auf die Ähnlichkeit mit dem
Wort »streggae«, einem Kurzausdruck für »streetgirl«, Straßen-
mädchen. Am einleuchtendsten ist es wohl, den Namen von
»ragged« abzuleiten, was »zerlumpt«, aber auch »holprig« heißt
und eine Anspielung auf den hüpfenden Rhythmus darstellt.

Der Reggae ist Ausdruck einer fremden Kultur, die von unserer europäischen Welt denkbar verschieden ist. Die Inhalte der Songs sind oft fremdartig. Gesungen wird nur selten in Oxford-Englisch, sondern meist in jenem kehligen Patois-Dialekt der Insel, den selbst Briten in der Regel nicht auf Anhieb verstehen.

Als er noch »Ska« hieß, war der Stil gerade und unkompliziert. Mit der gerade erlangten Unabhängigkeit Jamaikas im Jahr 1962 verbreitete sich eine enthusiastische Aufbruchstimmung über die Insel. Viele Aufnahmestudios, die später Weltruhm erlangten, wurden damals gegründet, insbesondere das »Studio One« in West-Kingston. Viele Reggae-Musiker begannen hier ihre Karriere.

Studio-Inhaber war ein gewisser Clement Dodd, besser bekannt unter dem Namen Coxsone, den er von einem berühmten britischen Cricket-Spieler entlehnt hatte. Coxsone war, ehe er das »Studio One« gründete, mit einer mobilen Diskothek, dem »Sir Coxsone Downbeat Sound System«, über die Insel gezogen.

Coxsone war immer auf der Suche nach neuen Talenten – jeden Samstagnachmittag hielt er im Garten seines »Studio One« Audienz. An einem solchen Samstagnachmittag des Jahres 1963 tauchten dort ein gewisser Peter McIntosh, der sich später Peter Tosh nannte, Bunny Livingston und Bob Marley sowie zwei Backup-Sängerinnen auf. Die Band nannte sich **The Teenagers**, sie intonierte ein Stück, das eine Botschaft an die Rude Boys, die halbstarken Outlaws in den Städten, enthielt: »Simmer Down« – regt euch ab. Coxsone erkannte sofort das Potential dieses Songs, der ein aktuelles Thema aufgriff – die gewalttätige Jugendkultur in den Ghettos von Kingston.

Zwei Tage später erschien die Band im Studio, wo die berühmten **Skatalites** schon auf sie warteten, die zu »Simmer Down« einen pulsierenden Ska-Rhythmus beisteuerten. Coxsone veröffentlichte den Song in den Wochen vor Weihnachten 1963. Die Band hatte er kurzerhand auf **The Wailing Wailers** – »die klagenden Klager« umgetauft. Im Januar 1964 kletterte »Simmer Down« auf Platz eins der Radio-Charts.

Coxsone stellte dem damals obdachlosen Bob im hinteren Teil des Studios einen Raum zur Verfügung. Bob verbrachte nahezu seine gesamte Zeit im Studio, er lernte Gitarre spielen, schrieb Songs und hörte die neuesten, von Coxsone aus den USA importierten Rhythm & Blues- und Soul-Platten an.

In den folgenden Jahren baute der Produzent die **Wailers** zu seiner Starband auf, er kaufte ihnen Bühnenkostüme aus Goldlamé, spitze Lackschuhe und schickte sie auf Tour. Die **Wailers** wurden bald die populärste Gesangsgruppe der Ska-Ära. Trotz des Erfolges blieben Bob und seine Freunde allerdings vorerst arm. Coxsone bezahlte ihnen lediglich fünfzehn bis zwanzig Pfund für einen Song und drei Pfund pro Woche an Tantiemen. Für den Fall, daß die Künstler mehr Geld verlangten, hatte er immer eine Pistole dabei, die er anstelle der Brieftasche hervorzuholen pflegte.

Mitte der sechziger Jahre war die Hochstimmung über die Unabhängigkeit von England verflogen, Jamaika befand sich im Tal einer hartnäckigen wirtschaftlichen Depression. Große Teile der Wirtschaft lagen nach wie vor in den Händen ausländischer Investoren, der Löwenanteil der Gewinne aus dem Bauxitabbau oder aus dem Tourismusgeschäft floß ins Ausland.

Die Musik reflektierte diese Entwicklung auf ihre Weise: Der übermütige, energiegeladene Ska-Rhythmus verlangsamte sich, der neue, melancholischere Stil hieß »Rock Steady«. Aus ihm entwickelte sich wenig später der ›richtige‹ Reggae. Etwa gleichzeitig gewann eine bis dahin kleine und unbedeutende Sekte immer stärkeren Zulauf: die Rastafaries.

Der Rastaglaube beruht auf einer eigenwilligen Interpretation von Texten der Bibel: Die Rastas identifizieren sich mit dem Volk Israel, sie interpretieren ihre Lage auf der Folie der jüdischen Diaspora. So, wie die Juden einst verschleppt wurden und unter fremden Herren Dienst tun mußten, so sehen sich auch die Rastas als gefangen im »Babylon System«. Aus der Bibel lesen sie bestimmte Nahrungsvorschriften heraus: So darf ein Rasta nur sogenanntes »ital food« zu sich nehmen.

»Ital food« leitet sich ab von »vital food«, lebendige Nahrung, es ist so etwas wie eine strikte Diätnahrung. Kein Alkohol, kein Tabak und kein Fleisch – insbesondere kein Schweinefleisch. Auch viele Gewürze sind von der Nahrungsliste gestrichen, sogar das Salz.

Das hört sich streng an, doch es gibt einen lustvollen Ausgleich. Der Rasta ist nämlich angehalten, reichlich Marihuana zu rauchen. Denn auch das steht schließlich, so entdeckten die Rasta-Gelehrten, schon im Alten Testament, nämlich im Psalm 104: »Du läßt Gras wachsen für das Vieh, auch Pflanzen für den Menschen, die er anbaut ...« Die eigenwilligen Exegeten kamen ferner zu dem Ergebnis, daß Gott das Ganja nicht nur wohlgefällig wachsen läßt, er raucht auch selbst. Das nämlich geht aus Psalm 18, Vers 9 hervor: »Rauch stieg aus seiner Nase auf, aus seinem Mund kam verzehrendes Feuer ...«

Am auffälligsten sind die Hygienevorschriften der Rastas. Oberster Lehrsatz ist eine Anweisung im 3. Buch Mosis, die da lautet: »Die Priester sollen sich auf ihrem Kopf keine Glatze scheren, ihren Bart nicht stutzen und an ihrem Körper keine Einschnitte machen.« Für die Rastas bedeutet dies, daß sie ihre Haare nicht schneiden, was bei dem drahtigen Kraushaar unmittelbar zum Verfilzen führt. So entstehen die berühmten Dreadlocks, freilich nur dann, wenn sie aufmerksam gepflegt und immer wieder geteilt werden – ganz ohne Frisieren geht es denn doch nicht.

Doch Diäten und Haartrachten machen noch keine lebendige Religion. Dazu gehört vielmehr eine Utopie, ein Erlösungsglaube. Für die Rastas ist Haile Selassie, der letzte Kaiser von Äthiopien, der wahre Messias. Selassie nannte sich ursprünglich »Ras« (das heißt so viel wie »Herzog«) Tafari Makkonen. Er wurde im November 1930 in Addis Abeba zum einhundertundelften Kaiser von Äthiopien gekürt. Wie die anderen äthiopischen Kaiser führte er seinen Herrschaftsanspruch auf seine Abstammung aus dem Hause David zurück. Ras Tafari war ein Messias besonderer Art, denn er hat zeitlebens die ihm zugeschriebene göttliche Natur abgestritten, was aber seine Authentizität in den Augen der Rastas nur unterstrichen hat.

Für die profane Geschichtsschreibung ist Haile Selassie ein aufgeklärter Herrscher, der an der Aufgabe, sein Land in die Moderne zu führen, scheiterte. Er wurde 1974 gestürzt und starb ein Jahr später im Alter von 82 Jahren in der Haft, aller Würden und Privilegien beraubt. Die Herrschaft übernahm eine marxistisch-leninistische Militärregierung. Für die Rastas freilich ist es von Bedeutung, daß Makkonens Grab nie gefunden wurde: »You nuh cyan bury Jah«, sagen sie und schütteln bedeutungsvoll ihre Dreadlocks: »Gott kann man nicht begraben.«

Der Rastaglaube wird vielfach belächelt. Für schwarze Intellektuelle, etwa für Linton Kwesi Johnson, ist er nur eine Art Opium fürs Volk. Doch das ist ein allzu grobes Pauschalurteil. Der Rastafarismus ist vielmehr ein Paradebeispiel für genau *die* Form schwarzer Protestkultur, die auch den Reggae hervorgebracht hat.

Der Rastaglaube ist eine Gegenreligion, das Produkt einer systematischen Zweckentfremdung des aufgezwungenen europäischen Glaubens. Es drückt sich in ihm die typische Strategie der Unterdrückten aus, die die herrschende Ordnung nicht ablehnen können, die aber diese Ordnung so interpretieren, daß sie ein neues Gesicht bekommt. Die Rastas verwenden einen Glauben, der von anderen konstruiert und verbreitet wurde, aber sie verändern ihn durch ihren Gebrauch. So entfliehen sie dem aufgezwungenen System, ohne es zu verlassen. Der Rastaglaube ist, so gesehen, eine subtile Rache an den weißen Missionaren.

Diese typische Form des Widerstandes äußert sich auch in der spezifischen Sprachverwendung. Ohnehin ist auf Jamaika, wie gesagt, ein schwer verständlicher Dialekt gebräuchlich. Die Rastas verwenden darüber hinaus noch eine ganze Reihe von Spezialausdrücken. So wird etwa nicht von »wir« gesprochen, sondern man sagt »I and I«, ich und ich, weil durch das kollektivierende »wir« die heilige Individualität des einzelnen aufgelöst würde. Durch solche Operationen verwandeln die Rastas die Sprache der Macht, die Sprache des britischen Empires, in einen schwarzen Widerstandsgesang.

Ähnlich wie der jüdische Zionismus hoffen die Rastas auf die Rückkehr in das Land ihrer Väter, auf die Rückkehr nach Afrika. In diesem Punkt wurde die Rasta-Religion durch die vom schwarzen Volkstribun Marcus Garvey 1914 gegründete UNIA beeinflußt, die »Universal Negro Improvement Association«. Marcus Garvey war Jamaikaner, hatte aber in den USA seine größten Erfolge. Seine Arbeit war ein Meilenstein auf dem Weg der Schwarzen zu kultureller Selbstfindung. Garvey propagierte die Wiedereinbürgerung der einst Verschleppten und gründete eine eigene Schiffslinie, die Black Star Line, mit deren Schiffen die Schwarzen in ihre Heimat zurücktransportiert werden sollten. Doch das Projekt wurde hintertrieben, und Garvey starb 1935 vereinsamt in England.

Seine Idee einer Rückkehr in die alte Heimat bildet bis heute das Rückgrat des Rastaglaubens. Inzwischen hat sie sich ein bißchen vergeistigt: Statt auf die reale Reise nach Afrika setzen die Rastas von heute eher auf die harmlosere spirituelle Versenkung in die schwarzen Wurzeln.

Zum wichtigsten internationalen Botschafter der Rasta-Religion wurde Bob Marley. Doch erst einmal mußte das fremdartige Reggae-Idiom den internationalen Hörgewohnheiten angepaßt werden. Dies besorgte Chris Blackwell, der Chef von Island Records, bei dem die **Wailers** seit Anfang der siebziger Jahre unter Vertrag waren. Blackwell war zwar in London geboren, aber er hatte seine Kindheit auf Jamaika verbracht, im Herrenhaus seiner reichen Eltern. Blackwell produzierte 1972 mit den **Wailers** ein Album, das einen Wendepunkt in der Geschichte des Reggae bedeutete: *Catch a Fire*. Über dieses Album schrieb der Dub-Poet Linton Kwesi Johnson treffend:

> Es ist ein ganz neuer Stil jamaikanischer Musik entstanden. Er besitzt einen anderen Charakter und einen anderen Sound ..., den ich nur als »Internationalen Reggae« bezeichnen kann. Er bezieht Elemente der internationalen Popmusik ein: Rock und Soul, Blues und Funk. Diese Elemente erleichterten den Durchbruch auf dem internationalen Markt ... Anstatt sich ausschließlich auf den

tief-schweren Sound mit der Betonung auf dem Schlagzeug und dem Baß zu konzentrieren, hat man auf dem Album einen »höheren«, leichteren Mix.

In der Tat hatte Blackwell beim Abmischen der Masterbänder den schleppenden Reggae-Rhythmus um einen Taktschlag beschleunigt, um sie den Hörgewohnheiten des Rock-Publikums anzupassen. Anschließend wurden alle Bänder in einer mittleren Tonlage, unter Verlust der tiefen Baß-Sounds, für die Pressung vorbereitet. Die Songs »Stir It Up« und »Concrete Jungle« wurden außerdem noch mit einem kreischenden Rockgitarrensolo unterlegt. So wurde der originäre Reggae-Sound im Tonstudio glattgebügelt – es entstand ein kommerzielles Rock-Crossover-Produkt.

In dieser Form wurde der Reggae weltweit erfolgreich. Der Brückenkopf zum internationalen Markt war London, wo viele Immigranten aus Jamaika lebten. Merkwürdig ist aber der rasche Erfolg des Reggae auch bei weißen Hörern. Denn trotz der musikalischen Glättung waren die Inhalte der Songs nicht verändert worden. Die Themen waren schwarz und oft vom Rastafarismus geprägt. Der Musikjournalist René Wynands schreibt über diese Ambivalenz:

> Zu einer Musik, die weitgehend auf europäische und angloamerikanische Hörgewohnheiten ausgerichtet war, vermittelte Marley in seinen Texten eine zutiefst religiöse und mystische Weltsicht, die in keiner Weise mit der Lebensrealität seines weißen Publikums vereinbar war, aber zugleich aufgrund ihrer Unverständlichkeit für dieses Publikum genügend Interpretationsspielraum bot, um die eigenen Wunschvorstellungen in sie hineinzuprojizieren.

Bob Marley wurde in der Tat von weißen Musikkritikern als Prophet gefeiert, als vehementer Kritiker der weißen Zivilisation. Er zapfte einen traditionsreichen europäischen Archetyp an, das Bild vom edlen Wilden. Die mythische Figur, in die Marley verwandelt wurde, ist verwandt mit dem Apachenhäuptling Winnetou, mit dem letzten Mohikaner oder mit dem Südseehäuptling Tiuavii aus dem *Papalagi*. Diese Figuren sind Erfindungen weißer Schriftsteller, literarische Kunstgriffe von

Oberlehrern, die sich einer exotischen Maske bedienten, damit der Muff ihrer Moralpredigten nicht allzusehr auffalle.

Den Sänger Bob Marley hat es wirklich gegeben. Doch er hätte in Europa und den USA kaum so erfolgreich werden können, wenn er nicht an das Schema des Exoten mit Durchblick hätte anknüpfen können. Dieses Schema funktioniert deshalb so gut, weil es auch das Publikum aufwertet: Denn wo ein Prophet ist, da gibt es Eingeweihte. Ein Hörer von Marleys Musik ist nicht nur ein Hörer, er ist ein *Komplize*, Teil einer verschworenen Gemeinschaft. Die Zeichen dieser Gemeinschaft, die Marley-Poster, die Haschisch-Sticker oder Dreadlock-Mützen findet man weniger in den gutausgeleuchteten Hallen der offiziellen Konsumwelt. Sie werden von fliegenden Händlern auf Konzerten verkauft und auf Flohmarktständen angeboten. Der Reggae umgibt sich mit dem Flair des Illegalen.

Wenn mich die Leute bekämpfen«, sagte Marley, »ist es gut, denn dann überlege ich und mache einen Song daraus. So wehre ich mich – auf diese Weise erschieße ich die Sheriffs.«

Die berstende musikalische Kreativität der Karibikinsel gelangte oft nur in geglätteter Form auf den internationalen Markt. Manche Innovationen verbreiteten sich unterirdisch, bis sie plötzlich allgegenwärtig waren. Eine der wichtigsten ist der Dub. Dub ist die Kunst, Musik zu schaffen, ohne ein Instrument anzurühren. Man könnte auch sagen, der Dub hat ein neues Instrument entdeckt: das Mischpult, das vorher einfach eine Maschine zum Zusammenstellen der einzelnen Tracks eines Stückes war.

Das grundlegende Muster ist so simpel wie effektiv: Nach dem Intro, dem Drum-Roll, beginnt zunächst der Sänger mit einigen Takten a cappella, dann wird die Stimme mitten im Wort abgeschnitten und verhallt. Spannung baut sich auf in der darauf folgenden Stille – bis plötzlich Drum und Baß überlaut aufgedreht werden. So, wie vorher der Musiker mit den einzelnen Tönen hantierte, agiert der Mixer mit ganzen Tracks, die er in kontrastreiche Beziehungen setzt, neu kombiniert und verfremdet.

Auch Fehler, etwa der Fehlstart des Drummers, finden Verwendung. Sogar Testtöne, etwa das Sinussignal, werden zweckentfremdet: Sie verwandeln sich in einen Teil der Musik und irren endlos in der Echo-Kammer umher.

Wie kam es zu jener ebenso einfachen wie wirkungsvollen Idee, das Mischpult auf eine neue Weise einzusetzen? Man hat von der Kreativität der armen Ghettobewohner gesprochen, die gewohnt sind, aus allen Dingen nicht bloß einfachen, sondern hundertfachen Nutzen zu ziehen. Doch eher wird hier wohl wieder jenes subversive *Umfunktionieren* sichtbar, aus dem sich auch die Rasta-Religion entwickelt hat.

Denn das ist die Situation der Opfer der Kolonialisierung: Die eigene Kultur wurde ihnen genommen, statt dessen sind sie gezwungen, ständig mit Kräften zu operieren, die ihnen fremd sind. Ob das nun die englische Sprache ist, das europäische Christentum oder eben das Mischpult aus Japan. Sie entschädigen sich, indem sie sich einen Spaß daraus machen, die Regeln der ihnen aufgezwungenen Umwelt auf den Kopf zu stellen. Die systematische Zweckentfremdung begegnet einem auch sonst in Jamaika allenthalben, in der Art der Kleidung, in der Art, ein Auto zu fahren oder ein Haus zu bauen. Alles wird umfrisiert, nichts bleibt genau so, wie es gemacht war. Der Kern der karibischen Kreativität ist weniger die Not, sondern eher ein listenreicher Widerstandsgeist.

Nach Bob Marleys Krebstod im Jahr 1981 wandelte sich das Musikgeschehen auf der Insel ein weiteres Mal, ein neuer Stil etablierte sich und wurde international erfolgreich: der Dancehall-Style. Anders als der begradigte, nivellierte Reggae der Siebziger spiegelt dieser neue Stil die einzigartige Musikkultur der Insel sehr authentisch wider.

Denn der Reggae ist nicht die Erfindung einzelner genialer Songwriter, sondern ergibt sich eher aus dem Kommunikationsprozeß zwischen Machern und Publikum in den Dancehalls. Es gibt wohl nur wenige Orte der Welt, an denen Musik so allgegenwärtig ist wie auf Jamaika. Und obwohl der Reggae mit modernster elektronischer und digitaler Technik arbeitet, hat er sich doch nie von seinen Hörern entfremdet, er ist nah und vertraut geblieben, wie es früher die Tanzmusik auf den Dörfern war. Es ist keine Musik, die sich in Studios verkriecht, die hinter Absperrungen und auf riesigen Bühnen stattfindet, sondern eine offene Musik, die sich auf dem Marktplatz ereignet, sich unter freiem Himmel präsentiert und für jeden zugänglich ist. Wenn irgendwo, dann ist hier das Wort vom erweiterten Kunstbegriff am Platz, denn am kreativen Geschehen nimmt auch das Publikum teil.

Die Anfänge dieser elektronischen Volksmusik waren die sogenannten Sound-Systems, fahrende Diskotheken, mit denen die ersten DJs übers Land zogen, um in den Dörfern die neuesten Platten aufzulegen.

Allmählich bildete sich ein Ritual heraus, das auch in den Dancehalls weiter gepflegt wurde: die DJ-Performance. Der Selector spielt die A-Seite einer Platte, dreht sie dann um und legt die Instrumental- oder Dub-Version auf. Dann greift der DJ zum Mikrophon und »toastet«, wie es im Fachjargon heißt. Er singt im Rhythmus des Stückes, spricht übers Tanzen, über Details aus seinem Sexualleben oder kommentiert lokale Ereignisse. Das Publikum reagiert darauf mit lautem Geschrei, mit Trillerpfeifen oder, als Ausdruck höchster Begeisterung: mit Pistolenschüssen in die Luft.

Dabei sind Wettkämpfe zwischen zwei DJs besonders beliebt. Die Stars treten dann nacheinander oder gleichzeitig auf, und die Raserei des Publikums entscheidet. »Clash« heißt dieses musikalische Kräftemessen in Jamaika.

Ein sportliches Ereignis, das übrigens auch in Europa gepflegt wurde, vor langer Zeit. So arrangierte der Kardinal Pietro Ottoboni 1709 in Rom einen öffentlichen Wettkampf zwischen Georg Friedrich Händel und Domenico Scarlatti, der zuerst auf dem Cembalo, dann auf der Orgel ausgetragen wurde, und aus dem Händel, so wird berichtet, als strahlender Sieger hervorging. Auch das Wettkomponieren war in den großen Zeiten des Barock in Mode. Wieder liefert Händel das Beispiel, der bei einem Opernkompositionswettkampf im Jahr 1721 in London den dritten Akt der Oper *Muzio Scevola* komponierte, zu der seine Konkurrenten Mattei und Bononcini den ersten bzw. zweiten Akt beigesteuert hatten. Händel jedoch, so faßt es ein zeitgenössischer Hörer zusammen, »trug einen leichten Sieg davon«. Man sieht, auch die sogenannte E-Musik war einmal jung. Und genauso, wie das Wort »Reggae« ursprünglich einmal »holprig« bzw. »zerlumpt« bedeutete, so leitet sich das Wort »Barock«, bei dem uns heute feierlich ums Herz wird, eigentlich vom spanischen Wort »barrueco« ab, das nichts anderes als »unregelmäßig« bzw. »warzig« bedeutet. Denn was uns heute an Weihnachtskerzen und Zimtsterne denken läßt, war zu seiner Zeit erst einmal schrill. Noch 1802 ließ H. Chr. Koch in seinem *Musikalischen Lexikon* drucken: »Ein Tonstück wird barock genannt, wenn in demselben die Harmonie verworren, und der Satz mit Dissonanzen und ungewöhnlichen Auflösungen derselben überladen ist ... «

Doch zurück zum Reggae: Die DJ-Musik kennt, anders als die Roots-Musik, kein lyrisches Wort, kein Wort der Innerlichkeit. Jedes Wort ist *adressiert.* Der DJ spricht sein Publikum an: Es gibt keine neutralisierten Thesen, jeder Satz ist eine Herausforderung, ist ein Agent der Verführung oder eine schockierende Provokation. Die DJ-Musik geht nicht aus der Stille der Meditation hervor, sie ist Produkt einer exaltierten Kommunikation.

Wie kann man die jamaikanische Dancehall-Musik definieren? Es ist eine schwarze Kultur, die sich in spezifischer Weise auf die dominante Kultur der europäischen Herren bezieht. Sie ist nur aus diesem Gegensatz heraus verständlich. Sie ist die Parodie der europäischen Kultur, eine *Kontrafaktur.*

Das wird an jedem Detail deutlich – etwa am sogenannten »Toasting« des DJs. Der Toast war ursprünglich ein bürgerlicher Ritus, eine feierliche Ansprache bei einer festlichen Zusammenkunft. Auch wir kennen die Sitte, einen Toast auf jemanden auszubringen, und denken dabei unwillkürlich an ältere Herren und verstaubte Feierlichkeiten.

Der DJ parodiert den Toast, indem er ihn degradiert und umkehrt. Alles Hohe und Feierliche wird auf die materiell-leibliche Ebene gezwungen, verkörperlicht und verlacht. Wo der europäische Toastredner feine Zurückhaltung übt, da plustert sich der DJ auf und erklärt, was für ein *Mann* er ist: »Boosting« nennt man das. Und er versorgt uns mit Details aus seinem Sexualleben: Das ist der »Slackness Talk«. Sehr oft geht es auch ums Essen, doch natürlich fehlen auch hier die Anspielungen nicht.

Bis in die Einzelheiten erweist sich die jamaikanische Volkskultur, deren Ausdruck der Dancehall-Reggae ist, als ein heiterer, karnevalesker Spott auf die Gesellschaft der ehemaligen Kolonialherren. Auch in den Künstlernamen kommt das zum Ausdruck, die sich oft ironisch-persiflierend auf das europäische Titelregister beziehen. Die Performer bezeichnen sich als »Sir«, als »Duke«, als »Earl« oder »King« oder auch als »Professor« oder »Doctor« – eine ironische Hochstapelei. Auch der Kleidungsstil ist eine exzentrische Lachnummer. Der Körper spielt eine zentrale Rolle, und zwar nicht der glattrasierte, keimfreie Körper, der von allen Geburts- und Entwicklungsschlacken befreit ist. Nicht der fertige, unvermischte und streng individuelle Körper.

Anders als die Europäer haben die Jamaikaner nichts gegen *fette* Körper, wie nicht nur der Erfolg der Gruppe **Inner Circle** zeigt: es gibt Dutzende Reggae-Songs, die den dicken Bauch verherrlichen. Die Körpermotive der Reggae-Songs zeigen den Körper als Prinzip des Wachstums, als Prinzip der Vereinigung von Mensch und Welt: Nicht die Grenze und Abgeschlossenheit wird betont, sondern gerade die Öffnungen, die Wölbungen und die Auswüchse: der Mund, die Scheide, die Brüste, der Phallus, der Bauch, die Nase. Die grotesken Körpermotive und ihre anatomische Phantastik verdienen eingehende Aufmerksamkeit: Sie sind ein wichtiger Schlüssel für die Faszination des Reggae, ja der Rock- und Popmusik überhaupt. Ihr Auftauchen hängt stets zusammen mit einer Dominanz des exaltierten Wortes, mit einer Dominanz von Lachen, Fluchen und Angeben, mit jenen inoffiziellen Redeweisen, die sich meist auf saufende, koitierende, sich überfressende Körper beziehen. Die Körper sind in Aktion, sie sind in Kontakt mit dem Kosmos und mit anderen Körpern.

Die Wurzeln des Reggae liegen in der schwarzen Musikkultur Afrikas. Aber der Reggae zapft auch eine ihm fremde Tradition an, er lebt aus der Karikatur und Verballhornung der europäischen Herrenkultur. Dieser subversive Zug ist entscheidend. Man verkennt den Reggae, wenn man ihn als bloße Folklore ansieht. Er ist gerade *nicht* der selbstbewußte Ausdruck einer gewachsenen Tradition, sondern in erster Linie ein Protest gegen eine andere Kultur. Der Widerstand ist punktuell und karnevalesk, er hat sich, trotz der Einflüsse des Rastafarismus, nicht zu einer einheitlichen Gegen*position* verdichtet, er ist keine ideologische Agitation. Die Reggae-Songs operieren nicht im Gleichtakt einer geschlossenen Strategie, sondern, wie Partisanen, von Fall zu Fall.

Deshalb ist der Reggae auch keine Form der Weltmusik, er ist keine aufgebesserte und modernisierte Tradition. Man muß sehen, daß die Kultur der schwarzen Jamaikaner, deren Ausdruck der Reggae und besonders der Dancehall-Style ist, nur als eine *Gegenkultur* begriffen werden kann. Man kann sie mit jenen Begriffen beschreiben, die der russische Strukturalist Michail Bachtin ursprünglich für seine Analyse des Werkes *Gargantua und Pantagruel* von François Rabelais entwickelt hat. Bachtin bezeichnet die Volkskultur der Renaissance, die das Werk von Rabelais inspiriert hat, als eine *Lachkultur*, die mit karnevalesken Umkehrungen den dogmatischen Ernst der offiziellen Kultur parodierte. Auch der Reggae parodiert die dominante Kultur der ehemaligen Kolonialherren, persifliert sie, travestiert sie, er ist ein Akt heiter-triumphaler Opposition, ein Akt der Selbstbehauptung. Daraus erklärt sich seine Faszination für europäische Jugendliche, die sich in der seriösen Welt der Erwachsenen ähnlich unterprivilegiert und ohnmächtig vorkommen wie die schwarzen Jamaikaner in einer von Weißen dominierten Kultur. Deshalb taugt der Reggae zur Abgrenzung und Selbstaffirmation.

Mit dem Verweis auf den Reiz des Exotischen kann die fortdauernde Konjunktur des Reggae nicht erklärt werden. Für eine bloße Folklore würde sich nur ein schmales Spezialistenpublikum interessieren. Der Reggae ist aufgeladen mit den

Insignien des Widerstands, er ist das Symbol eines listenrei-
chen Kampfes der Schwachen gegen die Mächtigen. Wer ihn
verstehen will, muß die Konstellation seiner Polemik begreifen. Er ist nicht der Ausdruck einer archaischen Tradition,
sondern findet seine Identität als Formulierung einer Gegen-
tradition. Jedes Wort des Reggae richtet sich gegen andere
Worte, gegen die abstrakten, neutralisierten Worte der ehemaligen Kolonisatoren. Jeder Beat sträubt sich gegen die gängigen rhythmischen Normen und zieht es vor, als Off-Beat sein
Anderssein zu unterstreichen. Der Themenkanon der Songs
ist die Umkehrung der abstrakten Agenda europäischer Ver-
ständigungsriten. Der Reggae steht für ein heiter-karnevales-
kes Leben, das sich dem asketischen Ideal Europas gegen-
überstellt und es auslacht.

Literaturhinweise

Michael Bachtin: Rabelais und seine Welt. Volkskultur als Gegenkul-
tur. Hrsg. und mit einem Vorw. von Renate Lachmann. Übers. von
Gabriele Leupold. Frankfurt a. M. 1995. [Entst. in den dreißiger
Jahren, russ. Erstausg. 1965.]
Stascha Bader: Worte wie Feuer. Dance Hall Reggae und Raggamuffin.
Neustadt a. R. 1992.
Clinton V. Black: History of Jamaica. London 1979. [Erste Aufl. 1958.]
Michel de Certeau: Kunst des Handelns. Übers. von Ronald Voullié.
Berlin 1988. [Frz. Erstausg. 1980.]
Colin Larkin (Hrsg.): The Guinness Who's Who of Reggae. London
1994.
Harry Shapiro: Sky High. Drogenkultur und Rock 'n' Roll. Aus dem
Engl. von Peter Hiess und Kirsten Borchardt. St. Andrä-Wördern
1998.
David Toop: Ocean of Sound. Klang, Geräusch, Stille. Aus dem Engl.
von Diedrich Diederichsen. St. Andrä-Wördern 1997.
Timothy White: Bob Marley – Catch a Fire. Rebell und Botschafter des
Reggae. Aus dem Amerikan. von Teja Schwaner und Roland Hahn.
St. Andrä-Wördern 1993.
René Wynands: Do the Reggay! Reggae von Pocomania bis Ragga-
muffin und der Mythos Bob Marley. München 1995.

ULRICH SONNENSCHEIN

Dreck schwimmt oben
Punk gegen alles (I hate Pink Floyd)

»The king is gone, but he's not forgotten. This is the story of Johnny Rotten« – 1979, als Neil Young die Linie von Elvis zu den **Sex Pistols** zog, war Punk für viele schon tot. Verraten an eine Kulturindustrie; unter dem Modediktat verkommen, als zahnloses, leeres Revolutionsgebaren vom Markt vereinnahmt und dadurch seines Distinktionsgewinns beraubt. Punk wurde hip, modern, bunt und schrill, aber eben nur noch Outfit ohne jene subversive Kraft, mit der die **Sex Pistols** einst in den Clubs und Colleges hervorgebrochen waren.

Nostalgie nur zwei Jahre nach der Explosion in der glanzvollen Welt des Pop? War Punk so kurzlebig wie kurzatmig? Kann sich eine Jugendkultur überhaupt langfristig von der Offizialkultur absetzen, ohne sich an den Markt zu verlieren? Ist der kommerzielle Erfolg einer Szene schon ihr Ende? Oder ist es der Erfolg überhaupt? Schon zu Beginn gab es in der jungen Punk-Szene darüber keine Einigkeit: »Ich brauche keinen Rolls-Royce, kein Haus auf dem Land und will nicht in Südfrankreich leben. Ich bin zufrieden wie ich bin, und so wird's bleiben«, sagte Johnny Rotten 1976 in einem Interview. Das mit einer quasi-religiösen Haltung verfochtene Armutsideal und der notwendige Zusammenschluß zu subkulturellen, säkularisierten Ordensgemeinschaften hatte etwas von den sektiererischen Zirkeln der Bettelmönche. Auch diese versuchten nicht immer gewaltlos nach einem gesellschaftsfernen Ideal zu leben. Auch hier ging es darum, dem Luxus der Obrigkeit ein asketisches, vom Glauben bestimmtes Leben entgegenzuhalten. Lediglich das religiöse Zentrum, die gesetzgebende göttliche Instanz, war verschwunden und an ihre Stelle ein schwarzes Vakuum getreten, das keinerlei Werte mehr zuließ.

Von einer umfassenden Einheit des Punk zu reden ist schon deshalb unmöglich, weil sich die Gemeinsamkeit eben nicht über ein dogmatisches Zentrum herstellte. Da es aber keinerlei Prinzipien mehr gab, ließ sich auch der Wunsch nach individuellem Reichtum problemlos in die Ideologie des Punk integrieren. So sagte Dave Vanian von **The Damned**, die am 6. Juli 1976 als Vorgruppe der **Sex Pistols** im »Club 100« auftraten: »Ich möchte sehr reich werden, ich will ein großes Haus, ein schickes Auto, viel Bier und viele Frauen.«

Rock 'n' Roll war in seinen Ursprüngen eine hoffnungsfrohe Verbindung Gleichgesinnter gegen die schicke Langeweile der Offizialkultur und wandte sich gegen die verstaubten Manifestationen kultureller Gefahrlosigkeit. Rock 'n' Roll war wild, ungebändigt und rücksichtslos, und dennoch ging es hier um eine positive Utopie der Gemeinsamkeit, die auch in ihrer Beschleunigung den Gestus der Sympathie nicht verlor. Von allen Punk-Bands standen die **Ramones** dem Rock 'n' Roll am nächsten – eine Band, die der Feinsinnigkeit der New Yorker Künstlerszene mit ihrem School-Boy-Charme ein einfaches, schnelles Statement entgegensetzte.

Noch war New York, mit Patti Smith, den **Ramones**, den **New York Dolls**, das Zentrum der neuen Teenager-Bewegung. London, wo einst die Mods die Trends einer ganzen Dekade bestimmten, lag in einem Niemandsland der öden Wiederholung. Um so erstaunter war man, als dann eine junge Band mit merkwürdig-provokativem Namen daran ging, all das, was dem Rock 'n' Roll lieb und wert war, zu ignorieren und jede Sympathie mit grandioser Wucht zu zerschlagen.

Wenn Malcolm McLaren, der Designer der **Sex Pistols**, zu diesem Zeitpunkt noch keinen eindeutigen Plan für das neue Phänomen der Popkultur hatte, so war ihm doch eins klar: Der einzige gangbare Weg verlief jenseits der ausgetretenen Pfade des Rock 'n' Roll. Vielmehr bezog McLaren seine Ideen u. a. aus dem Existentialismus der Londoner Kunstszene.

> Es ging eher darum, ein Abenteuer zu erleben, ein paar Pfeile auf die etablierten Verhaltensformen und Sichtweisen abzuschießen. Deshalb war es immer eine wunderbare Sache, denn was das existentialistische Denken bewirkte, war eine Art innere Debatte mit sich selbst. Es schaffte einen Stil und einen Code.

Ein einheitlicher Stil und bestimmte interne Codes sind sinnstiftende Elemente einer jeden Subkultur, denn nur mit diesem Gerüst innerer Gemeinsamkeit läßt sich diese Gegenwelt als sinnvoll erfahren. Und so entstand durch die Ablehnung von Tabus, Ikonen und positiven Werten eine neue Bewegung: Punk.

In *The Meaning of Style*, seiner großen Untersuchung der Subkulturen, schreibt der Pop-Soziologe Dick Hebdige:

> Die Stilzusammensetzungen von Subkulturen – jene entschiedenen Kombinationen von Kleidung, Tänzen, Jargon, Musik etc. – stehen in etwa derselben Beziehung zu den konventionellen Formen (normale Anzüge und Krawatten, Freizeitkluft, Twin-Sets etc.) wie das Werbungsbild zu den weniger bewußt gestalteten Zeitungsphotos.

Kein Attribut der **Sex Pistols** war zufällig, denn der gefundene Stil war der einer grenzenlosen Nonkonformität. »Wenn die Mütze nicht paßt«, schreibt Dick Hebdige, »setz' ich sie auf.« Mit dem stilisierten Gemeinsamkeitsideal des Rock 'n' Roll hatte Punk nun nichts mehr zu tun. Auch Sympathie und Mitgefühl waren zu Begriffen einer Welt der Langeweile verkommen. Nach einem ersten gemeinsamen Konzert der **Sex Pistols** und seiner ersten Band **The 101'ers** sagte Joe Strummer, später Gitarrist und Sänger von **The Clash**:

> Der große Unterschied lag darin, daß wir immer noch »Route 66« spielten und versuchten, den Besoffenen an der Bar zu gefallen, während dieses Quartett da auf der Bühne stand und sagte: Wir geben einen Scheiß darauf, was ihr denkt, ihr Vollidioten. Das hier ist, was wir spielen wollen, und wir spielen es so, wie es uns gefällt. Die kamen aus einem anderen Jahrhundert, das hat mich umgehauen. Da gab es tatsächlich eine Band, der das Publikum völlig egal war.

Bands wie die **Rolling Stones**, die jugendliche Dissidenz vorgelebt hatten, galten nicht mehr als authentisch und wurden nicht mehr ernstgenommen. Das Verhältnis Band – Fan war bei jenen großen Acts nicht mehr durch irgendeine Art von sinnstiftender Selbstermächtigung geprägt, sondern glich, so Johnny Rotten, eher einer Geschäftsbeziehung. Nach der Bedeutung der **Stones** gefragt, sagte er: »Ich halte sie nicht mal für 'ne Band. Sie sind eher ein Unternehmen.«

Bei aller Abwehr war Punk schon im Sinne Neil Youngs ein letztes Aufbäumen des Rock 'n' Roll gegen die Ströme der Zeit. Nie zuvor verband eine Musik einen derart harten, einfachen, schnörkellosen Stil mit einer negativen Ästhetik, deren Bedingung der Affront war. In der additiven Aneignung von Versatzstücken, in der Umdeutung dessen, was die Gesellschaft angeekelt wegwirft, ignoriert oder in einem fremden Zusammenhang empörend findet, fand eben jener Distinktionsgewinn des Punk statt.

Die Motive der Rebellion, ein grundlegendes Element der romantischen Ideologie des Rock, wurden vom Punk aufgegriffen, aber nicht wiederbelebt, sondern ironisiert. Der vorgebliche Kampf für etwas Besseres wich einer Demonstration, bei der die innere Unmoral der Gesellschaft nach außen gekehrt wurde. Dazu Iain Chambers, Musikkritiker:

> Die Rebellion des Rock hatte eine bestimmte Form – das waren junge weiße Männer, die sich mit der Gleichung Rock gleich Rebellion identifizierten. Dazu kam in Großbritannien, daß sie aus der Arbeiterklasse stammten. Die Rebellion des Rock organisiert sich also um Rasse, Geschlecht und Klassenzugehörigkeit. Nun gibt es in der Rockgeschichte einen Moment, wo all das zusammenbricht, und das ist Punk. Denn nun werden diese Bilder der Rebellion selbst gebrochen, parodiert und umgedeutet.

Unter den Punkbands der ersten Stunde waren **The Clash** deshalb eine Ausnahme, weil sie mit dem Bewußtsein der Arbeiterklasse politische Ziele vertraten. Sie sangen für ein Publikum, das keine Ausbildung und keine Jobs hatte, und verstanden sich als kämpferisch im Sinne einer politischen Aufgabe. Joe Strummer, Gitarrist und Sänger von **The Clash** betonte bei einem Fernsehinterview dies auch als Bedingung der Band: »Wenn es Jobs gäbe und die Leute nicht arbeitslos wären, würden wir vielleicht von Liebe singen.« Und

Mick Jones, zweiter Gitarrist und Mitautor der Songs, ergänzte:

> Ich bin zu einer wirklich deprimierenden Schule gegangen, wo man absolut nichts gelernt hat. Alles, was dir blieb, war, in der Fabrik um die Ecke zu arbeiten. Die meisten meiner Freunde tun das. Deshalb singen wir von aktuellen Dingen wie Karrierechancen.

Trotz dieser erklärten Absichten verschwand im Extrem des Punk, in der absoluten Negation, das utopische Ideal und wurde durch eine entgrenzte Aggression ersetzt, die keinen Halt vor der eigenen Unversehrtheit machte. Symbole der Gewalt wurden zu Zeichen der letzten Momente persönlicher Freiheit. In der kolossalen Umwertung schmückten sich die Punks nun mit groben Stahlketten, Hundehalsbändern, Hakenkreuzen, schrieben ihre Wut in weißer Farbe auf die schwarzen Lederjacken und lackierten ihre Springerstiefel. Das Natürliche war out, die Haare wurden grün, blau und lila, die Gesichter erstarrten im bleichen Weiß des vorweggenommenen Todes.

Dazu kamen die rotgemusterten Tweed-Stoffe der englischen Upper Class, Hosen, die zerfetzt, mit Reißverschlüssen versehen oder mit Schnüren zu bondage trousers umgedeutet wurden. Punk eignete sich alles an und gab ihm eine neue, meist negative, abschreckende Bedeutung. Die mit Stolz getragene Sicherheitsnadel wurde zum Zeichen äußerster Verletzbarkeit. Doch Punk inszenierte diese nicht nur, sondern setzte sich gleichzeitig unbeeindruckt darüber hinweg.

Schuluniformen, billige Kunstfaserkleider, Netzstrümpfe, Pfennigabsätze, Dinge, die die Modeindustrie der siebziger Jahre gerade hinter sich gelassen hatte, wurden nun zu Symbolen einer gesellschaftlichen Randposition. Sie wurden dem Stil einverleibt, ohne an sich verändert zu werden. Dieser stilisierten Dekontextualisierung konnte die Jugend noch einmal eine neue eigene Bedeutung entnehmen.

Doch dieser konfrontative Stil richtete sich nicht allein gegen die konforme Gesellschaft der Eltern. Vielmehr verhinderte er in der konsequenten Anwendung geradezu eine gesellschaftliche Eingliederung. Daß Punk den Widerspruch an sich verkörperte, trennte ihn von jeder politisch progressiven Denkweise. In der Negation aller Werte, Normen und Zielsetzungen blieb die Antihaltung der einzige Fluchtpunkt, nicht im Sinne einer selbstbestimmten Alternative, sondern als Manifestation umfassender Vergeblichkeit.

Und doch konnte Punk zumindest für eine kurze Zeit genau das erreichen, worin Rock 'n' Roll immer sein vorrangiges Ziel gesehen hatte. Abgrenzung und Selbstermächtigung durch Provokation. Und auch die Strategie, mit der dies begann, war dieselbe: Sex.

Sicher war der Kunststudent Malcolm McLaren nicht der einzige Vater des Punk, doch sein Laden, in dem er Mode und Musik verkaufte, wurde zur Keimzelle eines einzigartig kompromißlosen Versuchs, Musikgeschichte zu schreiben. Und der begann wie beim Rock 'n' Roll auch, der ja schließlich wörtlich »Beischlaf« bedeutete, mit einer sexuellen Provokation.

Und eine Sache – ich weiß nicht, wie ich darauf kam, ich denke, es kam einfach so –, ich entschloß mich, an all diese kleinen Fabriken zu schreiben, die Sex-Klamotten herstellen. Sie annoncierten auf den Rückseiten der Sonntagszeitungen. Es war Postversand. Komische kleine Unternehmen, die mit Sex-Klamotten handelten. England hatte, was ich zu der Zeit noch nicht wußte, sehr viele Anhänger dieser Art von Kleidung. Und ich dachte mir: Wie wär' das wohl, wenn ich all diese seltsamen Fetischklamotten in die Mitte der Kings Road stelle und als Mode verkaufe. Und ich verkaufe sie mit Musik dazu und einer Juke-Box. Und so gründete ich den Laden »Sex«. Das war kurz bevor diese Kids, Fans von David Bowie und anderen aktuellen Künstlern, in den Laden kamen, um nach ihren Stars zu suchen, nur um dabei diese seltsame Mischung aus schwarzem Gummi und schwarzen Lederklamotten zu entdecken. Und sie begannen einiges davon zu kaufen. Und bevor ich es bemerkte, hatten sie sich in etwas anderes verwandelt. Und dann suchten sie nach einer Identität in Form von Musik und ein Forum und einen Ort, und einige von ihnen wollten in einer Gruppe spielen, und ich nannte sie »Sex Pistols«. Und all diese Fans, die schwarzes Gummi trugen, hatten jetzt einen Ort, als ich begann, einen Club zu suchen, der als Rock-'n'-Roll-Club bekannt war, so wie der »Marquee« oder der »Club 100«, und ich sie überzeugte, daß ich den Preis für eine Nacht bezahlte. Und plötzlich war dieser Ort überfüllt mit all diesen furchtbar schwitzenden Leuten, 15, 17 Jahre alte Kids in schwarzem Gummi oder schwarzem Leder, die die »Sex Pistols« sahen, die genau die gleichen Klamotten trugen, und von dort ging alles aus.

Die **Sex Pistols** waren ein Produkt, eine wohlkalkulierte Strategie der Negation, die sich der Stimmung im prüden England der Rezession bediente.

Jon Savage, der die Geschichte des Punk zwischen 1975 und 1979 in seinem Buch *England's Dreaming* minutiös nachgezeichnet hat, schrieb am 2. Dezember 1975 in sein Tagebuch:

Vororte Londons ... Steril, zynisch und voller Langeweile. Kurz davor, in Gewalt umzuschlagen. Der rechte Flügel beginnt sich zu formieren. Verflucht sei London wegen seines Stumpfsinns, das englische Volk wegen seiner Kleingeistigkeit und das Wetter wegen der dunklen Kälte.

Kein Ort also für eine genußvolle, sich von den Konventionen der engen Moral befreiende Sexualität. Keine Spaßkultur sprengte hier gesellschaftliche Fesseln, keine verständnisvolle blumige Weltsicht eröffnete sich, sondern Haß gegen alles, und eine Selbststilisierung als gesellschaftlicher Müll. Das betont auch Malcolm McLaren:

Wenn 60 Prozent aller 18jährigen keine Arbeit haben, auf der Straße rumhängen und es nicht mal eine Musik gibt, auf die sie sich beziehen können, die sie antreibt weiterzumachen, dann haben diese Kids eine wahrlich trübe Zukunft.

Musikalischer Lärm, dreckig und ohne Starfetischismus. Nicht nur die biedere Elterngeneration war Gegenstand der radikalen Ablehnung, sondern auch die in großen ausladenden Gesten erstarrten Supergruppen griff Punk an. Das T-Shirt, das Johnny Rotten bei seinem ersten Auftritt trug, war ein altes, zerrissenes **Pink Floyd**-Fan-T-Shirt, auf das er die Worte »I hate« gekritzelt hatte. Die Musik selbst ging mit harten,

schnellen Rhythmen und brachialen Texten gegen Bombast-
rock und die Glitzerwelt der siebziger Jahre an, vor allem aber
durch einen demonstrativen Dilettantismus, der im Pogo seinen Widerhall fand. Dieser Tanz war die reine Karikatur, wie
Dick Hebdige schreibt:

> Die Pogo-Tänzer machten die immer gleichen abgehackten Be-
> wegungen (Luftsprünge, Arme in die Seiten geklemmt, einen
> imaginären Ball köpfend) und wiederholten sie im Einklang
> mit den streng mechanischen Rhythmen der Musik. Im Gegensatz
> zur weit ausladenden Tanzform der Hippies und zum Idioten-Tanz
> der Heavy-Metal-Rocker machte Pogo jede Improvisation überflüs-
> sig: nur wenn sich das Musiktempo änderte, veränderte sich auch
> der Tanz – schnelle Stücke interpretierte man mit manischer Hin-
> gabe als fickeriges Auf-der-Stelle-Bolzen, während die langsa-
> men mit an Starrkrampf grenzender Selbstvergessenheit gehopst
> wurden.

Warum diese Form der Jugendkultur nun so schnell von der
Offizialkultur umarmt und vereinnahmt wurde, liegt zu einem
großen Teil an ihrer Radikalität und an ihrem Erfolg. Als sich
in England der politische Wind drehte und Margaret Thatcher
nun selbst begann, neue Werte zu schaffen, war Punk bereits
an ein Ende gekommen:

> Sie sagen, eine Thatcher-Regierung wäre reaktionär! Wenn das
> bedeutet, darauf zu reagieren, wie in diesem Land in den letzten
> Jahren Politik gemacht wurde, wie unser Lebensstil zerstört und
> unsere Wirtschaft lahmgelegt wurde, dann muß ich sagen: ja, wir
> sind reaktionär, und mit uns die große Mehrheit der britischen
> Bevölkerung.

»Going Underground« verschaffte Paul Wellers **Jam** einen
ersten Number-One-Hit. Punk war akzeptiert. Goldene Sicher-
heitsnadeln signalisierten nun, daß man der Lage Herr geworden war, das Geschäft mit Springerstiefeln, Bondage-Hosen
und zerrissenen T-Shirts boomte, und die Bands wurden sanf-
ter. Die neue Welle schlug über den Köpfen der Punks zusammen, und viele tauchten geläutert wieder auf.

184

Andrew Edwards, Public-Relations-Manager der **Strang-lers**, ist jemand, der von dem neuen Geschäft enorm profitierte. Dennoch leistet er sich eine idealisierende Meinung darüber, was den wahren Punk betrifft. Und das bereits 1979:

> Punk ist nur noch ein Witz, es hat nichts mehr mit dem zu tun, was es mal war. Punk hat so gut wie nichts von dem erreicht, was er einmal wollte, zumindest nicht in England. Er hat sich in einen kommerziellen Karneval verwandelt, und zwar so schnell, daß die Leute, die damit angefangen haben und die ursprünglichen Ideen hatten, die Kontrolle verloren haben. Plattenfirmen und Medien haben so schnell ein Geschäft daraus gemacht, daß alle Kreativität, alle Ideen und Imaginationen verlorengegangen sind. Übrig blieb nur Geld. Punk wurde eine Ware wie jede andere auch. Das war unausweichlich, Punk mußte ein Geschäft werden, traurig ist nur, daß es so schnell passiert ist. Die Leute, die dadurch reich wurden, haben sich dann genauso benommen, wie sich Kapitalisten immer schon benommen haben. Und so wurde die neue Welle schnell die alte Welle.

Doch es ist nicht nur das Geschäft, das bleibt. Punk ging in die Extreme und hinterließ jeder nachfolgenden Subkultur die Schwierigkeit der Positionierung. Nachdem die **Sex Pistols** ihren großen *Rock 'n' Roll Swindle* dargelegt hatten, wurde klar, daß das Erfolgsrezept »Never play, don't give the game away« nicht noch einmal greifen würde. Image und Inszenierung der Band waren wichtiger als musikalische Praxis. Nicht spielen, sondern sein, das war die Maxime. Punk stellte erstmalig die Stilfrage so präzise, daß in der Folge die sinnentleerte Vielfalt der Stile möglich wurde. Als Punk Mode wurde, wurde Mode radikaler Stil: Malcolm McLaren, heute Pop-Manager und multimedialer Künstler:

> Ich trage heute Latzhosen, morgen Mode aus *Vom Winde verweht* und am nächsten Tag einen Hosenanzug wie Marlene Dietrich. Es ist ein Stil, und die Leute können heute tausend Stile tragen. Die Menschen heutzutage möchten wie früher aussehen, denn keiner will wirklich morgen leben. Nur morgen im Gestern leben. Das ist Teil der Angst, an der Jahrtausendwende anzukommen, unfähig, die Methode oder den Weg zu verstehen, auf dem ihr Leben wirklich verläuft.

Punk war eine Explosion. Heftig, kurz, aber mit großen Auswirkungen. Er zertrümmerte unsere wohleingerichteten Ein-
schätzungen von gut und böse, schön und häßlich, heil und
kaputt. Punk war ein Stil, ein subkultureller Code, und wurde
so Teil des popgeschichtlichen Repertoires. Sicherlich war mit
den ersten New-Wave-Bands wie **Wire** und **Devo**, dem Bruch
der **Sex Pistols** und dem Wandel der **Stranglers** nicht
Schluß. Die Szene überlebte als Mode, wie auch jenseits des
Modediktats: in Form von politischer Agitation wie bei **Crass**
oder harter Konfrontation wie bei **Exploited**.

Bis heute hat die Zeichenwelt des Punk Gültigkeit im Zitat.
Sie steht jetzt in ihrer Nostalgie mehr für Rock 'n' Roll als je
zuvor. Nach zwanzig Jahren wagten die **Sex Pistols** ein
Comeback. Mit den alten Songs und gealterten Gesichtern
trafen sie in den Stadien Europas auf alte und neue Fans.
Gitarrist Steve Jones aber wollte da von Punk nichts mehr
wissen:

> Wir sind eine Rock-'n'-Roll-Band. Das Etikett Punk wurde uns von
> was weiß ich wem gegeben. All diese Bands, die nach uns kamen,
> spielten schnell und laut, um so zu sein, wie sie dachten, daß Punk
> sein müsse. Die Sex Pistols sind die Sex Pistols, sonst nichts.

Nichts aber ist dem Punk ferner als Dauer. Es gibt keine Ruhe
im Fragment und in der Negation, keine Verlängerung und
keine Versöhnung. Die Musik ist in ihrer zyklischen Entwicklung längst wieder da angekommen, wo Punk einst aufhörte.
Neopunk, Retro- und Recycling-Trends werden in steter Regelmäßigkeit dafür sorgen, daß die einzelnen Stile präsent bleiben. Doch nicht mehr die brachiale Kraft bestimmt heute die
Musik, sondern die Technologie. Sie ist uns immer voraus,
sagt Malcolm McLaren:

> Wenn wir heute eine Platte machen, sitzen wir in einem Studio mit
> Maschinen. Maschinen bestimmen alles, was wir tun. Wir warten
> immer auf den Computer.

Und der Musiksoziologe Simon Frith ergänzt:

Natürlich wird man weiter Rock-Musik spielen. Und ich bin sicher, daß im Jahre 2064 irgendeine Bar-Band in Frankfurt, London, Moskau oder Singapur Sex-Pistols-Songs spielen wird. Aber das wird dann so sein, als wenn wir Folk-Musik hören, oder Jazz. Es wird keine lebendige, zeitgenössische Form der Kultur mehr sein, sondern ein nostalgischer Blick auf Vergangenes.

Literaturhinweise

Greil Marcus: Im Faschistischen Badezimmer. Punk unter Reagan, Thatcher & Kohl. Übers. von Fritz Schneider. Hamburg 1994.
– Lipstick Traces. Von Dada bis Punk – Kulturelle Avantgarden und ihre Wege aus dem 20. Jahrhundert. Übers. von Hans M. Herzog und Friedrich Schneider. Hamburg 1992.
Johnny Rotten: No Irish, No Blacks, No Dogs. Mein Leben mit den Sex Pistols. Übers. von Kai Solting. St. Andrä-Wördern 1995.
Jon Savage: England's Dreaming. Sex Pistols and Punk Rock. London 1991.

LARS BRINKMANN

Hard & Heavy   Mythen der Kraft

Willkommen im Kuriositätenkabinett von »Hard & Heavy«,
dem einzigen Bereich der Popkultur mit einer dreißigjährigen
Tradition wertkonservativer Aufbereitung aller Untugenden
des Rock 'n' Roll. »Hard & Heavy«, das ist die verrohte Welt
von Hard Rock, Heavy Metal, Trash Rock, Thrash Metal,
Sleaze, Glam Metal, Grindcore, Black Metal, Crossover, Doom,
Industrial etcetera. Hier, wo die Herrscher mit lautem Gitar-
ren-Zepter regieren, dürfen Jungs endlich Männer sein, und
die Frauen tragen noch Schwänze. Willkommen bei »Hard &
Heavy«. Willkommen in der Steinzeit der Aufklärung.

Verschwitzte Jungs in Lederjacken schütteln ihre Mähnen
und schreien aus *einer* Lunge. Härter. Lauter. Schneller. Nur
die Stärksten dürfen den Blutrausch überleben. Der Sänger
stimmt das immer gleiche Lied an, von Drachen und inneren
Dämonen, von edlen Taten und lustigem Massenmord. Das
Lied vom Krieg. Und nicht vom Frieden. Hier gilt das Wort von
der wahren Schönheit, die es nur im Kampf gibt.

Das Bild des typischen »Hard & Heavy«-Fans könnte einfacher nicht sein. Er ist zwischen 13 und 18 Jahre alt, männlich,
dümmlich und pickelig. Im Kampf mit den eigenen Schwä-
chen versenkt er sich als Pubertätsopfer im Schlock-Horror,
der sich selbst nicht ernst nimmt, und verkehrt christliche wie
humanistische Werte in ihr Gegenteil: Das Böse ist cool. Und
wenn das Böse zum Schluß sterben muß, um so besser – der
Tod ist auch cool.

Der nette Junge ist jetzt ein Hardrocker, ein Metalhead –
und pflegt seine kleine, dunkle Welt, in der sich Conan der
Barbar, Charles Darwin und der böse Wolf gute Nacht sagen –
bis unser ›typischer Fan‹ dem ganzen Unsinn entwächst und
endlich anfängt, vernünftige Musik zu hören oder auf ein
Reihenhaus zu sparen.

Der amerikanische Kritiker Robert Duncan suhlt sich förmlich in persönlichen Aversionen und beschimpft Heavy Metal als

> pickelige, prollige, korrupte, unschicke, unkultivierte, anti-intellektuelle (aber unmöglich prätentiöse), elendige, abgrundtiefe, schlechte, grauenvolle und blöde Musik, eigentlich kaum noch Musik; Todesmusik, tote Musik, der geprügelte Boogie, der Tanz von Vernichtung und Untergang; Musik, gespielt von maulfaulen, zotteligen Schwachsinnigen in Stiefeln und Leder und Chrome, für maulfaule, zottelige, flaumbärtige Schwachsinnige in billigen, zu großen T-Shirts mit aufgebügelten Motiven aus Endzeitcomics.

So einfach kann man es sich machen.

Aber erstens zählen neben den pickeligen, flaumbärtigen Schwachsinnigen auch wirklich harte Jungs zu den Fans, vom Biker bis zum Totschläger. Und zweitens gibt es in jedem Genre neben neun Schwachsinnigen auch immer den Abtrünnigen, den Bilderstürmer oder den Erneuerer, sowohl bei den Fans als auch bei den Musikern. Ganz hinten, hinter dem Horizont der öffentlichen Wahrnehmung, warten vielleicht sogar ein paar echt Verzweifelte, die es wirklich ernst meinen.

Die Geschichte von Hard & Heavy hört sich etwa so an: Viele Kulturen entfernt fordern die italienischen Futuristen eine Kunst der Heftigkeit, Grausamkeit und Ungerechtigkeit – da verkauft zeitgleich der vom Schicksal gebeutelte Robert Johnson in seinem »Me and the Devil Blues« seine Seele an den Teufel:

> Early this morning when you knocked upon my door
> And I said »Hello Satan, I believe it's time to go«
> Me and the Devil was walking side by side
> I'm goin' to beat my woman until I get satisfied
> You may bury my body down by the highway side
> So my old evil spirit can catch a Greyhound bus and ride.

Und der Greyhound Bus trug den Evil Spirit weiter, zum Rhythm & Blues und Rock 'n' Roll, zu den **Rolling Stones**, den **Doors**, den **Beatles** und wie sie alle hießen.

Von Anfang an genießt Rock 'n' Roll einen schlechten Ruf. Das *Britannica Yearbook* beschreibt ihn 1956 als »fortgesetzte Barbarei«, die »absichtlich den künstlerischen Idealen des Dschungels« nacheifere. Ähnlich urteilt Reverend John Carrol von der Erzdiözese Boston, wenn er behauptet: »Der Rock 'n' Roll entflammt und erregt die Jugend wie Dschungeltrommeln, die zum Kampf aufrufen und vorbereiten. Ein falsches Wort, ein Mißverständnis, und alles geht in Flammen auf.« Selbst Frank Sinatra verurteilt ihn als »brutalste, widerwärtigste, erschreckendste aller Ausdrucksformen – ein ranzig riechendes Aphrodisiakum, Schlachtgesang aller Übeltäter auf Gottes Erdboden«.

Vielleicht wartete der Höllenmensch im Jugendlichen schon seit Ewigkeiten auf seinen Auftritt, seine historische Stunde schlägt aber erst, als die Blumenkinder ihr Loveboat auf Grund setzen.

Ende der Sechziger verabschiedet sich der süße kollektive Traum von ewiger Liebe und verwandelt sich mit jeder neuen Droge in bösere Alpträume. Für einige ist die Flucht ins dunkle Mythenmeer die einzig mögliche Konsequenz ihrer politischen Desillusionierung. Das amerikanische Autorengespann Duke & Gonzo prägt den Begriff vom »kollektiven Come-Down«. Raoul Duke erklärt 1968 in einem Interview:

> Je weniger die Welt ihre Kinder liebt und je weniger in dieser Welt die Liebe als Überlebensstrategie taugt, desto härter, desto gemeiner wird die Musik. Oder anders: Weil alle so unheimlich high waren, werden sie nun um so tiefer fallen.

Bisher ist Hard Rock kein eigenes Genre. Rock ist einfach Rock – sei es die weitergeführte Psychedelic Music mit den Mitteln des Blues Rock wie bei Hendrix, **Steppenwolf** und den **Doors** oder die gewalttätige Alternative zu den zärtelnden Ausschweifungen, wie bei den Proto-Punks **MC5** und den **Stooges**. In England führen neben Blues Rock noch sogenannte Community-Bands wie die **Deviants** zum Hard Rock. Sie spielen aus politischer Überzeugung Freikonzerte und pflegen einen engen Kontakt zu dem, was Marketingexperten als ihre Zielgruppe definieren würden. Ihr Sound ist rauh und geprägt von bärbeißigem Humor. Ihr dreckiges Auftreten schockiert die bürgerliche Mehrheit und sorgt in der Presse für lautstarke Schreie nach Zucht und Ordnung – und nach einem Stück Seife.

In den wilden Monaten von '68 schafft sich der harte Rock eine eigene Liga. Freunde der Sophistication können sich mit Hard Rock und Heavy Metal ein klares Genre-Feindbild aufbauen – und wieder werden Worte wie »Barbarei«, »Schlachtgesang« und »Übeltäter« genauso fallen wie »brutal«, »widerwärtig«, »erschreckend« und all die klassischen Topoi, die schon immer gegen den Rock 'n' Roll ins Feld geführt wurden. Konstitutiv wirken zwei englische Formationen, die als Gründer und Prototypen des Genres gelten. Sie proklamieren die ungeschriebenen Gesetze für alle, die in Zukunft »Hard« und »Heavy« sein wollen: **Led Zeppelin** und **Black Sabbath**.

Die Musiker von **Led Zeppelin** feilten zuvor in zahlreichen Bands an ihren Fertigkeiten, unter anderem konnte Gitarrist Jimmy Page mit den **Yardbirds** das Bild vom Swinging London mitprägen; **Black Sabbath** können und wollen ausschließlich mit der handfesten Straßen-Sozialisation der Industriestadt Birmingham brillieren – auch das macht sie zur wichtigeren Gruppe für die extremeren Seiten des Genres.

Statt Bohemiens lärmen bei **Black Sabbath** selbsterklärte Underdogs der Working Class. Ihr Sänger ist der Kleinkriminelle Ozzy Osbourne, ehemaliger Milchmann, Zeitungsjunge, Kohlenträger und Schlachterbursche. Seine Bandmitglieder verdingen sich nebenbei als Lastwagenfahrer, Monteur und Buchhalter. Mit ihrer Umbenennung von **Earth** in **Black Sabbath** beginnen sie 1969, ihrer ohnehin von Gewalt, Entfremdung und Verzweiflung gekennzeichneten Musik einen publikumswirksamen Horror-Rahmen zu verleihen. Ihre Fans sind zum größten Teil Arbeiter, denen die Sorgen der Studenten und Polit-Aktivisten herzlich egal sind. Sie protestieren nicht gegen Vietnam oder für ihre Bürgerrechte, sie interessieren sich nicht für freie Liebe, alternative Wohnformen oder den totalen Ausstieg. Sie wollen den kleinen Ausstieg, am Ende der

Woche, mit den Freunden und ein paar Bier. Und natürlich mit lauter Musik. Sehr lauter Musik.

Vom Hard Rock ist es strenggenommen nur ein kleiner Schritt zum Heavy Metal. Der Begriff geht auf den Literaten und Subkulturhelden William Burroughs zurück, der in seiner 1964 veröffentlichten Kurzgeschichte »Nova Express« den Begriff »Heavy Metal Kid« prägte. Eine der Tausenden Mythen des Rock 'n' Roll will, daß **Steppenwolf** von Burroughs inspiriert in ihrem Welthit »Born to Be Wild« vom »Heavy Metal Thunder« singen.

Amerikanische Journalisten wie Lester Bangs greifen den Begriff sofort auf, weil sie Heavy Metal an Schwermetall erinnert, an schwere Jungs und Schwergewichtler, an Gefahr und Größe. Über die fast schon zwanghafte Verbindung zwischen **Black Sabbath** und Heavy Metal schreibt B. O. Wülf in seinem Buch *Rock – Der Maximalclownfaktor und andere Unregelmäßigkeiten*:

> Black Sabbath ist Heavy Metal. Heavy Metal ist Black Sabbath. Sie spielen nicht nur mit dem Okkulten oder meinen zu wissen, daß das Böse überall lauert, sie zitieren auch die Meister von Nietzsche bis Schopenhauer, ohne sie vorher zu lesen. Ihre Kompositionen, Bilder und Inszenierungen sind maßlose Übertreibungen, und die Musiker müssen jederzeit bereit sein, dem Mythos der Authentizität Zucker zu geben. Die Musik nimmt das Primitive und Animalische gefangen, um es im menschlichen Drama zu befreien; sie gebiert das Zerbrechliche nur, um noch vehementer zu explodieren. Durch vorsätzliche Reduktion bei ausgelebter barocker Opulenz bauen sie einen imposanten wie unüberwindbaren Wall Of Sound. Neben dem Sänger ist der Gitarrist Chef im Ring – im Fall von Black Sabbath ist das Tony Iommi, dessen Gitarre vielleicht auch deshalb so neu und einzigartig schmettert, weil ihm mehrere Finger bei einem Arbeitsunfall teilamputiert wurden. Auch das ist Heavy Metal. Und mehr muß man nicht wissen.

Außer Frage steht, daß **Black Sabbath** in den Achtzigern und Neunzigern von Bands mehrerer, extrem unterschiedlicher Sub-Genres zur einflußreichsten Band erklärt wird. Dabei kommt es zu musikalischen Kontrasten, wie sie härter nicht sein könnten: zum Beispiel die zäh schleichende, einem Entspannungsangebot am nächsten stehende Metal-Spielart Doom. Das Credo der Bewegung bringen die kalifornischen, aus dem Alternative-Lager entschlüpften **Saint Vitus** mit »Born Too Late« auf den Punkt.

Oder Black Metal: Hier findet der von **Black Sabbath** initiierte Satanismus seinen Höhepunkt. In den Achtzigern werden Bands wie **Venom, Bathory** oder **Mercyful Fate** noch ausgelacht, ein Jahrzehnt später sorgen in Norwegen Black-Metal-Bands für Real-Horror.

Im April 1992 erschießt sich Dead von **Mayhem**; sein Mitmusiker Euronymus macht Fotos von der Leiche und sammelt Schädelstücke, um sie zu Kettenanhängern zu verarbeiten. Im Juni brennt mit der Fantoft-Kirche ein norwegisches Nationaldenkmal nieder – Count Grishnack gilt als Tatverdächtiger, wird aber nicht verhaftet und brüstet sich später, auch noch viele andere Kirchen in Brand gesteckt zu haben. Am 21. August ersticht der **Emperor**-Schlagzeuger Faust einen Homosexuellen, wird aber erst ein Jahr später festgenommen. Zu Beginn des Jahres 1993 brennen, nach einem Besuch von schwedischen Black-Metal-Fans bei Euronymus, auch in Schweden zahlreiche Kirchen. Und der traurige Höhepunkt des Wahnsinns ist erreicht, als Count Grishnack am 10. August 1993 seinen alten Freund Euronymus ersticht und damit dem norwegischen Black Metal die wichtigste Integrationsfigur nimmt. Was bleibt sind grantelnde Meisterwerke und verdichtete schlechte Laune – und der Geschmack von Metal als True Crime.

Mit **Led Zeppelin** beginnt die andere auf Hard Rock bezogene Geschichtsschreibung. Für Tibor Kneif, lange Zeit einziger Universitätsbeauftragter Europas, der sich in seinen Seminaren und Vorlesungen mit Rockmusik beschäftigte, verkörpern **Led Zeppelin** exemplarisch alle wichtigen Hardrock-Merkmale; das »szenisch Eingesetzte«, das »dramaturgisch Durchdachte« und die »ausgetüftelte Regie von schwingenden Klangmassen«. In seinem Buch *Rock in den 70ern* schreibt er im Kapitel »Hard & Heavy«:

Der Schlagzeuger betont mit unerbittlich einförmiger Härte die Taktzeit, und Jimmy Page setzt Musik ein, als wäre sie Mittel zur Schocktherapie. Sein Spiel kennt kaum Vorbereitungen und Übergänge; die Einsätze geschehen vielmehr plötzlich und mit voller Lautstärke. Er liebt es, im Duett mit dem Sänger den Klangvordergrund zu besetzen und in der Form von Rede und Antwort, in gegenseitiger Aufwiegelung, zu immer intensiverer Lautstärke und zu steigenden Tonfolgen vorzudringen. Seine Gitarre singt sich nicht aus, sondern stachelt an, unterbricht sich grundlos und gießt sich über dem Hörer gerade dann in brausenden Kaskaden aus, wenn er es am wenigsten erwartet.

Hardrock gibt sich hier als das zu erkennen, was er insgeheim ist: Eine Musik des ästhetisch verklärten Terrors, der sein Opfer mit Seelenkenntnis des behandelnden Psychiaters immer wieder ins Schaudern zu versetzen weiß.

Und Kneif fährt fort:

Doch diese Musik besitzt ein Doppelgesicht. Das überwiegend männliche Publikum von Hard Rock ist erfahrungsgemäß polarisiert und besteht zum einen aus harten Rockern mit Lederjacken mit allerlei Emblemen handgreiflicher wie politischer Gewalt. Andererseits schließt es auch ausgesprochen weichere Naturen in sich ein, die Gewalt und deren Verherrlichung ablehnen und sie nur in ihrer Musik als Gegenpol und Ersatz brauchen. Sie kompensieren ihren Mangel an persönlicher Stärke mit Gewaltvorstellungen und Verherrlichung von körperlicher Gewalt. Solche Polarisierung in Gewalt und deren Erleiden, oder (nach der Klischeevorstellung) in »männlich« und »weiblich« vollzieht sich jedoch häufig bei ein und demselben Hörer bzw. Musiker selbst. Damit ist gesagt, daß das typische Hardrock-Publikum aus Personen besteht, die überdurchschnittlich erlebnisfähig sind und die Gegensätze im eigenen Inneren wie in der Außenwelt stärker nachvollziehen als andere – die einer Altersgruppe angehören, die die Notwendigkeit sozialer Anpassung schmerzlich kennenlernen muß und diese Gegensätze daher intensiver erlebt. Das Hardrock-Publikum beherbergt also beides, Aggressoren wie Opfer zugleich, sei es auf verschiedene Personen verteilt, sei es in ein und derselben Person.

Ästhetisch verklärter Terror und Schocktherapie führen **Led Zeppelin** zum Ziel. Die Vereinigten Staaten von Amerika bieten offensichtlich so viele Aggressoren und Opfer, daß die Band in den nächsten Jahren Stadien ausverkauft, mit Platin-Auszeichnungen überhäuft wird und zum Dinosaurier mit Privatjet verkommt. Selbst die Kritiker schlagen nicht mehr auf sie ein.

Eine ähnliche Karriere machen die inoffiziellen Dritten und schlechtesten im Bunde: **Deep Purple**. Auch sie stecken zu Beginn im Blues Rock und experimentieren mit Post-Psychedelic, gleichzeitig arbeiten sie aber auch noch mit überambitionierten Klassik-Zitaten. Erst als Organist und Bandleader Jon Lord 1970 eine Platte mit dem Royal Philharmonic Orchestra aufnehmen darf, gelingt es dem Gitarristen Ritchie Blackmore, sich durchzusetzen. Mit *Deep Purple In Rock*, für viele die definitive Hardrock-Platte, entsteht ein Klassiker. Doch **Deep Purple** geben Hardrock nicht nur ein in Stein gehauenes Gesicht, sondern sie – und ganz besonders Ritchie Blackmores Folgeband **Rainbow** – präsentieren bald die aufgedunsene Fratze des übersättigten Heavy Metal.

Bei ihren erfolgreichen Amerikatourneen aber hinterlassen **Deep Purple** und **Led Zeppelin** einen so bleibenden Eindruck, daß sich der amerikanische Rock für immer wandelt. Dieser Erfolg führt letztlich zum Phänomen AOR (Adult Orientated Rock) – also Rockmusik für ›Erwachsene‹. Durch **Led Zeppelin** und amerikanische Bands wie **Van Halen, Foreigner** und **Saga** wird Hard Rock salonfähig und taugt als musikalisches Konsens-Format fürs Radio. Hard Rock löst sich an den Rändern auf und kehrt zurück zum Rock. Andererseits konsolidiert sich Hard Rock gerade in der ersten Hälfte der siebziger Jahre und entwickelt so etwas wie Formenvielfalt.

Blue Öyster Cult sorgen beispielsweise für einen etwas intellektuelleren, lyricheren Ansatz, und **ZZ Top** bieten eine grummelnde Texas-Variante ohne viel Firlefanz – während der ehemalige Zappa-Schützling und Sohn eines predigenden Ingenieurs Vincent Furnier den Firlefanz zum Fetisch erhebt und unter dem Namen Alice Cooper die Möglichkeiten des Bühnenhorrors mit Guillotine, Galgen und Getier auslotet. Zumindest der Surrealist Salvador Dalí findet das inspirierend, widmet ihm ein Bild und modelliert eine Nachbildung von Alice Coopers Hirn. Daneben oder davor basteln **Aerosmith** an ihrer Langzeitkarriere.

Für die Jüngeren werden gleich zwei Götterbands aus der Wiege geholt. Die einen beschreibt Mick Farren in seinem Buch *Rock 'n' Roll Circus* als eine anfänglich »um ihre Existenz kämpfende Rock-Combo – schwer involviert im Heavy Metal, Heavy Theater und Heavy Make-Up«. Mit Manager und Live-Album entwickelt sich das New Yorker Quartett zur erfolgreichsten Schlock-Horror-Combo aller Heavy-Zeiten: **Kiss**. Die andere kommt aus Australien. Ihr Gitarrist trägt immer eine Schuluniform, und ihre Hits kann im Nu jeder Mofafahrer auswendig: **AC/DC**.

In England bilden **Judas Priest** und **Motörhead** die Vorhut der »New Wave of British Heavy Metal«, in deren Gefolge Bands wie **Iron Maiden** und **Saxon** für jede Menge Spandexhosen und Ansatz-Dauerwellen sorgen.

Motörhead hingegen sind schlicht das Beste, was Heavy Metal zustoßen konnte. Ihr Gründer Lemmy Kilmister spielte früher bei **Hawkwind** Baß, wurde aber wegen eines Drogen-Vorfalls an der amerikanisch-kanadischen Grenze gefeuert, was angesichts des ohnehin hohen Drogenkonsums der Band für sich spricht – da ging es nicht nur um ein paar Kräuterzigaretten. Lemmy verkörpert den Rolemodel-Bastard aus Hell's Angel, Revolverheld und Rock-'n'-Roll-Soldat wie kein zweiter; er ist ein Rauhbein, ein Speed-Freak, ein Säufer, ein Großmaul, ein gemein aussehender Bastard mit Warzen im Gesicht, aber vor allem ist er eins: ein begnadeter Entertainer mit einem Herz so groß wie ein Scheunentor – jeder, der irgend etwas für »Hard & Heavy« übrig hat, muß ihn und seine Musik einfach lieben.

> Du verlierst was und gewinnst was, für mich ist alles dasselbe, das Vergnügen ist das Spiel. Du weißt, ich bin geboren, um zu verlieren, und Spielen ist was für Idioten, aber so mach ich es nun mal, Baby. Ich will nicht für ewig leben – und: Vergiß nicht den Joker!
>
> (*»Ace of Spades«*)

Das ist Rock-'n'-Roll-Philosophie in der Spieler-Variante, Poesie mit Assen im Ärmel. Lemmy stürzt sich auf den Heavy Metal, frißt ihn und spuckt etwas völlig anderes aus. Mit Kasperletheater und Männern in Strumpfhosen hat das nichts mehr zu tun. Wieviel Credibility das Genre **Motörhead** verdankt, läßt sich schon daran erkennen, daß selbst Punks zu ihren Fans zählen – aufgrund erheblicher ideologischer Differenzen distanziert sich die aufkommende Punk-Bewegung im Normalfall vom Heavy Metal. Aber **Motörhead** verkörpert statt falschem Pomp echte, simple Aggression mit einer aufrechten Straßenkämpfer-Philosophie.

Und genau diese Mischung aus Punk und **Motörhead**, mit einer Prise New Wave of British Heavy Metal, zündet in den Achtzigern die letzte Evolutionsstufe: die Ausdifferenzierung in Sub-Genres.

Zuerst werden **Metallica, Slayer** und **Venom** von den Fans in einem Atemzug bejubelt; retrospektiv betrachtet, deuten sie schon die verschiedenen Strömungen an. Wenn **Black Sabbath** die Väter des Black Metal sind, kommen die englischen **Venom** einer beängstigenden Retortengeburt gleich. Sie kennen kein Erbarmen, und selbst die Metal-Presse ist ratlos, ob das vielleicht doch ein Witz sein soll. Zwar geben sich **Slayer** zunächst auch satanisch, disqualifizieren sich aber durch zu technische Finesse bei den späteren Black-Metal-Fans, die in ihrem Beharren auf Simplizität den Punks ähnlich sind.

Bald lösen **Metallica Motörhead** als beliebteste Heavy-Band ab. Später zum normalen Rock tendierend, etablieren sie zunächst mit **Slayer** und Bands wie **Exodus, Anthrax** und **Megadeth** den Thrash Metal. Thrash – der immer wieder mit Trash verwechselt wird – sorgt für Aufbruch und eine Armada von jungen Bands. In der Folge entstehen noch extremere Spielarten wie Death Metal oder, in England, Grindcore; die Szene verbündet sich zum Teil mit Hausbesetzern, zum Teil mit Neonazis. »Hard & Heavy« wird endgültig zu dem, was es eigentlich schon immer war: ein Ausdruck der Ohnmacht.

Guns 'n' Roses-Fans haben eben nichts mit den Anhängern von **Cannibal Corpse** gemeinsam, und die wahren

Metals verstehen das ganze Alternativ-Zeugs wie **Ministry, Marilyn Manson** und **Korn** schon lange nicht mehr, die Gegensätze werden immer größer. Zum Thema »Ausdifferenzierung« schreibt Bettina Roccor in ihrem Buch *Heavy Metal – Die Bands, Die Fans, Die Gegner*:

> Im Laufe der 80er Jahre entwickelt sich das schwermetallische Genre zu einer abwechslungsreichen musikalischen Kultur, zu der die unterschiedlichsten Stilrichtungen gehören. Nicht nur New Wave of British Heavy Metal, Blackmetal oder Speed und Thrash fanden neben dem klassischen Hardrock und Heavy Metal immer mehr Anhänger und Anhängerinnen. Auch viele Spielarten wie Doom-, Death-, Power-, Progressive-, Epic-, Glam- und Sleazemetal sowie Grindcore, Industrial und Crossover entwickeln sich aus den Wurzeln des traditionellen Heavy Metal zu eigenständigen Stilen. Analog dazu entstanden unterschiedliche Fanzirkel mit eigenen Bräuchen, Ritualen und Kleidungsstilen, Hörgewohnheiten und Freizeitvergnügen. Nach außen demonstrierte man die Einigkeit einer großen Familie, doch im Inneren brodelten ständige Glaubenskämpfe, was denn nun der »wahre Metal« sei und was nicht.

Das Problem einer selektiven oder eindimensionalen Wahrnehmung ist gelöst; Heavy wird durch eine Unzahl anderer Attribute ersetzt – und plötzlich kann Metal so viele Stereotypen in sich vereinen, daß ein Generalurteil unmöglich wird. Über den Umweg Hardcore verbindet Crossover sogar die Welten zwischen Punk und Metal, später auch HipHop und Metal. Diese Öffnung gegenüber verschiedenen Einflüssen – eine typische Auswirkung des »Anything goes«-Zeitalters – führt dazu, daß sich in der zweiten Hälfte der Achtziger auch das Alternative-Lager den Metal nutzbar macht. Nicht zuletzt entsteht Grunge aus der Asche des alten Hard Rock.

Auch künftig finden sich immer wieder neue Möglichkeiten, die genrespezifischen, historischen Elemente mit ureigenen, zeitgenössischeren Stilen zu kombinieren. Nach der Geburt im Jahrzehntwechsel Sechziger/Siebziger sind die Achtziger die Blütezeit. Weder vorher noch nachher ist »Hard & Heavy« so offen für die verschiedenen Interpretationen. Die Neunziger dienen ähnlich den Siebzigern einer Phase der Konsolidierung; mit häßlichen Randerscheinungen wie **Rammstein**. Selbst Techno hat inzwischen, auch ohne klassische Rock-'n'-Roll-Besetzung ein »Hard & Heavy«-Äquivalent im Gabber gefunden.

Grundsätzlich hat Werner Helsper recht, wenn er resümierend das Wesen von »Hard & Heavy« wie folgt beschreibt:

> Das Böse, Dämonische, Grauenhafte, der Tod und die Gewalt sind Kehr- und Nachtseite der aufgeklärten, rationalen Gesellschaft, die gleichzeitig ihr Pendant erzeugt, das im Heavy Metal gespiegelt wird. Das markiert einen Grenzgang: Ist das Gute das eigentlich Böse und das Böse das Bessernde, die Negation, der verneinende Geist, der sich nicht abfindet und auf Änderungen drängt, dem scheinbar Guten das Spiegelbild des eigentlich Schrecklichen entgegenhält? Ist Heavy Metal die Artikulation der Nachtseite des sozial verdrängten Schrecklichen?

Literaturhinweise

Chris Crocker: Metallica – Nothing Else Matters. Die Heavy Metal Titanen der 90er. Übers. von Karin Hoffmann und Klaus Hübner. St. Andrä-Wördern 1993.

Dietmar Dath: Black Metal. In: Spex. Dezember 1998.

Werner Helsper: Das »Echte«, das »Extreme« und die Symbolik des Bösen: Zur Heavy Metal-Kultur. In: SPoKK (Hrsg.): Kursbuch JugendKultur. Stile, Szenen und Identitäten vor der Jahrtausendwende. Mannheim 1997. – Wiederabgedr. in: Peter Kemper/Thomas Langhoff/Ulrich Sonnenschein (Hrsg.): »but I like it«. Jugendkultur und Popmusik. Stuttgart 1998.

Matthias Herr: Matthias Herr's Heavy Metal Lexikon. Bd. 1 ff. Berlin 1989 ff.

Colin Larkin (Hrsg.): The Guinness Who's Who of Heavy Metal. London 1992.

Will Straw: Characterizing Rock Music Culture: The Case of Heavy Metal. In: Simon Frith/Andrew Goodwin (Hrsg.): On Record. Rock, Pop, and the Written Word. London 1990.

Deena Weinstein: Heavy Metal. A Cultural Sociology. New York 1991.

KIRSTEN BORCHARDT

Stop Making Sense Supermarkt des
Erhabenen: New Wave und Pop in den Achtzigern

»Satisfaction« von den **Stones** gilt nicht umsonst als einer der Klassiker der Rock- und Popgeschichte. Die Suche nach Befriedigung hatte für Jugendliche immer eine zentrale Bedeutung – zu Beginn der Achtziger ganz genauso wie für die Generation des Beat. Noch immer waren sie auf der Suche – nach dem Sinn hinter der Gesellschaft, nach der Befriedigung der Konsumgelüste, nach Liebe, nach Verständnis, nach dem Gefühl des Dazugehörens. 1965 hatte Mick Jagger sich zornig angehört, als er diese Befriedigung nicht fand. Dreizehn Jahre später sagten **Devo** das ganz nüchtern, als sie »Satisfaction« in das ihnen eigene Minimalistengewand steckten. Es war keine Kriegserklärung mehr, sondern ein Fakt: I can't get no satisfaction.

Devo brachen mit einer ganzen Reihe von Rockklischees. Keine Gitarrensoli, kein Hedonismus, kein Stargehabe. Damit standen sie ganz in der Tradition des Punk, aber sie gingen noch einen Schritt weiter. Es ging nicht nur um das Herausschreien von Aggressionen. **Devo** spiegelten in ihrem elektronischen Sound gleichzeitig auch die anonymer werdende mechanisierte Welt wider. Statt in glitzernden Star-Outfits traten sie in Fabrikarbeiter-Overalls auf.

Menschsein wurde abstrahiert. Der maschinelle Beat siegte über die menschliche Ungenauigkeit. **Devo** stellten 1978 mit dem Titel ihrer ersten LP klar, daß sie sich nicht mehr über ihre Menschlichkeit definierten: *Are We Not Men?* fragte die Titelzeile. Und die Antwort lautete verneinend: *We Are Devo.*

Der lapidare Kommentar traf den Nerv seiner Zeit. Nach dem Wirtschaftswunder, den freien Sechzigern und den bunten Siebzigern wuchs jetzt erstmals wieder eine Jugend heran, die von vornherein mit der Unerfüllbarkeit vieler materieller und ideeller Wünsche konfrontiert wurde. Die Krise auf dem

Arbeitsmarkt warf ihre drohenden Schatten voraus. Der Alltag wurde immer weniger von Menschen, dafür immer stärker von Maschinen bestimmt – vor allem von Auto und Fernsehen. Die Familienstrukturen wandelten sich entscheidend. Scheidungswaisen und Schlüsselkinder sahen sich in einer anonymen, mechanisch strukturierten Welt mit ihren Zukunftsängsten allein gelassen.

Der Engländer Gary Numan brachte diese Leere und Perspektivlosigkeit mit dem Album *Replicas* auf den Punkt. In dieser Zukunftsvision wird alle Arbeit von Automaten verrichtet, und die arbeitslose Menschheit gibt sich Sex und Gewalt hin. Männer in grauen Anzügen verhängen ein Regime der Uniformität, und unten im Park warten Killermaschinen auf all jene, die sich nicht an die Ausgangssperre halten. Beziehungen werden ersetzt durch Freunde auf Knopfdruck: »Are Friends Electric?«

In einem Interview mit der englischen Jugendzeitschrift *Smash Hits* erklärte Numan im Juni 1979: »Es geht darum, daß man Freunde kaufen kann – man kann sie stundenweise mieten. Man ruft irgendwo an und sagt, ich hätte gern für dieses oder jenes einen Freund, vielleicht für Sex, oder nur zum Reden, ganz egal, und sie schicken dann einen.«

Numan gab offen zu, daß er seine futuristischen Szenarien bei Autoren wie William Burroughs und Philip K. Dick entlehnt hatte. Musikalisch orientierte er sich an **Kraftwerk**, aber auch an David Bowie, vor allem an dessen Soundexperimenten seiner Berliner Jahre. Bowie hatte auch für Numans Image Pate gestanden: Mit seiner künstlichen Haarfarbe und dem bleichen Gesicht erinnerte Numan deutlich an den Mann, der vom Himmel fiel.

Damit war der Prototyp des New-Wave-Stars geschaffen: ein bleichgeschminktes Wesen mit zurückgekämmtem Haar, starren Gesichtszügen und eckigen Bewegungen; ein Wesen, das halb Roboter, halb Alien zu sein schien – unnahbar, isoliert in einer fremden Umgebung, eiskalt und cool. Das Geschlecht spielte keine Rolle mehr: Die numanoiden Wesen waren ohnehin von möglichen Partnern isoliert.

Andere brauchten für erschreckende Visionen nicht in die Zukunft zu schauen, sondern nur in sich selbst – zum Beispiel **Joy Division**-Sänger Ian Curtis.

»Da war ein Typ, den ich ständig bei Konzerten sah«, berichtet Bassist Peter Hook von seiner ersten Begegnung mit Curtis. »Er trug eine Fliegerjacke, auf der hinten ›Hate‹, also Haß draufstand. Das war Ian. Ich fand das irre, mit ›Haß‹ auf dem Rücken herumzulaufen ... Wir kamen irgendwann ins Gespräch und merkten, daß wir beide in Bands spielten, die Musik war die große Gemeinsamkeit. Ians Band löste sich irgendwann auf, und ich bat ihn, bei meiner mitzumachen.«

Joy Division nutzten andere Möglichkeiten, um Isolation, Verzweiflung und Dunkelheit auszudrücken. Sie standen in der Tradition von **The Velvet Underground**: Auch sie spiegelten innere Extremzustände in den Texten, und musikalisch gab es ebenfalls Ähnlichkeiten. **Joy Division** bauten auf reduzierte, ungeschönte Arrangements und setzten synthetische Effekte nur zusätzlich zum herkömmlichen Baß-Schlagzeug-Gitarre-Muster ein. Der ureigene **Joy Division**-Sound entstand durch das hallende Schlagzeug und den hell gespielten Baß, der oft anstelle der Gitarre die Melodieführung übernahm. Mit einem Titel wie »She's Lost Control« porträtierte Curtis eine verzweifelte Seele, die sich nicht nur gegenüber der Außenwelt hilflos fühlte, sondern sogar gegenüber den Kräften des eigenen Ich: Nichts ist schlimmer in einer durch und durch kontrollierten Welt, als die Beherrschung über sich selbst zu verlieren.

Wie auch Lou Reed hatte Ian Curtis mit seinen eigenen Dämonen zu kämpfen, obwohl er abseits der Musik nicht von Beginn an die von Selbstzweifeln gequälte, zerfressene Seele war, die sich in seinen Texten fand. Gitarrist Barney Albrecht erinnert sich:

> Er war überhaupt kein depressiver Typ, er war eigentlich immer ziemlich gut drauf, und wir hatten sehr viel Spaß. Die Musik nahmen wir sehr ernst, die war für uns auch sehr wichtig. Ian war nie depressiv, auch wenn die Leute das wegen seiner Musik immer geglaubt haben. Irgendwann '79 spielten wir in London –

bis dahin war immer alles okay gewesen –, und auf dem Weg nach Hause bekam er im Auto einen epileptischen Anfall. Er hatte vorher noch nie solche Anfälle gehabt, und er war damals 22 oder so. Danach wurde es immer schlimmer mit den Anfällen, und as hat ihn unheimlich fertiggemacht. Damals hat man das einfach mit Barbituraten behandelt, und er stand also ständig unter Beruhigungsmitteln. Das hat seine ganze Persönlichkeit verändert.

1980, am Vorabend der ersten großen USA-Tournee von **Joy Division**, erhängte sich Ian Curtis in der Küche seines Hauses mit einer Wäscheleine. Ganz gleich, was ihn dazu getrieben hatte – sein Tod schuf die endgültige Einheit zwischen Person und Werk. Curtis' Texte spiegelten den Selbsthaß, die Einsamkeit und Verzweiflung eines Menschen, der sich Emotionen und Liebe herbeisehnt, um an der Intensität dieser mächtigen Gefühle erst recht zu scheitern: »Love Will Tear Us Apart«. Wie schon das zweite (und letzte) Album *Closer* zierte auch diese letzte **Joy Division**-Single die Fotografie einer Friedhofsstatue. Das Cover stilisierte das Sterben zu etwas ästhetisch Schönem und legte damit die Wurzeln zu jenem Trend, den man später »Gothic« nennen sollte.

In einer durch Wissenschaft und Technik entzauberten Welt stellte der Tod eines der letzten Mysterien dar; zudem gab dieser endgültige Schritt eine Art von Kontrolle über das eigene Leben zurück. Er bot eine letzte Fluchtmöglichkeit für unverstandene Seelen. **Joy Division** brachten den Stein eher zufällig ins Rollen. Den Aufbau des Mythos »Gothic« übernahm eine andere Band.

The Cure gaben der neuen Stilrichtung ihr Gesicht. **Joy Division** waren von der Optik her einfach nur vier Jungs, die in normaler Alltagskleidung auf die Bühne gegangen waren. Aufgefallen war bei ihnen nur Ian Curtis' manische Bühnenshow, seine verstörten, zuckenden Bewegungen. **Cure**-Sänger Robert Smith dagegen prägte den klassischen Gruftie-Look: schwarze Kleidung, schwarzgefärbte, wild toupierte Haare und absichtlich verschmiertes Make-up. Musikalisch knüpften sie an **Joy Division** an, klangen aber weniger *agg*ressiv als vor allem *dep*ressiv. Das lag hauptsächlich an Smiths klagendem Gesang. Er pflegte eine subtilere Verzweiflung – fast flüsternd bat er in »Faith«, dem Titeltrack des gleichnamigen Albums: »Catch me if I fall I'm losing hold ... Can't just carry an this way ...«

The Cure zelebrierten Kälte, Einsamkeit und Tod nie wieder so intensiv wie auf den beiden Alben *Pornography* und *Faith*. »Doesn't matter if we all die«, so lauteten die ersten Worte auf *Pornography*, das mit dem bedrohlichen Sound von »Cold« kurz vor Schluß seinen Höhepunkt erreichte. Später änderte Smith seine Meinung über den Tod:

> Ich habe diese romantische Vorstellung verloren, daß der Tod etwas Würdevolles ist. Früher dachte ich, ich hätte mich damit auseinandergesetzt und es für mich bewältigt, aber das war absolut nicht so. Wenn man über den Tod nachdenkt, wenn man jünger ist, dann scheint das so weit weg, daß man damit umgehen kann, aber auf eine andere Weise. Man glaubt, daß es einem nicht passiert. Man sagt sich, daß es eine Angst vor dem Tod nicht geben muß, weil es einem nicht passiert, und wenn es doch passiert, dann ist es egal, weil man es dann nicht spürt. Also muß man keine Angst haben.

Für **The Cure** war der Tod nur eine Art von Flucht vor dem wirklichen Leben. Andere Bands gingen wesentlich stärker auf das mystische Element ein. Sie griffen dabei auf die Stilistik der romantischen Gruselromane des 19. Jahrhunderts zurück oder verwendeten Konzepte aus den klassischen Horrorfilmen. **Bauhaus** etablierten mit »Bela Lugosi's Dead« die Vampirgestalt im Gothic Rock, Nick Cave schrie »Release the Bats« (wenngleich er später immer wieder darauf hinwies, daß das für ihn nur eine Persiflage des Gothic-Trends gewesen war), und selbst gestandene Punks wie **The Damned** ließen sich ein waschechtes Addams-Family-Outfit verpassen. Punk-Ikone Siouxsie Sioux wurde mit schwarzer Zottelfrisur, schwarzem Eyeliner, schwarzem Lippenstift und schwarzem Nagellack zur Queen des Gothic:

Aus dem, was ich zu einer bestimmten Zeit trug, wurde irgendwann der Gruftie-Look gemacht. Aber das war bestimmt nie meine Absicht. Es ist komisch, wenn aus einem Image eine Uniform wird; ich finde das ziemlich schade, daß es immer derartig reduziert werden muß. Das ist halt das Problem, wenn es so einen starken visuellen Aspekt gibt – viele Leute sehen nur noch das Image und nicht das, worum es eigentlich geht.

Elektroschock-Frisur, mittelalterliche Umhänge, spitze Schuhe, Lederhosen und T-Shirts aus Samt – alles mußte schwarz sein. Der Flirt mit dem Jenseits, um dem Diesseits zu entfliehen. Der Tod kam in Mode.

Während die Schattenwelt des New Wave den Synthesizer meist nur zur Erzeugung einer diffusen unheimlichen Atmosphäre oder als Rhythmusgerät einsetzte, arbeiteten die Futuristen ganz bewußt mit dem künstlichen Klang dieser neuen musikalischen Wunderwaffe. Eines der zentralen Themen war die Spannung zwischen Faszination und Schrecken der Technik, wie sie **Orchestral Manoeuvres In The Dark** in »Electricity« beschrieben. Noch wichtiger war das Verhältnis zwischen Mensch und Maschine. Andy McCluskey, der Sänger des Duos, berichtet:

Ich habe oft versucht, Maschinen etwas Menschlicheres zu geben. Ich habe viele Songs über Maschinen geschrieben, so als ob sie Menschen wären. Unser Manager gab der Bandmaschine, die wir bei Auftritten benutzten, einen Namen: Winston, nach der Figur in George Orwells *1984*. Ja, wir waren zu dritt: ich, Paul und Winston. Er war das dritte Bandmitglied. Er stand auf der Bühne auch immer in der Mitte.

Auch in dieser Hinsicht machten die New Waver Schluß mit den Rockkonventionen: Es gab keine mikrofonschwingenden Frontmänner mehr, keine schwitzenden Schlagzeuger, keine Gitarrengötter. Hatten Rockmusiker beim Nachspielen fremder Songs eigene Ideen entwickelt, nahmen die Waver jetzt vorhandene Soundschnipsel für ihre Arbeit: »Es ist ein bißchen wie Frankensteins Labor«, gab McCluskey zu. »Man nimmt verschiedene Einzelteile und näht sie zusammen, um etwas Neues zu schaffen. Ich habe schon immer Elemente von anderen Dingen benutzt, sogar, bevor es Sampler gab. Am Anfang haben wir Tonbandschleifen verwendet.«

Die Musikindustrie hielt zunächst nicht viel von diesen selbstgemachten technischen Spielereien. Die ersten Wave-Platten erschienen auf kleinen Independent Labels, die durch die Punkbewegung entstanden waren. Weil aber der Maschinenbeat so tanzbar war, setzte sich New Wave in vielen Diskotheken durch. Das Geheimnis zum Erfolg steckte in der Kombination von synthetischen Sounds mit einer Popmelodie oder einer Portion Soul. Nach diesem Rezept landeten **The Human League** Hits mit »Being Boiled« und **Heaven 17** mit »Temptation«.

Human League machten nicht nur Musik für die Clubs, sie sahen auch aus wie die typischen Diskogänger: aufgetakelt und ein bißchen billig. **Heaven 17** kultivierten dagegen den Anzug-Look: sauber geschnittene Frisur, Schlips und Kragen. Die provokative Schlampigkeit des Punk war Geschichte. In einer Zeit, in der beruflicher Erfolg alles andere als garantiert war, wollte man zumindest wie ein gut verdienender Börsenmakler aussehen. Die Fans machten es nach – die Popper waren geboren. Die Popper-Welt war sauber und neonhell erleuchtet, möbliert mit weißem Schleiflack und viel Chrom. Die Hippie-Generation der Eltern ließ sich durch diese demonstrative Angepaßtheit und Konsumorientierung ebenso schön provozieren wie mit dem Nihilismus des Punk.

Gleichzeitig übernahm der New Wave eine Reihe von Stilmerkmalen der künstlerischen Avantgarde aus den Zwanzigern und Dreißigern für die Ästhetik von Plattencovern oder Videos. Man berief sich auf den bewußten Verzicht auf die ornamentale Überladenheit der Siebziger und entlehnte Elemente aus dem Bauhaus-Stil, von den Futuristen und Surrealisten oder drehte Videos nach Motiven von Man Ray.

Die **Talking Heads** gingen sogar noch einen Schritt weiter. Sie zitierten nicht nur, sie stellten ihren Avantgarde-Pop komplett unter ein künstlerisches Gesamtkonzept, um diesen Anspruch gleichzeitig als unzulänglich zu entlarven. Von Anfang an hatten sie sich durch ihren musikalischen Stilmix aus Punk-Tradition, Weltmusik, Soul, Funk und Elektronik allen Kategorien entzogen. Ihre Texte spielten mit den Ängsten der weißen Überflußgesellschaft vor Werteverfall und Veränderung, und sie setzten ganz extrem visuelle Ungereimtheiten ein, um Nachdenken zu provozieren. Bei ihnen gab es nur Fragen, aber keine einzige Antwort. Sinnlosigkeit als Mittel zur Sinnfindung? Sänger David Byrne wollte keinen Sinn machen – »Stop Making Sense«.

»Ich werde ständig gebeten, im nachhinein zu erklären«, kommentierte er 1992 in einem Special des NDR. »Ich selbst frage mich nicht, was dahintersteckt – das ist mir ziemlich egal. Ich verspüre keine Notwendigkeit, diese Arbeiten mir gegenüber zu begründen. Sie haben alle ihre eigene Berechtigung. Erst viel später habe ich vielleicht eine psychologische Erklärung dafür, oder so einen Unsinn.«

Stop Making Sense hieß auch der Live-Kinofilm, der 1985 den Höhepunkt der **Talking Heads**-Karriere markierte. Regisseur Jonathan Demme schuf dafür durch Einsatz von Farben und Effekten starken Bezug zu Stanley Kubricks *2001 – Odyssee im Weltraum*, und die gesamte Inszenierung bestach durch ihren Minimalismus und die sorgfältig durchgeplante, un-rockige Performance. David Byrne stand dabei in einem übergroßen weißen Anzug auf der Bühne, den er angeblich trug, damit sein Kopf kleiner aussah. Die dominierende Idee der frühen Achtziger – die Dominanz von Form über Inhalt – wurde hier grotesk überhöht.

1985 bescherten zugängliche, melodische Titel wie »Road To Nowhere« den **Talking Heads** ein breites Mainstream-Publikum, das Stilelemente wie Byrnes Anzug nicht als Ausdrucksmittel erkannte, sondern als bloßen Modetrend konsumierte. Wie paßten Kunst und Kommerz für David Byrne zusammen?

> Als ich in der Schule war, habe ich andere Leute gesehen, die einfach das gemacht haben, was sie wollten. Das war nicht immer besonders kreativ, aber sie haben damit ein größeres Publikum

erreicht und auch finanziell überlebt, ohne ganz den Regeln des Kommerz zu folgen. Ich habe das als Anregung begriffen und mir gedacht, wenn die das können, kann ich das auch.

Andere Bands blieben fast völlig unsichtbar und nutzten die neue Technologie, um sich ganz hinter Maschinen zurückzuziehen. Als **Joy Division** nach Curtis' Tod als **New Order** zurückkehrten und sich ganz und gar synthetischen, tanzbaren Sounds zuwandten, war ihre Gesichtslosigkeit ihr wichtigster Imagefaktor. Sie trugen keine auffälligen Frisuren, keine auffällige Kleidung. Selbst die Stimme von Barney Albrecht klang anonym. Ihr Image vermittelte sich über die futuristische Ästhetik ihrer Plattencover: einmal zitierten sie Marinetti, ein anderes Mal stylten sie die Hülle wie eine Computerdiskette. Und ihr computergenerierter Beat und das elektronische Schlagzeug waren unverkennbar. »Blue Monday« wurde zu einem Meilenstein für die Diskoszene – es war die erste Single, die ausschließlich als Maxi, in der überlangen Clubversion, erschien. Damit war klar: »Blue Monday« war nicht als kommerzieller Radio-Hit angelegt, sondern sollte die Tanzflächen bedienen.

Konzerte gaben **New Order** auch, aber auf den Entertainmentsanspruch des etablierten Musikbusiness gingen sie dabei nicht im geringsten ein. **New Order**-Keyboarderin Gillian Gilbert gab offen zu:

> New Order wurden oft als langweilig bezeichnet, weil sie nur dastanden. Das war ja auch so – wir standen wirklich nur so da. Ich kann mir gut vorstellen, daß die Leute sagten, mein Gott, was für ein öder Haufen.

Keine Frage, zu echten Popstars taugten **New Order** nicht. Dabei konnten Elektrobands durchaus zu Teen-Idolen werden. Wenn sie zum Beispiel so nett und gleichzeitig ein bißchen verdorben aussahen wie die jungen **Depeche Mode**.

Die Mischung stimmte: Sie kombinierten Synthesizer und Drumcomputer mit dem neuen Industrial-Sound, der ursprünglich von Avantgarde-Bands wie den **Einstürzenden**

Neubauten entwickelt worden war. Gleichzeitig achteten sie darauf, daß die Songs eben echte Songs blieben und schöne Melodien und eingängige Refrains besaßen. »Wir haben uns meistens am Rand der Kommerzialität aufgehalten«, sagte Songschreiber Martin Gore, »aber manchmal sind wir auch sehr nah dran, wie bei ›Enjoy the Silence‹. Wir achten aber darauf, daß wir diese Grenze nicht überschreiten.«

Auch das Outfit stimmte. **Depeche Mode** trugen superweite Reiterhosen und spitze Schuhe, ihr Haar war trendgerecht über den Ohren rasiert und ansonsten mit Gel geformt, und sie kokettierten sogar ein bißchen mit Leder und Latex der S/M-Szene. Solche Themen wurden auch in Songs wie »Master and Servant« angedeutet – aber sie blieben stets vage genug, um die Phantasie zu stimulieren, ohne wirklich bedrohlich zu werden.

Ihren meist noch recht jungen Fans imponierte auch der starke Zusammenhalt der Band, den Martin Gore noch heute beschwört.

> Es ist wie eine Familie. Wir sind schon so lange zusammen, daß wir uns in- und auswendig kennen. Es ist eine sehr starke Gemeinschaft, die Bestand hat, und ich denke, wir kommen gut miteinander zurecht, wenn man bedenkt, wie lange wir schon zusammen sind.

Depeche Modes Teenager-Appeal trug entscheidend dazu bei, daß die Musik und die Mode der zuvor noch recht kleinen New-Wave-Gemeinde ein Massenphänomen wurde. Der Siegeszug des Elektropop hatte dieser Entwicklung ebenfalls den Weg geebnet. **Visages** »Fade To Grey« markierte Ende 1980 den endgültigen Aufbruch in die Achtziger: Er war wesentlich geschliffener als die selbstproduzierten Synthipopsongs von **OMD** oder Gary Numan. Und vor allem hatte **Visage** mit Steve Strange einen schillernden Frontmann vorzuweisen. Er trug mehr Make-up als die Glamrock-Päpste Bolan und Bowie zusammen, wobei auch er Wert auf einen kühlen, fast außerirdischen Look legte. Das konnte jeder sehen – im Video zu »Fade To Grey«.

Der britische Popsänger Adam Ant wurde zum Paradebeispiel für diesen Trend. 1996 sagte er über das Business:

> Sänger müssen heute auch Schauspieler sein, weil sie ständig in Filmen mitspielen, die rund um die Uhr gezeigt werden. MTV – das ist das heutige Hollywood.

Adam hatte das am eigenen Leib erlebt. Mit den **Ants** hatte er zwei Jahre lang Hits am Fließband – und das weniger wegen der musikalischen Qualität. Sein Piratenlook, die Kriegsbemalung im Gesicht, die Rüschenhemden, Stulpenstiefel und die Uniformjacke machten ihn zum Teenidol. Die Phantasiekleidung, die auf die Kostüme vergangener Jahrhunderte zurückgriff, gab diesem Genre schließlich die Bezeichnung »New Romantic«. Adam gab sich keinen Illusionen hin, als er sagte:

> Adam and The Ants war ein Sound, eine Idee. Da ging es nicht um meine Stimme. Marco Pirroni, unser Gitarrist, war der einzige, der spielen konnte. Die anderen waren wegen ihres Aussehens dabei.

Zu jener Zeit war MTV in Deutschland noch nicht zu sehen, aber Videos gab es, ein paar kostbare Stunden im Monat, in »Formel Eins« oder »Ronnys Pop Show«. Video killte dabei nicht den Radio Star – Video killte nur endgültig die klassische Vorstellung von einer Rock- oder Popband, die besagte, daß vier oder fünf Musiker mit Instrumenten auf einer Bühne stehen und live spielen mußten. Erst mit der Erfindung des Videos war der Weg frei für die Synthipopbands der Achtziger. Sie waren live an ihre Sequenzer gefesselt und hatten nicht die Möglichkeit, eine klassische Rockshow abzuliefern. Sie wollten es meist auch nicht. Sie mußten auf andere Weise visuell überzeugen. Fürs Video genügte es, einen extrovertierten Sänger mit Ausstrahlung zu haben. Wie Marc Almond von **Soft Cell**.

»Bei meinem ersten Fernsehauftritt trug ich Make-up, billigen Schmuck und falsche Wimpern«, erinnert er sich. »Ich wollte die Leute damit schockieren und herausfordern. Meine Plattenfirma war entsetzt über Videos wie ›Say Hello, Wave Goodbye‹, wo ich auch geschminkt war. Natürlich spielte ich einerseits darin eine Rolle, andererseits war es aber auch ein Statement. Mit diesen Auftritten wurden ›Tainted Love‹ und ›Say Hello, Wave Goodbye‹ Nummer-eins-Hits.«

Marc Almond fehlte die Coolness, um so außerirdisch androgyn zu sein wie Bowie, Numan oder Strange. Ähnlich wie bei Robert Smith von **The Cure** reichte aber allein das Make-up, damit er auf keinen Fall aggressiv männlich wirkte. Das machte ihn zur idealen Identifikationsfigur für pubertierende Teenager beiderlei Geschlechts. Almond beschäftigte sich in seinen Texten außerdem vorrangig mit den Themen von Jugendlichen, die allenfalls alt genug waren, um gerade zu Hause ausziehen zu dürfen. Davon handelte zum Beispiel »Bedsitter«: Zum ersten Mal allein in einer fremden Stadt. Jetzt wird alles probiert, was vorher verboten war – Teenager auf der Suche nach dem Kick, nach Spaß, nach Party. Die Protagonisten in Almonds Songs sind dabei alle eigentlich auf der Suche nach Liebe und Geborgenheit. Seine Geschichten enden meist tragisch: aus Liebe wird billiger Sex und Pornokino, aus Geborgenheit Abhängigkeit und Gewalt. Oberflächlich mochten **Soft Cell** den Hedonismus der Achtziger propagieren – darunter lauerten stets die Abgründe des schnellen Lebens.

Soft Cell hatten Hits, aber für einen echten Popstar war Marc Almond zu extrem und eckig. Boy George dagegen war ebenso androgyn, aber dabei knuddelweich. Bei ihm gab es keine Vampirgestalten oder Sadomaso-Spiele wie bei **Soft Cell**. In Phantasiekleidung, mit langen Dreadlocks und buntem Lidschatten entzog aber auch er sich jeder Geschlechtsspezifizierung. »Do You Really Want to Hurt Me« schnellte im September 1982 in die Charts bis an die Spitze. Was für eine Frage – wer hätte ihm auch weh tun wollen? Boy George war sanft und nett – und das, obwohl ihn seine Männlichkeitsverweigerung gleichzeitig zum Rebellen gegen das Establishment machte.

Noch gefährlicher waren in dieser Hinsicht die **Eurythmics**. Wie so viele Pop-Duos jener Zeit bestanden auch sie aus einem musikalischen Mastermind und einem schillernden

Sänger, mit dem Unterschied, daß es sich beim androgynen Aushängeschild der **Eurythmics** um eine Frau handelte. Das Video zu »Sweet Dreams« zeigte eine umgekehrte Welt: Annie Lennox hatte kürzere Haare als ihr Bandkollege Dave Stewart, sie trug den Anzug, und sie stellte deutlich eine männliche Überlegenheit zur Schau.

Doch die Herrschaft des Androgynen währte nicht lange, jedenfalls nicht im kommerziell erfolgreichen Pop. Bands wie **Duran Duran** nutzten zwar den Charme der Geschlechterverwirrung gründlich aus, wandten sich aber immer mehr davon ab, je populärer sie wurden. Bei ihnen erreichte das Modediktat der New Romantics seinen Höhepunkt, mit Rüschenblusen, Schärpen, Armbändern, weiten Hosen und leuchtenden Farben.

»Wir sind mit Glam Rock großgeworden«, berichtete **Duran Duran**-Bassist John Taylor, »mit Bowie, Rolling Stones, Roxy Music – als jeder mit irren Klamotten, verrückten Frisuren und viel Make-up rumlief. Bowie hatte zu jedem Album einen anderen Look, und wir haben das dann noch auf die Spitze getrieben – wir hatten zu jeder Single einen anderen Look. Die Band wurde so oft fotografiert – jeden Tag, drei Jahre lang. Man mußte sich selbst ständig neu erfinden, man wollte ja nicht immer wieder mit denselben Klamotten gesehen werden.«

Duran Duran profitierten am meisten von der Macht des neuen Mediums Video. Bands wie **Heaven 17** oder **New Order** hatten noch versucht, Videos als Kunstform zu nutzen. Sie hatten mit Stilmitteln von Schwarzweißfilmen der schwarzen Serie gearbeitet oder Installationen von Man Ray zitiert. **Duran Duran** orientierten sich offen an der Ästhetik von Werbefilmen und zeigten sich zu ihren freundlichen Popmelodien in luxuriöser Umgebung: mit schönen Fotomodellen in der Karibik an Bord einer Segelyacht oder beim Badeurlaub auf Bali. Konsum und Kommerz hatten den New Wave endgültig eingeholt.

Literaturhinweise

Boy George (with Spencer Bright): Take It Like A Man. The Autobiography of Boy George. London 1995.

Dave Bowler/Bryan Dray: The Cure – Faith. London 1995.

Martin Drichel: Shadowplay – The Story of Joy Division. Bremen 1988.

Wayne Jancik/Tad Lathrop: Cult Rockers. New York 1995.

Inge Kramer [u. a.]: Null Bock auf euer Leben. Momentaufnahmen aus der Jugendszene; authentisch, drastisch, direkt. Braunschweig 1983.

Charles Neal: Tape Delay. [Interviews.] London 1987.

Horst Puschmann: Joy Division. INsideOUT. Eine Biographie. Augsburg 1992.

Jeremy Reed: Marc Almond – The Last Star. London 1995.

Neil Tennant (Hrsg.): The Best of Smash Hits. Peterborough 1985.

Gib Gas, ich will Spaß
Die Neue Deutsche Welle

Wenn es überhaupt irgendwas gibt, was man verläßlich sagen kann über die »Neue Deutsche Welle«, dann war es halt dieser Schub, dieser Schwung, 'ne Bewegung, überall, jeder, der 'ne Gitarre halten konnte oder auf'm Casio 'n bißchen rummachte, machte 'ne Band auf, und man sang in Deutsch. Also das war schon 'ne bewußte Sache, zu versuchen, deutsche Populärmusik zu machen und dafür war es – glaube ich – schon ein wichtiger Impuls, 'n wichtiger Anfang. *(Kai Hawaii von Extrabreit)*

Das war so voll die Zeit, wo man die Buttons getragen hat, und dann hatte man immer die gestreiften Hosen an, die Haare so durcheinander gewuschelt, das war klasse: enge Hosen, Lederjacken. *(Nena)*

Wenn man wirklich was zu sagen hat und in Deutschland lebt, dann kann man wirklich in Deutsch singen, dann muß man deutsch singen. *(Nina Hagen)*

Es liegt ein Grauschleier über der Stadt, den meine Mutter noch nicht weggewaschen hat. *(Peter Hein von Fehlfarben)*

Die Helden des Fortschritts sind müde, aus den »Kindern von Marx und Coca Cola« sind ernüchterte Kids des Computer- und Atomzeitalters geworden. Anfang der Achtziger macht sich in der Jugendkultur eine »Lust an der Vergeblichkeit« breit: nichts ist wahr, alles ist erlaubt. Linke Systemkritik hat sich in einer Haßliebe zum Konsum befriedet. Punks in England und den USA hatten die Mülldeckel hochgeklappt, um im gesellschaftlichen Unrat zu stochern. Das Abenteuer »Apokalypse« war angesagt. New-Wave-Vertreter verzweifelten derweil am romantischen Menschenbild: »I want to be a machine«, hieß die Devise. Der Herrschaft des Abstrakten, des Artifiziellen, der Medien, entsprach im Alltag ein diffuses

Gefühl der Bedrohung. Ökologisches Krisenbewußtsein, eine immer stärker empfundene Leere der Kommunikation, Ziellosigkeit, Langeweile, Lethargie – die Schattenseiten der überreizten Wohlstandsgesellschaft drängten verstärkt ans Licht. Die Solinger **S.Y.P.H.** – eine Deutsch-Punk-Band der ersten Stunde – forderte:

> Zurück zum Beton, zurück zur U-Bahn, zurück zum Beton. Da ist der Mensch noch Mensch. Ekel, Ekel, Natur, Natur, ich liebe nur Beton pur.

Doch schon bald feierten Kindlichkeit und Naivität als Antidepressivum fröhliche Urständ – ein symbolisches Kontrastprogramm angesichts von Waldsterben und drohender Arbeitslosigkeit. Die Spaßkultur, die heute in der vielgeschmähten Fun-Generation gipfelt, entdeckte Anfang der Achtziger ihre ironischen Vorsänger: »Gib Gas, ich will Spaß!«

Markus Mörl markierte 1982 mit seinem Album *Kugelblitze und Raketen* nicht nur eine Neue Deutsche Fröhlichkeit, sondern zugleich den Ausverkauf jener »Neuen Deutschen Welle«, die seit 1979 durch zahllose Konzerte, über Plattenteller und durch die Medien geflutet war. Was so hoffnungsvoll mit der Forderung nach »Gefühl und Härte« begonnen hatte, war zum harmlosen Tanzvergnügen verflacht. Kai Hawaii von **Extrabreit** erinnert sich:

> Es war ja nur noch albern hinterher, es war ja nur noch Klamauk. Die Industrie, jeder hatte Angst, was zu verpassen, jeder wollte mitmachen: Das is' NDW, wird schon laufen, sagten die Leute. Das kann man natürlich nicht lange machen. Vor allem, wenn die Qualität nachläßt, wenn die Substanz fehlt. Ja gut, eines Tages wachte die Nation auf mit 'nem riesen NDW-Kater.

Als der Hamburger Journalist und Experimentalfilmer Alfred Hilsberg 1979 den Terminus »Neue Deutsche Welle« (kurz: NDW) in den Medienkreislauf eingespeist hatte, signalisierte der Begriff noch Aufbruch und Kreativität. In den Jahren 1977/78 war die Punk-Welle aus England auf den Kontinent hinübergeschwappt. Das wirkte wie ein Neuanfang. »Abwärts«

statt »Frischwärts« lautete jetzt die Parole. Punk war prinzipiell gegen alles, was nicht Punk war. Vor allem agitierte er mit ätzendem Aufschrei und Urenergie die in Bombast und Klischees erstarrte Jugendkultur. Zwischen Flensburg und Garmisch-Partenkirchen wurden Heranwachsende von einer unerhörten Ausdruckswut heimgesucht: »Ich zünd mich an«, verkündete triumphierend die Hannoveraner Band **Hans-A-Plast**.

Zuvor jedoch griff man zu Gitarre, Baß und Schlaggeräten, um sich endlich den Frust aus den Knochen zu spielen. In den Großstädten schossen die Bands nur so aus dem Boden. Erschwinglich gewordene Synthesizer, Sequencer, Rhythmusmaschinen verwandelten das heimische Wohnzimmer in ein Experimentalstudio. Mehr als tausend Bands rauften sich zwischen 1977 und 1980 in der Bundesrepublik zusammen, allesamt entstammten sie dem Dunstkreis von Punk und New Wave: »Punk macht dicken Arsch!« – lautete damals eine New-Waver-Weisheit. Am Anfang ihrer Aktivitäten standen meist ein paar schrille Geräusche, respektlose Klanggesten, schamlose Zitate und verbale Vexierspiele. Hatten bisher hochbezahlte Stars den Jugendlichen ihre Träume diktiert, so ging man jetzt selbst zur Sache, um es den – wie es immer wieder hieß – »langweiligen, alten Typen zu zeigen«. Die deutsche Sprache war zum selbstverständlichen Ausdrucksmedium der Rockmusik geworden.

Schon Udo Lindenberg hatte mit schnoddrigem Jargon und jugendlichen Sprachrhythmen der deutschsprachigen Rockmusik ab 1972 auf die Sprünge geholfen. Seine ersten drei Alben – von *Andrea Doria* bis *Wotan Wahnwitz* – schafften locker die heikle Gratwanderung zwischen Tiefsinn und Schwachsinn. Noch heute zehren Deutschrocker von Achim Reichel und Heinz Rudolf Kunze bis zu Herbert Grönemeyer und Marius Müller-Westernhagen von seinen verbalen Vorleistungen. Lindenberg ließ die Umgangssprache von Heranwachsenden selbst zu Wort kommen, anstatt sich an ›literarisch‹ gestrickten Texten frisch vom Schreibtisch oder an rosaroten Klischees der Schlagerwelt zu orientieren. Doch »Uns Udo« – Identifikationsfigur einer ganzen Generation – wurde alsbald von seiner eigenen Masche eingeholt. Sein alternativer Jargon wirkte gedrechselt, seine Sprüche und Reizwörter entwickelten sich unter ständigem Originalitätsdruck selbst zu leblosen Kunstprodukten. Dazu kamen didaktisch belehrende Untertöne, die seinem intelligenten Blödsinn zuwiderliefen. Kein Wunder, daß sich Lindenberg 1980 irritiert fragte,

> was mit New Wave los ist, was mit New Wave in Deutschland los ist, inwieweit die Vermarktung jetzt die Wurzeln abgekappt hat, inwieweit Punk, diese Haltung, also Rebellion überhaupt möglich ist in Deutschland und wenn, wo so was wächst, in welchen Städten.

Die Antwort hatten bereits zahlreiche Bands gegeben: **Rotzkotz** und **Hans-A-Plast** in Hannover, die **Geisterfahrer** oder **Palais Schaumburg** in Hamburg und **PVC** oder Art-Punk-Dilettanten wie die **Einstürzenden Neubauten** in Berlin und nicht zuletzt **Male**, **Mittagspause** und **Fehlfarben** in Düsseldorf. Schnelle harte Lieder mit sloganartigen Texten waren angesagt:

> Hochofen, Hochofen, Hitze und Stahl, Rolltreppe, Rolltreppe, sinnlos brutal! *(Male)*

Der **Fehlfarben**-Sänger Peter Hein macht durch seinen einpeitschenden Befehlston die Hausbesetzer-Hymne »Ein Jahr« 1980 zur Erkennungsmelodie zahlreicher Anti-AKW-Demonstrationen. »Es geht voran« wird zum Soundtrack der Startbahnbewegung am Frankfurter Flughafen. Zugleich ist die selbstquälerische Tanznummer ein erster Diskothekenknüller der NDW. Der anfangs noch ablehnend reagierende Musikmarkt beginnt das kommerzielle Potential der »Neuen Deutschen Welle« zu entdecken. Dabei entstammen all die Bands, die ihre nihilistischen Visionen mit urbaner Fröhlichkeit paaren, ursprünglich einem komplett neuen Netzwerk mit eigenen Produktions- und Vertriebsstrukturen. Die heißen »Zensor«, »No Fun«, »Ata Tak« oder »Eigelstein«. Einer der erfolgreichsten NDW-Propagandisten, Alfred Hilsberg, grün-

dete in Hamburg den »Rip Off«-Plattenversand und das erfolgreiche Label »Zickzack«. Kleine Szenelokale wie der »Ratinger
Hof« in Düsseldorf (laut Xao Seffcheque »ein neonbeleuchte-
ter Schlauch mit Bierausschank«), das »SO 36« in Berlin oder
»Krawall 2000« in Hamburg wirken wie Brutstätten eines
neuen jugendlichen Selbstverständnisses: »Wer täglich stirbt,
lebt für den Augenblick«, propagiert die **Deutsch-Amerikanische Freundschaft**, und die Mitglieder der **Mittagspause**
präzisieren:

> Oberschüler träumen vom entscheidenden Sieg. Anwaltssöhnchen
> proben Anarchie – nach dem Kindergarten. Der Traum ist aus,
> wann seht ihr's endlich ein.

In billig fotokopierten Flugschriften – »Fanzines« wie *Ostrich,
Ungewollt* oder *Alles tot* – tauscht die Szene ihre Erfahrun-
gen mit dem wiederentdeckten Weltschmerz aus. Gefühle der
Ohnmacht gegenüber einem immer effizienteren gesellschaft-
lichen Apparat verbinden sich mit existentiellem Lustgewinn.
Der Gelsenkirchener Jürgen Kramer, einer der ersten NDW-
Propagandisten und Herausgeber der Kunstzeitschrift *Neue
Welle*, akzentuiert Ende der Siebziger einen nihilistischen
Grundton in der Jugendszene – Friedrich Nietzsche läßt
grüßen:

> Punk ist ein einziges Scheitern geworden. Gut so! Das Scheitern ist
> unsere Welt. Draußen entwickelt sich alles zum Schlimmeren. Gut
> so! Wer verdient es nicht, sang- und klanglos unterzugehen?

Moritz Reichelt von der Düsseldorfer Avantgarde-Combo **Der
Plan**, die mit ihren kindlichen Pappmaché-Maskeraden und
dem Schlagwerk aus Küchengeräten zu den **Genialen Dilletanten** der NDW zählten, erinnert sich an den grassierenden
Differenzwahn Anfang der Achtziger:

> In jenen Tagen konnte es einem passieren, daß man einen Fanclub
> hatte, wenn man bloß aus dem Haus trat und laut brüllte. So ge-
> spannt waren alle Nerven, begierig, sich von allem, was irgendwie
> anders war, in Resonanz versetzen zu lassen.

Moritz R. hatte 1979 während einer USA-Reise eine neue Redensart kennengelernt: »to jerry reeg«, was so viel heißt wie »mit einfachsten Mitteln etwas improvisieren, provisorisch arbeiten«. Kein Wunder, daß das erfolgreichste **Plan**-Album dann auch *Geri Reig* getauft wurde. Das »Stümperhafte« hatte in der NDW seinen Schrecken verloren. Technik war eher belanglos. Auf die Idee, auf den zündenden musikalischen Effekt kam es an, weniger auf die perfekte Durchführung. Man kämpfte um die These, daß im Prinzip jeder Musik machen kann, wenn er nur ein Instrument benutzt. Kompositionsrecht für alle – eine Forderung, die schon von amerikanischen Formationen wie den **Residents** oder **Chrome** verfochten wurde. Auf die Spitze getrieben wurde die dilettantische Virtuosität in Deutschland von der **Tödlichen Doris**. Das Berliner Künstler-Kollektiv veralberte im Sprachspiel ihres Titels »Avon-Gard« noch den eigenen Avantgarde-Anspruch. Wolfgang Müller von der **Tödlichen Doris**, so etwas wie ein Vordenker der **Genialen Dilletanten**, erklärte die Arbeitsweise, die für viele jugendliche Musiker der Neuen Deutschen Welle zum Credo wurde:

> Mit der endlosen Kette der Verfeinerung und Verkomplizierung von Instrumenten bzw. Aufnahmetechniken, die einen »Fortschritt« dort aufzeigen wollen, wo Leere sichtbar wird, kann »Dilletantismus« in provozierender Form einen Schock auslösen, indem er diesen sogenannten Fortschritt – der in seinen Grundgedanken zutiefst überaltert ist – mit Lärm und Krach attackiert.

Während die **Einstürzenden Neubauten** in Berlin die Losung ausgaben: »Hör mit Schmerzen«, begrüßten Andreas Dorau und seine **Marinas** am anderen NDW-Ende »Fred vom Jupiter«. All die Untergangssehnsüchte, die sich in der Neuen Deutschen Welle Bahn brachen, wurden gleichzeitig in kindlicher Fröhlichkeit spiegelbildlich verkehrt. Allein ein charakteristischer Schmunzeleffekt schien die Endzeitstimmung des grassierenden »No Future – No Fun« noch unterminieren zu können: über den Blödsinn des Lebens lachen können, auf sarkastische Art seinen Spaß sichern. Das offensiv-naive Liedchen »Fred vom Jupiter« von Andreas Dorau und den **Marinas** entstand als Zufallsprodukt im Musikunterricht an der Schule. Es klang so nett, so niedlich, daß es schon wieder als hämisches Pendant zu den Untergangsprognosen des Punk gelten konnte. Generell lassen sich die NDW-Texte als strategische Gebrauchslyrik charakterisieren: kürzelhafte Schlagworte beleuchten nurmehr flüchtige Gefühlszustände. Auch die später zu Tode zitierte Endsilbe »-mäßig« (z. B. »szenemäßig«, »schulmäßig«, »schlagermäßig«) hat Anfang der Achtziger ihren verhängnisvollen Ursprung. Das Leben – ein wechselvolles Kaleidoskop aus Bruchstücken, Splittern, Fetzen und Signalen. Die Mitglieder der Band **Geisterfahrer** behaupten apodiktisch: »Dies ist die Zeit der Chancen, die Zeit des Sinns ist vorbei.«

Oft verzweifelt die Lyrik der NDW an ihrer eigenen Sprache. Für die Berliner Band **Ideal** erzählen die Lieder keine Geschichten mehr, weil das Leben keine mehr schreibt:

> Alle Worte tausendmal gesagt, alle Fragen tausendmal gefragt. Alle Gefühle tausendmal gefühlt, tiefgefroren – tiefgekühlt. Eiszeit ...

Der »Eiszeit«-Song von Annette Humpe wurde zum Synonym der NDW-Ernüchterung. Ihre Vorliebe für bestimmte Wortkombinationen, die Assoziationen wecken können, ohne eindeutig zu sein, hat die Sängerin nie verheimlicht. Die neue Grammatik der Realitätserfahrung läßt die Sätze jetzt in einem anderen Rhythmus ›ticken‹. Eine unvermeidliche Künstlichkeit der Gefühle verlangt nicht länger nach schweißtreibendem Rock 'n' Roll. Annette Humpe bekennt:

> Ich habe mit dieser »Ehrlichkeit« überhaupt nichts zu tun, das schnarcht mich ja so an. Für mich klingen deshalb auch viele live aufgenommene Sachen einfach schimmelig, das ist falsch verstandener Rock 'n' Roll.

Die Melange aus Weltschmerz und Stolz, Melancholie und Stilbewußtsein verkörperte Anfang der Achtziger keine Band überzeugender als **Ideal.** Mal spielte Annette Humpe einen Vamp aus den zwanziger Jahren, mal kokettierte sie mit einer

Kleinmädchen-Naivität, um im nächsten Moment artifizielle Lolita-Raffinesse auszuspielen. Ihre Begleitmusiker trauten sich mit ordentlichem Kurzhaarschnitt, biederbravem Anzug, blankpolierten Lackschuhen, weißem Nyltest-Hemd und schmalem Schlips auf die Bühne. Bis zu ihrer Auflösung 1983 verkauften **Ideal** mit ihren Liedern über Melancholie in den Städten und Monotonie in den Träumen mehr als eine Million Schallplatten. In ihrem Hit »Blaue Augen« feierten nicht allein totgesagte Trivialitäten des deutschen Schlagers fröhliche Urständ. Normal ist dieses verkappte Liebeslied nicht, weil der demonstrativ gelangweilte Ton Annette Humpes zunächst jeden Gefühlsüberschwang ad absurdum führt: Déjà-vu-Effekte allerorten, Leerformeln der Verständigung, Second-Hand-Ekstasen. All das produziert Kältezonen der Beziehungslosigkeit. Alle Sentimentalitäten des Textes entpuppen sich als clevere Fälschungen.

Auf der Bühne boten **Ideal** harte, schnelle Musik aus dem Tiefkühlfach der Zeitgeschichte – ein Spektakel aus Nostalgie und Notstand. Jede Geste, jedes Augenzwinkern wirkte erkennbar durchgestylt. Die Musiker waren keine Individuen mehr, sondern bloße Typen. Mit ihren Fluchtbewegungen in eine längst unglaubwürdig gewordene Wehmut, mit ihren liebevollen Parodien großer Gefühle und kleiner Enttäuschungen brachte die Band den verunsicherten Zeitgeist Anfang der Achtziger für viele Jugendliche auf den neuralgischen Punkt. Man konnte sich selbst nicht länger ernst nehmen, vielleicht lag darin der *Ernst des Lebens* – so der Titel des zweiten **Ideal**-Albums.

Mit hintersinnig trivialisierten Texten spielte 1981 auch eine Spaßkapelle aus Großenkneten namens **Trio**. Ihr Vorsänger Stefan Remmler erklärt das Erfolgsrezept: »Wenn die Gefühle zu dick werden, schiebe ich meistens ein Augenzwinkern ein.« Und das kontrastierte aufs schönste mit purem Minimalismus in Sprache und Musik. Simpler konnte Harmonik nicht sein, läppischer keine Rhythmusmaschine klicken. Kühle Klangfarben umflorten einen stimmigen Da-Da-Daismus. Alfred Hilsberg brachte den betörenden Effekt von »Da Da Da« auf den Punkt, als er meinte:

Ich finde, dies ist eines der wenigen Stücke der NDW, die so dumm wie genial sind, weil sie durch eine einfache Reduktion der musikalischen wie textlichen Substanz, durch die Aneinanderreihung von Schlagworten dennoch einen bestimmten Nerv treffen.

Einen andere Art ›Nerv‹ trifft 1981 die **Deutsch-Amerikanische Freundschaft** (kurz: **DAF**): Zum Skandalon gerät ihre Aufforderung »Tanz den Mussolini, tanz den Adolf Hitler!« Der in Spanien geborene Sänger Gabi Delgado und der Schlagzeuger Robert Görl aus Düsseldorf rufen im Konzert aus zwanzig übereinandergestapelten Cassettengeräten alle musikalischen Konserven ihres Programms ab. In schwarze Nappaleder-Kleidung verpackt, versucht der Sänger die Mechanik der Situation durch wilde Tanzgebärden zu durchbrechen. »Es ist toll mit solchen Verkleidungen zu spielen, heute als Pirat, morgen vielleicht in Jeans, dann wieder Mittelalter oder Leder.«

Dumpf ziehen die schnellen Rhythmen der Stücke ihre Bahn. Mit dem Abwechslungsreichtum eines Metronoms treiben die Titel voran. Sinnstiftung gilt als aussichtslos. Was bleibt, ist die Verwirbelung von historisch Unerhörtem und weltanschaulichen Klischees. Was hier blasphemisch und skandalsüchtig klingt, offenbart nur Ohnmacht und Nivellierung. In solchen Tanznummern wird Anfang der Achtziger Geschichte nurmehr als Farce inszeniert. Reizwörter werden nach ihrem rhythmischen Effekt geordnet. Gabi Delgado kann deshalb fordern:

> Hitler und Mussolini und Christus und Kennedy und Schmidt und Beckenbauer gehören alle auf die Tanzfläche. Wir haben das deshalb in einen lächerlichen Disco-Zusammenhang gebracht. Ich finde diese ganzen Vokabeln entmystifizierend.

Am anderen Ende der Neuen Deutschen Welle, fernab solch martialischer Persiflage, hatte sich mittlerweile Gabriele Susanne Kerner etabliert. Die unverschämte Kindfrau aus Hagen signalisierte offensive Lebenslust. Die ließ sich in der Berliner Hitfabrik von Jim Rakete auch besser vermarkten als düstere Null-Bock-Mentalität. Über ihre Anfänge erzählt Nena:

Ich war damals Mädchen für alles bei Jim Rakete, hab geputzt, Post gemacht, meine eigenen Platten eingetütet und verschickt. Jim hatte damals unheimlich viele Bands: Nina Hagen, Interzone usw. Das war wie 'ne Familie, Hubert Kah und all die anderen. Wir haben einfach unsere Musik gemacht und hatten gemeinsam Spaß.

Die unverbrauchte Jugendlichkeit in Nenas Stimme, die überströmende Lebendigkeit der Sängerin, ein süffiger musikalischer Cocktail aus Sechziger-Jahre-Sound, Funk und New Wave: aus diesem Stoff entstand 1982 ein neuer deutscher Superstar. Unbekümmertheit neben Teenager-Erotik, Jungmädchenträume und ideologische Harmlosigkeit – mit ihrem Pazifismus-Pop »99 Luftballons« landete Nena sogar einen Hitparadentreffer über den großen Teich.

Trotz der Marktgängigkeit ihrer raffinierten Mischung hatten die Erfolgssongs von Nena, **Spliff** oder Hubert Kah mit den Anfangsgründen der Neuen Deutschen Welle kaum noch etwas gemein. Entstanden im Kielwasser von Punk und New Wave, bot die NDW kurzzeitig eine Art musikalisches Überlebensmittel für erfahrungshungrige Wohlstandskinder. Herausgekommen war nach drei Jahren eine »Neue Deutsche Volksmusik«: ein unpolitischer Kindergarten mit lauter lustigen Selbstdarstellern. Der Düsseldorfer Szene-Beobachter der ersten Stunde, Xao Seffcheque, faßte das mittlerweile inflationäre Mitteilungsbedürfnis von unbedarften Musikmenschen in eine Realsatire:

»Wann machst denn du endlich deine Platte?«
»Ich denke, so nach dem Führerschein …«
»Auf welchem Label?«
»Auf welchem was … Level?«
»Nein, das ist unwichtig, ich meinte; wo du sie verlegen wirst?«
»Tja, Carmen habe ich's erzählt, die wäre nicht abgeneigt, aber vorher will ich mich noch in Hamburg umtun.«
»Und was machse?«
»So mikromalistische collagenartige Verfremdungen von leeren Bändern mit gedubtem Nach-Hall und gephasertem Echo, so leicht wie die **Abgöttischen Harnstuben**, kennse ja?«

»Klar, die haben ja auch 'ne tolle 9-Inch-Midi-EP auf ›Über-
flüssig-Records‹ rausgebracht. Wo hast'n übrigens den Badge
her?«
»Von so'nem Grönland-Punkie ... irre Szene dort, sag ich dir, Hai-
fischkamm-Musik und unhörbare Walgesänge, tierisch, echt!«

Hohler Experimentierwahn auf der einen, wiedererstarkter
Konservatismus auf der anderen Seite der verebbenden Neuen
Deutschen Welle. Nicht zufällig hatten die Tanzschulen in
Deutschland plötzlich wieder erhöhten Zulauf, auch Verlo-
bungen und Hochzeiten nahmen rapide zu. Viele Jugendliche
richteten sich in den frühen Achtzigern nach den symbolischen Explosionen von Punk und New Wave wieder in den gesellschaftlichen Verhältnissen ein, suchten das kleine, private
Glück und machten ihren Frieden mit der Leistungsgesellschaft. **Geier Sturzflug** brachte schon im Bandnamen den
Niedergang durch allgegenwärtigen Kommerz auf den Begriff.
Ihre Konsumwelt-Satire »Bruttosozialprodukt«, bereits sechs
Jahre vor ihrem Hitparadeneinzug geschrieben, paßte erst
jetzt stimmig zu dem Wendeversprechen von Kanzler Kohl
und seiner Aufschwung-Verheißung.

Literaturhinweise

Elmar Kraushaar: Rote Lippen. Die ganze Welt des deutschen Schla-
    gers. Reinbek 1983.
[M. O. C.] Döpfner & [Thomas] Garms: Neue Deutsche Welle – Kunst
    oder Mode? Eine sachliche Polemik für und wider die neudeutsche
    Popmusik. Frankfurt a. M. 1984.
Hermann Haring: Rock aus Deutschland, West. Von den Rattles bis
    Nena – 2 Jahrzehnte Heimatklang. Reinbek 1984.
Wolfgang Müller (Hrsg.): Geniale Dilletanten. Berlin 1982.
Moritz R[eichelt]: Der Plan. Glanz und Elend der Neuen Deutschen
    Welle. Kassel 1993.

The Kids Are Not Alright
Skins gegen Links und Rechts

»What's your definition of Skin?« – beginnen wir mit einem bunten Medley:

> »Als Skin will ich Prellbock sein gegen Ausländer und Rotfront-Terror!«
>
> »Na, was ich will ist: Spaß haben und mein Leben genießen, ohne bürgerlich zu sein; Kämpfen gegen Unrecht, und vor allem: Ich will mich nicht unterkriegen lassen als Frau und als Nicht-Deutsche.«
>
> »Als Skin will ich Arbeiter sein und auf die Bonzenschweine scheißen, ich will gute Musik hören und Spaß haben, ich hasse Hippies und alles Linksfaschistische.«
>
> »Als Skin will ich mich von den anderen abheben, mit ultrakurzen Haaren herumlaufen, smarte Klamotten tragen, schwarze Musik hören, Spaß haben, rumsaufen, Working Class sein, Hippies an den Haaren ziehen, Roller fahren.«
>
> »Als Skin ist es meine Pflicht, für die Reinheit der deutschen Nation zu kämpfen und notfalls auch zu sterben.«
>
> »Als Skin ist mein Ziel, gegen Rassismus zu kämpfen und gute Musik zu hören.«

Diese Statements aus Deutschland in den neunziger Jahren haben alle nur eins gemeinsam: Die Menschen, die da sprechen, sprechen als Skinheads. Daraus folgt – zunächst einmal Verwirrung: Nicht jeder Skinhead ist rechts und nicht jeder Nazirockhörer ist Skinhead und nicht jeder Skinhead ist männlich und nicht jeder Hooligan ist Skinhead und nicht jeder antirassistische Skinhead ist linker Skinhead und nicht jeder Rassist ist Nazi.

Verwirrung total. Vielleicht hilft ein Blick in die Geschichte der englischen Skinhead-Bewegung, um dieses Netz scheinbarer und tatsächlicher Widersprüche zu entwirren. Für den Sozialwissenschaftler Andrew Nevill standen die Mods am Anfang der Skin-Bewegung. In seiner Skinhead-Bibel *Spirit of 69* schreibt er: »Die Mods pflegten einen Kult der Coolness. Sie trugen makellose Kleidung, hörten Rhythm & Blues, Beat und Soul von Tamla Motown und Stax und fuhren Lambretta und Vespa-Roller, die mit Scheinwerfern und Spiegeln ausgerüstet waren.«

Die erklärten Feinde der Mods waren die Rocker oder Greaser. In den frühen Sechzigern lieferten sich beide Gruppen am englischen Bank Holiday ritualisierte Massenschlägereien. Schauplatz der historischen Schlachten waren die vornehmen Seebäder rund um Brighton.

Inspiriert von diesen Abgrenzungskriegen konstituierte sich bald eine neue Jugendbewegung, die ihrerseits auf Abgrenzung bedacht war, wie Andrew Nevill beschreibt: »Die kleinen Brüder der Mods entwickelten ihren eigenen Stil, indem sie gewisse Elemente des Mod-Stils übernahmen, diese mit klassischen Arbeitsklamotten entlehnten Details kombinierten, einige Anregungen von den westindischen Schwarzen übernahmen und zu Skinheads wurden.«

Zu den essentiellen Bestandteilen des Skinhead-Looks gehören: kurzgeschorene oder rasierte Haare, wahlweise mit langen Koteletten oder einrasiertem Scheitel; acht bis zehn Loch hohe Schnürstiefel, bevorzugt von Doc Martens; robuste Arbeitsjeans, bevorzugt von Levi's und Wrangler; Hosenträger, Armeejacken.

Maßgeblich beeinflußt wurden die Skinhead-Moden von den Rude Boys oder Rudies, den stilbewußten westindischen Einwanderern. Die prägten mit ihren kurzen Hosen, unter denen weiße Socken und schwarze Schuhe hervorschauten, den Look der Dancehalls vor allem im Süden und Osten Londons. Und die Westinder prägten auch den Sound!

Die musikalische und die kulturelle Geschichte der Skinhead-Bewegung ist die Geschichte der Achse Kingston – London. Darauf jedenfalls besteht die Geschichtsschreibung der Sharp-Skins. »Sharp« ist die Abkürzung für: »Skinheads against racial prejudice« – übersetzt: »Skinheads gegen rassistische Vorurteile«. Das programmatische Motto der Sharp-Skins: »Sharp Skins remember their roots, think with their heads and not with their boots!« – »Sharp-Skins erinnern sich ihrer Wurzeln, denken mit dem Kopf und nicht mit den Stiefeln!«

Sharp-Skins schreiben sich ihre Geschichte wie folgt:

> S.H.A.R.P. existiert seit 1988 und ist mittlerweile international verbreitet. Ursprünglich in Amerika gegründet und in England aufgegriffen, gibt es diese Bewegung nun auch in Deutschland. S.H.A.R.P. ist im wesentlichen eine Reaktion auf das von den Medien verbreitete Bild des rassistischen und faschistischen Skinhead. Aber auch eine klare Trennung von denjenigen, die sich als Skinheads bezeichnen, jedoch keine sind.
>
> Skinheads haben ihre Wurzeln im England der 60er Jahre, oder noch weiter gegriffen: Die ersten Skinheads tanzten zur Ska-Musik aus Jamaika. Ska ist ein Sammelbegriff für Blue Beat, Rocksteady und die frühen Formen des Reggae. Diese Skinheads tanzten mit den Rude Boys – Emigranten von den Westindischen Inseln – Schwarzen!
>
> Ein Skinhead kann kein Rassist sein, schon allein weil es pervers wäre, sich für schwarze Musik zu begeistern und andererseits die Musiker wegen ihrer Hautfarbe und ihrer Kultur zu verurteilen.

Dieses Programm verdichtet sich zur folgenden zentralen Selbstauskunft: »Ein echter Skinhead tanzt nach wie vor zu Ska und Reggae und verprügelt keine Ausländer.«

Dummerweise hat sich die Wirklichkeit nicht immer an die gutgemeinten Vorgaben der Sharp-Manifests gehalten. Ska und Reggae hören und dazu Ausländer verprügeln – für Skinheads – echt oder falsch – ist das nicht immer ein Widerspruch. Andrew Nevill beschreibt die Lebensumstände der Skinheads im England der Sechziger. Mit wenigen Korrekturen kann man seinen Text hören, als wär's ein Stück aus dem Deutschland der Neunziger:

> Skinheads waren immer patriotisch und stolz auf ihre Herkunft aus der Arbeiterklasse, und Skinhead-Gewalt mag in gewissem Maße als Reaktion auf die Umwälzungen gesehen werden, die sich Ende der 60er in der Gesellschaft abzeichneten, deren äußere Zeichen die Zerschlagung gewachsener innerstädtischer Gemeinden und die Verpflanzung in anonyme Neubau-Viertel waren. Diese gesellschaftlichen Veränderungen mündeten in einer Unsicher-

heit, die oft in Aggression umschlug, die jeden traf, der anders aussah, sich anders benahm oder als Bedrohung oder gar Anschlag gegen eine traditionelle Lebensweise angesehen wurde. Hippies, Schwule und Studenten waren leichte Beute und regelmäßige Ziele. Die Skinhead-Übergriffe gegen Asiaten machten jedoch die größte Sorge.

Nicht nur vielen Skinheads, sondern auch den braven weißen Bürgern von London und Rest-Britannien machte »Paki-Bashing« – Übergriffe gegen Asiaten – keineswegs bloß »größte Sorge«, sondern schon auch ein bißchen Spaß: »Ich habe die Hippies gehaßt«, bekennt Gary Bushell, eine der Schlüsselfiguren der Skinhead-Szene: »Pakis klatschen war aber nur ein Teil der ganzen Sache: Hippies klatschen, Schwule klatschen gehörte auch dazu; im Grunde war alles, was nicht jung und Arbeiterklasse war, meine Zielscheibe.«

Gewalt als Männerritual – schon der englische Kultursoziologe John Clarke rückt diesen Aspekt in den Mittelpunkt seiner Studie *Die Skinheads und die magische Rückgewinnung der Gemeinschaft*:

> Der Fußball und vor allem die mit ihm verbundene Gewalt eröffnet ebenso ein Ausdrucksfeld für das kollektive, männliche Selbstbild der Skinheads. Dies identifiziert Männlichkeit mit physischer Härte und schließt die fehlende Bereitschaft ein, zurückzustecken, wenn es »Ärger« gibt. Die Betonung physischer Härte zeigte sich auch in den am meisten publik gewordenen Aktivitäten der Skinheads: »Pakis verdreschen« und »Schwule ticken«. Das Verprügeln der Pakistanis – Paki bashing – schloß die rituelle und aggressive Verteidigung der sozialen und kulturellen Homogenität des Viertels gegen ihre offensichtlichsten Außenseiter ein – teilweise aufgrund ihrer besonderen Erkennbarkeit, etwa als Ladenbesitzer, und auch aufgrund ihrer andersartigen Kulturmuster – etwa ihrer Weigerung, sich zu verteidigen.
>
> »Schwule ticken« kann als Reaktion gegen die Auflösung traditionell verfügbarer Stereotypen von Männlichkeit, vor allem durch Hippies, interpretiert werden.

Was Clarke hier für die späten Sechziger und frühen Siebziger beschreibt, erlebt ein Jahrzehnt später in Großbritannien ein

Revival. Im Zuge der Punkrevolte 1977 blieb in der Popkultur zunächst kein Stein auf dem anderen. Die Jahre 79/80 bringen eine zunehmende Diversifizierung und Entmischung. Die Skinheads stehen dabei im Spannungsfeld von zwei durchaus gegensätzlichen musikalischen und jugendkulturellen Strömungen: hier das große Ska-Revival, dort die entstehende Oi-Bewegung.

Die **Specials** aus Coventry waren neben **Selecter, Madness** und **The Beat** die wichtigste Band des Ska-Revivals. Mit der Musik erlebte auch die Mode der Mods und Skinheads der Sechziger eine Renaissance. In ihren Texten und Attitudes bezogen die Ska-Bands Position gegen die konservative Politik der Regierung Thatcher und die Aktivitäten der rassistischen National Front. Der Name der bedeutendsten Plattenfirma dieser Bewegung war zugleich Programm: »Two Tone«!

»Two Tone« – das stand gleichermaßen für das allgegenwärtige schwarzweiße Karomuster auf den Klamotten wie für die Hautfarben der beteiligten Menschen: schwarz und weiß. »Two Tone« betonte ausdrücklich den Schmelztiegel-Aspekt der Ska-Kultur, war insofern antirassistisch *by nature*.

Aber, da gab es ein Problem. Zu den Konzerten der neuen Ska-Bands fühlten sich auch viele Skinheads hingezogen, die mit dem Rassismus der National Front sympathisierten. So kam es bei Two-Tone-Konzerten immer wieder zu handfesten Auseinandersetzungen. Zwei schwarze Musiker der **Specials** wurden bei einem rassistischen Überfall durch Messerstiche verletzt. Die Band **Madness** dagegen hatte ein ganz anderes Problem: **Madness** waren die einzige Two-Tone-Band mit nur einem Farbton – die einzige Band mit ausschließlich weißen Musikern. Rechte Skinheads nahmen diese Tatsache zum Anlaß, **Madness** zu ›ihrer‹ Band zu erklären. Häufig versuchten sie, **Madness**-Konzerte für ihre politischen Zwecke zu nutzen. Die Band ging zwar offensiv gegen ihre falschen Freunde vor: Sie beteiligte sich an Aktionen der »Rock against Racism«-Bewegung und ließ Nazis und Rassisten aus Konzerten entfernen. Als diese Maßnahmen keine Wirkung zeigten, gab die Band keine Konzerte mehr und löste sich bald auf.

»Das Lustige an ›Rock gegen Rassismus‹ war diese Parole ›Schwarz und Weiß kämpfen vereint‹ – denn genau das ist passiert: Schwarze und Weiße Skins kämpfen vereint gegen Pakis. Nette Ironie.« Gary Bushell demonstriert, wie man selbst ein so eindeutiges Konzept wie Two Tone von rechts ko-optieren kann. Schwarz und Weiß zusammen gegen Pakis, und dazu der Sound aus Westindien, auch für Bushell der Sound der Auflehnung: »Die westindische Musik, Rocksteady, Ska und Reggae waren sehr populär, besonders die *Tighten Up, Volume 2* – dazu haben wir in den Clubs getanzt.«

Tighten Up war eine ebenso erfolg- wie einflußreiche Reihe von Ska- und Reggae-Compilations – für Gary Bushell die musikalische Grundausstattung der Skinheads der späten sechziger und frühen siebziger Jahre. Ska-Fan zu sein und gleichzeitig die rassistischen Züge der Skinhead-Bewegung zu propagieren – für Gary Bushell war das offenbar kein Widerspruch.

Der weiße Journalist Bushell war eine Schlüsselfigur des englischen Skinhead-Revivals Anfang der Achtziger. Als Redakteur der Wochenzeitschrift *Sounds* und propagandistisches Gehirn der Oi-Bewegung war Bushell verantwortlich für die Schreibung von Geschichte – respektive: für die Stiftung von Geschichte.

Den historischen Übergang vom sogenannten »Streetpunk« zu Oi beschreiben Klaus Farin und Eberhard Seidel-Pielen in ihrem Buch *Skinheads*:

Wer eigentlich auf die Idee kam, ist nicht überliefert, jedenfalls begannen die Cockney Rejects irgendwann damit, ihre Songs nicht mehr mit dem üblichen »One, two, three, four« anzustimmen, sondern grunzten statt dessen ein »Oi!Oi!Oi!« ins Mikro. Das Publikum warf den Ruf aus tausend heiseren Kehlen begeistert zurück, und so entstand einer der schönsten Mitgröhlsongs der Skingeschichte. Als der Musikkritiker Gary Bushell für *Sounds* einen Streetpunk-Sampler zusammenstellte, durfte Oi!Oi!Oi! darauf natürlich nicht fehlen, und da ihm auch kein besserer Titel einfiel, nannte er gleich das ganze Machwerk *Oi! The Album*. Damit war der Skinheadkultur noch zehn Jahre nach ihrer Geburt eine zweite Wurzel gewachsen.

Gary Bushell propagiert zunächst den Begriff »Streetpunk« und sammelte dann unter dem Schlachtruf Oi! für *Sounds* die Enttäuschten und Vernachlässigten der Punk-Revolte ein. Unter dem Oi-Banner konnte sich symbolisch rekonstruieren, was im richtigen Leben durch die rigide »Klassenkampf von oben«-Politik des Thatcher-Regimes praktisch zerstört war: die gute alte – weiße – British Working Class.

John Clarke schrieb schon in den Siebzigern:

> Der Skinhead-Stil stellt einen Versuch dar, über den »mob« die traditionelle Arbeiter-Gesellschaft als Ersatz für ihren tatsächlichen Niedergang wiederzubeleben.

Wie die gesamte Skinhead-Geschichte ist auch die Geschichte der Oi-Bewegung sehr komplex: Einige Bands wie etwa die **Angelic Upstarts** und **Sham 69** positionierten sich explizit – und gegen große Teile ihrer Fangemeinde – antifaschistisch. Andere – namentlich die **4 Skins** und die explizit faschistischen **Skrewdriver** – spielten den Sound der Neonazis. An diesem Punkt tritt wieder Gary Bushell in Aktion. Nach dem großen Erfolg der ersten »Oi«-Compilation legt Bushell im Sommer 1981 die zweite Sammlung vor. Titel: *Strength Thru Oi!*

Seidel-Pielen und Farin bezeichnen den Titel als »dumme Anspielung auf den Nazi-Slogan ›Kraft durch Freude‹« – auf englisch: »Strength through Joy«. Nicht dumm, aber sicher kein Zufall: Als Coverboy ziert der prominente Nazi-Skin und Kopf des faschistischen British Movement, Nicky Crane, die Plattenhülle. Vier, fünf Jahre zuvor hatten beim Establishment verhaßte Punk-Figuren wie Johnny Rotten, Siouxsie oder Sid Vicious eben jenes Establishment mit Nazisymbolen provoziert – aber sie waren schlau genug, die theatralischen, subversiven Gehalte dieser Gesten kenntlich zu machen. Ein real existierender Nazi-Skin-Funktionär auf dem Cover eines Albums mit dem Titel *Strength Thru Oi!* – das ist eindeutig eine andere, eine neue Qualität – die auch bald neue Freunde finden sollte.

Bushell und seine Herrenfreunde treiben zur Eindeutigkeit, was vorher zweideutig und unentschieden war: Die »schwarzen« und »karibischen« Offbeat-Elemente der Musik müssen einem eindeutig »weißen« und »männlichen« Viervierteltakt weichen – so erinnert sich der Musikkritiker Diedrich Diederichsen:

> Es dauerte nicht einmal ein Jahr, als Punk auch den traurigen Ruhm verbuchen konnte, die erste Popmusik zu sein, die für Rechtsradikale ko-optierbar war. Das hat ästhetische und politische Gründe. Der ästhetische Grund ist tatsächlich der Verzicht auf afro-amerikanische Elemente in der Musik. Man konnte zu Bands der zweiten Generation wie Sham 69 gröhlen wie ein gewalttätiger Mob, man konnte den unfunky Körper intakt lassen und ganz Gesinnung werden, man konnte martialisch sein und keine Synkope untergrub den tumben, ewigen Viervierteltakt des Ressentiments.

Diedrich Diederichsen schlägt die Brücke nach Deutschland:

> Sham 69's »If the kids are united« war der erste Song, zu dem ich auch in Hamburg, ein Jahr später, 1979, Skinheads gröhlen sah. Arbeitereinheitsfront unter Führung der SA. Da wollten welche die Welt ändern, denen sie nicht gefiel. Einer von ihnen sitzt noch heute wegen Totschlags eines Türken. Er war der Unbedarfteste, die anderen sind in Nazi-Parteien oder in die Hamburger Halbwelt fest integriert worden.

Auch eine deutsche Band, die sich mit Liedern wie »Türken raus, Deutschland den Deutschen« zur Lieblingsband der deutschen Skinheadszene hochgespielt hatte, konnte sich fest in den Mainstream integrieren – und zählt mittlerweile zu den erfolgreichsten Rockbands Deutschlands. Wie **Sham 69** im England der späten Siebziger fingen die **Böhsen Onkelz** aus Frankfurt als Punkband an. Während **Sham 69** sich aber gegen die Vereinnahmung durch die britische Rechte wehrte und sich letztendlich auflösten, sind die **Böhsen Onkelz** heute erfolgreicher denn je.

Wie viele englische Punkbands der zweiten Generation distanzierten sich die **Böhsen Onkelz** bald von der Punkszene und mutierten zu Skinheads. Mit dem Abstand von bald zwanzig Jahren benennen die **Böhsen Onkelz** heute zwei Essentials des Skinhead-Wesens der frühen Tage – erstens: Der Fußballplatz ist die Arena für Männerrituale schlechthin, und zweitens: Distinktionsgewinne lassen sich nur durch Härte erzielen.

Anfang der Achtziger begannen junge deutsche Männer, sich ihren eigenen Reim auf die englische Oi!-Bewegung zu machen. Stolz auf die Arbeiterklasse, Stolz auf die Nation – diese Essentials nahmen sie sich zu Herzen. Dann machten sie sich eine kleine Schwäche ihrer Muttersprache zunutze: Anders als im Englischen ist der »Oi!«-Laut im Doitschen recht verbreitet. Also machten sich die deutschen Skins an ihre ganz eigene doitsche Rechtschreibreform nach dem Motto: aus »E-u« mach »O-i« – »Doitschland den Doitschen« eignete sich hervorragend als Oi-Parole.

Beim Transfer der Oi!-Bewegung von England nach Deutschland entwickelten sich noch andere sogenannte »nationale Eigenheiten« zur Kenntlichkeit. In Sachen Popkultur war und ist Deutschland im Vergleich zu England Entwicklungsland. In Großbritannien hatte die Punkrevolte weite Kreise der Jüngeren erfaßt und somit einen popkulturellen Paradigmenwechsel mit angestoßen. In Deutschland war diese Revolte weitgehend ein Medienereignis, gesellschaftlich blieb sie aber eher Marginalie.

Dementsprechend fehlte der Oi!-Bewegung, die sich in England ja auch als Reaktion auf den »kommerziellen Ausverkauf« der Punk-Bewegung konstituiert hatte, in Deutschland der Resonanzboden. ›Englische‹ Haltungen, Attitüden und Parolen wurden von deutschen Skins imitiert, ohne daß die sozialen Rahmenbedingungen dafür existiert hätten. Insbesondere fehlte in Deutschland ein nicht-rassistischer, tendenziell antifaschistischer und linker Gegenpol, wie ihn in England die Postpunk- und Ska-Szene bildete. So übernahmen deutsche Skinbands umstandslos bestimmte Essentials der Oi!-Bewegung und positionierten sich – gleichsam naturwüchsig – rechts.

Doc Martens, kurze Haare, das ist arisch, keine Frage
Nieder mit dem Misch-Masch-Blut, denn das tut dem Vaterland
nicht gut
Haltet rein die deutsche Rasse, denn wir sind die Arierklasse
Steht euren Mann, wir sind die Macht, Deutschland wird siegen in
jeder Schlacht!

So klingt die Selbstdarstellung der Band **Endstufe**. Eine andere Nazi-Band, **Störkraft**, nahm schon früh vorweg, was heute nicht nur in vielen Dörfern und Städten Ostdeutschlands gesellschaftliche Realität ist: die sogenannten »national befreiten Zonen«:

Wir sind Deutschlands rechte Polizei
Wir machen die Straßen wirklich frei.

›Englische‹ Skinhead-Aktivitäten wie »Schwule ticken« und »Hippies an den Haaren ziehen« ließen sich umstandslos ins Deutsche übersetzen, Paki-Bashing war schon schwieriger, mangels Paki-Massen. Also mußten andere Prügelknaben her:

Türken raus, Türken raus, Türken raus
Türken raus, Türken raus, Türken raus, alle Türken müssen raus
Türkenfotze naßrasiert, Türkenfotze glattrasiert
Türken raus! Türken raus!

Unter anderem diesem Songtext verdanken die **Böhsen Onkelz** ihren Ruf als Naziband. Unter anderem diesem Songtext verdanken die **Böhsen Onkelz** ihren Aufstieg zur unumstritten beliebtesten Skinband Deutschlands.

Jetzt gibt's einen Aufruhr in unserem Land
Die Kids von der Straße haben sich zusammengetan
Skinhead ist Zusammenhalt gegen euch und eure Kanackenwelt
Nur bis jetzt haben immer die Kanacken gesiegt
Deutschland den Deutschen!

Seit geraumer Zeit geht die Band auf Distanz zu ihren frühen Texten und deklariert sie als sogenannte »Jugendsünden«. Nichtsdestotrotz: Viele Fans der Band nehmen diese Texte durchaus noch ernst und legen Wert auf Kontinuität. Gekleidet in den Farben ihrer Lieblinge beteiligen sie sich an einschlägigen Freizeitaktivitäten wie Ausländerunterkünfte anzünden in Rostock, Mölln und anderswo. Für Stephan Weidner von den **Böhsen Onkelz** ist das ein Grund – traurig zu sein:

> Für mich ist das natürlich traurig, wenn ich sehe, daß diese Leute da unsere T-Shirts tragen. Das erfüllt mich auch mit Abscheu und ich frage mich, was die im Kopf haben. Wahrscheinlich gar nix. Die wissen nicht, was sie tun.

»Die Onkelz waren nie Nazis«, bescheinigen die Skinhead-Forscher Seidel-Pielen und Farin den **Böhsen Onkelz** und definieren weiter: »Sie waren ›stolze Deutsche‹: Nationalisten und Rassisten wie ein Großteil der bundesdeutschen Wendejugendlichen Anfang der 80er Jahre.« (Mit »Wendejugendlichen« meinen die Skinhead-Forscher die Jugend der christlich-liberalen Wende hin zur Regierung Kohl im Jahre 1982.)

Mitte der achtziger Jahre hatte sich die Entwicklung der deutschen Skinszene gänzlich von der englischen abgekoppelt. »Statt lärmendem Oi! dumpf hämmernde Marschmusik im Heavy-Rock-Gewand«, klagen Farin und Seidel-Pielen. Alle klängen wie die **Onkelz** – nur schlechter, schreiben sie, und stellen fest, daß vor allem die jüngeren Skinheads kaum noch Ska und Soul hören. Ein deutscher Sonderweg.

In gewissen Nischen pflegen traditionsbewußte Sharp- und Redskins ihre anglophile Kultur und dementieren auf Anfrage die historische Fälschung. »Skin = rechts«:

> Es gibt irgendwie Leute, die sind rechtsradikal und die sagen sich einfach: Hach, gut, ich bin rechtsradikal, jetzt schneide ich mir mal die Haare ab. Aber hinter der Skinhead-Bewegung steckt halt einiges mehr. Die Skinhead-Bewegung kommt in ihrem Ursprung aus Jamaica, wurde von schwarzen Jugendlichen gegründet, und das ist nun mal 'ne Sache, die sich mit Nationalsozialismus oder ähnlichem Gedankengut nicht so leicht verbinden läßt.

Unterdessen haben sich weite Teile der Skinhead-Szene de facto zu einer rechten Jugendbewegung formiert, die sich musikalisch und kulturell von britischen Vorbildern emanzipiert hat. Dort hört man deutschen Rechtsrock, gespielt von Männern, die aussehen wie Skinheads. Die Bands tragen eindeutige Namen und haben eindeutige Texte: Sie heißen **Endstufe** und **Kahlschlag**, **Noie Werte** und **Stuka**. Sie singen über »Deutsches Blut« und »Rudolf Heß«, über »Parasiten« und »Retter Deutschlands«. Da diese Bands zudem keinerlei Versuche unternehmen, den engen musikalischen Rahmen von mitgröhlbarem Oi-Punk zu erweitern, müssen sie sich mit einer bescheidenen Rolle am rechten Underground-Rand begnügen.

Den Weg ins Zentrum eines sich immer weiter diversifizierenden Mainstreams haben bisher nur die **Böhsen Onkelz** und die mit faschistischer Ästhetik und Mythen kokettierenden Goth-Rocker von **Rammstein** geschafft. Die **Böhsen Onkelz** steigen im Herbst 1998 gar auf Platz eins der deutschen Charts und haben zu diesem Zeitpunkt von ihrem Album *Viva Los Tioz* mehr als 250 000 Exemplare verkauft.

Die Band ist angekommen im Zentrum der deutschen Gesellschaft. Die **Onkelz** sind längst keine Skinheads mehr, sondern eine ›normale‹ Metal-Band mit deutschen Texten. Sie profitiert von einer ›Normalisierung‹ der Gesellschaft, die Diedrich Diederichsen als »Re-Biologisierung« und »Entpolitisierung des Jugendprotests« beschreibt. Im Zuge dieser »Entpolitisierung« tragen Aktivisten rassistischer Pogrome – zu deutsch: Leute, die anderer Leute Notunterkunft anzünden, weil andere Leute fremde Leute sind –, diese Brandstifter also tragen Baseballkappen mit dem Buchstaben »X« – jenes »X«, das sich einst der afroamerikanische Aktivist Malcolm als Nachname gab, um damit seine historische X-Beliebigkeit zu dokumentieren (also den Umstand, daß die Nachfahren afrikanischer Sklaven in den USA an der Stelle einer nachvollziehbaren Geschichte nichts haben: nichts außer einem X).

Baseballkappenträger aus Rostock, die sich mit dem »X« schwarzer Menschenrechtsaktivisten schmücken, hören laute und harte Rockmusik, die ihren Eltern zu laut und zu hart ist.

236

»Re-Biologisierung« von Jugendprotest heißt in Deutschland konkret: Junge, meist männliche Jugendliche müssen sich austoben. Dabei tragen sie internationale Jugendmode und hören laute Musik, die ihre Eltern nicht mögen. Deswegen sind sie allerdings noch lange nicht irgendwie links orientiert.

Auch wenn es viele Menschen nicht wahrhaben wollen, die einst sozialisiert wurden im harmonischen Dreiklang, im magischen Dreieck von Protest, Befreiung und Popkultur:

Jugendprotest und Rockmusik sind längst nicht mehr per Definition links codiert.

Rockmusik und Rassismus sind längst kompatibel. Oder, wie Diedrich Diederichsen in Anlehnung an einen Song-Klassiker der britischen Mod-Band **The Who** treffend titelte: »The Kids are not alright«.

Das sozialdarwinistische Weltbild der **Onkelz** harmoniert unversehens mit einem ›modernen‹, deregulierten Konkurrenzkapitalismus: Das Soziale wird konsequent biologisiert, ontologisiert und ethnisiert. Nach der altbewährten Devise »Kampf ist der Vater aller Dinge« gehorchen gesellschaftliche Konflikte stets und für immer Naturgesetzen, und demzufolge gilt: Nur die Stärksten kommen durch.

Für Textzeilen wie »Türkenfotze naßrasiert«, »Türken raus« oder für »Deutschland den Deutschen« möchten die **Böhsen Onkelz** heute nicht mehr verantwortlich gemacht werden. Aus der Sprechposition der Mitte adressieren sie heutzutage ihre Songs. Im Schlüsselstück ihres Nummer-eins-Albums *Viva Los Tioz* wird eine nicht näher definierte »Antifaschistin« attackiert. Aus dem Zentrum der Gesellschaft betätigen sich die **Böhsen Onkelz** als Ringrichter im Gang-War zwischen Faschisten und Antifaschisten. Diese beiden Gangs stehen sich so ebenbürtig und unversöhnlich gegenüber wie – sagen wir – die Fans von Bayern und 1860 München oder die Fans von der Frankfurter Eintracht und den Offenbacher Kickers – mit einem kleinen Unterschied: Die eine Gang steht für Völkermord, und die andere dagegen.

Fans der **Böhsen Onkelz** sieht man heute überall. Im Frankfurter Waldstadion und im Dortmunder Westfalenstadion. Und hin und wieder bei Nazi-Aufmärschen und kleineren Pogromen. Was **Onkel** Stephan Weidner sicherlich auch »traurig« findet.

Literaturhinweise

Max Annas/Ralph Christoph (Hrsg.): Neue Soundtracks für den Volksempfänger. Nazirock, Jugendkultur und rechter Mainstream. Berlin 1993.

John Clarke [u. a.]: Jugendkultur als Widerstand. Milieus, Rituale, Provokationen. Hrsg. von Axel Honneth [u. a.]. Dt. von Thomas Lindquist und Susi Büttel. Frankfurt a. M. 1979.

Klaus Farin/Eberhard Seidel-Pielen: Skinheads. München 1993.

George Marshall: Spirit of 69. A Skinhead Bible. Dunoon 1991.

SPoKK (Hrsg.): Kursbuch JugendKultur. Stile, Szenen und Identitäten vor der Jahrtausendwende. Mannheim 1997.

Paul E. Willis: Profane Culture. Rocker, Hippies: Subversive Stile der Jugendkultur. Aus dem Engl. von Sibylle Koch-Grünberg. Frankfurt a. M. 1981.

JÜRGEN KUTTNER

Die Funktionäre im Widerstand
Rockmusik in der DDR

Tja. *(Jürgen Balitzki)*

Hmm. *(Ronald Galenza)*

Ein furioses Beginnen: 31. Oktober 1965: 2500 Jugendliche versammeln sich in der Innenstadt Leipzigs und demonstrieren für ihr Recht auf »Gitarrenmusik«. »Schlagt zu, kämpft um das Beat-Recht« und »Weg mit dem Verbot – für Beat-Musik« lauten die Losungen. Unvorstellbar für DDR-Verhältnisse – die Versammlung wird gewaltsam aufgelöst. So beginnt eine Auseinandersetzung zwischen Funktionären, Bands und Fans, die sich durch fünfundzwanzig Jahre ostdeutscher Rockmusik ziehen soll.

Was sich im Westen gegen den Widerstand von Kulturkritikern, Lehrern und besorgten Eltern durchsetzen mußte, traf im Osten zusätzlich auf eine mißtrauische Funktionärselite, die Kindheit und Jugend in der parteidisziplinierten kommunistischen Bewegung der zwanziger Jahre, im illegalen antifaschistischen Kampf und im stalinistischen Exil verbracht hatte. Für sie sind selbst elementare Lebensäußerungen politisch und können schnell verdächtig erscheinen.

Noch 1972 ringt die Randberliner One-Hit-Band **Sirocco** mit dem Song »Ihre Tanten« um Anerkennung. Appeasement und Konfliktvermeidungsstrategien lassen sie von einem Jazzmusiker singen, wo es zeitgemäß um einen »Beatle« geht.

Wer »Ich hab Dich lieb« singt, kann nicht böse sein, mag die naive Überlegung der Bandmitglieder gelautet haben. Aber Liebseinwollen allein reicht nicht. Zu genau erkennen DDR-Politiker die rebellische Potenz dieser neuen Jugendkultur, die ihre eigenen Symbole, ihre eigene Sprache sucht und findet: in

Jeans und langen Haaren, in unverklemmter Sexualität und eben in lauter Musik.

Wer einen ersten Anfang sucht, wird ihn nicht finden; Jazz und Folk, Rhythm & Blues, Soul, Country & Western, Mersey-Beat und Rock 'n' Roll – irgendwo daher kommt, was unter dem späten Sammelbegriff »Rockmusik« seinen Zug um die Welt antrat und auch vor einer 1961 in Deutschland errichteten Mauer nicht Halt machte.

Dennoch bildet das Jahr 1965 eine wichtige Zäsur: Im Dezember, sechs Wochen nach der Leipziger Beat-Demonstration, formuliert die SED auf ihrem verhängnisvollen 11. Plenum eine neue, restriktive Kulturpolitik, die den »Auswüchsen« eines kurzen nachstalinschen Tauwetters Einhalt gebieten soll. Hier fällt auch der notorische Satz Walter Ulbrichts, der auffordert, mit dem »yeah, yeah, yeah« und dem »Dreck, der vom Westen kommt« Schluß zu machen.

Diskussionen auf staatlicher Seite hatte es schon länger gegeben, die ersten Tanzmusikkonferenzen fanden bereits in den späten fünfziger Jahren statt, aber mit der 1964 einsetzenden Beatle-Manie wird das Problem akut.

Die Situation bleibt widersprüchlich:

Im August 1965 veröffentlichen die **Rolling Stones** ihren Song »Satisfaction«, der noch im selben Jahr (!) von der **Theo-Schumann-Combo** gecovert wird, ein rares Dokument, das erst dreißig Jahre nach seiner Aufnahme veröffentlicht werden konnte. Wir sind hier an einem entscheidenden Punkt und Problem der DDR-Rockgeschichtsschreibung: das Bild, das die nachgelassenen Tondokumente zeichnen, ist falsch. Hunderte Amateurkapellen coverten nämlich undokumentiert, was das Zeug hielt. Nachspielen, nachspielen, nachspielen – möglichst originalgetreu. Die eigentlichen Bands sind unerreichbar weit weg, und es geht um mehr als um Musik, es geht um eine Lebensweise mit Körperkontakt und eigenen Räumen. So hören junge Langhaarige fiebernd Radio Luxemburg, AFN oder Rias, suchen auf ihren Gitarren die entsprechenden Griffe und kauderwelschen sich die Texte zurecht, um die Songs dann in Clubs, in Kulturhäusern und Gaststätten zu präsentieren.

Im selben Widerspruchsjahr 1965 erscheint eine LP mit frühen Hits der **Beatles** auf »Amiga«, dem staatlichen Plattenlabel der DDR – ein Kompromißangebot. »Lange Haare – ja, aber kurz müssen sie sein«, lautete wohl die absurde Formel. Ein erster Versuch zu integrieren, was sich jenseits aller staatlichen Einflußnahme entwickelt hatte.

Dabei sind auch die vier Jungs aus Liverpool nicht unumstritten, scheinen doch aber im Vergleich mit den ungebärdigen »imperialistisch-dekadenten« **Rolling Stones** das kleinere Übel. Brav, halbwegs manierlich, nicht zu laut.

Ein Fingerhakeln zwischen Bands und Funktionären beginnt. Es geht um Renitenz und Integration, Verweigerung und Resignation. Druck wird ausgeübt und mit Opportunismus oder Selbstbewußtsein beantwortet. Hilflose Versuche von oben, eine volkstümliche, biedere Unterhaltungsmusik zu etablieren, müssen scheitern. Typisch hierfür der ebenfalls 1965 grassierende Letkiss, ein aus Finnland importierter, ›modern‹ instrumentierter Volkstanz-Abkömmling – durchaus »unfetzig« und alles andere als »heiß«.

Die **Beatles** haben gesiegt. Staatlicherseits setzt langsam ein Umdenken ein: Reine Konfrontation, Verbote und Ignoranz hatten versagt. »FDJ-Zentralrat« und »Ministerium für Kultur« nehmen sich nun der neuen Musik an. Das »Staatliche Rundfunkkomitee« produziert zögerlich neue Bands. Es gibt eine »Zentrale Arbeitsgemeinschaft für Tanzmusik«. Ein »Zentralhaus für Kulturarbeit« setzt auf Qualifizierung und sozialistischen Wettbewerb. Beide Seiten bleiben mißtrauisch: Wer zieht wohl wen über den Tisch, wer kann seine Interessen durchsetzen?

Die Voraussetzungen, »offiziell«, d. h. mit Vertrag und Honorar, in staatlichen Kultureinrichtungen musizieren zu dürfen, vielleicht sogar eine Zulassung als Berufsmusiker zu erhalten, sind hoch: Der Nachweis musikalischer Qualifikation ist erforderlich, und ein abgestuftes System der »Einstufungen« dient der kulturpolitischen Disziplinierung und Kontrolle.

DDR-Rockmusiker werden die vielleicht bestausgebildeten der Welt.

In Wettbewerben und Werkstatt-Tagen, durch Weiterbildungen und Mentorschaften, bei Rundfunkaufnahmen und ersten Plattenproduktionen entstehen Ende der sechziger Jahre durchaus passable, ja sogar bemerkenswerte Songs in deutscher Sprache.

Team 4, die wichtigste der frühen DDR-Bands, als »Beatles des Ostens« apostrophiert, gelingen erste eigenständige Songs. 1968 erscheint der erste Longplayer der DDR-Beatmusik, *Die Straße*. Ernstzunehmende Rockmusik in deutscher Sprache, weit vor Udo Lindenberg und weit auch vor der legendären westdeutschen Band **Ihre Kinder**.

Viel ist hier von dem zu finden, was sich später erst auseinanderentwickeln sollte. Melodiöse Liedhaftigkeit, Poesie und Alltag. Kunstvoll, oft in Kitsch, Bombast und Peinlichkeit abrutschend die Poesie. Weich- oder hartgezeichnet, idealisiert oder realistisch die Alltagsbeschreibung.

Der Staat ist und bleibt in der Defensive. Er versucht unter Kontrolle zu bringen, was außerhalb jeder Kontrolle entstanden ist. So machen beide Seiten erste Erfahrungen miteinander. Ein unsicheres Regelwerk dessen, was möglich und was nicht möglich ist, entsteht. Die Auseinandersetzungen sind nicht mehr so rabiat wie früher, die vielen Fans sind ein Schutz für die Bands, und eine Hand wäscht die andere.

Auf der anderen Seite testen die Musiker sich aus, erproben ihre musikalischen Mittel an mitunter seltsamstem Material. Die **Schumann-Combo** versucht sich an Offenbachs *Barcarole*, die **Puhdys** an Chatschaturjans *Säbeltanz*.

Die Texte werden wichtig. Eine Sprache will gefunden werden. Dichter und professionelle Songschreiber wie Ingeborg Branoner, Kurt Demmler, Gerulf Pannach springen bei. Obskure Lyrics wie »Volle Pulle« oder »Beim Hully-Gully bin ich König« werden von einer eigenen, eigentümlichen Poesie abgelöst, die zum wichtigsten Merkmal von DDR-Rockmusik wird. Bilderreich und verschlüsselt, metaphorisch und symbolisch – der Platz zwischen den Zeilen so groß, daß die Hörer ihre eigene Interpretation finden können. Unüberhörbar die

Tradition des deutschen Kunstliedes von Franz Schubert und Robert Schumann.

Beatmusik, Rockmusik ist am Anfang der siebziger Jahre in der DDR angekommen. Der Staat ist gute zwanzig Jahre alt, seine internationale Anerkennung steht bevor. Vieles wird selbstverständlicher. Der Machtwechsel von Ulbricht zu Honecker verschiebt auch die kulturpolitischen Akzente. »Wer nicht für die DDR ist, ist gegen sie«, hieß es in den Sechzigern: »Wer nicht gegen uns ist, ist für uns«, lautet die Losung in den Siebzigern. Eine heute sehr fremd anmutende Normalität zieht ein in diese kleine Welt mit Mauer, engstirnigen Zensurritualen und unvorhersehbaren kulturpolitischen Schwankungen. Nun läuft Rockmusik im Radio, Freiluft-Konzerte finden statt, und Platten werden produziert. Der Ostrock entwickelt sich im Kontext seiner internationalen Wurzeln – die DDR ist im Grunde eine Rockprovinz wie Island oder Kanada, Belgien oder Österreich. Und so finden sich, besser oder schlechter, alle Spielarten der internationalen Stile auch in der DDR. Pompöser Art-Rock neben verschwitztem Blues, folkinspirierte Musik neben grobem Hard-Rock, Soul, Reggae und Jazzrock. Ging es im heimischen Rock der sechziger Jahre um die Musik ›an sich‹ – Hauptsache, es findet sich der Beat, und die Gitarren sind elektrisch –, spielen nun Texte eine wichtige Rolle. Musiker und Behörden, aber eben auch die Fans hören genau hin. In den parteichinesischen Zeitungen steht nichts von Belang, eine freie Öffentlichkeit existiert nicht. Also sucht man Realität woanders und findet sie durchaus auch in den Songs. Musik, Bücher, Theater bilden eine eigene, eine Gegenöffentlichkeit. Ihr Gegenstand ist nicht Systemkritik, sondern der Alltag – bestätigend und kritisch zugleich. Ein vielleicht seltsam-naives Beispiel dafür ist Jürgen Kerth, der mit seiner »Jungen Mutti« nicht nur den Reggae im Osten einführte, sondern genau die Nachdenklichkeit und den Alltagsbezug lieferte, der vielen Hörern in der DDR wichtig war. Genau hier lag der Unterschied von Ostrock und der sicher häufiger, aber eben anders gehörten Musik aus dem Westen. Die heimischen Bands sind nicht länger Ersatz für westliche Musik, sondern sie sind Äquivalent zum Westen und etwas Eigenes. Die Fans knutschen, tanzen eng und fummeln bei den langsamen Songs, versuchen in stickigen Clubs und Kneipen zum Blues die vielen billigen Biere wieder auszuschwitzen, hüpfen zu den Schwermetallern, grölen und headbangen wie im Westen und wie überall in der Welt. Auch der Ostrock ist Bauch- und Körpermusik. Und die DDR ist die Welt. An der **Beatles-Stones**-Kontroverse beteiligt man sich direkt und wiederholt sie dann noch mal an den opportunistischen **Puhdys** und der ungebärdigen **Renft-Combo**. Man lauscht dem bildungshubernden *Pictures At an Exhibition* von Emerson, Lake & Palmer oder dem *Thick As Brick* von **Jethro Tull** und versenkt sich gleichermaßen in symphonische Schöpfungen wie *Die Reise zum Mittelpunkt des Menschen* von **Stern Meißen** und *Die Sixtinische Madonna* von **Electra**. Woodstock-Feeling entsteht zu den Weltfestspielen 1973 oder auf sommerlichen Open-Airs und bei Veranstaltungen, die so obskure Namen wie »SoliBeat« oder »Rock für den Frieden« tragen. Jugendclubs oder Kneipen wie zum Beispiel die legendäre Berliner »Gaststätte im Plänterwald« sind englischer Pub und Südstaaten-Bar zugleich. Gefühle und Haltungen werden ins DDR-Deutsche übersetzt – und sind plötzlich etwas ganz Eigenes und heute nicht mehr rückübersetzbar!

Das macht Rockmusik im Osten brisant und bedeutungsvoll. Die Bands sind Stars *und* Kumpels. Auf der Bühne agieren sie symbolisch und stellvertretend. Und so gibt es auch eine sehr ausgefeilte Skala der Credibility. Eine Ost-Super-Band wie **Karat** mit netten weißen Anzügen, silbernen Stiefelchen und Songs wie »Schwanenkönig« und Auftritten bei Samstagabend-Unterhaltungsshows fand Wohlwollen bei den Funktionären, Musik-Fans aber konnten sie nicht ernst nehmen.

Den Gegensatz dazu, konsequent bis zur Konfrontation, bildet die Leipziger **Klaus-Renft-Combo**. In mühsamen Kompromißkämpfen produziert sie in der DDR zwei Platten. Ihr immer rebellischer und zugleich offen politischer Anspruch, den sie zuletzt nicht mehr in Kompromißformeln versteckt, führt schließlich zum endgültigen Verbot der Gruppe und der Ausreise in den Westen. Die Solidarität mit Wolf Biermann oder den ebenfalls verbotenen Liedermachern und Bandtextern Pannach und Kunert überschreitet die Grenzen des in der DDR Möglichen.

Klartext bleibt ein Tabu, an dem nicht zu rütteln ist. So besingen sie in der nach dem Verbot produzierten unveröffentlichten »Rockballade vom kleinen Otto« den Westen als letzte Alternative zum DDR-Staat – eine Provokation! Der gewissermaßen selbe Text, allerdings poetisch verklausuliert, der Gruppe **Lift** kann problemlos veröffentlicht werden. Wo **Renft** nahezu unverschlüsselt überlegt, nach Norden zu fliehen, besingt **Lift** den Süden als unbestimmten Fluchtraum und Sehnsuchtsort.

Seit Mitte der siebziger Jahre ist der Ostrock ein wichtiger jugend- und kulturpolitischer Faktor. Bands verkaufen inzwischen Millionen Platten, treten im Fernsehen auf, finden sich in Hitparaden, bestimmen das Kulturprogramm zu Maifeiern und Republikgeburtstagen. Sie sind trotz der immerwährenden Auseinandersetzungen mit engstirnigen Kulturfunktionären privilegiert. Ein Establishment hat sich gebildet.

Daneben aber wächst Anfang der achtziger Jahre eine neue Generation von DDR-Rockern heran. In »Apfelträumen«, »Schweigenden Himmeln«, »Blauen Planeten« oder »Klavieren im Fluß« wollen und können sie sich nicht mehr erkennen. Ihr Blick auf den Osten ist kritischer *und* resignierter. Die DDR ist nicht mehr nur das politische System, sondern quasi eine Landschaft, in die man »hineingeboren« ist, wie der Dichter Uwe Kolbe diese Generation beschreibt. Wir leben eben in der Steppe – laßt uns das Beste daraus machen!

Eine neue Sprache und neue Haltungen halten Einzug in die Musik. Auf der einen Seite etabliert sich ein Underground, dem die Konsenssuche mit dem Staat völlig egal ist. Auf der anderen Seite melden Bands wie **Silly, City, Pankow** Ansprüche auf *ihr* Leben *in* der DDR an. Die Poesie wird genauer oder weicht der alltäglichen Sprache. Es geht ums ganze eigene Leben. Mal grau, mal bunt, mal schön, mal frustriert.

Anfang der achtziger Jahre tritt die Gruppe **Pankow**, nach einem Ostberliner Stadtteil benannt, mit einem »Rock-Spektakel« auf, das alles andere als eine Rock-Oper ist. Geschildert wird der Alltag von Paule Panke, einem Lehrling, der früh nicht aus dem Bett kommt, dem der Fabriklärm »an die Omme« schlägt, der frustriert bei einer blöden Versammlung rumsitzt und das Maul nicht aufkriegt. Die Kumpels sind nicht besser als er, mit den Mädchen läuft's nicht so richtig, und am Freitag geht's ab in die Disko. Daß »Paule Panke« nicht als Platte erscheinen konnte, ist so folgerichtig wie absurd. Die Beschreibung der DDR war subversiver und unbequemer als ihre metaphorische Interpretation. Stagnation macht sich breit im Arbeiter- und Bauernstaat. Aufbegehren und Resignation wechseln sich ab. Eines war klar, »die alten Männer tanzen nicht mehr« **(Silly)**. Was kommen kann, ist ungewiß und unvorstellbar.

Aber auch die neuen Bands, **Rockhaus** wäre noch zu erwähnen, finden sich – gewollt oder ungewollt – im Establishment wieder. Medienpräsenz, Gagen, Plattenproduktion und die Aussicht auf eine Westreise verführen. Zensur und Frust sind nur die Spesen. Spesen, die andere nicht zu zahlen bereit sind. Wie in den Anfangstagen des DDR-Rock treten überall im Land Bands an, die mit dem System nichts mehr am Hut haben. Sie wollen Spaß haben und Krach machen, ohne Musikschulen zu besuchen. Sie wollen auftreten, ohne sich piefigen Einstufungen zu unterziehen. Sie wollen provozieren. Und sie machen's einfach – auf Privatpartys, in kleinen Clubs, in kirchlichen Räumen.

Berlin, Dresden, Leipzig, Karl-Marx-Stadt sind die Zentren einer freien, unstrukturierten Szene. Thüringer Punker schreien ihren Haß und ihre Wut heraus. Ambitionierte Berliner Musik-Intellektuelle verbünden sich mit Szene-Autoren, Performern und Off-Theater-Regisseuren. Sächsische Maler greifen zur Gitarre oder zum Saxophon. Eine reiche Stilvielfalt entsteht. Kassettenproduktionen in zweistelliger Auflage kursieren. Vom Staat erst einmal abgekoppelt, ihn ignorierend, ergreift plötzlich jeder Soundtüftler, jeder Freak, jeder, der es will, die Chance, *seine* Kunst zu machen.

Destruktion, Experiment, Ironie sind die Haltungen in dieser Musik.

Der Karl-Marx-Städter Fotograf Florian Merkel z. B. ist Mitglied der Underground-Band **AG Geige**. In einem Soloprojekt firmiert er als **Knut-Balz-Formation** und parodiert auf einer seiner zwei selbstproduzierten Kassetten die Kampfrhetorik einer längst verblichenen DDR-Kultur.

Der Staat reagiert nur noch gelassen, gelähmt oder überfordert. Repressionen werden seltener oder nicht mehr ernstgenommen. Gleichgültigkeit und Lethargie brechen aus.

In ihren Songs haben sich viele Bands – unbewußt – schon vom Osten verabschiedet. **Pankow** singt erschöpft: »Ich bin rumgerannt«, **Herbst in Peking** beschreiben die End-DDR als »Bakschischrepublik«.

Als die Mauer fällt, ist das Ende der DDR besiegelt, und auch das Ende ihrer Rockmusik. Der Ost-Rock ist ein abgeschlossenes Sammelgebiet. Den Sprung in einen völlig neuen, unbekannten Musikmarkt schaffen die meisten Bands nicht.

Sandow, eine Cottbusser Band des »intellektuellen Underground«, begleitet den Untergang der DDR mit einer wütend-ironischen Hymne: »Born In the GDR«.

Literaturhinweise

Marina Krüger/Jörg Schulz: Küssen verboten – Momentaufnahmen aus der deutschen Rockszene. Berlin 1994.

Michael Rauhut: Beat in der Grauzone. DDR-Rock 1964–1972 – Politik und Alltag. Berlin 1993.

Die Gunst der Stunde Null
Independent, Avantgarde und kleine Labels

> Ich hatte keine Mark, Null. Ich bin damals irgendwohin gefahren,
> zu einer Firma, die alles Finanzielle abwickelte. Ich wußte gar
> nicht, wie das gehen sollte, dann haben die das abgewickelt. Spä-
> ter haben wir uns gewundert, daß sich so viel Schulden angehäuft
> hatten.

Null Mark zur Stunde Null, ein paar Jahre später – Schulden,
mehr als ein paar Mark: Alfred Hilsbergs Resümee zum Thema
»Independent in Deutschland« klingt ernüchternd. Alfred
Hilsberg gründet und betreibt seit fast zwanzig Jahren diverse
unabhängige Labels in Hamburg:

> Das Label ZickZack wurde Ende 1979 gegründet und hat als erstes
> eine Single veröffentlicht der Hamburger Band Geisterfahrer. Dann
> folgten ganz schnell innerhalb von wenigen Wochen zehn weitere
> Singles und fünf Alben. Unter anderem von Abwärts, Wirtschafts-
> wunder, Radierer, X-mal Deutschland, die Einstürzenden Neubau-
> ten undundund. Es gab massenhaft Veröffentlichungen in den er-
> sten drei Jahren.

Independent oder Indie – im Laufe der achtziger Jahre hat der
Begriff seine Bedeutung verändert: Letztendlich stand »Indie«
für ein musikalisches Genre und die entsprechende Szene.
Das war nicht immer so. In den Gründertagen, zu Zeiten des
großen Booms der Independent-Labels Ende der Siebziger,
konnte man das Wort »Independent« beim Wort nehmen. »Independent« heißt »unabhängig« – und das beinhaltet mehr als
nur Musik. Dazu Hilsberg:

> Als wir angefangen haben, entstand ja das, was ein Vorläufer der
> Neuen Deutschen Welle war. Das entstand in einem Vakuum, weil
> es nichts gab, hierzulande jedenfalls. Es gab auch international
> nichts außer den berüchtigten Super-Rockbands, und es gab die

Punkgeschichte in England, die natürlich Auslöser war für viele kreative Ideen, ohne daß wir das Punk-Klischee übernommen haben. Sondern wir haben das, was da an fantasievollen Dingen entstand, einfließen lassen, in das, was hier an Lebensbedingungen, an Arbeitsbedingungen vorhanden war. Da haben Leute in Garagen und Wohnzimmern mit einfachsten Mitteln ihren eigenen musikalischen Ausdruck gefunden und vor allem in den Texten eine Sprache entwickelt, die bis dahin noch nicht gehört war. Da ging es nicht darum, daß sich etwas reimen muß, sondern, daß etwas toll klingen soll, daß etwas authentisch klingt, daß etwas überzeugend klingt.

ZickZack in Hamburg, No Fun in Hannover, Atatak in Düsseldorf, der Zensor in Berlin – in vielen Städten der Bundesrepublik Deutschland gründeten Fans und Enthusiasten kleine Plattenfirmen – unabhängig! Unabhängig von den großen Konzernen der Kulturindustrie.

Die Punkbewegung in England hatte auch in Deutschland eine gewisse Aufbruchstimmung hervorgerufen. Ohne Masterplan, ohne übergreifende Organisation schuf sich die popkulturelle Revolte ihre eigene Infrastruktur: »Das wurde uns aus den Händen gerissen, was da an Produkten rauskam nach 78, 79. Die Journalisten sind angerannt gekommen und haben uns das Zeug aus der Presse rausgenommen, es im Radio eingesetzt, darüber in den Zeitungen geschrieben«, erinnert sich Hilsberg. »Es gab haufenweise Fanzines in jeder größeren Stadt und auch in der Provinz. Und es gab eine sich daraus entwickelnde Plattenladenkultur, die sogenannten Independentläden, von denen es in der Blütezeit 250 in Deutschland gab. Es war so eine Infrastruktur vorhanden, die wir selbst von unten heraus gebildet haben.«

Eine neue Musik bahnt sich neue Wege – und nutzt dazu neue Medien. Wie aber unterscheidet sich die praktische Arbeit eines Independent-Labels dieser Ära von der Praxis eines Unterhaltungskonzerns, eines sogenannten Major-Labels? Alfred Hilsberg: »Das war eine von den Bands mitgetragene Haltung, daß man etwas selbst machen, selbst veröffentlichen kann, und es nicht in die Hände anderer gibt, die davon

249

keine Ahnung haben. Die Idee war, möglichst weitgehend alles zu kontrollieren, das heißt: Die Musiker haben das Recht ihre Cover selbst zu gestalten, ihre Fotografen zu bestimmen, ihre Infos zu schreiben etcetera.«

»Höre Staune Gute Laune!« – mit diesem Slogan ging Ende der siebziger Jahre in Düsseldorf die Firma Rondo an den Start. Eine der Schallplatten auf dem Rondo-Label war *Herrenreiter* von der Band **Mittagspause** aus Düsseldorf mit Labelgründer Franz Bielmeier am Baß, Markus Oehlen am Schlagzeug, Thomas Schwebel an der Gitarre und dem Sänger Peter Hein. Hein und Schwebel sollten bald darauf die **Fehlfarben** gründen und mit dem Album *Monarchie und Alltag* einen kurzen Sommer lang nicht nur eine der besten, sondern auch eine der beliebtesten Bands der sich anbahnenden »Neuen Deutschen Welle« werden.

Überhaupt sollte sich der kleine Familienbetrieb Rondo als fruchtbare Keimzelle späterer deutscher Rockerfolge entpuppen. Jürgen Engler, Sänger der Rondo-Band **Male**, feiert ein Jahrzehnt später internationale Triumphe mit der Industrial-Metal-Band **Die Krupps**; und auch ein gewisser Campino, bis heute Kopf der **Toten Hosen**, debütierte mit der Band **ZK**.

Wie die Aktivitäten von Hilsberg in Hamburg, wie Atatak und Pure Freude in Düsseldorf oder der Zensor in Berlin war auch Rondo inspiriert von der Punk-Bewegung in Großbritannien, ohne sich musikalisch auf ein Punkformat zu beschränken.

»Kauf dir eine Gitarre! Lerne drei Akkorde! Gründe eine Band!« – der berühmte kategorische Imperativ des Punkrock in drei Schritten. Schritt vier ist die Aufnahme einer ersten Single, Schritt fünf der Verkauf der ersten Single. Im Geiste dieser Do-it-yourself-Ethik war es unerläßlich, auch den Vertrieb und Verkauf der eigenen Musik selbst in die Hand zu nehmen, zumal der bestehende Markt für diese seltsame neue Kunst zunächst keine Verwendung hatte. Deswegen folgte für viele Musiker auf den Imperativ »Gründe eine Band!« schon bald der nächste: »Gründe ein Label!«

»War unsere Musik unpopulär? Waren wir einfach zu weggetreten für unsere Hörer? Sollten wir leichter zugänglich sein?« fragt Chris Cutler von der englischen Avantgarde-Band **Henry Cow** 1980 in seinem manifestartigen Text »Rock in Opposition – Kritik der Ware Popmusik«. Cutler stellt die immer gleichen Standardfragen, mit der jede halbwegs avancierte Band dieser Ära konfrontiert war, wenn sie ihre halbwegs avancierte Musik bei einer etablierten Plattenfirma loswerden wollte. Und er kommt zu folgender Antwort:

> In uns reifte die Erkenntnis, daß die Widersprüche am wenigsten bei den Hörern lagen, für die wir spielten, sondern im ganzen Apparat der Kommerzkultur und im Geldinteresse der Besitzer und Manipulatoren dieser Kultur. Deshalb hörten wir auf, Kompromisse einzugehen, und wurden unabhängig. Zweifellos rettete uns das vor Erstarrung. Auf einmal waren wir aktiv, warteten nicht, sondern handelten. Und als wir uns gut zu entwickeln begannen, lebten wir auch wieder innerhalb der lockeren Gemeinschaft, die ihren eigenen Weg ging und die Musik zu unterstützen bereit war, die sie hören wollte. Und uns.

Dieser kommunitäre Ansatz ist symptomatisch für die Popkultur-Linke der späten siebziger Jahre. Man kommt zu der schmerzlichen Erkenntnis, daß sich die eigene »Gemeinschaft« mitsamt ihrer kulturellen Produktion innerhalb dieses »Apparats der Kommerzkultur« nicht entfalten kann. Also beschließt man den Ausstieg in die Unabhängigkeit. Chris Cutler:

> Wir waren aus der Kommerzkiste ausgestiegen, aber es war klar, daß es noch eine Menge zu tun gab, wenn wir unseren gemeinsamen Kampf gewinnen wollten, und eine wichtige Sache war die Verbreitung, der Vertrieb. Im Lauf meiner Entwicklung als Musiker war ich an einem Punkt angelangt, wo mir klar war, daß so ein Vertrieb auch Teil meiner musikalischen Arbeit war, da meine Interessen als Musiker ja darin lagen, jene Musik weiterzubringen, die ich für wichtig hielt.

Cutler propagiert den Entwurf eines ganzheitlichen Künstlers, der nicht nur die Trennung von Kopf- und Handarbeit zu überwinden hat, sondern sich auch eigenhändig darum kümmert, auf welchen Wegen die richtige Musik die richtigen Menschen erreicht.

> Deshalb haben wir Recommended Records aufgebaut. Es wurde nur ein ausgewählter Katalog vertrieben. Auswahlkriterien waren musikalischer Wert, Unzugänglichkeit und Eigenproduktion.

Mit Auswahlkriterien dieser Art und dem entsprechenden Katalog avantgardistischer Musik existiert die Firma Recommended Records auf ökonomisch bescheidener Basis bis heute.

1980 war Cutler noch von großen Utopien beseelt:

> Es ist anzumerken, daß wir an einen Punkt gelangt sind, wo kleine, unabhängige Produzenten für alternative Musik auch ökonomisch zuverlässiger sind als die »Großen«. Sie können und wollen Risiken eingehen, die die »Großen« nicht mehr auf sich nehmen können. Große Firmen müssen immer konservativer und gefälliger in ihrer Politik werden, um einen »angemessenen« Rücklauf ihrer Investitionen zu sichern. Dies wiederum erweitert die Lücke, in der die Unabhängigen gedeihen, denn diese können es sich leisten, radikal und experimentell zu sein, und überleben trotzdem spielend.
>
> Den großen Firmen bleibt nicht mehr viel übrig, außer die Zombies zu versorgen und kulturelle Rauschgifthändler zu werden. Ich glaube, man kann sagen, sie spielen keinerlei Rolle mehr für die Entwicklung der Musik, es sei denn unabsichtlich. Die fördernden und fortschrittlichen Funktionen sind auf die Musiker und die Fans übergegangen, die die Musik machen und die ihre Verbindungen zur Industrie in verstärktem Maß lockern – auch indem sie all die unterdrückerischen Randerscheinungen einer sterbenden Gesellschaft ablehnen, die langsam mit Gewalt verrückt wird.

Hier spricht der euphorische Geist der Stunde Null, am Horizont zeichnet sich bereits die neue Gesellschaft ab, wenn nicht gar der neue Mensch. Die großen Firmen versorgen nur noch Zombies, die alte Gesellschaft wird verrückt, bevor sie langsam stirbt, die Unabhängigen sind radikal, experimentell und überleben. Nein, sie überleben nicht bloß, sie überleben spielend!

Chris Cutlers Utopien aus dem Jahr 1980 sind längst zerschellt an einem politischen und ökonomischen System, das sich als flexibler, integrationsfähiger und resistenter erwiesen hat, als viele damals glauben wollten. Doch bei aller Euphorie hatte Cutler schon damals ein Gespür für die Grenzen der Utopie. Schon damals hat er erkannt, daß keineswegs alle »Unabhängigen« einen gesellschaftlichen Umbruch, eine politische Veränderung im Auge haben:

> Die Unabhängigen gehören normalerweise zwei verschiedenen Typen an: erstens die Selbermacher, die das als eine Art Promotion betreiben, während sie darauf warten, den »echten Deal« an Land zu ziehen, und zweitens die Kleinkapitalisten, die eigentlich genauso werden wollen wie die Großen.

Beide »Typen« gehören zum Stammpersonal der Kulturindustrie in den bald zwanzig Jahren seit Cutlers Manifest »Rock in Opposition«. Diese Kulturindustrie spielt in den tiefgreifenden Veränderungen im globalen Kapitalismus zum Ende des 20. Jahrhunderts die Rolle eines Schrittmachers. Insbesondere jener Zweig der Kulturindustrie, den man noch zu Cutlers Zeiten, also Ende der siebziger Jahre, vereinfachend, ja fast verniedlichend »Schallplattenindustrie« nennen durfte, ist ein Bilderbuch-Schrittmacher der Modernisierung und Flexibilisierung.

Exemplarisch lassen sich diese Veränderungen an der Geschichte von zwei der bedeutendsten englischen Independent-Labels ablesen. Die im Punkjahr 1977 von Geoff Travis gegründete Firma Rough Trade etablierte sich bald als eine der treibenden Kräfte musikalischer und popkultureller Innovation. Mut zum Risiko und eine ausgeprägte Spürnase für spannende Musik prägte die Labelpolitik. In den ersten Jahren veröffentlichte Rough Trade beinahe wöchentlich bahnbrechende Platten von höchst unterschiedlichen Acts: Dub-Reggae von Augustus Pablo, avantgardistische Elektronik von **Cabaret Voltaire**, den minimalistischen Pop der **Young Marble Giants**, experimentelle Politbands wie **Scritti Politti** oder die **Popgroup**, spätere Indie-Legenden wie **The Fall** und **The Go-Betweens** oder die retrospektiv als Vorläuferinnen der Riot-Grrrl-Bewegung gewürdigte Frauenband **The Raincoats**.

Bei aller musikalischen Vielfalt repräsentierte das Repertoire von Rough Trade eine Art Patchwork der Minderheiten. Minderheiten aber, die sich sämtlich auf den historischen Ausgangspunkt der Punk-Revolte einigen konnten. Rough Trade bildete also die logistische Plattform einer kulturellen und ästhetischen Revolte.

Mit der einsetzenden Konsolidierung und Genre-Werdung von Independent-Szene und »Indie-Musik« in den achtziger Jahren veränderte sich auch die Labelpolitik. Kommerziell vielversprechende Acts wurden von Major-Labels aufgekauft, insbesondere der Abgang der überaus erfolgreichen Band **The Smiths** zum Branchenriesen EMI bedeutete einen großen Rückschlag.

Unter dem ökonomischen Druck paßte sich Rough Trade mehr und mehr den Marktgesetzen an und büßte allmählich den Ruf der frühen Jahre und die damit verbundene Verankerung in innovativen Szenen ein. Der 1982 gegründete Ableger »Rough Trade Deutschland« fungiert heute – in den Neunzigern der Diversifizierung – als eine Art Dachverband verschiedenster Labels.

Der Einzelhandel kann bei Rough Trade sowohl die Produkte der englischen Avant-Elektronik-Firma Warp ordern als auch die Platten des amerikanischen Freistil-Rock-Labels Matador. Und die neuesten Hits der **Backstreet Boys**. Die Teenie-Idole sind nämlich bei einer Firma unter Vertrag, die von Rough Trade vertrieben wird.

Die Rede von der » Labelphilosophie« oder von der »Corporate Identity« in ästhetischen oder gar politischen Fragen hat sich hier also längst marktkonform erledigt.

Strukturell ähnlich, aber en détail spektakulärer verlief die Karriere der Firma Creation. Der 22jährige Bahnangestellte Alan McGhee aus Glasgow machte 1982 sein Faible für Garagenrock und Psychedelia der Sechziger zum Job. Sein Label taufte er nach einer halbvergessenen Beatcombo: Creation. Dieser Name stand fortan für meist ebenso lärmenden wie melodischen, sogenannten »Indierock« von meist ebenso männlichen wie blassen jungen Briten.

Der bekennende Drogenkonsument und leidenschaftliche Fan McGhee entdeckte generations- und stilprägende Bands wie **The Jesus And Mary Chain, Primal Scream** oder **My Bloody Valentine** für sein Label und damit für die Popwelt. Der Rest der Welt war dann in den Neunzigern reif für eine ebenso kompakte wie stromlinienförmige Quersumme des Creation-Repertoires: McGhee verpflichtete eine Band, die sich als fleischgewordene Inkarnation seiner ureigenen Mischung aus Größenwahn und Geschäftssinn erweisen sollte: **Oasis.**

Oasis wurden – fast, und auch nur auf der Insel – »bigger than the Beatles« und forcierten den Machtwechsel in der Downing Street. Dort geht seither auch Alan McGhee ein und aus. Der ehemalige Bahnangestellte, ehemalige Rockmusiker, ehemalige Junkie sitzt heute im Beraterstab des britischen Premierministers. Und »Don't Look Back In Anger« von **Oasis** wird vom ZDF zur »Erkennungsmelodie« der Fußball-Europameisterschaft 1996 erkoren.

Ein Blick zurück nicht ohne Zorn auf die Veränderungen in der Popkulturindustrie: Der einflußreichste Aktivist der Independent-Szene der alten BRD analysiert die Flexibilisierungsleistungen dieser Industrie und beerdigt einen Mythos – Alfred Hilsberg über die Lernfähigkeit der Industrie und die Sinnlosigkeit des »Independent«-Begriffs:

> Sie versuchen sich an den eigentlichen Begriff von Independent anzunähern, der heute nichts Politisch-Ideologisches mehr meint, sondern einfach eine Musikrichtung bezeichnen soll. Die großen Plattenfirmen haben »Independent«- oder »Alternative«-Abteilungen – das hat aber nichts damit zu tun, womit wir angefangen haben.

Was der Hamburger Label-Veteran hier so lapidar resümiert, ist das Ende einer zwanzig Jahre langen Geschichte. Nicht nur in Europa und auf dem fünften Kontinent entstanden im Zuge von Punk neue, alternative Infrastrukturen. Auch die hochentwickelte und -formierte Kulturindustrie der Vereinigten Staaten von Amerika sah sich mit dem Phänomen sogenannter unabhängiger Plattenfirmen konfrontiert.

Ami-Punk, die Straight-Edge-Bewegung, Hardcore und alle möglichen marginalen Freistil-Phänomene – alles nicht denkbar ohne Labels wie Alternative Tentacles – gegründet vom **Dead Kennedys**-Sänger Jello Biafra –, alles auch nicht denkbar ohne SST in Kalifornien oder ohne Dischord in Washington, D. C., um nur die bedeutendsten zu nennen. Mit mehr oder weniger geringfügigen nationalen Eigenheiten setzte Mitte bis Ende der achtziger Jahre global der komplexe Prozeß der Stabilisierung und der Integration ein.

Der Begriff »Independent«, gerne auch kumpelhaft-verniedlichend »Indie« genannt, absolvierte eine ebenso bemerkenswerte wie fragwürdige Karriere: von der sozio-ökonomischen Kategorie zum musikalischen Genre bis hin zum Lifestyle-Attribut. »Indierock« wurde zu einer von vielen Gattungen am sich schier endlos diversifizierenden Markt. Indierock selber diversifizierte sich gleichermaßen endlos und: expandierte.

Die »alte«, »etablierte« Rockmusik war durch Indie in eine Legitimationskrise geraten. Die »alte«, »etablierte« Kulturindustrie mußte auf die neuen Märkte reagieren. Sie reagierte mit den ihr eigenen Mitteln: Die erfolgversprechendsten und de facto bereits erfolgreichsten Repräsentanten der Independent-Szene wurden eingekauft. Zunächst standen lediglich Musiker auf den Einkaufslisten der Majors.

Wer die Independent-Ochsentour erfolgreich hinter sich gebracht hatte, der wurde für die größeren Firmen attraktiv. Die ehedem »unabhängigen« Plattenfirmen erwarben sich bald – nolens, volens – den Status der Talentscouts. Sie entdeckten unbekannte Künstler, bauten sie auf, und wenn Welt und Markt bereit waren, dann griff die Major-Industrie zu.

Diese Struktur etablierte sich für einige Jahre, und mit ihr die entsprechenden politisch-moralischen Zuschreibungen. Die unauflösliche Dichotomie »böser Major vs. guter Indie« gehörte lange Zeit zum ideologischen Rüstzeug des aufgeklärten Rockfans. Doch die Zeiten ändern sich, und mit ihnen die Beziehungen zwischen Major- und Indie-Labels. Rückblickend sagt Charlotte Goltermann vom Hamburger Label L'age d'or:

Ich bin natürlich als Raver extrem unpolitisch und fand diese Diskussion wie sie in Hamburg stattfand unglaublich dröge. Ich hatte nie das Problem von Indie und Major, sondern mir ging es immer darum, daß unsere Musik oder gute Musik groß werden soll, daß man die groß machen muß. Wir waren damals schon an einem Punkt, wo wir erkannt haben, daß es mit unseren Mitteln nicht so einfach ist, daß es aber auch nicht möglich ist, 50 000 Mark für ein Video auszugeben, oder 'ne Single fürs Radio zu produzieren, und dann geht das schon. Also haben wir uns hingesetzt und gedacht, wir arbeiten sehr eng mit unseren Strukturen beim Major und versuchen aber unsere Inhalte zu schützen.

Charlotte Goltermann ist eine der wenigen Frauen im Labelgeschäft, die eine einflußreiche Position erlangt hat. Und sie verkörpert die Veränderungen in den Beziehungen zwischen Major und Indie. Der fundamentale Grundwiderspruch zwischen diesen beiden Modellen existiert für Goltermann nicht mehr, und das nicht nur, weil sie sich – leicht kokett – als »unpolitische Raverin« bezeichnet. Goltermann ist seit 1993 eine prägende Mitarbeiterin des Hamburger L'age-d'or-Labels. Die Entwicklung dieser 1988 in Hamburg gegründeten Firma steht exemplarisch für die Veränderungen auf dem Popmarkt. Pascal Fuhlbrügge und Carol von Rautenkranz, die Gründer von L'age d'or, positionierten sich zunächst durchaus in der – namentlich Hamburger – Tradition unabhängiger Labels. Dazu Carol von Rautenkranz:

Ursprünglich war es so, daß Pascal und ich Konzerte in Hamburg gemacht haben. In Hamburg fand damals so ein Wechsel statt, Alfred Hilsberg, der in den End-Siebzigern und Achtzigern sehr viel live gemacht hatte, zog sich zurück und widmete sich seinen Labels. Es gab dann eine neue Generation. Wir haben dreimonatlich Festivals für 300–400 Zuschauer veranstaltet mit jeweils vier unterschiedlichen Hamburger Bands. Das etablierte sich ziemlich schnell, darüber lernten wir die ganzen Bands kennen, und dann haben wir irgendwann gesagt: nur Konzerte veranstalten ist ja ein bißchen langweilig, wir können ja auch mal Platten rausbringen. Wir hatten mit ein paar Bands sehr gut zusammengearbeitet, und es gab keine Labels zu dieser Zeit, wo man gesagt hätte, die kümmern sich wirklich darum.

L'age d'or pflegte den traditionellen kommunitären Ansatz und war maßgeblich an der Entwicklung und Förderung von Bands wie **Kolossale Jugend, Die Sterne** und **Tocotronic** beteiligt – mithin war L'age d'or Geburtshelfer der später so genannten »Hamburger Schule«. Diese Schule fand aber wieder nicht ohne Alfred Hilsberg statt. Der hatte schließlich mit **Blumfeld** die stilprägende Band schlechthin für sein 1987 gegründetes Label »What's so funny about« entdeckt.

Dennoch gibt es gravierende Unterschiede zwischen Hilsbergs Labelpolitik und derjenigen von L'age d'or, wie Carol von Rautenkranz betont:

> Ich denke mal, Alfred kommt aus einer anderen Generation, die sehr stark durch die 70er geprägt war und durch die Musik, die in der ersten Hälfte der 80er rauskam: Punk, New Wave oder auch in England die reinen Popbands. Auch ABC sind damals angetreten mit einer politischen Ideologie. Das war in der zweiten Hälfte der 80er nicht mehr so. Die 80er sind ja ein Zeitalter der Entpolitisierung, wo es in erster Linie um Geld und Börsenkurse ging. Wir haben uns immer prinzipiell als irgendwie linkes Unternehmen verstanden.

»Rechts arbeiten, links denken!« – Charlotte Goltermann beschreibt mit diesem flapsigen Begriff den Tabubruch auf dem Popmarkt, der vor allem in Hamburg heftige Auseinandersetzungen zur Folge hatte.

Die Firma L'age d'or – bis dahin ein Independent in Reinkultur – ging 1991 eine Kollaboration mit dem Major Polygram ein. Für viele Musiker und Fans war das ein klarer Fall von Verrat an den eigenen Idealen und Visionen, die Aufgabe der sprichwörtlichen »Unabhängigkeit«. Für Carol von Rautenkranz war dieser Schritt nach drei Jahren Labelarbeit auf der Basis von Selbstausbeutung eine Frage des Überlebens. Über die erste Begegnung mit dem damaligen Polydor- und heutigen Motor-Manager Tim Renner sagt Rautenkranz:

> Mit Tim verstand man sich auf Anhieb, es war ein gleiches Verständnis für Pop, er kannte das Label, und so haben wir einen

Labeldeal gemacht auf der Popkomm 1991, der uns letztendlich über drei Jahre lang das Überleben sicherte. So ein Labeldeal sieht im Prinzip so aus: Der Major gibt einem Geld, damit man arbeiten kann, und hat auf der anderen Seite gewisse Zugriffsrechte, wenn irgendwelche Bands oder Platten so gut funktionieren, daß es auch Sinn macht, sie über einen großen Vertrieb mit dem großen Apparat rauszubringen. Der Major hat konkret davon, daß er sich zu irgendeinem Zeitpunkt entscheiden kann, ich mache jetzt diese Band, ohne daß er den Markt beobachtet.

Die Hamburger Band **Cpt. Kirk &** reagierte auf diese ökonomische Liaison mit einem Song, der ein ganzes Stück Hamburger Kulturgeschichte in eine einzige Frage verpackt. Der Song »Selber Schuld« stammt aus dem 1992er Album *Reformhölle*, veröffentlicht auf dem Alfred-Hilsberg-Label »What's so funny about«, und stellt im Refrain die rhetorische Frage: »What's so funny about L'age Polyd'or?«

Die Kooperation L'age Polyd'or funktioniert so gut, daß bald ähnliche Modelle folgen. Das Kapital reagiert smart und flexibel. Man holt sich die Feinde ins eigene Haus und läßt sie für sich arbeiten: als Trendscouts und Talentscouts, als kreative Innovatoren und als symbolische Garanten für eine gewisse Basisnähe.

Heute hat jedes Majorlabel seine eingebaute »Indie«-Abteilung; sie heißt nicht mehr »Indie«, sondern »Alternative« oder »Progressive« und ist ausgestattet mit einer eigenen Corporate Identity und oftmals mit eigenem Namen. Verwechslungen mit der Konzernmutter sind ausdrücklich nicht erwünscht. Die unabhängigen Labels alter Prägung nagen indes weiterhin – und strukturell auf ewig – am Hungertuch.

Diese Ausführungen gelten für den großen Popmarkt. Noch viel komplizierter sind die Verhältnisse im weiten Feld der modernen elektronischen Musik. Dieser stetig wachsende Nischenmarkt hat sich nach anderen, eigenen Gesetzen entwickelt.

Mit der Geschichte von zwanzig Jahren Labelarbeit im Rücken antwortet Alfred Hilsberg auf die Frage: »Independent – was ist das eigentlich heute?« wie folgt:

Es ist auch eine Position, die wesentlich davon bestimmt ist, was unten, was an der Basis passiert – und nicht, was der kommerzielle Ausfluß dessen nachher ist. Aus dem Underground kommen sicherlich viele Ideen, die kommerziell verwertbar sind. Das liegt in der Natur der Sache, daß andere das entdecken, für sich verwerten und daraus eine Richtung machen. Wir haben damit etwas Neues entdeckt und kreiert, das war eine inhaltliche Bewegung. Heute ist das natürlich nicht mehr als Bewegung zu kennzeichnen. Das kann vielleicht wieder passieren, wenn es gesellschaftliche Umstrukturierungen, Spannungen, Auseinandersetzungen gibt, in denen auch wieder aufregende Musik passiert, die Teil dieser Bewegung ist.

Literaturhinweise

Tony Bennett/Simon Frith [u. a.] (Hrsg.): Rock and Popular Music. Politics, Policies, Institutions. London 1993.

Joe Carducci: Rock and the Pop Narcotic. Testament for the Electric Church. Chicago 1990.

Simon Frith: Jugendkultur und Rockmusik. Soziologie der englischen Musikszene. Aus dem Engl. von Hans-Hinrich Harbort. Reinbek 1981.

Klaus Humann/Carl-Ludwig Reichert (Hrsg.): Rock Session 3. Magazin der populären Musik. Reinbek 1979.

– Rock Session 4. Magazin der populären Musik. Reinbek 1980.

Moritz R[eichelt]: Der Plan. Glanz und Elend der Neuen Deutschen Welle. Kassel 1993.

Scott Schinder: Rolling Stone's Alt-Rock-A-Rama. An Outrageous Compendium of facts, fiction, trivia, and critique an Alternative Rock. New York 1996.

THOMAS LANGHOFF

Video Killed the Radio Star
MTV und Clip-Kultur

> MTV bietet ein komplettes Jugendunterhaltungsprogramm, das die Lebenswelten seines kritischen und stilbewußten Publikums reflektiert. Unsere Zuschauer sind markenbewußte Entscheider – Europas junge Ultrakonsumenten. *(MTV-Promotionvideo)*

It's Showtime.

Das geschichtsträchtige Bauwerk zeichnet sich als Silhouette hinter der Zeltwand ab. Der Conferencier studiert ein paar Witzeleien, die Maskenbildner toupieren das schüttere Haar älterer Herren, die verdunkelten Limousinen fahren vor, die Teenager frieren.

Die Teenager stehen draußen, vor dem Zelt. Es ist Herbst in Berlin, eine kalte Novembernacht. Im Zelt spielen 2500 handverlesene Gäste das lustige Spiel »Wir sind ganz toll drauf und machen jetzt ganz toll Party«. Schließlich hat man sich dazu verpflichtet, vor dem großen Ereignis für »Proben« zur Verfügung zu stehen.

Als die Show zu Ende ist, posieren die Sieger des Geschäftszweigs »Rockmusik« fürs Foto. Der Herr in der Mitte, um die 50, präsentiert sich in Trägershirt und gemusterten Leggings, die zuletzt 1973 in Bottroper Hardrockkellern angesagt waren. Der Herr daneben sieht aus, als hätte Mutti ihn angezogen, wahrscheinlich auch so um 1970.

MTV verleiht die »European Music Awards«. Eine fette Show, direkt vor dem Brandenburger Tor. Als Conferencier verbreitet Tom Jones den Charme eines kaputten Toasters. Die älteren Herren von **Aerosmith** lassen sich als »beste Rockband« küren, für die Kleinen gibt's flotte Töne von **Take That** und den gar lustigen, tekkno-inspirierten Stadionrockern von **The Prodigy**.

It's Showtime.

Weiße Männer, die im geriatrischen Stadium ihrer plane-
tarischen Existenz noch mal so richtig auf den Putz hauen,
Popstars, die Trophäen abknutschen, und Hostessen, die Mi-
niaturausgaben des Brandenburger Tors auf dem Kopf spazie-
rentragen – die »MTV European Music Awards« von 1994 haben nichts mit dem zu tun, was landläufig »Musikfernsehen«
genannt wird. Sie haben auch nichts mit dem zu tun, was landläufig für »cool« gehalten wird. Die »MTV European Music
Awards« von 1994 markierten das Ende dessen, was MTV ein
Jahrzehnt lang praktiziert hatte: cooles Musikfernsehen machen. 1994 war das erste VIVA-Jahr.

> »Oh, DJ Bobo liegt vorne, gefolgt von Robbie ›die Robbe‹ Williams,
> und auf dem letzten Platz mein Spatzerl Daisy Dee. So, Kinder, wir
> stellen uns jetzt alle noch mal ganz schnell vor. Jetzt immer
> Namen und Alter sagen, ja Kinder?«
> »Sarah, 14, Melanie, 17, Beate, 18, Steffi, 16, Nadine, 16, Janine,
> auch 16.«
> »Die blonde Fraktion hier oben, habt ihr gesehen? Das ist genau
> meine Ecke hier!«   *(Mola Adebesi, VIVA-Veteran)*

Alles fing im Jahr 1981 an. Der MTV-Chef Bob Pittman eröffnete
das Zeitalter des Videoclips programmatisch mit dem Musik-
Clip »Video Killed the Radio Star«. Damals glaubte niemand,
daß ein Non-Stop-Clip-Programm Erfolg haben könnte. Eigentlich haben Pop und TV nichts miteinander zu tun. Musik hören
kann man auch ohne Fernseher, und die Aura live spielender
Musiker läßt sich nicht abfilmen. In Deutschland gab's den
»Beat Club«, den »Rockpalast« und Ilja Richters »Licht aus, Spot
an«. Das war's in etwa, und das war auch genug. Aber MTV hatte
Erfolg: Mit Filialen in Europa, Lateinamerika, Brasilien, Japan,
Australien und Asien ist MTV in alle Ecken und Enden der Welt
vorgedrungen – das macht zusammen 296 Millionen Haushalte,
davon 62 Millionen in Europa. Brent Hansen, Geschäftsführer
von MTV Europe, gibt sich entsprechend euphorisch:

> Das ist das zwanzigste Jahrhundert! Wenn du ein Dinosaurier sein
> willst, dann bitte. Wenn du surfen willst, dann mußt du zum Strand

gehen. Da gibt es überhaupt nichts zu kritisieren. Hier ist deine Chance, hier ist sie, im Format 4 mal 3, und sie sitzt da 24 Stunden am Tag. Nimm sie dir! MTV ist immer da, es ist wie ein Freund, und es ist immer da als Alternative zu dem, was du im normalen Fernsehen zu sehen bekommst. Und wenn dir der Song, der gerade läuft, nicht gefällt, dann wird der nächste bestimmt super sein.

24 Stunden, Tag und Nacht, sitzt er da, der kleine elektronische Freund – stets hellwach, stets verfügbar. Einschalten, ausschalten, einschalten – MTV ist der einzige Freund, der immer Zeit hat. Und das ist der eigentliche Grund für den Erfolg: MTV verlangt nichts von seinen Zuschauern. Keine verstrickten Handlungsmuster, keine psychologischen Winkelzüge, keine subtilen Charaktere – man kann immer einschalten, und man hat nie etwas verpaßt.

Und so feiert MTV in seinem Promotionvideo »die perfekte Kombination medialer Stärken – die Kraft des Fernsehens und die Regelmäßigkeit eines Radioprogramms«. Diese »perfekte Kombination« soll natürlich nicht nur »Europas junge Ultrakonsumenten«, sondern auch und gerade die Werbewirtschaft zufriedenstellen:

> Werber profitieren bei MTV von der Verbindung einer Trendmarke mit einem einzigartigen Sendeformat. Kurze Werbepausen, schnelles Tempo und nahtlose Übergänge halten den Zuschauer am Bildschirm. Ihre Werbung wird Teil des Programms.

Das Programm bleibt möglichst unbestimmt – ein Feature dann und wann plus ein paar Specials für die HipHop-, Dancefloor- und Rockfreunde. Musikvideo, Moderation, Trailer, Werbeclip – die Welt according to MTV ist ein ewiger Strom visueller und akustischer Splitter.

Die Moderatoren halten sich auffällig zurück, niemals überschattet Individualität das Programm. Auch vermeintliche Stars wie Stefan Raab oder die mittlerweile anderweitig tätigen oder untätigen Heike Makatsch und Ray Cokes sind und waren nie »individuelle Charaktere« im klassischen Sinn. Vielmehr spielen sie Archetypen des Individuellen, die der Großteil der Konsumenten irgendwie ganz prima finden kann.

Das einzig Individuelle ist die Art und Weise, Lustigkeit und Pfiffigkeit als Lebenshaltung zu präsentieren.

Die speziell auf VIVA kultivierte Naivität der Moderatoren zählt für den VIVA-Chef Dieter Gorny zu den großen Vorteilen im Kampf gegen MTV: »Es gab 1993, als wir anfingen, tatsächlich keine Alternative, als zu sagen: Die sind distanziert, die sind international, die sind weit weg – also müssen wir nah dran, zum Anfassen und national sein. Unsere Chance liegt darin, daß alles, was bei uns passiert, real ist. Keine Bluebox, Realdeko, Moderatoren, die genauso real sind wie die Zielgruppe, keine Arroganz.« Während bei MTV immer die Marke zähle und nur »ein bißchen Glanz« auf die Moderatoren falle, »zählen bei VIVA immer die Personen, die auf der Marke stehen und dadurch die Marke stark machen«, konkretisiert Gorny seine Idee des volksnahen Moderators.

> Das war ja diese Magie – Heike hat zu Anfang in der ersten Moderation gesagt: »Hallo, wir sind VIVA, ich bin die Heike, das ist der Nils und das ist der Mola.« Und sie meinte: Wir sind VIVA und wir sind euer Freund und wir sind euer Sprachrohr und ab heute bleiben wir immer zusammen. Das war dieser magische Satz. Ich habe dann zwei Jahre später ein Interview mit Bruce Willis gesehen – das war fantastisch und das war VIVA. Wie Heike es hinkriegte, der Kamera gegenüber klarzumachen, daß sie auf seiten der Kids stand: »Oh, ich darf zu Bruce Willis und ich bin total aufgeregt!« Also, wie sie in die Kamera ’rein klarmachte: »Ich bin eine von euch, ich bin euer Sprachrohr, ich darf da jetzt rein.« Und nicht wie bei MTV: »Hier ist mein Freund Bruce, ihr dürft mal mitgucken, eigentlich nur durch’s Schlüsselloch, weil wir finden das uncool.« Das war eine völlig andere Art von Haltung.

Letztendlich haben die Moderatoren nur eine Aufgabe: das Produkt an die Konsumenten zu binden. Quasselnde Logos inmitten bunter Bilder, die nichts anderes zu tun haben, als den Kontakt zum Zuschauer zu halten: »Hallo, ich spreche mit dir ... ich biete dir an ... du darfst mich angucken«. Der Informationsgehalt geht gegen Null. Das einzige, was der Konsument wirklich wissen muß, ist: daß er existiert – und daß er vor dem Fernseher sitzt.

Genauso wie die sogenannten Popwellen, die mit flotten Sprüchen und noch flotterer Tanzmusik »populäre Kultur« im Warenformat präsentieren, so gilt auch für Brent Hansen von MTV Europe das Diktat der Quote: »Ich muß das Spiel der Einschaltquoten mitmachen. Wir sind nicht da, um elitär zu sein. Wir sind dafür da, unser Angebot so umfassend wie möglich zu machen, für ein Publikum so groß wie möglich.«

Daß Musikfernsehen per definitionem den Massengeschmack bedienen muß, liegt an den Kosten eines Musikvideos. Diese bewegen sich zumeist zwischen 50 000 und 500 000 Mark, Superstars fangen bei einer Million an. Zwar müssen weder MTV noch VIVA für ihr Sendematerial zahlen – nichtsdestotrotz ist es aber ihre Aufgabe, das Geld wieder hereinzuholen. Denn ein Musikvideo ist nichts anderes als ein Werbeclip. Und der Clip ist gut, wenn möglichst viele Menschen die dazugehörige CD oder LP kaufen. Einmal pro Woche schicken MTV und VIVA die Videos in diverse »Rotationen«. In der »Heavy Rotation« laufen die Clips 30mal in der Woche. Das sind rund 100 Werbeminuten – natürlich ganz umsonst.

Musikvideos haben die klassischen Werbemaßnahmen – Promotion-Tour, Interviews, Anzeigen – ins Abseits gedrängt. Als die **Pet Shop Boys** 1993 ihr Album *Very* herausbrachten, schickte sie ihre Plattenfirma nicht – wie gewohnt – auf Promo-Tour durch die Fernsehstudios. Schließlich lief ihr Musikvideo in der Heavy Rotation auf MTV. Und obendrein präsentierte MTV ein ganzes »Pet-Shop-Boys-Weekend« – also eine zweitägige Dauerwerbesendung für die Ware »Pet Shop Boys«.

MTV existiert nur, weil es der Industrie umsonst Werbezeit einräumt – 24 Stunden am Tag. Bei VIVA ist die Abhängigkeit noch eindeutiger: Mit Sony, Warner, EMI und Polygram gehören vier der einflußreichsten Plattenfirmen zu den Gesellschaftern. Das ist so, als hätten General Motors, Ford, VW und Mercedes sich einen eigenen Werbekanal gekauft. Man kann es auch anders ausdrücken: VIVA existiert nur, weil die Industrie sich einen Werbesender für der Welt drittgrößten Popmarkt wünschte. »Die Allianz zwischen Fernsehen, Werbung und Musik ist jetzt ganz eindeutig«, kommentiert der englische Musiksoziologe Simon Frith diese elegante Verschmelzung von Programm und Werbung. »Das beste Symbol dafür bieten Madonna und Michael Jackson, die nicht nur die größten Videostars der Achtziger waren, sondern auch die größten Werbestars.« MTV, so Frith, hätte diese Symbiose initiiert – und ergänzt: »Fernsehen wurde durch MTV ein globales Medium. Um billig expandieren zu können, sendete man überall auf der Welt dieselbe Musik.« Zunächst schien gerade diese globale Marktpenetration MTV eine unantastbare Monopol-Position zu garantieren. Die Moderatoren der weltweiten MTV-Filialen sprechen Portugiesisch, Spanisch und Chinesisch. Daß sie mittlerweile auch Deutsch sprechen, war ursprünglich nicht beabsichtigt.

Aber plötzlich kam VIVA. Und VIVA versprach, sein Programm auf deutsch zu moderieren und zu mindestens 40 Prozent mit deutschen Produktionen zu bestücken. Leute wie Helmut Fest vom VIVA-Gesellschafter EMI jammerten ständig herum, daß MTV sich systematisch weigere, teutonisch introvertierte Unterhaltungsmusiker wie Herbert Grönemeyer zu präsentieren. Und tatsächlich zeigte MTV deutsche Videos, wenn überhaupt, fast ausschließlich in nächtlichen Avantgardesendungen wie »120 Minutes«.

Wer mit englischem und amerikanischem Pop großgeworden war, empfand diese Programmpolitik natürlich als äußerst geschmackssicher – und die Ankündigung eines deutsch moderierten Musiksenders mit deutschem Pop als absolut lächerliche Drohung.

Aber VIVA kam, und – für viele noch schlimmer – VIVA blieb.

1994 noch von allen Seiten als dilettantische Billigkopie des amerikanischen Originals abserviert, durchbrach VIVA bereits im zweiten Betriebsjahr die Gewinnschwelle. »Das, was wirklich den Erfolg gebracht hat«, sagt Dieter Gorny, »war nicht die Tatsache, daß das Programm auf den Punkt kam – also daß es diese identifikatorische Magie hatte – ›ab heute sind wir euer Freund, ab heute leben wir zusammen, wir bleiben für immer zusammen, wenn es dir heute nicht gut geht, guck morgen wieder rein‹. Der Grund für den Erfolg war vielmehr, daß wir das erste Mal nach dem Zweiten Weltkrieg eine Konsumentengeneration hatten, die vorurteilsfrei mit Popmusik umging. Die sagte nicht mehr: ›Tolle Band – wo kommt die her? Aus Hannover? Ha, habe ich gleich gehört, ist so was Deutsches dran.‹ Die sagte vielmehr: ›Tolle Musik – wie heißt die Band? Mr. President? Tolle Musik, finde ich klasse, will ich hören, will ich kaufen! Kommt aus Deutschland – na und?‹«

Der Erfolg von VIVA beruht auf einem einfachen Trick: VIVA macht das, was MTV nicht macht. VIVA schickt Grönemeyer und **BAP** in die Heavy Rotation. VIVA widmet lokalen Musikszenen ganze Specials. VIVA spielt Schlumpftekkno. VIVA spricht Deutsch. Kurz: VIVA macht ein nationales Programm.

VIVA ist ein Kind der neunziger Jahre. VIVA kam, als es wieder chic war, von »unserer Kultur« zu sprechen und dabei das »unsere« besonders zu betonen. VIVA kam, als der *Focus* national und sozialdarwinistisch orientierten Dienstleistern, die sich selbst gern als »Informationselite« feiern, den Weg zum Stammtisch wies.

All das ist natürlich nicht VIVA anzulasten. VIVA ist ein Fernsehsender, der Popmusik verkauft, nicht mehr und nicht weniger. VIVA ist nicht nationalistisch und auch nicht deutschtümelnd. Und VIVA ist auch nicht dafür verantwortlich, daß Schlagersänger wie Heinz Rudolf Kunze eine allgemeingültige Quote für »deutsche« Populärmusik fordern. VIVA ist nicht verantwortlich für das Umfeld, in das es geboren wurde. Aber ohne dieses konservative bis reaktionäre Umfeld hätte VIVA keine Chance gehabt.

Auch für Dieter Gorny steht die »kulturelle Identität« im Mittelpunkt seiner Programmpolitik:

Letztendlich ist unser Erfolg davon abhängig, welche popästhetische These stimmt. Die eine definiert Pop als globales Phänomen und ist sehr eng angedockt an internationale, angloamerikanische Entwicklungen. In dieser Theorie steht das Prinzip »Pop« in konträrem Widerspruch zu allen Dingen, die national und provinziell sind. Die andere These ist: Stimmt zwar, aber Pop ist abseits jeglichen Internationalismus auch ein Stück kultureller Identitätsbringer. Selbst wenn die Jugendlichen gleich aussehen, gleich angezogen sind, sich für die gleiche Musik interessieren, denken und fühlen sie am Ende medial und kulturell in Köln anders als in London oder Birmingham.

Ein weiterer Grund für den überraschenden Erfolg von VIVA: Mitte der Neunziger hatte sich Techno endgültig als neuer Teenie-Mainstream etabliert. Die Love Parade und die Mayday-Raves erlaubten es sowohl dem Feuilleton als auch den Plattenfirmen, sich eine »Jugendbewegung« zusammenzuzimmern, die es mit standardisierter Kulturberichterstattung beziehungsweise standardisierten Tonträgern zu ver- und entsorgen galt.

Da Techno in Deutschland bedeutend populärer war als in den USA oder England, reagierte MTV zu zögerlich für den deutschen Markt. Die deutsche Techno-Spielart hieß Tekkno und integrierte Kindermelodien, Marschmusik und denkbar dämliches Slogangegröle in die ursprünglich sperrigen, melodie- und wortfreien Tracks. Das Problem: Abertausende Computerbediener schmissen im Stundentakt aberwitzigste Schlumpftekkno-Varianten auf den Markt – aber der wichtigste Promoter, MTV, nahm Rücksicht auf die restliche Weltbevölkerung und schickte die Videos in überhaupt keine Rotation.

VIVA hingegen kannte keine Skrupel. VIVA zeigte einfach alles – auch wenn VIVA-Mitarbeiter zu ihrer Entschuldigung gerne anführen, daß sie die »wirklich erbärmlichen« Promo-Clips ignorieren würden. Die Masse der potentiellen Hitproduzenten wuchs ins Unermeßliche – was zur Folge hatte, daß die Budgets für die Musikvideos um so kleiner wurden. Irgendwann sah VIVA dann aus wie das Abschlußvideo einer therapeutischen Spielgruppe delinquenter Vorschüler – statt »Malen mit Zahlen« stand – zeitgemäß – »Wackeln mit der Kamera« auf dem Programm.

»Und wir haben hier noch eine Zuschauerin der Woche, die Vicky aus Hamburg. Ihr wißt ja, wenn ihr auch Zuschauer der Woche werden wollt, dann könnt ihr euch bei uns mit einem Zeugnis bewerben. Wir nehmen natürlich nur hochintelligente, hochbegabte Menschen. Ich lese mal vor: Versäumte Stunden: 116. Wie schafft man denn so was, Vicky?«

»Einfach nicht hingehen.«

»Ach so. Und wenn man so viele Stunden versäumt hat, liebe Kinder zu Hause, dann kann es passieren, daß man in Gemeinschaftskunde eine 5 hat, in Mathematik eine 5, in Biologie eine 5, und in Chemie eine 6. Nun, Vicky, jetzt habe ich natürlich auch noch ein kleines musikalisches Rätsel. Ich bin gespannt, ob du dieses musikalische Rätsel lösen kannst. Es ist nicht sehr einfach: ›Im Sommer scheint die Sonne, im Winter, da schneits, in der …?‹«

»Ja?«

»Ja??«

»Ja???«

»In der …«

»Schweiz?«

»In der Schweiz! Das ist richtig, von mir ein ›Sehr gut‹.«

(VIVA-»Kult-Moderator« Stefan Raab)

So paradox es klingt: Gerade das schon fast ungeheuerlich zu nennende Gequake und das inszeniert Amateurhafte sicherten VIVA einen Wettbewerbsvorteil gegenüber MTV. Denn MTV war – im wörtlichen Sinn – »cool«. Trotz einiger Ausnahmen läßt sich konstatieren: Die Studiosettings strahlten surreale Eleganz aus, die Moderatoren ruhten in ihrer nahezu überweltlichen Unantastbarkeit, und viele Videos konkurrierten mit der ästhetischen Perfektion Hollywoods. Das war gut so – zu gut für die heutige VIVA-Kundschaft, was auch die neue Chefin von MTV Germany, Christiane zu Salm, zugeben muß. »Sicherlich ist MTV da ins Hintertreffen geraten, da gibt es überhaupt kein Vertun. Ganz klar hat VIVA dort zum richtigen Zeitpunkt das Richtige gemacht, nämlich eine Nähe zum Zuschauer erzeugt – vor allem durch die deutsche Sprache, durch die deutsche Ansprache und durch das Umfeld, in dem es Videos präsentiert hat. Immer wieder: Herzlichen Glückwunsch, das ist eine ganz tolle Erfolgsstory«, gibt zu Salm sich generös – jedoch nicht ohne ihrem Konkurrenten eine schlechte Zukunft zu prophezeien: »Das ist jetzt allerdings vorbei.«

Als VIVA Ende 1993 kam, mußte MTV reagieren. Eiligst kaufte die Londoner Zentrale deutsche Moderatoren ein und eröffnete ein »deutsches Fenster«. Einige Stunden lang wurde von nun an Deutsch gesprochen. Und auch bei der Auswahl der Videos durfte die deutsche MTV-Filiale mitreden.

Das Problem: MTV hatte jahrelang ein dezidiert internationales Programm gemacht. Die kleinste Einheit hieß »Europa«, und alle Nationalismen gingen in diesem »Eine Welt – eine Jugend«-Konzept unter. Und das war nicht nur politisch korrekt, sondern galt auch als cool. Die Kehrtwende verschreckte mehr Zuschauer, als daß sie neue gewann. So was passiert, wenn das Original versucht, seine eigene Kopie zu kopieren. Deshalb leitet MTV nun vorsichtig den Rückzug vom Rückzug ein. Christiane zu Salm: »Nach dem Motto ›Never change a winning concept‹ besinnen wir uns nun zurück auf die Kernbestandteile der Marke. Und das bedeutet vor allen Dingen: MTV ist der Experte für Musik. Und deswegen werden wir auch bei der Auswahl unserer VJs ganz klar danach gehen, wieviel Ahnung die von Musik haben. Das ist völlig egal, wie die aussehen, das darf nicht nur eine hübsche Hülse sein, sondern die werden bei uns erst mal sehr stramm abgefragt, wieviel Ahnung sie von Musik haben.«

70 Prozent von MTV Germany werden auf deutsch produziert, die restlichen 30 Prozent kommen aus London. Seit Anfang 1999 sendet MTV wieder unverschlüsselt über Astra, was 11 Millionen neue Haushalte zu potentiellen MTV-Kunden gemacht hat. Und neue Shows wie das HipHop-Magazin »Fett MTV« protzen tatsächlich mit inhaltlicher Kompetenz:

Am 7. September wurde Tupac Shakur Opfer eines Drive-by-Shootings. 4 Kugeln trafen ihn, eine tödlich, und 6 Tage später verstarb Tupac im Alter von 25 Jahren. Tupac war einer der großartigsten Rapper, einer der einen coolen Flow hatte, einer der auch sehr poetisch veranlagt war und sich politisch engagiert hatte – eine Persönlichkeit auf jeden Fall, die »Fett MTV« behandeln muß, heute und morgen in einem Tupac-Special. Tupac hatte eine ziemlich schlimme Kindheit, denn seine Mutter und sein Stiefvater waren beide Anhänger der Black-Panther-Organisation. Seine Mutter war im Gefängnis, weil sie an einem Bombenanschlag beteiligt war. Und die beiden waren so was wie Staatsfeinde, wurden verfolgt und bekamen nicht jeden Job. So kam es, daß die Familie in Armut geriet.

Das 1998 gestartete HipHop-Magazin »Fett MTV« präsentiert Pop-Geschichte als Unterrichtseinheit, was das – zumindest in den Massenmedien – verschollene Konzept von knowledge wieder auf die Agenda setzt.

Welchen Weg MTV in Zukunft gehen wird, sei hier dahingestellt. Fest steht, daß MTV die Popwelt nachhaltig verändert hat. Die Tatsache, daß Musikvideos zum wichtigsten Promotion-Instrument avancierten, bleibt nicht ohne Folgen für diejenigen, die die Musik machen. »Letztendlich etabliert das Popvideo ein System, das erfolgreiche Bands favorisiert und die neuen, unbekannten Gruppen benachteiligt«, resümiert der englische Musikjournalist Jon Savage, und ergänzt: »Mitte der Achtziger holten sich die Plattenfirmen Bands, die gut auf MTV aussahen. Wer nicht gut auf MTV aussah, bekam keinen Plattenvertrag – und ›gut aussehen‹ spielt sich bei MTV in ziemlich engen Grenzen ab.«

Ein Musikvideo ist ein Werbeclip ist ein Imperativ: »Du sollst kaufen!« Die besten Verkäufer sind Models oder Freaks. Aus diesem Grund rekrutiert sich das Personal der Musikvideos vor allem aus Models und Freaks. Da ein Video mittlerweile zur Pflichtübung gehört, muß nun plötzlich jeder Popstar auch noch »gut auf MTV« aussehen. Produkt gleich Star gleich Image: MTV hat die Imageproduktion, zuvor Aufgabe von gelegentlichen TV-Auftritten, Interviews und Fotostrekken, immens beschleunigt und standardisiert. Wer auf MTV nicht funktioniert, hat kaum eine Chance, auch als erfolgreicher Popmusiker zu funktionieren. MTV hat insofern die Auslese ästhetisch unerwünschter Menschen forciert.

Kulturkritiker der konservativen Schule beklagen diesbezüglich auch gern den Verlust der »eigentlichen« Kulturleistung, des gekonnten Musizierens. »Eigentlich« sollte, so ihr Urteil, nur die Musik zählen, nichts weiter. Dem ist entgegenzuhalten, daß Pop – auch vor MTV – mehr mit einer gewissen Haltung zur Welt oder zum Erwachsenwerden zu tun hatte als mit einer bestimmten musikalischen Leistung. Pop verwandelt attitude in Musik – oder Autos, oder Turnschuhe oder Christoph Schlingensiefs.

Das Image ist wichtiger geworden, nicht mehr, nicht weniger. Aber was stellt der geneigte Konsument nun mit dieser ihm auf CD und Video angebotenen attitude an?

»Ich glaube schon, daß Madonna zu hören in gewisser Weise Kraft geben kann und daß Madonna deshalb auch Resistenz gegenüber gewissen sozialen und moralischen Normen aufbaut«, sagt Simon Frith, schränkt aber gleichzeitig ein: »Die Fähigkeit, Madonna zu verstehen, und ihr diese Kraft zu entnehmen, kommt nur teilweise aus der Musik. Wenn Madonna keine Videos gemacht hätte, ab und zu mal live aufgetreten wäre und nur Platten herausgebracht hätte, dann würden ihre Fans nicht die gleiche Kraft mitnehmen wie die Rolling Stones sie gegeben haben. In dem Ensemble von Bedeutungen, das Madonna verkörpert, hat Musik jetzt einen ganz anderen Stellenwert.«

Die mit der Video-Massenproduktion einhergehende Aufwertung des Image verführt viele Kritiker dazu, auch das Heiligste, was Pop und Rock zu bieten haben, in höchster Not zu wähnen – und das Heiligste ist die oft zitierte »subversive Kraft«, das »Rebellische« und das »Provokative«. MTV läßt Pop zur reinen Ware verkommen, so die Kritiker, und dieser Warencharakter frißt die Restbestände »authentischen« Ausdrucks und individueller Hingabe auf. Subversion – als direkter Protest oder als inszenierte Verletzung gesellschaftlicher Normen – verkommt zum radicale chique, Dissidenz zur Pose. Der englische Kultursoziologe Iain Chambers hält die Exklusivität der Gegenüberstellung »Image oder Rebellion« jedoch für falsch: »Ich glaube nicht, daß man heutzutage von entweder/oder sprechen kann, ich glaube, man sagt besser ›und/und‹. Public Enemy ist Rebellion und das Spiel mit dem Image. Eine Gruppe wie Public Enemy bewegt sich durch die Sprachen der Medien- und Imageindustrie. Es ist Rebellion und das selbstreflexive Bewußtsein, daß man mit den Bildern der Rebellion spielt und sie benutzt. Das eine schließt das andere nicht aus.«

Wer über MTV sprechen will, darf nicht vergessen, in welcher Epoche der Sender großgeworden ist. Als MTV 1981 startete, bewegte sich die Popwelt in einem Vakuum. Punk war – trotz gegenteiliger Selbststilisierung – schon lange tot. Zarte Popknaben und esoterische Existentialisten stellten sich gern als telegenes und konsumfreundliches Sendematerial zur Verfügung. Das Wort »Rebellion« flog aus dem Vokabular, Ersatz war schnell gefunden: »Karriere« war das Wort der Stunde, wie sich der Erfinder des Punk und Manager der **Sex Pistols** Malcolm McLaren erinnert: »Dieses Wort ›Karriere‹ gehörte in den Sechzigern überhaupt nicht in mein Vokabular. Du bist nie in solchen Zirkeln großgeworden, wo Leute Karriere machten. Es reichte, zu existieren, in einer Welt, von der du glaubtest, daß es deine sei. Und all die Abenteuer gab's umsonst.« In den Siebzigern, so McLaren, »wurden die Abenteuer weniger und seltener. Und als wir uns in die Achtziger bewegten, verschwanden sie ganz. Jetzt, in den Neunzigern, rennen wir überall herum und versuchen, die Scherben aufzusammeln. Die Musik der Achtziger war entworfen für Leute, die Karriere machen wollten.«

Jon Savage war damals Wegbegleiter der **Sex Pistols** und hat mit *England's Dreaming* die definitive **Sex Pistols**-Chronik geschrieben. Dem Vorwurf, MTV hätte das Wort »Subversion« aus dem Pop-Wörterbuch gelöscht, hält Savage entgegen, daß »Fernsehen nur selten etwas initiiert – normalerweise spiegelt Fernsehen, was los ist«. Das Popvideo, so Savage, »tauchte zu einer Zeit auf, als die Pop-Avantgarde sich dazu entschied, in den Kommerz einzusteigen. Die Avantgarde, die Punk mitgemacht hatte und die vom Scheitern des Punk enttäuscht war, entschied Anfang der Achtziger, in die Musikindustrie einzusteigen. Erfolg war sehr, sehr wichtig – und irgendwann war Erfolg das einzig Wichtige. Was ein Desaster ist.«

Mitte der Achtziger kam dann die große Zeit des HipHop. Gruppen wie **Public Enemy** setzten das Projekt »Revolution« wieder auf die Agenda – und MTV sah ganz plötzlich viel besser aus. Aus der Hitmaschine wurde ein – zumindest partiell – emanzipatorisches Medium: MTV kommunizierte Ideen, ließ transkontinentale Gemeinschaften entstehen und trug so dazu bei, Diskurs zu schaffen.

Der Zweikampf MTV – manchmal okay – gegen VIVA – grundsätzlich erbärmlich – ist natürlich konstruiert und übertrieben. Auch VIVA gewährt ab und zu in lichten Momenten Einblick in Musikszenen jenseits des Teenie-Mainstreams. Bei allem Schlechten, was sich über VIVA sagen läßt – man darf nicht vergessen, daß die Existenz einer neuen, populären Videoabspielstätte die deutsche Musikszene hat expandieren lassen. Ob diese Expansion allerdings auch als »Bereicherung« verbucht werden darf, ist angesichts von Trash-Techno, nationalistischem Teutonen-Rap und germanisch-faschistoidem Gothic-Rock fraglich. (Während MTV das faschistoide Endzeit-Video zu Joachim Witts »Die Flut« boykottierte, rotierte der morastige Bilderbrei aus totalitären Mythen und Kantherschen Realzeitperversionen auf VIVA munter vor sich hin.)

Andersherum ist auch MTV fähig, selbst Stefan Raab oder andere VIVA-Blödelheimer zu unterbieten. Die beste Möglichkeit, MTV zu hassen, bietet sich bei »Singled Out«: Dann hopsen denkbar stupide all-American Blondies durchs Studio und werden von retardierten Deppen bejohlt.

Man kann aber alles auch ganz anders sehen. Wie zum Beispiel Malcolm McLaren: »MTV ist eine phantastische Sache, weil es bedeutend mehr Menschen als je zuvor erlaubt, sich mit Musikkultur zu beschäftigen. Als es anfing, sah es weniger interessant aus als jetzt. Jetzt ist es sehr interessant, weil es stets Grenzpfähle wegdrücken muß, weil es ständig umerzieht, weil es ständig die Geschichte des Rock 'n' Roll umschreibt. Einige Leute glauben, daß man sich nicht mit der Rock-'n'-Roll-Kultur anlegen dürfe. Aber Rock 'n' Roll war niemals in einem prätentiösen Stil geschrieben, Rock 'n' Roll war niemals eine kostbare Ware«, meint der Konzeptkünstler des Pop-Merchandising – und feiert die Seele der »guten Musik«: »Wenn Musik gut ist, ist sie niemals rein. Wenn Musik gut ist, glaube ich nicht, daß sie darunter leidet, in einen Werbetrailer gesteckt zu werden. Wenn die Musik gut ist, dann lebt sie jenseits der Werbung weiter. Dann lebt sie viel, viel weiter.«

So idealistisch sich Malcolm McLarens Hohelied auf die »gute Musik« auch anhört: Der Mann hat recht. Musik, ist sie gut, lebt immer weiter. Denn sie gibt das, was im englischen »Empowerment« heißt: Sie »ermächtigt« denjenigen, der sie hört. Und erst diese Selbstermächtigung erlaubt es, Pop in Stolz, Renitenz und Dissidenz zu verwandeln. Musik, ist sie gut, läßt im Idealfall Sinne schwinden, versetzt den Hörer in euphorische Zustände und produziert gleichzeitig akutes Wissen. Denn jenseits des »Let's get lost«-Glücksgefühls kann sich der geneigte Hörer auch auf die verschiedensten Diskurse einlassen, die ihm eine Platte oder ein DJ oder ein Video anbieten. Das war vor MTV so und wird auch nach VIVA so bleiben.

MTV ist ein Qualitätsformat von hoher Reichweite, geringem Streuverlust und echter Kosteneffizienz. *(MTV-Promotionvideo)*

Literaturhinweise

Veruschka Body/Peter Weibel (Hrsg.): Clip, Klapp, Bum: Von der visuellen Musik zum Musikvideo. Köln 1987.

R. Serge Denisoff: Inside MTV. New Brunswick (N. J.) 1988.

Simon Frith: Video Pop. In: S. F. (Hrsg.): Facing the Music. Essays an Pop, Rock and Culture. New York 1988.

Andrew Goodwin: Dancing in the Distraction Factory. Music Television and Popular Culture. London 1993.

Dick Hebdige: Hiding In the Light: On Images and Things. London 1988.

Journal of Communication. Jg. 36. Nr. 1. 1986. [Sonderausgabe Musikfernsehen.]

Journal of Communication Inquiry. Jg. 10. Nr. 1. 1986. [Sonderausgabe Musikfernsehen.]

E. Ann Kaplan: Rocking Around the Clock. Music Television, Postmodernism, and Consumer Culture. London 1987.

Levy: Ad Nauseam: How MTV Sells Out Rock 'n' Roll. In: Rolling Stone. Dezember 1983.

ONETWOTHREEFOUR. A Rock 'n' Roll Quarterly. Nr. 5. 1987. [Sonderausgabe Musikfernsehen.]

THOMAS LAU

Idole, Ikonen und andere Menschen
Madonna, Michael Jackson und die Fans

Mit dem Video des Songs »Video Killed the Radio Star« der ansonsten nicht weiter erwähnenswerten **Buggles** beginnt MTV am 1. August 1981 sein Programm, und die Stars aus dem Radio werden in den folgenden Jahren über den Jordan of Pop geschickt. Bis dahin war das zur Verfügung stehende Bildmaterial anbetungswürdiger Etwasse reichlich überschaubar: nur ein, zwei Magazine neben der unvermeidlichen *Bravo* sowie spärlich verstreute Musiksendungen in den öffentlich-rechtlichen TV-Sendern lieferten dem danach gierenden Fan sehnlichst erwartete Abbildungen des Idols. Das Idol selbst führte ein – für heutige Verhältnisse – vergleichsweise ruhiges Leben. Seine öffentliche Präsenz beschränkte sich auf einige Bühnenauftritte, und schon das bekreischte Verlassen eines Flugzeuges oder die mutwillige Umgestaltung von Hotelzimmern waren die Ausnahme. Für den Fan war die Arbeit am Idol das beschauliche Zurechtzimmern eines Bildes, das von der Distanz zwischen ihm und der bewunderten Person lebte. Idole sind immer weit entfernte, unerreichbare Personen: die Mutter Teresas, Lady Dianas und die Bundeskanzler operieren alle in Welten, in die man selbst durch Beamen nicht gelangen kann. Und auch die bisweilen als Idole auserkorenen Eltern sind schon längst dort, wo man nie hinkommen wird: als Erzeuger, Ernährer und Erzieher sind sie mit einem uneinholbaren Vorsprung versehen. Idole sind grundsätzlich unüberwindliche Personen. Und in dem Moment, in dem man sie erreichen sollte, verlieren sie automatisch den Status des Idols.

Idole sind der Menschheit schon länger bekannt, nämlich als Götzenbilder. »Götze« ist ursprünglich eine vertrauliche Benennung, eine Koseform von »Gott«, etwa im Sinne von »Hausgeist«. Und zumindest bis zur Einführung von MTV scheint sich seit Martin Luther an der Figur des Idols, des Götzenbildes, nichts geändert zu haben: es bleibt die privat geschaffene Version eines unerreichbaren Wesens. Dem einen nähert man sich durch das Gebet, dem anderen z. B. durch das Anhören seiner Songs – aber die Distanz bleibt: sie antworten beide nicht. Und auch wenn Gott die Welt erschaffen haben mag oder die **Beatles** einige der geilsten Songs der Popgeschichte in dessen Welt geworfen haben – ohne die Gläubigen oder ohne die Fans würde keine einzige Radiosendung nach ihnen krähen. Die frühe Marianne Rosenberg brachte mit »Mr. Paul McCartney« in ihrem Debüt die Probleme des Fanseins in der Prä-MTV-Ära auf den Singlepunkt.

Marianne Rosenberg faßt die wichtigsten Eigenschaften des Idols noch einmal zusammen: die Gleichzeitigkeit von Distanz und Nähe sowie die feste Verankerung im Alltag des Fans. Das Idol – und da gleicht es wiederum einem Gott – ist in den Alltag des Fans eingebunden. Sehnsüchte, Hoffnungen und Erwartungen, aber auch Lösungsangebote für die Probleme im Fanalltag kennzeichnen die einseitige Bindung des Fans an sein Idol. Beim Gläubigen und seinem Gott ist es – noch immer – ähnlich.

Bei der Arbeit am Idol ist der Fan nicht ganz allein auf sich gestellt. Die Ausgestaltung des privaten Bereiches mit Postern an den Wänden und anderen Devotionalien an den möglichsten und unmöglichsten Orten ist zunächst das Ergebnis der Arbeit einer einzelnen Person. Doch bei dieser Arbeit bedient sich das Fan-Individuum gewisser Muster, die kollektiv geteilt werden. Der einzelne Fan findet sich schon da in einer Gemeinschaft Gleichgesinnter, indem er seine persönliche Fanausstattung an der anderer Fans ausrichtet. Nur ein kleines Beispiel aus der Jetztzeit, wie sich eines dieser Ausstattungsmuster durchsetzt: In der Zeichentrickserie *The Simpsons* ist in einer Folge zu sehen, wie sich Bart Simpson das Bild seines Idols »Krusty the Clown« an die Zimmerdecke über sein Bett hängt und damit auch diesen Ort zur Bepflasterung mit Postern quasi freigibt. Die Folgen davon sind in den Zimmern jugendlicher Simpsons-Gucker zu sehen, wo z. B. die **Spice**

Girls, noch zu fünft, knapp über dem Kopfkissen an der Zimmerdecke über dem Hochbett plaziert werden.

Verläßt der Fan den privaten Bereich und geht als Fan an und in die Öffentlichkeit, so findet man auch dort die Resultate eines ähnlichen Vorgehens wie bei dem der Heimarbeit am Idol. Der kollektiv geteilte Wissensbestand über das Fansein stellt dem Fan dabei diverse Muster sowohl für die Ausstattung, das Outfit, als auch für sein Verhalten zur Verfügung. Die Gemeinde, der Fanclub, formiert sich. Das reicht vom einfachen Tragen eines T-Shirts mit Bild oder nur mit dem Schriftzug des Idols und geht hin bis zur fast kompletten Adaption der vom Idol bevorzugten Bekleidung. Die älteren Leser erinnern sich vielleicht noch an die **Bay City Rollers**-Clones in ihren karierten Hochwasserhosen, und die noch etwas älteren Leser ahnen, was aus ihrer Ära der Schwärmerei gemeint sein könnte. Heutzutage ist es beispielsweise die **Kelly Family**, die uns mehr als das mittelgescheitelte Haupthaar beschert hat, oder die Korona der Boygroups, mit denen die längst totgeglaubte Popperfrisur der frühen achtziger Jahre in die Sekundarstufe I der späten Neunziger zurückkehrt, was auch niemand wirklich gewollt haben kann.

Das Idol liefert dem Fan also nicht nur Bildmaterial zur Ausgestaltung der privaten Sphäre, sondern garantiert auch ein gewisses Maß an Sicherheit, indem es den einzelnen Fan in einer Gemeinschaft bindet. Dort erfährt der Fan den üblichen Komfort und die Annehmlichkeiten, die die Zugehörigkeit zu einer Gemeinschaft nun einmal bietet: Wärme, Geborgenheit sowie die unschätzbare Gewißheit, mit seinem Verhalten »richtig« zu liegen, normal zu sein. Das alles hält die Gemeinschaft der Fans nach innen zusammen. Gleichzeitig grenzt sie sich nach außen ab als »die da«, die klar erkennbar und für jeden deutlich sichtbar etwas anderes betreiben als alle anderen. Und das wiederum stabilisiert zusätzlich die Gemeinschaft nach innen, das Nicht-so-Sein wie die anderen, die beispielsweise ein anderes Idol bewundern. Fälschlicherweise wird dieses Nicht-so-Sein wie die anderen häufig als Zeichen einer seltsam gestrickten Individualität und Einzigartigkeit gedeutet. Aber komischerweise funktioniert das meistens nur in Gruppen, deren Mitglieder alle nach demselben Muster gestrickt sind und in denen die Einzigartigkeit massenhaft präsentiert wird. Besonders schön ist das zu sehen bei den Großveranstaltungen mit dem Idol im scheinbaren Mittelpunkt und der Fangemeinde drumherum oder davor. Für den Außenstehenden mag die Menge gaga gehen, die Fans versichern sich dabei aber ihrer eigenen Normalität: und zu dieser Normalität gehören u. a. auch Kreislaufkollaps, Kreischen, Teddybärenwerfen und Angebote, die einst als unsittlich galten, in krakeliger Teenieschrift auf Papptafeln hochzuhalten. »Ausbrechen aus dem Alltag« nennen das einige Schlauberger und Schlaubergerinnen, vergessen dabei aber, daß besagtes Ausbrechen aus dem Alltag längst zum Alltag des Fans geworden ist.

Daß dann selbst etwas Nicht-Alltägliches in einem gemeinschaftsstiftenden Rahmen verläuft, konnte man sehr schön in den ersten Tagen nach dem tödlichen Unfall der Pop-Prinzessin Diana sehen.

Lady Diana war endlich mal wieder eine Adelige, über die zu reden man sich auf einmal auch in den Kreisen getraute, in denen eine Wahrnehmung der Zu-, Ab- und Vorgänge an europäischen Königshäusern ansonsten nicht stattfindet. Ihr Ableben katapultierte sie in die »Top 10 berühmter Autototer, die nicht am Steuer gesessen haben«, gleich neben Marc Bolan und John F. Kennedy.

Durch Großbritannien ging eine La-Ola-Welle der Trauer. Am meisten überrascht von den Ausmaßen und Auswüchsen der Beileidsbekundungen zeigten sich diejenigen, die immer noch meinen, sie ständen nur als nüchterne Beobachter am Rande: die Medien. Dabei sind sie es gewesen, die aus einer einfachen Prinzessin eine Crossoverfigur zwischen Königshaus, Stinos – den stinknormalen Bürgern – und Außenseitern – z. B. den HIV-Infizierten – geschaffen haben. Von der Hochzeit über Liebes- und Mutterleben bis hin schließlich zu ihrem Tod war Lady Di ein mediales Ereignis. Was nach ihrem Ableben aber geschah, bestätigte erneut die wahre Macht der Medien.

Die am Sonntagmorgen noch in reichlich überschaubaren Kleinstgrüppchen vor dem Buckingham-Palast ihre Blumen und Trauerkarten ablegenden Personen wurden gleich von Fernsehkameras erfaßt und in das z. B. auf »Sky« vollkommen umgeworfene TV-Programm eingebunden: 24 Stunden nur das eine Thema! Amerikanische Fernsehanstalten übernahmen das »Sky«-Programm, und »Sky« beeilte sich, dies den Zuschauern umgehend mitzuteilen. Damit wurde auch dem letzten still und privat daheim Trauernden klar, daß er raus muß, an die Portale, an denen die Kameras stehen. Mit etwas Glück kam er trauernd ins Bild, und mit noch mehr Glück wurde er befragt und sein Statement, egal wie nichtssagend, gelangte in die »heavy rotation« und wurde stündlich wiederholt.

Buckingham- und Kensington-Palast wurden zugetrauert, als ginge es um einen Eintrag in das Guinness-Buch der Rekorde. Von der erneuten Menschenkette für einen guten Zweck, der Schlange vor den Kondolenzbüchern im St. James Palace, wurden die Wartezeiten ständig aktualisiert. Elf Stunden dauerte es am Donnerstag um fünf nach Di, die Mitarbeit am menschlichen Ornament der Masse, die ihre volle Wirkung wieder nur im TV entfaltete, als die Kamera genüßlich an der Reihe der Trauertouristen vorbeifährt. Die anderen Orte versuchten nachzuziehen: von der englischen Botschaft in Moskau bis nach Althorp, Lady Dianas Heimatort, wo sie am Mittwoch die erste sendefähige Menschenschlange hinbekommen hatten. Trauer wurde hier zu einem kollektiven Ereignis, zu einer Popveranstaltung, in der sich die Beteiligten ihrer Normalität und Zugehörigkeit zum Gemeinwesen versichern können. Die Medien spielen dabei eine entscheidende Rolle, indem sie die Trauermuster vervielfältigen und prinzipiell jedem Nobody in the U. K. und anderswo verfügbar machen. Der ehemaligen Kindergärtnerin hätte das gefallen.

Die Magie des Pop-Idols bestand in der Zeit vor MTV und VIVA größtenteils in der Sparsamkeit seiner Präsenz. Ein paar Poster, höchstens ein T-Shirt, einige Konzerte und vielleicht einmal im Jahr für knappe drei Minuten im Fernsehen – das war's auch schon. Nur das Radio sorgte für eine annähernd stabile Aufbau- und Erhaltungsarbeit des Idols durch mehr oder weniger regelmäßiges Abspielen der Songs. In diesen Zeiten war die Wechselbeziehung zwischen Fan und Idol weitaus tragfähiger und von längerer Dauer als heute, was man unter anderem an dem hohen Anteil von Seniorenfans bei Auftritten von Idolen aus der damaligen Ära sieht. Die **Rolling Stones** oder die regelmäßig wiederkehrenden Spekulationen um eine Dreiviertel-Reunion der **Beatles** zeugen sowohl von der einst magisch behafteten Fan-Idol-Beziehung als auch von der Fähigkeit des gemeinsamen Alterns von Idol und Fan. Da müssen die gegenwärtig musizierenden Idole aber mächtig zulegen, um ähnliche Qualitäten zu erlangen. Zu befürchten ist, daß ihnen das nicht gelingt, was aber weniger an ihnen selbst liegt, sondern an den veränderten strukturellen Bedingungen.

Mit der Einführung von MTV, später dann mit dem deutschen Sonderweg VIVA, wurde genau *das* am nachhaltigsten beeinflußt, was das Idol eigentlich ausmacht: das Bild! Setzte es sich vorher zusammen aus den wenigen zur Verfügung stehenden Standbildern an den Wänden und den Miniaturen in den Geldbörsen, kam auf einmal – in mehrfacher Hinsicht – Bewegung in die Sache. Nicht nur, daß das Idol plötzlich in nie zuvor gesehenen Szenarios bei bis dahin nur mühsam vorstellbaren Aktionen sichtbar wurde; sondern auch die Frequenz seines Erscheinens wurde immer kürzer. Auf dem Musikvideos sendenden Kanal heißt das dann »heavy rotation«, daheim in der Stube nennt man es Videorekorder: stundenlang sich bewegende Bilder vom Idol, wo vorher nur ein paar unbewegliche waren. Der alte Zauber ist dahin! Ganz nebenbei hat das zur Folge, daß all die Möchtegernidole heutzutage glauben, sich bewegen zu müssen, weil ihre Bilder sich bewegen. Und das ist dann häufig äußerst putzig, was da so alles Choreographie genannt wird, wenn z. B. fünf halbwegs erwachsene junge Männer mit zugegebenermaßen beneidenswerten Waschbrettbäuchen ihre Darbietung in bedrohliche Tanzbärennähe bringen. Wer noch die gestische Sparsamkeit eines Frank Sinatra erleben durfte oder die relative Bewegungsarmut der Interpreten auf dem legendären Woodstock-

Festival bestaunte oder belächelte, der ahnt, was MTV angerichtet hat. Und Mick Jagger begann auch erst richtig die Bühne rauf und runter zu joggen, als Aerobic und Musikvideo in die Welt schwappten. Hier darf man ja ins Blaue denken und daher ruhigen Gewissens annehmen, daß der nächste große Hit derjenige Interpret oder diejenige Formation wird, der oder die gezielt und konsequent eben jenes videoadäquate Gezappel verweigert. Jede Wette!

Zwei typische Stars dieser Kunst-des-sich-Bewegens sind 1998 jeweils 40 Jahre alt geworden: Madonna und Michael Jackson. Sie funktionieren als fast ideale Idole nicht nur, weil sie den Bewegungsverpflichtungen des Mediums Musikvideo ziemlich getreu nachkommen, sondern auch deshalb, weil sie etwas aus der guten alten Zeit der Idole gelernt und herübergerettet haben: Sie bieten eine Geschichte an! Das unterscheidet sie vom gegenwärtigen Heer der Retortenbands, deren Bilder wir alle jeden Tag sehen, deren Gesichter wir aber prompt vergessen. Denn wer geschichtslos ist, wird schnell gesichtslos. Bei Madonna und Michael Jackson ist das anders. Sie verändert z. B. fast kontinuierlich und in sich schlüssig ihr Outfit und toppt das Ganze mit der biographischen Outfitvariante des Mutterwerdens; der andere läßt gar Eingriffe an seiner Physiognomie vornehmen, fällt dabei fast auf die Nase und wird Vater. Zudem operieren beide äußerst geschickt mit der Distanz zu ihren Fans. Bei der Wahl ihrer Gefährten z. B. greifen sie auf ein Personal zurück, das dem gemeinen Fan nie zur Verfügung stehen wird: von Dennis Rodman über einen Schimpansen bis hin zur Tochter des Kings – davon können die Olivers und Nicoles von nebenan nur träumen. Sollen sie ja auch! Und wer noch den Auftritt von Madonna oder den von Michael Jackson bei »Wetten, daß?« in Erinnerung hat, der weiß, daß selbst der große Gottschalk an eben jener Distanzierungspraxis der beiden ganz schön hart zu knacken hatte. Und da Thomas Gottschalk das mit der Distanz nie so genau nimmt, wird aus ihm auch nie ein richtiges Idol. So einfach ist das.

Mögen Michael Jacksons Profil und die dazugehörige Neurose noch so hübsche Witzchen provozieren, unbestritten bleiben die von ihm der Popwelt dargebrachten Perlen, seien es jetzt das Maßstäbe setzende Album *Thriller* oder einige seiner Videos, die immer noch im oberen Drittel der fünfzig besten Musikvideos aller Zeiten zu finden sind. Für Madonna gilt ähnliches, auch wenn manche Mitmenschen ihre Modebeiträge höher einschätzen, besonders denjenigen Beitrag, mit dem die Unterwäsche zur Oberbekleidung wurde. Die Zahl der Popidole, die einen vergleichbaren Status besitzen, nämlich den der so gut wie ungeteilten Wertschätzung in fast allen Lagern der Popfraktionen, ist gering. David Bowie fällt einem da ein, der die Outfitverwandlungen der Madonna – strukturell gesehen – vorweggenommen hat. Lange Zeit vielleicht noch Prince, aber der hat sich irgendwie verdaddelt. Frank Sinatra sicherlich, trotz nie ganz geklärter Mafia-Connections. Okay, die **Beatles** natürlich. Und bei den **Rolling Stones** kann man sich nicht sicher sein: Es ist ganz bestimmt kein Altersrassismus, wenn man sie leise darauf hinweisen würde, daß auch ein Senioren- oder Saurierbonus einmal aufgebraucht ist. Sie alle haben eine eigene Geschichte, was bei der ganzen Inszenierung von **Backstreet Boys** oder **Spice Girls** anscheinend vergessen worden ist. Dort hat eine Inszenierungsgeschichte die Idolgeschichte abgelöst, was auch eine Herzoperation – bei dem einen – oder diverse Schwangerschaften – bei den anderen – nicht ändern wird. Und daß die Inszenierungsgeschichte an die Stelle der popnormalen Biographie getreten ist, wirkt nicht nur auf der Ebene der Stars, sondern hinterläßt Spuren bis hinunter beim Fan.

Wenn die angeblichen Stars dem Fan den Hauptteil seiner Arbeit am Bild eines möglichen Idols dadurch erschweren, daß sie nur noch in Szene gesetzte Bilder ihrer selbst anbieten, dann darf man sich nicht wundern, wenn das Idol klassischer Prägung zu einer aussterbenden Gattung wird. Doch Götter, genauso wie Idole, kann man zwar für tot erklären, doch verschwinden tun sie nicht, man muß nur schauen, wo sie geblieben sind: ob sie sich irgendwo versteckt halten, was dann eher ein Fall für Scully und Mulder wäre, oder ob gar jemand anderes an ihre Stelle getreten ist.

Das ursprüngliche Fan-Idol-Verhältnis in der Popwelt war geprägt von einer gegenseitigen Abhängigkeit in einer behutsam wachsenden Wechselbeziehung. Und wie nun einmal alles im Leben, so ist auch der Verlauf dieser Beziehung nicht vorhersehbar. Die Rollen waren klar verteilt und hatten genügend Zeit, sich zu entwickeln. Einmal erarbeitete Positionen konnten verhältnismäßig lange gehalten werden, und fulminante Karriereabstürze waren eher die Ausnahme. Der Fan blieb seinem Idol über mehrere Lebensabschnitte treu, was u. a. darin zum Ausdruck kommt, daß die Art und Weise der Anknüpfungspunkte zwischen beiden Biographien auf ein handhabbares Maß beschränkt war. Eine neue Single, vielleicht ein kurzer Auftritt im Fernsehen, alle Jubeljahre ein Konzert – das genügte, um eine gemeinsame Geschichte von Fan, Fangemeinde und Idol entstehen zu lassen. Jemand, der in jener beschaulichen Phase popsozialisiert worden ist, der kann beispielsweise auch heute noch die britischen Top Twenty der Wochen hinunterbeten, in denen seine Kinder geboren wurden. Mittlerweile aber, da tagtäglich ein Stakkato von News und Nicht-so-News auf die Fans niederprasselt, wird die Arbeit am Idol ungleich schwerer. Nicht nur, daß die Aufnahme sämtlicher das Idol betreffenden Informationen de facto unmöglich ist, auch die Auswahl der relevanten Daten bleibt ein riskantes Unterfangen. Was muß ich von meinem Idol wissen, um mir meiner Normalität als Fan sicher sein zu können? Eine Frage, auf die es vor knapp zwanzig Jahren noch eine eindeutige Antwort gab. Die Frage existiert noch immer, nur die Eindeutigkeit der Antwort ist einer Vieldeutigkeit, einer Beliebigkeit gewichen. Der Fan ist allein! Denn heute, da tagtäglich irgendwelche News von Backstreet-Lümmeln und den anderen angesagten Fegern von den Postern aus den Jungmädchenzimmern durch die Popwelt schwirren, bleibt der Fan isoliert: Die Berührungspunkte zwischen ihm und seinem Idol bestehen nur noch aus losen Bruchstücken, die er zwar für sich verbinden mag, die er aber mit niemandem teilen kann. Die Internetseiten zu Madonna oder Michael Jackson belegen dies auf erschreckende Weise: Dort versammelt sich die geballte Einsamkeit derjenigen, die die Fragmente eines Fanseins in das globale Dorf hinausposaunen.

Nicht so bei der **Kelly Family**, deren Fans sich ziemlich resistent gegen die genannten Tendenzen zeigen. Sie, die Fans, fangen die Diffusität aktueller Idol-Fan-Beziehungen u. a. dadurch auf, daß sie beispielsweise umfangreiche Fotosammlungen ihrer Idole anlegen. Dicke Aktenordner mit Hunderten privat geschossener Fotos werden herumgezeigt, Fotos getauscht oder verkauft. Mit ihnen dokumentiert der Kelly-Fan Dauer und Qualität seines Fantums und holt außerdem damit das öffentliche Idol quasi heim ins Familyalbum.

Doch das sind die Ausnahmen. Das Idol klassischer Prägung existiert nicht mehr. Die von ihm nicht zu bewältigende Bilderflut hat es entzaubert. Permanente optische – und auch akustische – Präsenz heben es nicht mehr aus der Masse der potentiellen Anzubetenden heraus. Denn die Stinos – die Stinknormalen – teilen sich mittlerweile die Plätze an der Mediensonne mit den angeblichen Stars. War beispielsweise das Fernsehen einst ein Ort, der ausschließlich den Stars vorbehalten war, so sind heute in Talk- und Spielshows die Repräsentanten der Einschaltquote selbst zu sehen. Very unimportant persons mit schlechtem Haarschnitt erwischt man beim Durchzappen, und der Gewalt, die dort vom Volke ausgeht, fallen die Idole zum Opfer. An ihre Stelle tritt der Fan. Er nimmt die öffentlichen Auftritte der Stars zum Anlaß, sich selbst zu feiern. Der Star ist *nicht* die Mannschaft, sondern der Star sind die Fans. Dem deutschen Fußballsport verdanken wir diesen Propagandafeldzug unter dem Motto »Der Star ist die Mannschaft«. Dabei reagiert man damit nur auf das Fehlen idolfähiger, popkompatibler Spielerpersönlichkeiten.

Lars Ricken hätte es schaffen können, das bislang naiv gemalte deutsche Bild von Popmusik und Fußball maßgeblich neu zu gestalten. Doch der damalige Bundestrainer Berti Vogts stellte seinen WM-Kader nicht nach den Gesichtspunkten von Charterfolgen und hippen Werbespots zusammen, so daß die von Lars Ricken geliehene Härte auf seiner supi toughen Compilation aus fußballerischer Sicht zum Hot Shot in den Ofen wurde. Golden Goal und Goldener Schnitt liegen halt immer noch weit auseinander. In Anlehnung an den vorbildlichen Umgang der Briten mit der Symbiose von Pop und Fußball müßte Lars Ricken zur Restaurierung des weiterhin schiefen deutschen Bildes eine der zwei oder drei Jungdamen von **Tic Tac Toe** ehelichen oder zumindest die paarungsvorbereitenden Rituale und Aktivitäten einleiten.

Die andere traurige Figur ist Mehmet Scholl, kaputtidolisierter Teenieschwarm und neuerdings Fachmann für Erfrischungsgetränke, zumindest für eines. Auch Mehmet durfte während der Fußball-WM seine adilettenbewehrten Füße hochlegen und den zu erwartenden hohen Temperaturen mit seinem durch einschlägige Magazine belegten hohen Coolnessfaktor trotzen. Aber schon bei ihm interessieren potentielle Ehepartnerinnen oder musikalische Vorlieben nur am Rande. Schwiegermütter-Pop.

Auf Oliver Bierhoff könnte man noch setzen, liiert mit einer zwar modelnden, aber glamourarmen Basketballerin. Sein nebenbei mittlerweile mit »ausreichend« abgeschlossenes Studium der Volkswirtschaft läßt seine Werbespots und Interviews in einer wohlkalkulierten Risikolosigkeit verschwinden. Spontaneität und coole Ausrutscher – egal, ob inszeniert oder echt zufällig – mit einem deutlich sichtbaren Zug in Richtung Pop wird man da nicht erwarten dürfen. Wer schon ein Golden Goal erzielt hat, dem darf der Goldene Schnitt egal sein.

Fußball und Popmusik in Deutschland geraten nur dann in beeindruckende Nähe des britischen Vorbildes, wenn die La-Ola-Popper auf den Stehrängen das Gesangsheft in die Hand nehmen. Wer dachte, mit der Wiedervereinigung sei die von den **Village People** über **Pet Shop Boys** reichende Go-West-Linie schon an einem Ende angelangt, den belehrten die Fans von Borussia Dortmund eines Besseren. Die härtere FC-St.-Pauli-Fraktion zwischen Rot- und Flutlicht am Hamburger Millerntor dagegen wählte zur Begrüßung des leider dort nicht mehr aktiven Spielers Zander das Intro des Songs »Thunderstruck« von **AC/DC**: »Rahahahahaa – Zander!«

Ansonsten bekommt man – genau wie im richtigen Leben – das, was man verdient: unerträglich seichte WM-Songs als AB-Maßnahme für musizierende Mainstreamrentner zum Beispiel, die einen spätestens nach »Three Lions« wehmütig auf die Insel blicken lassen, wo die Wahl des WM-Songs '98 zum nationalen Ereignis »hochsterilisiert« (Bruno Labbadia) wurde. Deutsche Kicker werden bei Konzerten von Peter Maffay oder Tina Turner erblickt, und der Dortmunder Andreas Möller belegt erneut seine heintjehafte Schlichtheit in Gemüt und Spielanlage mit der Zusammenstellung von Schlagertapes für die Trainingslager mit seinen Mannschaftskollegen. Vielleicht sollte man beginnen, nicht mehr die Trainer, sondern die Spieler mit schlechten Sounds zu feuern. Nur Yves Eigenrauch, der Schalker Ronaldo-Killer, fällt mit dem Besuch diverser Punkkonzerte im Ruhrgebiet erneut aus der Reihe, wird prompt zum Shootingstar und nur durch eine zu lange Verletzungspause von der Aufnahme ins WM-Aufgebot abgehalten. Daß Techno auch in diesem Rahmen nichts taugt, belegt der ex-Duisburger Joachim Hopp, nebenbei Hochofenmalocher und Hobby-DJ, dessen Verschwinden aus der MSV-Stammelf parallel zu seinen Mixen von mantatauglichem Kirmestechno verlief. Und deshalb steht jede Wette: Der erste deutsche Kicker, der sich öffentlich mit profunden Kenntnissen über HipHop und ständiger akustischer Nerverei seiner Mitkicker im Mannschaftsbus mittels **2 Pac** oder **Fettes Brot** hervortun wird, der wird gleichzeitig einen bislang auf deutschen Pitches nie dagesehenen Spielstil praktizieren. Für Klassik (Beckenbauer Bayreuth!) oder Hardcore-Punk dürfte ähnliches gelten. Aber bis dahin wird die deutsche Nationalmannschaft weiterhin so begeisterungslos spielen wie die Musik ist, die ihre Kicker hören. Disco Netzer hat schon gewußt, was zu machen ist!

Zwei die Popwelt nachhaltig beeinflussende Jugendphänomene haben das Aussterben der Idole-wie-wir-sie-einmal-kannten zwar nicht gerade bewirkt, aber zumindest mehr als nur Beihilfe geleistet: Punk, die letzte Jugendbewegung vor der Video-Autobahn, sowie Techno, die letzte Jugendbewegung vor der Ausfahrt ins vernetzte nächste Jahrtausend.

Als Johnny Rotten die Boutique von Malcolm McLaren und Vivienne Westwood in der Londoner King's Road zum ersten Mal betritt – so erzählt die Sage – trägt er ein **Pink Floyd**-T-Shirt mit dem von ihm hinzugekrakelten Zusatz »I hate«. Die damit verbundene Provokation konnte nur funktionieren, weil in der damaligen Zeit die Welt der Jugendlichen klar gegliedert und – im Vergleich zum Heute – verhältnismäßig simpel strukturiert war. **Pink Floyd** war eine beliebte Band der Kifferfraktion in der gymnasialen Oberstufe. Ihr gegenüber stand die eher konservativ zu nennende Tanzschulenbande. Die Kiffer konnten besser Basketball spielen, dafür hatten die anderen die besseren Mädchen. MTVIVA, der optische Versandhauskatalog für Posen aller Art, liefert mittlerweile die komplette Bandbreite zwischen relaxter Coolness und hyperaktiver Zappeligkeit. Da ist mürrisches Sich-Danebenbenehmen nur eine Variante unter vielen. Man kann sich ja schon einmal überlegen, was Punk oder etwas Punkähnliches heute anstellen müßte, um im aktuellen Mediendschungel der risikoheuchelnden Angsthasen und -häsinnen für Aufruhr und -sehen sorgen zu können. Mögliche Ansätze dazu konnte man bei der letzten Bundestagswahl sehen, zu der auch die APPD, die »Anarchistische Pogo-Partei Deutschlands«, antrat.

Punk damals nahm nicht nur die gesamtgesellschaftlichen Werte- und Normvorstellungen aufs Korn – oder besser gesagt: aufs Sixpack – sondern auch die Werte und Normen der Popwelt, beherrscht von den verhaßten Hippies und anderen Schaumschlägern. Mit der Idolisierung der Punk-Gemeinschaft, die sich stilistisch klar nach außen abgrenzte, wurden keine anderen Idole mehr benötigt. Punk war sich selbst Idol. MTV und »Video Killed the Radio Star« konnten kommen.

Bei Techno ist es etwas anders. Die Gemeinschaft dort ist eine Gemeinschaft von einzelnen, wobei jeder seinen eigenen Film spielt. Techno kann Idole weder gebrauchen, noch produzieren, sondern Techno ist eine Ansammlung von Möchtegern-Idolen, deren inszeniertes Bild auf jedem Rave präsentiert und zur Betrachtung freigegeben wird. Strukturell gesehen ist Techno die Fortführung des Hippietums mit anderen Mitteln. Daß die Protagonisten der Raving Society die technologische Variante der Hippies sind, hört man bei der Musik in der Ablösung der noch handarbeitenden Vorläufer, bei der Bekleidung sieht man es u. a. in der industriellen Anfertigung der Batikhemden, deren individuelle Gestaltung einst umfangreiche Reinigungsprozeduren der elterlichen Badewannen und begleitende Sanktionen nach sich zog. Dem »Tanz in den Mai«, sowohl in der gewerkschaftlichen als auch in der unpolitisch-alkoholisierten Version, folgt zeitgleich der Mayday. Ähnlich verhält es sich mit den Drogen. Ecstasy, die Techno-Droge schlechthin, ursprünglich als Appetitzügler entwickelt, löst als Laborprodukt die Naturdrogen ab, verbunden mit dem gleichzeitigen Wegfall umfangreicher Einnahmerituale – wie man sie bei Haschisch, Heroin und selbst LSD kennt – und der Alltagstauglichkeit. Zu Hause zu hocken und Ecstasy einzunehmen, macht keinen Sinn.

Das ›kollektive Gedächtnis‹ der sogenannten Subkulturen hat Techno zwar einen Bestand von Hilfsmitteln zu der in dieser Lebensphase notwendigen provokativen Auseinandersetzung mit z. B. den Erziehungsinstanzen zur Verfügung gestellt, gleichzeitig sind aber die diesen Hilfsmitteln zugrundeliegenden Muster der Provokation oder Subversion bereits erprobte, und der Umgang damit gehört mittlerweile zu einem historisch gewachsenen gesellschaftlichen Repertoire, das auch schon die Reaktionen darauf beinhaltet.

Doch eine Überwindung der 68er-Ideologie findet dennoch statt und wird durch die technologische Aneignung ihrer wichtigsten Grundzüge vollzogen. Gleichzeitig finden wir hier bei Techno – neben den gewaltbereiten, sogenannten rechtsradikalen Jugendlichen – eine zweite sprachlose Auflehnung gegen die diskurserfahrenen und diskursverwaltenden Erziehungsinstanzen, eine Auflehnung durch eine Konsumorientierung, die sich gegen die ideologisch, moralisch korrekte Gesinnung der elterlichen Konsumablehnung richtet. Hier erfährt die sprach- und textgewandte studentenbewegte Generation eine im Prinzip gegen sie gerichtete – aber schweigende – Bewegung.

Offensichtliche Normverletzungen oder Auseinandersetzungen mit anderen gesellschaftlichen Gruppierungen finden bei Techno nicht statt. Vielmehr scheint das Beschwören einer technologischen Idylle mit kollektiv geteilten, aber individuell zu bewältigenden ekstatischen Momenten genau das zu sein, was den Jugendlichen einer Erlebnisgesellschaft kennzeichnet.

Techno löst damit das Problem der Jugendlichen, die auf der Suche nach Bindungen und Sicherheiten sind. Und wenn das gegenwärtige Angebot an sicherheitsspendenden Gemeinschaften kein befriedigendes ist, sucht und findet man schließlich nur die naheliegenden Sicherheiten: im und am eigenen Körper. Ekstatisches Tanzen, schrilles Outfit und Drogenkonsum gehören dazu. Und jede Love Parade zeigt dann gerade *nicht* one family oder ähnliche Gemeinschaftsvisionen, sondern *nur* eine An- und Versammlung von Personen, die alle mit der Lösung des gleichen Problems beschäftigt sind. Da ist für Idole kein Platz. Erst dann, wenn identitätsstiftende, wärmespendende Jugendphänomene mit gemeinschaftsähnlichen Strukturen auftauchen, wird auch die Zeit der Idole wiederkommen.

Literaturhinweise

Mark Bego: Madonna – Who's That Girl? Die Madonna Story. Übers. von Thomas Ziegler. St. Andrä-Wördern 1992.

David Buxton: Rock Music, the Star System, and the Rise of Consumerism. In: Frith/Goodwin 1990.

Tom Carson: Rocket to Russia. In: Frith/Goodwin 1990.

The Face. [Monatlich erscheinendes Magazin; zu abonnieren über: Wagadon Ltd., Subscription Department, Tower House, Sovereign Park, Market Harborough, Leicestershire, LE16 9EF, England.]

Simon Frith/Andrew Goodwin (Hrsg.): On Record. Rock, Pop, and the Written Word. London 1990.

Sheryl Garrat: Teenage Dreams. In: Frith/Goodwin 1990.

Adrian Grant: Michael Jackson. Die komplette Chronik von 1958 bis heute. Königswinter 1997.

Die Hundert des Jahrhunderts: Pop-Stars. Reinbek 1997.

Hanif Kureishi/Jon Savage (Hrsg.): The Faber Book of Pop. London/Boston 1996.

Brady Leiser/Pol Gosset: Rock Stars/Pop Stars. A Comprehensive Bibliography 1955–94. London 1994.

Greil Marcus: Corrupting the Absolute. In: Frith/Goodwin 1990.

Hans-Georg Soeffner: Die Ordnung der Rituale. Auslegung des Alltags 2. Frankfurt a. M. 1992.

Fred Vermorel/Judy Vermorel: Starlust. The Secret Fantasies of Fans. London 1985.

Street Credibility HipHop und Rap

HipHop – das ist die Jeans, die dem Abteilungsleiter oversized auf den Hüften sitzt. Das ist der Kapuzenpulli des Nachbarjungen. Beide hören die **Fantastischen Vier** und **Fünf Sterne Deluxe**: deutsche Popmusik, die es ohne HipHop so nicht geben würde. Seit HipHop können sich konservative Saubermänner morgens über das kryptische Gekritzel an städtischen Hauswänden mokieren, um sich abends auf der schicken Vernissage eines Graffiti-Künstlers wiederzufinden. Seit HipHop haben Turnschuhe viel zu bedeuten – und man kann Schirmmützen drehen und wenden, wie man will. HipHop hat sich mit seinen Codes und Styles wie kaum eine andere popkulturelle Strömung in den Alltag eingeschlichen oder wurde – je nach Sichtweise – beispiellos vom Mainstream verwässert.

Dabei fing alles ganz unerhört an. Über zwanzig Jahre ist es her, daß die verschiedenen Stränge afroamerikanischer Unterhaltungskunst wie Doo Wop, Funk, Soul und Disco, aber auch Latin, Salsa und Rock zu einer neuen musikalischen Ausdrucksform verschmolzen. Nie zuvor wurde ein Genre aus einer derartigen Vielfältigkeit heraus geboren. Es waren die DJs, die mit ihren universellen Musikkenntnissen und neuen Mixtechniken den Grundstein für die Entwicklung von HipHop legten. Und allein das war revolutionär. Denn bis dahin basierte ein Großteil der Pop- und Rockmusik auf der Vorstellung, daß Menschen mit ›echten‹ Instrumenten zusammenkommen, um ein ›natürliches‹ Stück Musik zu kreieren. Bei HipHop stand zum ersten Mal der DJ als Musiker im Mittelpunkt. Eine Person also, die mit der Musik anderer Leute und mit zwei Plattenspielern jedem Stück einen völlig neuen Charakter verleihen konnte.

Doch nicht nur musikalisch setzte HipHop neue Akzente. Es waren vor allem die Kids, die um diesen neuen Sound herum eine neue Lebensweise erfanden. Dazu gehörte eine stark codierte Mode genauso wie Graffiti oder Breakdance. Auch innerhalb der schwarzen Community veränderte sich der Umgang untereinander. Alles begann ungefähr Mitte der siebziger Jahre in der Bronx, dem berüchtigten Stadtteil von New York. Bis zu diesem Zeitpunkt war die Bronx vor allem Schauplatz von Gang-Auseinandersetzungen gewesen. Fab Five Freddy, Produzent und HipHop-Chronist erinnert sich:

> Die Gangs kämpften nur um ihr Territorium. Sie wollten ihre Nachbarschaft kontrollieren. Das war aber nicht besonders cool. Mit Afrika Bambaataa, dem sogenannten »Godfather« des HipHop, passierte dann plötzlich was Neues. Bambaataa war der Anführer einer mächtigen Gang, den Black Spades. Er war auch ein großer Musik-Fan und Plattensammler. Bambaataa verwandelte die Black Spades in die Zulu Nation, so eine Art HipHop-Community, die aus DJs, Rappern, Breakdancern und Graffiti-Künstlern bestand.

Bei der Zulu-Nation ging es nicht darum, sich von den Streetgangs abzugrenzen, ganz im Gegenteil: Die Zulu-Nation war auch eine Streetgang, nur mit einem leicht transformierten Code. Während es bei den regulären, kleinkriminellen Streetgangs darum ging, Territorien zu kontrollieren und sich mit den Nachbar-Gangs zu bekriegen, bezog sich die Zulu-Nation vor allem auf ein imaginäres Territorium, nämlich Afrika. Normale Streetgangs hatten einen Code, der auf bestimmten Heldentaten beruhte, die man begehen mußte, um aufgenommen zu werden. Der Ruf einer Gang war um so großartiger, je unbarmherziger sie auftrat. Bei der Zulu-Nation hingegen ging es um kreative Fähigkeiten – allerdings immer noch innerhalb des Bezugsrahmens »Straße«. Wer Mitglied in der Zulu-Nation werden wollte, mußte besonders gut tanzen, sprühen oder Platten auflegen können. Der Wettbewerbsgedanke war von Anfang an Teil der HipHop-Kultur. Bis heute ist es fast undenkbar, daß in einem HipHop-Stück nicht an irgendeiner Stelle der eigene Name genannt und das eigene Können zelebriert wird.

So ist es kein Wunder, daß Afrika Bambaataa, der Anführer

der Zulu-Nation, sich als außergewöhnlicher DJ hervortat. Er war neben Kool Herc und Grandmaster Flash der erste, der mit »Breakbeats« arbeitete, wobei ihm der Ruf vorauseilte, die abstrusesten Platten aufzulegen. Er mixte **Kraftwerk**, Beethoven, **Sly & The Family Stone** und die **Rolling Stones** mit japanischen Geräuschplatten. Das tat er aber nicht, um obskures Spezialwissen vorzuführen, wie es heute beispielsweise Easy-Listening-DJs gerne tun. Afrika Bambaataa wollte zeigen, daß es nur eine universelle Musik gibt und daß Grenzziehungen zwischen sogenannter schwarzer, weißer, elektronischer und Rock-Musik beschränkt sind. Er bewies, daß ein gutes Stück, egal aus welchem Genre, ein Potential hat, das Publikum zur Raserei zu bringen.

Der Trick von DJs wie Afrika Bambaataa, Grandmaster Flash oder Kool Herc war es, sich den aufregendsten Moment oder Beat einer Platte herauszusuchen und ihn über zwei Plattenspieler laufen zu lassen. Mit dem Regler konnte diese Stelle nun beliebig verlängert werden – eine Art Vorform des Sampelns. Beim Sampeln werden prägnante Stellen eines Stücks ausgeschnitten und auf einen Beat gelegt beziehungsweise in ein neues Stück integriert. HipHop hat diese Technik des Zitierens zu einer eigenen Kunstform gemacht.

Später kamen dann die ersten MCs dazu. MC ist die Abkürzung für Master of Ceremony. Sie feuerten die Tänzer per Mikro an und würdigten in kurzen Reimen die Leistungen des DJs. Das alles geschah über Jahre hinweg in der relativen Abgeschiedenheit der New Yorker Ghettos. Die DJs und MCs perfektionierten ihr Können auf öffentlichen Block- oder Schulpartys. Platten wurden keine gepreßt, geschweige denn, daß sich irgendein weißer Labelchef aus Manhattan in die Bronx oder nach Harlem verirrte. Wahrscheinlich waren es die Graffitis auf den U-Bahnen oder die Tänzer mit den Ghettoblastern, die in Manhattan ankündigten, daß aus der Bronx etwas auf dem Weg war, was viel mehr versprach als die Klischees von Gang-Gewalt. Denn mittlerweile hatte sich um diese neuartige Party- und Musikkultur eine eigene Szene mit Streetwear, Graffiti und Breakdance gebildet. Fabel, Tänzer bei der berühmten New Yorker Breakdance-Truppe Rocksteady Crew, erinnert sich:

> So um 1975/76 war ich ungefähr zehn/elf Jahre alt. Damals habe ich die ersten HipHop-Jungs in meiner Nachbarschaft gesehen. Es begann alles in der Bronx, aber die Leute in Spanish Harlem haben das schnell aufgeholt. Die Einstellung dahinter war sehr wettbewerbsorientiert. Es ging darum, wer sich am besten bewegen konnte, wer den besten Style oder Geschmack hatte.

Erst 1979 war es dann soweit, daß die Single »Rapper's Delight« von der **Sugarhill Gang** der Welt verkündete, daß Aufregendes im Gange war. Die **Sugarhill Gang** war ein mehr oder weniger zusammengewürfelter Haufen der Labelchefin Sylvia Robinson, die in dem Sound der Straße zu Recht ein einträgliches Geschäft witterte. Und tatsächlich war der Erfolg von »Rapper's Delight« der Durchbruch für ein ganzes Genre, dem unzählige Hits, Subgenres und ganze Label-Imperien folgen sollten.

Doch zunächst formierte sich der Sound, der retrospektiv »Old School« genannt wird, auf kleinen, unabhängigen Labels, die die ersten HipHop-Singles herausbrachten. Die Beats waren minimalistisch, oft auch post-Disco-inspiriert, und die Reime drehten sich hauptsächlich darum, welcher Rapper besser war und warum. Der Wettbewerb der Straße wurde auf Vinyl weiter ausgetragen. Doch was als sportives Wettbewerbsereignis mit Gruppen wie **The Funky Four Plus One More** begann, wurde mit **Grandmaster Flash & The Furious Five, Kool Moe Dee** oder auch Kurtis Blow bald zum opulenten Selbstdarstellungsritual ausgebaut. Fab Five Freddy erklärt rückblickend:

> Je mehr Aufmerksamkeit die Musiker erhielten, desto wichtiger wurde es, wie sie aussahen. Sie hatten ihren eigenen Style. Sie steckten ihre Hosen in die Stiefel und trugen maßgeschneiderte Lederanzüge. Das fanden sie schick, aber für den Mann auf der Straße war das zu weit weg. Erst als Run-D. M. C. rauskamen, veränderte sich der herrschende Style radikal.

Run-D. M. C. waren die ersten HipHopper, die sich in die Kategorie »Superstar« aufschwangen. Interessanterweise funktionierte das über eine symbolische und musikalische Reduktion. Das Trio aus dem Mittelklasse-Vorort Hollis in Queens setzte nicht nur optisch auf einen minimalistischen Stil mit schwarzen Jeans, schwarzen Lederjacken, einem schwarzen Godfather-Hut und weißen adidas-Turnschuhen. Auch musikalisch schraubten sie ihren Sound zurück: lauter, krachiger und einfacher, war ihre Devise. Damit lösten sie 1985 die Rapper der ersten Generation ab und wurden die ersten Vertreter der »New School«.

Mit der »New School« gewann HipHop als Genre weltweite Aufmerksamkeit. Auch die Kids im weißen Suburbia lernten den Sound kennen und lieben. Die expliziten Reime der Stars und das Kokettieren mit Gangster-Glamour setzten Zensurdebatten in Gang und versetzten die weiße, bürgerlich-puritanische Presse in helle Aufregung. Auch international wird HipHop vor allem als »gewaltverherrlichende Musik« wahrgenommen. Doch die Vertreter der »New School« können auch positive Aufmerksamkeit verbuchen. Schließlich läßt die HipHop-Szene sich wie ein cooler Fashionfundus plündern – nicht nur von den Kids, sondern auch von großen Firmen: **Run-D. M. C.** erhalten so 1986 als erste HipHop-Band einen Sponsoring-Deal mit adidas. Es gibt eine Menge Geld zu verdienen!

Mastermind hinter **Run-D. M. C.**, aber auch hinter LL Cool J, den **Beastie Boys** und später **Public Enemy** waren Russell Simmons und Rick Rubin mit ihrem Label Def Jam. Auch wenn große Musikkonzerne wie Sony, Virgin oder Universal ebenfalls zu dieser Zeit das Potential von HipHop für sich entdeckten: Bis heute sind es vor allem unabhängige Labels wie Def Jam, die immer wieder neuen Bands zu Erfolgen verhelfen – und dabei viel Geld verdienen. Das Rezept ist immer dasselbe: Man suche sich den neuen Sound der Straße, am besten den härtesten. Den, an den sich die regulären Plattenfirmen nicht herantrauen bzw. den sie gar nicht mitkriegen. Am besten den Sound, vor dem sie Angst haben. Mit etwas Glück

– und nur über Straßenpromotion – lassen sich ruckzuck Zehntausende von Platten verkaufen, quasi aus dem Auto heraus. Damit ist dann der Grundstein für ein ganzes Imperium gelegt, und weitere Acts können folgen.

1987, als **Public Enemy** ihr Debüt-Album *Yo! Bum Rush the Show* veröffentlichten, interessierten sich auch weiße Kids und weiße Intellektuelle für HipHop. Doch mit den musikalischen Präferenzen hörten die Gemeinsamkeiten zwischen ihnen und der Mehrheit des schwarzen Amerika schon auf. Armut und Rassismus der Reagan-Ära hatten einen Höhepunkt erreicht. Crack überschwemmte die Innenstädte der USA und zog Verelendung, Prostitution, Gewaltverbrechen und niedrige Lebenserwartung nach sich. Und inmitten dieses Chaos gab es auf einmal Rapper wie KRS One oder Chuck D von **Public Enemy**, die gegen diesen Zustand agitierten. **Public Enemy** packten parolenartige Slogans wie »Fight the Power« auf paranoide Soundcollagen aus Maschinengewehrsalven, Polizeisirenen, Explosionen und Radio-Samples. Darunter wummerte ein brachialer Beat.

Doch damit nicht genug: **Public Enemy** trugen paramilitärische Outfits, die an die Armee und an die Black Panthers der späten Sechziger erinnerten. Nicht selten schwenkten sie bei ihren Auftritten Maschinengewehre aus Plastik. Sie klopften radikale Sprüche, wo immer sie gefragt oder auch nicht gefragt wurden. **Public Enemy** waren das große Medienereignis, und die Journalisten reagierten – je nach Haltung – begeistert, erschüttert, verängstigt oder wütend. Nach antisemitischen Äußerungen von **Public Enemy**-Mitglied Professor Griff steigerte sich die Hysterie immer weiter. Ralf Niemczyk brachte es in der Zeitschrift *Spex* auf den Punkt: »Was sind sie wirklich? Rassisten, Radikale, Humanisten, ultraclevere Geschäftsleute, notorische Krachmacher? Irgendwie alles zusammen.« Dazu KRS One, Rapper und politischer Aktivist:

Auf der Straße willst du wie eine Autorität erscheinen, und »kriminell« auszusehen ist da ein guter Weg. Die US-Army gilt auch als eine Autorität. Du willst aussehen wie die Autorität. In unserem

Weltbild sind die US-Army und die Regierung Kriminelle, weil sie Leute umbringen können, ohne dafür bestraft zu werden.

Während KRS One und **Public Enemy** die Verhältnisse der städtischen Ghettos zum Anlaß nahmen, politische Aufklärungsarbeit zu leisten oder sloganhaft zum Widerstand aufzurufen, schlugen vor allem die Rapper der amerikanischen Westküste einen anderen Weg ein. **N. W. A.**, Ice-T, der samoanisch-amerikanische **Boo-Yaa-T. R. I. B. E**. oder später auch Ice Cube bildeten die unübersehbare urbane Katastrophe auf ihre ganz eigene Weise ab. Sie erzählten Geschichten aus ihrer Nachbarschaft. Geschichten von Gewalt, Haß und Kriminalität. Geschichten von verfeindeten Gangs und vom Krieg mit der Polizei. Und auch von Krieg zwischen Männern und Frauen. So rappt Ice Cube in seinem Stück »XXX«:

> Not a baby by you
> The neighborhood hussy ...
> All I saw was Ice Cube in the court paying child support
> Then I thought deep about givin' the money
> What I need to do is kick the bitch in the tummy ...
> (Bloß kein Baby von Dir / Der Nutte aus der Nachbarschaft ... / Ich sah schon Ice Cube vor Gericht stehen wegen Unterhaltszahlungen / Ich dachte darüber nach, ihr Geld zu geben / Doch was ich tun muß, ist der Schlampe in den Bauch treten ...)

Und wieder rollte eine Welle der Empörung durch die Medien. Denn in den Stücken dieser Bands wurde munter gemordet, vergewaltigt, gedealt und alles aus dem Weg geräumt, was im Wege stand. Das konservative Amerika war entsetzt und verhängte Verbote. Das Establishment unterstellte den Rappern, daß sie durch ihre Texte zu Gewalt und Verantwortungslosigkeit erst aufriefen. Auf einmal sollte Rap mitschuldig am urbanen Elend sein. Doch wie David Toop, Autor des Buches *Rap Attack*, bemerkte: »Rap ist der Soundtrack, nicht der Grund.«

Die brutalen Stücke der Rapper beschrieben lediglich die desolate Situation in den Ghettos, tönte es aus den Reihen der HipHop-Community. Doch nicht nur konservative Tugendwächter meldeten sich zu Wort. Auch liberale Journalisten, Pfarrer und Sozialarbeiter aus den Inner-City-Gemeinden und Feministinnen meldeten ihre Bedenken an. Bald waren die sozialdarwinistischen und sexistischen Tendenzen im HipHop nicht mehr zu überhören und zu übersehen. Es schien sich fast eine Art Enttäuschung darüber im liberalen Milieu breitzumachen. Denn HipHop sollte gefälligst emanzipatorisch wirken. Wie kann man als Angehöriger einer rassistisch-unterdrückten Bevölkerungsschicht die eigenen unterdrückerischen Strukturen ignorieren, billigen oder gar verherrlichen? Sollten nicht gerade die Leute, die Tag für Tag mit extremer Ungerechtigkeit konfrontiert werden, eine größere Sensibilität für Gut und Böse an den Tag legen?

Unterdrückte Menschen sind keine besseren Menschen, und die Fassungslosigkeit einiger Privilegierter darüber kann auch als Unverschämtheit gedeutet werden. Zumal Minderheiten nicht auf einer Insel leben, sondern in ein gesamtgesellschaftliches System eingebettet sind, das beispielsweise die Gleichstellung und Achtung der Frau lieber rhetorisch abhandelt als praktisch verwirklicht. Auch die übrige Pop- und Rockmusik sprang mit Frauen nicht gerade zimperlich um. Lauryn Hill, eine der erfolgreichsten HipHop-Künstlerinnen dazu:

> Wenn Leute zu mir sagen: »HipHop ist frauenfeindlich«, dann sage ich: Wie sieht's denn im Alltag aus? Es gibt Frauen, die sich immer und überall abrackern und trotzdem nicht genügend Anerkennung bekommen.

Trotzdem: HipHop ist ein Genre, das mit einem extremen Macker-Posing daherkommt und Frauen am liebsten im Bikini sieht. Das zu leugnen, wäre auf Dauer sehr unbefriedigend. Außerdem würde es bedeuten, die Rapper aufgrund ihrer Herkunft von Verantwortung freizusprechen. Das wäre falsch verstandene politische Korrektheit.

Viele Rapper berufen sich zur Erklärung ihrer Texte auf die afroamerikanische Kultur des »signifying«. Diese spezielle Sprachkultur bricht mit den Gepflogenheiten der herrschenden, weißen Sprache. Sie verdreht, übertreibt und unterläuft die standardisierten Sprachcodes und wirkt dadurch subversiv. Doch auch wenn Übertreibung ein wesentlicher Teil dieser subkulturellen Tradition ist, wäre es zu einfach, sexistische Tendenzen durch »signifying« als »nicht wörtlich gemeint« zu rechtfertigen.

Kritik an frauenverachtenden Stücken ist durchaus legitim. Welche Frau kann schon leugnen, daß ihr bei einigen Hip-Hop-Texten nicht wenigstens mulmig wird? Aber wer hat das Recht auf Kritik – zumal beim Großteil der Kritik die Zensurforderungen gleich auf dem Fuße folgen?

HipHop hat immer wieder Rapperinnen hervorgebracht wie Roxanne Shanté, MC Lyte, YoYo, Queen Latifah oder Lauryn Hill, die diesen Umstand kritisieren. Diese Frauen haben zuerst ein Anrecht auf Kritik – die nichtsdestotrotz relativ gemäßigt daherkommt. Queen Pen, selbst in einer der härtesten Gegenden von Brooklyn aufgewachsen und heute eine kommerziell erfolgreiche Rapperin, meint dazu:

> Viele männliche Rapper reden so, weil sie so leben. Für uns ist es normal, in einen Club zu gehen, und wenn Du mit einem Typen nicht tanzen willst, sagt er: »Fick Dich, Du Schlampe!« Man gewöhnt sich an solche Sachen. Aber es ist sehr traurig, und ich glaube, daß wir diese Gewohnheiten in der schwarzen und hispanischen Community ändern müssen.

HipHop, ursprünglich in einer Nische der Gesellschaft entstanden, entwickelte sich mit dem Erfolg des Labels Def Jam zu einer international begehrten Ware. Die Musik, die in den schwarzen Neighbourhoods erfunden worden war, wurde nun von Menschen aller Hautfarben gehört, analysiert und kopiert. Die Begeisterung für das Genre in Deutschland entbehrt mitunter nicht einer gewissen Komik, denn Übertragungsfehler von – sagen wir mal – der Bronx nach Wuppertal sind im Sound miteingebaut. Breakdance kann man vielleicht auch in der Breakdance-AG des örtlichen Gymnasiums lernen: ob man damit aber so cool ist wie die New Yorker Tänzer, bleibt zweifelhaft.

HipHop ist eben auch eine Frage des Style, eine Frage der Haltung – kurz, eine Frage von komplexer Coolness. Und diese Codes eins zu eins zu übernehmen, wirkt bei deutschen Mittelklasse-Kids immer ein bißchen lächerlich. Auf der anderen Seite hat HipHop einen Hauch urbaner Lässigkeit in die Klassenzimmer der Vorstädte gebracht. Und auch viele Migranten-Kids identifizieren sich mit dem Sound, dem Style und der »attitude«.

HipHop hat auch etwas mit europäischen Projektionen auf schwarze amerikanische Großstadtbewohner zu tun. Denn amerikanischer HipHop in Europa handelt selbst in den aufgeklärtesten Zirkeln, die sich für die Musik begeistern, immer auch von einer exotischen Verklärung der »urban American Blackness«, jener Mischung aus Mythos und Realität, aus Musik, Film und Literatur. Der Gangster, der Pimp, der Hustler und die Prostituierte sind wichtige Protagonisten dieses Universums. Oft ist es schwer zu unterscheiden, was Projektion und was Realität ist. KRS One erklärt:

> Dies ist der Look des Gangsters, des Zuhälters oder der Prostituierten. Es ist immer das kriminelle Element der Gesellschaft, welches die Mode diktiert. Und ich benutze das Wort »kriminell« voller Respekt.

Ein weiterer Faktor, der HipHop für viele europäische Konsumenten attraktiv macht, ist die scheinbar ausgeprägte Dissidenz, die sich sowohl in den Texten als auch in der Präsentationsform äußert. Doch was ist Projektion, was Subversion? HipHop ist nicht die musikgewordene Attacke auf die Unterdrücker. HipHop kann allenfalls als Trägermedium subversiver Botschaften dienen, kann aber auch unendlich stumpfe Litaneien transportieren. Und auch die Lieblings-Underdogs aus dem Ghetto, über die europäische Diskurs-Journalisten seitenlange Texte schreiben, lösen oft in der persönlichen Begegnung nicht ein, was vorher in sie hineingeheimnist wurde.

Oft unterschätzt wird der Einfluß der HipHop-Kultur auf die internationale Mode. Kleidung, Style und Präsentation sind bis heute aus HipHop und seinen angrenzenden Genres nicht wegzudenken. Neben der inszenierten Seite von Hip-Hop-Mode gibt es aber auch einen pragmatischen Aspekt, der sich bis in die europäische und asiatische Alltagskleidung fortgesetzt hat. Es waren die Graffiti-Sprayer, die den Kapuzenpullover zuerst trugen, weil die Kapuze nachts warmhielt und vor Blicken der Polizei schützte. Die Turnschuh-Manie wurde von den Breakdancern losgetreten, die immer auf der Suche nach dem einzigartigen und haltbarsten Schuh waren. Die interessanteste Geschichte der Straßencouture verbirgt sich jedoch hinter den Baggy-Jeans. Dazu Fab Five Freddy:

> Leider kommen viele der Besten und Schlauesten aus den Ghettos irgendwann ins Gefängnis. Diese Leute bewahren jedoch auch dort noch ihren Stil. Da es aber im Gefängnis keine Gürtel und keine Schnürsenkel gibt, hängen die Hosen so weit herunter, daß man die Unterwäsche sehen kann. Und das wurde dann zum Statussymbol. Ich habe Geschichten gehört von Leuten, die mit hängenden Hosen durch die Gegend liefen, und die anderen sagten: »Laß den lieber in Ruhe, der ist super-gefährlich. Glaub ja nicht, der ist verrückt, weil seine Hosen so hängen, sondern der ist echt gefährlich!«

Anfang der neunziger Jahre zerfaserte HipHop in immer neue Subgenres. Ob Gangsta-Rap oder Afro-Zentrismus, ob Party-HipHop oder »Edutainement« – das Angebot wurde immer vielfältiger, die Nachfrage immer größer. Die Terrains der einzelnen Labels mußten neu abgesteckt werden. Auf hohem Niveau hatten sich Acts wie Eric B. & Rakim, EPMD, Gang Starr oder **A Tribe Called Quest** etabliert. War Rap nun tatsächlich »eine Art CNN der Schwarzen, ein Netzwerk, das wir niemals zuvor hatten«, wie Chuck D von **Public Enemy** sagt? Das Medium, das alle ehemaligen »Afrikaner, die einst dieselbe Sprache hatten«, wieder vereint, wie Ice Cube behauptet?

Die HipHop-Community ist eng miteinander verflochten. Sicherlich auch, weil kaum ein anderes Genre so sehr mit Anfeindungen von außen konfrontiert, das heißt vom Establishment angegriffen wird. Die Musik lebt von den Codes, die an afroamerikanische Kulturtraditionen anknüpfen. In ihren Texten verhandeln die Rapper Sachen, von denen Europäer und weiße Amerikaner keinen Schimmer haben, auch wenn sie Cultural-Studies-Experten sind. Bis zu einem gewissen Grad kann man das ruhig »vernetztes Geheimwissen« nennen. Doch hinter HipHop eine »natürliche Einheit« zu vermuten, war und ist mehr als problematisch – dazu muß man sich nur die Rivalitäten zwischen einigen Ost- und Westküsten-Rappern vor Augen führen. Außerdem wird mit dem Bezug auf das angebliche »Mutterland Afrika« dem weißen Konstrukt von Rasse direkt in die Hände gespielt.

Mitte der neunziger Jahre veränderte noch einmal ein neuer Sound aus New York die HipHop-Welt. Diesmal stammte er aus Staten Island, einem Stadtteil, der bis dato an der Legendenbildung von New York als HipHop-Stadt nicht beteiligt war. Und wie bereits einige Male zuvor kam der neue Sound direkt von der Straße. Er kam sogar direkt aus dem Kofferraum – denn von dort aus verkauften die Mitglieder des **Wu-Tang Clan** ihre ersten zehntausend Platten.

Der **Wu-Tang Clan** ist ein Zusammenschluß von knapp einem Dutzend Solokünstlern, deren Produzent und Mastermind RZA ist. Er ist es auch, der für den verstörenden Klang des Clans verantwortlich ist. Die »kranken«, verschleppten Beats des **Wu-Tang Clan** haben nichts mit dem akkurat gedrillten Sound aller vorhergehenden Produktionen gemein. Darüber werden Reime gelegt, die paranoide Millenniumsphantasien oder Sex- und Comic-Assoziationen wachrufen – oft mehr gewimmert als gerappt. Doch **Wu-Tang** bedeutet noch viel mehr. Der Clan hatte sich von Anfang an ein eigenes Universum aus Hong-Kong-Actionfilmen zusammengebastelt. In diesem Universum heißt Staten Island beispielsweise »Shaolin Island«, und der **Wu-Tang Clan** stellt die imaginären Straßenkämpfer.

Gefährliche Großstadtsiedlungen kurzerhand in das System eines Martial-Art-Films zu verwandeln, ist schlau. Noch schlauer scheint es, um sich herum eine Aura von Irrsinn zu kreieren. Niemand gibt sich verrückter, unzurechnungsfähiger und größenwahnsinniger als Ol' Dirty Bastard, Method Man, Raekwon, Ghostface Killah und der Rest der Bande. Dazu kommen legendäre Begegnungen mit mehr oder weniger verstörten Musikjournalisten, die dann die Kunde von den wahnsinnigen Genies in die Welt hinaustragen. Die Frage ist bloß, ob das alles Wahnsinn mit Methode oder einfach nur ein durchgeknallter, bekiffter Spaß ist. Und die Antwort lautet, wie so oft: wahrscheinlich beides!

Auch der **Wu-Tang Clan** blieb nur kurze Zeit ein Insider-Tip. Ab Mitte der Neunziger verriet ein Blick in die Charts, daß vor allem HipHop und seine angrenzenden Genres kommerziell immer größere Erfolge verbuchen konnten. HipHop erlebte zu diesem Zeitpunkt seine ultrakommerzielle Wiedergeburt. Mit dem Geldverdienen hat die HipHop-Community – im Gegensatz zu vielen anderen Pop-Szenen – jedoch kein moralisches Problem. Im Gegenteil: Der Verkauf möglichst vieler Platten gilt als Leistung, die Respekt verdient. Und ihr Bestreben, durch Musik reich werden zu wollen, verkünden die meisten Rapper ganz offensiv. Mit einer Goldenen Schallplatte lassen sich oft ganze Familien durchfüttern, aus denen die Rapper dann wiederum Fahrer, Manager und Sekretärin rekrutieren.

Auch wenn es keine soziale Gerechtigkeit zwischen Schwarz und Weiß in Amerika gibt, so ist doch eines klar: Mit Geld kann man sich ein Stück Gleichheit kaufen. Und mit viel Geld eben dementsprechend mehr. Aus diesem Grund wird zum Beispiel einer Person wie Puff Daddy, der mit Bad Boy Entertainment eine der erfolgreichsten Musikproduktionsfirmen besitzt, von der HipHop-Community größter Respekt entgegengebracht. Selbst die jungen Betreiber einer betont unabhängigen New Yorker HipHop-Talentshow, der Lyricist Lounge, bewundern Puff Daddy – nicht unbedingt wegen seiner Musik, sondern weil er es als Business-Mann allen gezeigt hat. Neben Puff Daddy ist es vor allem Wyclef von dem Trio **The Fugees**, der als HipHop-Pop-Produzent die Charts stürmt. Und siehe da, auch angeblich unberechenbare Gestalten wie Ol' Dirty Bastard vom **Wu-Tang Clan** tauchen auf einmal in hübschen Krachern wie »Ghetto-Supastar« in den Charts auf.

HipHop ist mittlerweile über zwanzig Jahre alt und schon längst keine Spartenmusik mehr, sondern ein eigenständiges Genre wie zum Beispiel auch »Rock«. Ein HipHop-Track erfüllt bestimmte Standards, z. B. den Rückgriff auf artifizielle Instrumente wie Sampler und Plattenspieler und eine Art von Sprechgesang. Die Variationsmöglichkeiten, die sich aus diesen wenigen Standards ergeben, sind jedoch fast grenzenlos – wie im Rock und den dazugehörigen Bands.

HipHop ist auch längst kein US-amerikanisches Phänomen mehr. In Europa haben sich zahlreiche Bands auf nationaler Star-Ebene etabliert wie zum Beispiel die **Fantastischen Vier**. Wurde Anfang der neunziger Jahre in Deutschland noch versucht, Formen von politisch-kritischen Reimen auf die Beats zu legen, läßt sich heute die Kommerzialisierung von deutschem HipHop beobachten. Aus einem Jungs-Universum heraus machen in die Jahre gekommene Jugendliche clevere Popmusik, im besten Fall mit dem berühmten Augenzwinkern. Gleichzeitig erlebt die HipHop-Kultur – Breakdance, Graffiti und die damit assoziierte Mode – gerade eine Renaissance. Und so ist HipHop im Mainstream angekommen, eher als Bereicherung denn als Ausverkauf. Lauryn Hill, Solokünstlerin und Rapperin der **Fugees**, ist optimistisch:

HipHop kommt von der Straße. Das ist es, was HipHop so lebendig macht. Irgendwo in einem Keller sitzt jetzt gerade ein Kiddie und reimt zu einem Beat, den noch nie jemand gehört hat. HipHop wird niemals eine tote Kunstform sein. Er wird sich immer verändern, und immer wenn HipHop kommerzialisiert wird, verwandelt er sich in etwas Neues.

Literaturhinweise

Brian Cross: It's Not About a Salary. Rap, Race and Resistance in Los Angeles. London/New York 1993.

S. H. Fernando, Jr.: The New Beats. Exploring the music, culture, and attitudes of HipHop. New York 1994.

Tricia Rose: Black Noise. Rap Music and Black Culture in contemporary America. Hanover (N. H.)/London 1994.

Adam Sexton (Hrsg.): Rap On Rap. Straight-up Talk on HipHop Culture. New York 1995.

David Toop: Rap Attack. African Rap to Global HipHop. London/New York 1991.

ERIK MEYER / THOMAS RAMGE

Welcome To the Machine
Acid, House und Techno

Obgleich auch beim Phänomen »Techno« die gleichnamige Musikrichtung das tragende Element eines jugendkulturellen Stils darstellt, hat diese auf den ersten Blick nur noch wenig mit ihren popmusikalischen Vorläufern gemein. Der wohl gravierendste Unterschied ist, daß meistens weder Melodie noch menschlicher Gesang den Ton angeben, sondern elektronisch erzeugte Sounds und Rhythmen, die zu begeisterten Aussagen animieren:

> Es treibt einen voran. Es ist immer das gleiche, und doch immer wieder was anderes, schwer zu beschreiben, dadaramdadam, die ganze Zeit, und wenn die Musik paßt und die Location und alles darum paßt und ich anfange zu tanzen, dann ist das wie so eine Lokomotive, wenn ich die anfangen lasse zu laufen, dann macht's und man kann schwer wieder damit aufhören. Das ist das Tolle an der Musik, einfach weitertanzen, andere beobachten und die Musik in sich aufnehmen und nur die Beats spüren.

Sie fangen Freitagabend an, tanzen die Nacht durch bis morgens um zehn, schlafen ein paar Stunden, tanzen weiter bis Sonntagmittag, schlafen bis Montagmorgen und werden wieder zu Bankkaufleuten, Krankenschwestern, Zivis oder Studenten. Bis zum nächsten Wochenende. Sie nennen sich Raver, Houser, Trancer, je nachdem, welcher Gruppierung der Technofamilie sie sich zuordnen. Was sie vereint, ist der Beat aus dem Computer – die Ekstase auf dem Dancefloor: im Club, in der alten Lagerhalle oder auf dem Rave. Sie haben ein gemeinsames Ziel: sich den Streß der Woche aus dem Leib zu tanzen.

> Du wirst heute allein schon von Berufs wegen in eine sehr anstrengende und anspruchsvolle Bahn gelenkt. Du mußt ein Schema fahren, das ziemlich straight ist, im Beruf, im Alltag, überall. Du mußt

gewisse Schienen einhalten, die auch jeder gerne einhält, damit es keinen Streß gibt. Und deswegen ist Spaß haben am Wochenende einfach sehr wichtig. Von mir ausgegangen, ich bin Montagmorgen um acht fit in der Agentur und gebe mein Bestes bis Freitagabend um sieben. Und ich gebe alles. Und das wird von jedem hier verlangt. Selbst wenn du nur Zivi machst. Heutzutage ist einfach Druck da, und da muß einfach die Möglichkeit bestehen, am Wochenende einfach mal auszurasten. Einfach zu sagen: Bong, jetzt ziehe ich mein ausgeflipptes T-Shirt an und mach' mal einen drauf.

So charakterisiert DJ Alex Deluxe, der in einem Stuttgarter Club Platten auflegt und Techno von Anfang an miterlebt hat, die Situation. Und sein Statement spiegelt nicht nur die schwäbische Mentalität wider.

Techno ist tot, es lebe Techno. Aus dem Untergrund entwickelte sich Techno zur wichtigsten jugendkulturellen Bewegung der letzten zehn Jahre. Weiter tanzen jedes Wochenende Tausende zu den Beats aus dem Computer – in der Landdisco wie im Szeneclub. Zur Love Parade in Berlin kamen auch 1998 wieder mehr als eine Million Menschen – darunter ein Drittel Zaungäste, angezogen von jugendlicher Lebensfreude.

Der Begriff »Techno« ist mehrdeutig. Er ist zunächst ein Sammelbegriff für verschiedene Spielarten elektronischer Musik und die Jugendkultur, die mit dieser Musik entstanden ist. Die Wurzeln von Techno liegen vor allem in der Praxis des Plattenauflegens bei Partys. Im Mittelpunkt steht dabei die Möglichkeit, durch die Kombination von zwei Plattenspielern mit einem Mischpult die Musik ohne Unterbrechung zu präsentieren. Bereits im HipHop wurden die damit verbundenen Techniken verfeinert und der Discjockey endgültig zum eigenständigen Künstler. Diese Entwicklung wurde durch die Verbreitung eines elektronischen Instrumentariums begünstigt, mit dessen Hilfe die DJs einfach ihre eigene Musik produzieren können. Die Pioniere dieser musikalischen Praxis waren vor allem junge Afroamerikaner aus den US-Metropolen. So knüpfte zum Beispiel Juan Atkins in Detroit an den Electro-Sound an, den der New Yorker DJ Afrika Bambaataa Anfang der achtziger Jahre mit Titeln wie *Planet Rock* prägte. Beide bezogen sich sowohl auf die deutsche Formation **Kraftwerk** als auch auf den futuristischen Funk von George Clinton. Aus dieser Mischung entstand eine Maschinenmusik für den Dancefloor, die in Anlehnung an einen Titel von Atkins als »Techno« bezeichnet wurde.

Etwas harmonischer hörte sich der Sound in Chicago an. Dort entwickelte sich Anfang der achtziger Jahre aus der Disco-Variante »High Energy« ein Stil namens »House«. Diese Bezeichnung bezieht sich auf einen der Entstehungsorte des Genres, die Diskothek »Warehouse«. Während Detroit-Techno stärker die Situation der Stadt im Anschluß an deren Deindustrialisierung reflektierte, steht im Mittelpunkt von House das ekstatische Erlebnis der Körpererfahrung. Diese Intensität korrespondierte mit der Ästhetik einer vorwiegend schwulen Subkultur, die sich in den Clubs eine Gegenwelt zur Diskriminierung im Alltag geschaffen hatte.

Bereits wenig später entwickelte sich ebenfalls in Chicago eine Variante von House, die maßgeblich auf einer von der Firma Roland nicht vorhergesehenen Verwendung des inzwischen legendären Synthesizers TB 303 beruht. Durch die Manipulation der dort vorprogrammierten Baßmuster wurde ein verzerrtes Geräusch erzeugt, das ausgesprochen »ätzend« klang. Um diesen akustischen Eindruck zu beschreiben, wurden die entsprechenden Produktionen als »Acid Trax« bezeichnet. So begründete der eigenartige Klang ein eigenständiges Subgenre, das unter dem Namen »Acid House« bekannt wurde und Assoziationen zu der als Acid bekannten Droge LSD hervorrief.

Die neue elektronische Tanzmusik aus den Vereinigten Staaten gelangte über den Umweg der bei jungen Briten besonders beliebten Ferieninsel Ibiza nach Großbritannien. Gleichzeitig mit den ersten House-Platten erreichte der Amphetaminabkömmling »Ecstasy« die Insel und bescherte den Dauertänzern ein einzigartiges Erlebnis. In London veranstalteten dann einige der begeisterten Urlauber Partys, die diese außeralltägliche Atmosphäre vermitteln sollten. Das Publikum zeichnete sich dabei insbesondere durch die Kleidung aus: Die Anwesenden trugen ähnlich wie im Sommerurlaub legere Freizeitkleidung, womit sie sich deutlich vom exklusiven »dress code« der Londoner Clubs abgrenzten.

Wenig später wurde das Phänomen »Acid House« zum jugendkulturellen Trend, der auch die britische Polizei auf den Plan rief. Beeinflußt von der Berichterstattung durch die Massenmedien, ergriff sie Maßnahmen gegen Partys, bei denen der Konsum von Ecstasy vermutet wurde. Dabei handelte es sich vor allem um illegale Veranstaltungen in verlassenen Lagerhallen, die sogenannten »warehouse parties«. Zur Umgehung der Sperrstundenregelung wurden darüber hinaus auch außerhalb der Londoner Innenstadt Partys veranstaltet. Unter diesen Bedingungen entwickelte sich das Konzept des Rave, das für Acid-House-Partys mit Tausenden von Teilnehmern charakteristisch wurde. Diese Veranstaltungsform zeichnet sich durch die aufwendige Gestaltung der jeweils angemieteten Örtlichkeit mittels Dekoration und Lichtinstallationen sowie den Auftritt mehrerer DJs, die zum Teil gleichzeitig in verschiedenen Räumen ihr musikalisches Programm präsentieren, aus.

Parallel zur Popularität der importierten Platten entstehen währenddessen in Großbritannien eigene Produktionen, die das Prinzip der radikalen Collage von disparaten Sounds popularisieren. Diese Welle erreicht den deutschen Musikmarkt nicht unvorbereitet. So existierte in Frankfurt bereits Mitte der achtziger Jahre ein entsprechender Clubabend: Unter dem Namen »Technoclub« wurde dort vorwiegend belgische Electronic Body Music sowie britische Industrial Music gespielt. Wenig später beginnt dann der internationale Erfolg von elektronischem Pop, der in Frankfurt und Umgebung produziert wird. Diese Entwicklung ist vor allem mit dem Namen Sven Väth verbunden. So fungierte Väth als Frontmann der Formation **Off**, die durch den Titel »Electrica Salsa« 1987 europaweit bekannt wird. Darüber hinaus ist Väth auch an der Eröffnung des Techno-Tempels »Omen« beteiligt und wird dort als DJ zum ersten Star einer bislang eher anonym tätigen Zunft.

Während sich verschiedene Frankfurter Produzenten aus diesem Umfeld mit kommerziell ausgesprochen erfolgreichen Projekten wie **Snap** oder **Culture Beat** zunächst vom radikalen Entwurf anglo-amerikanischer Discjockeys entfernen, wird in Berlin an einer deutschen Definition der Genres »Techno« und »House« gearbeitet. An dieser Entwicklung ist insbesondere der unter dem Namen **Westbam** bekannte DJ Maximilian Lenz beteiligt. In seinem 1989 veröffentlichten Manifest »the age of the dj mixer« prophezeit er einen pop-musikalischen Paradigmenwechsel:

> »Was Punk für die 70er Jahre war, ist die DJ-Musik für die 80er«, heißt es heute zu Recht – mit dem Unterschied, daß Punk das Ende einer Ära war und die DJ-Musik – viele Traditionalisten werden es nicht gerne hören – der Beginn einer neuen.

Dementsprechend fanden inzwischen in Berlin Veranstaltungen statt, die sowohl Vertreter des Frankfurter »Technoclub« als auch Veteranen des Detroit-Techno im Rahmen der aus Großbritannien importierten Veranstaltungsformen vereinen. Mit der Öffnung der Mauer beginnt in Berlin dann der Techno-Boom. Bedingt durch den Autoritätsverlust der DDR-Organe und leerstehende Örtlichkeiten im Ostteil der Stadt werden dort zahlreiche Parties ohne offizielle Genehmigung veranstaltet. Zu einem dauerhaften Veranstaltungsort wird 1991 der »Tresor« am Potsdamer Platz. Die bundesweite Popularität von Techno dokumentiert schließlich einer der ersten offiziellen Raves: Unter dem Motto »The Best of '91 House and Techno« versammeln sich fast 6000 Jugendliche aus dem gesamten Bundesgebiet beim »Mayday«.

Inzwischen haben sich in vielen europäischen Großstädten lokale Szenen etabliert, in denen Techno produziert und rezipiert wird. Damit verbunden ist eine Vervielfältigung der Subgenres, die selbst von Kennern häufig nur noch durch die Anzahl der Beats pro Minute unterschieden werden können: von sphärischen Ambient-Klängen, die auch ohne Beats auskommen können, über tanzbaren Trance bis zu rasend schnellem Gabber.

Grundlegend für die Produktion dieser Musik ist die Nutzung digitaler Technologie. Der Computer ermöglicht es, den Einsatz des elektronischen Instrumentariums am Bildschirm zu koordinieren. Mit der entsprechenden Software können die erarbeiteten musikalischen Muster graphisch dargestellt und beliebig kopiert und kombiniert werden. Insbesondere durch die Verwendung digitalisierter musikalischer Zitate, der »Samples«, steht dieses Verfahren der Collage deutlich näher als konventionellen Kompositionstechniken. Dadurch kann auch der Gang in ein Tonstudio entfallen, der für die Erstellung einer Musikproduktion mit traditionellen Instrumenten notwendig ist. Da das Equipment einigermaßen erschwinglich ist, sind im Techno-Bereich bereits kleinere Auflagen von Tonträgern rentabel und lassen sich auch unabhängig von großen Medienkonzernen veröffentlichen.

Daraus resultiert die immense Anzahl von kleinen Plattenfirmen, die sogenannten Labels, die jeweils nur ein spezifisches Segment des Techno-Marktes bedienen und zum Teil von den jugendlichen Produzenten selbst betrieben werden. Die betreffenden Platten werden dann in den Szeneläden verkauft, die häufig auch Clubwear anbieten. Das futuristische Design der Kleidungsstücke prägt das für Techno charakteristische Erscheinungsbild ebenso wie die Gestaltung der in diesen Geschäften ausliegenden »Flyer« und »Fanzines«. Auch bei der Erstellung dieser Druckerzeugnisse spielt die digitale Technologie eine entscheidende Rolle, denn an die Stelle von Schere und Klebstoff treten Scanner und Drucker.

Die Möglichkeiten sind unerschöpft. Also man hat die Möglichkeit, mit Schnittformen, den in Herzform oder in die Form vom Weihnachtsmann zu passen. Man hat die Möglichkeit, mit Sonderfarben en gros zu arbeiten. Also ob das jetzt Silber, Gold oder sonstiges ist. Es geht auch nicht immer darum, zu schockieren oder zu protzen. Ob das jetzt, sag' ich mal, sex sells, also irgendwie mit irgendwelchen nackten Sachen sein sollte. Sondern es geht vor allem darum, wirklich eine Harmonie und eine Verbindung zur Musik, zur Party herzustellen, meint Sven Fechner, Herausgeber des Magazins *Subculture*. Er ist nur einer von vielen Aktivisten, die unter Vernachlässigung gängiger Gestaltungsprinzipien den Zeitschriftenmarkt zumindest zeitweise erobern können.

Fehlen finanzkräftige Sponsoren, fallen die Projekte der party-people jedoch flach: Ohne das Geld der Markenartikler kann keines der kostspieligen Events mehr veranstaltet werden. Insbesondere die Mega-Raves wie der zweimal jährlich stattfindende Mayday sind an Aufwand kaum noch zu übertreffen. Um sich für diese Veranstaltungen, die über ein ganzes Wochenende gehen können, fit zu machen, greifen Raver immer wieder zum Doping durch Designer-Drogen. Diese dienen sowohl der Überwindung von Ermüdungserscheinungen beim Tanzmarathon als auch der Steigerung des einzigartigen Erlebnischarakters. An die Stelle der offiziellen Drogenberatung, die den Ansatz der Abstinenz verfolgt, ist in diesem Zusammenhang eine Selbstaufklärung der Szene über die Gesundheitsgefahren getreten. Ausgehend von der Akzeptanz des Drogenkonsums, werden die User über die entsprechenden Risiken sowie Regeln zu ihrer Minimierung informiert. Initiativen wie der eingetragene Verein »Eve & Rave« fungieren somit als findiger Verbraucherschutz.

Überhaupt sind die Raver konventionellen Formen der Interessenvertretung nicht abgeneigt. Gegen restriktive Sperrstundenregelungen gehen Raver schließlich auch auf die Straße und stecken sogar Prügel von der Polizei ein, wie beispielsweise bei der »Nachttanzdemonstration« Anfang Juni 1997 in Frankfurt am Main. Trotzdem stellen solche karnevalsartigen Umzüge, die mit Musik von mobilen »sound systems« beschallt werden, für viele Beobachter keine angemessene Form des Jugendprotestes dar. Im Zentrum der Kritik steht dabei die alljährlich in Berlin stattfindende Love Parade. Verloren sich 1989 bei der ersten Parade etwa 150 Personen auf dem Ku'damm, so versammelten sich zum zehnjährigen Jubiläum fast eine Million Raver in Berlin. Dabei handelte es sich gleichzeitig um die größte deutsche Demonstration des Jahres, denn als solche wird sie schließlich genehmigt. Dieser

Entscheidung geht jedes Jahr eine Debatte voraus, in der erörtert wird, ob das Spaß-Spektakel die Kriterien einer politischen Kundgebung erfüllt. Doch viele Volksvertreter haben inzwischen ihre Vorbehalte aufgegeben und die Kosten der Müllentsorgung mit den Einnahmen des Einzelhandels verrechnet.

Trotz dieser pragmatischen Erwägungen kann eine Nähe zur politischen Protestkultur festgestellt werden: So ist die Inszenierung in Form von Festen ein zentrales Moment der Mobilisierung von Menschenmassen und Teil einer Tradition, wie sie seit den sechziger Jahren zum Repertoire der Rebellion gehört. Ähnlich wie bei den Paraden der Schwulenbewegung anläßlich des Christopher Street Day steht die Stilisierung des Selbst und die Anerkennung des Andersseins im Mittelpunkt des Interesses: »We are different« lautet eine Parole der Techno-Szene, und bei dieser Differenz handelt es sich primär um das Alter der Akteure. Daher können sich auf den wummernden Wagen von der DGB-Jugend bis zur Jungen Union auch die Vertreter der unterschiedlichsten Weltanschauungen tummeln.

Techno transportiert also keine Botschaften, die auf die Gesinnung Rückschlüsse zuläßt. »In der Rangliste der Geistlosigkeit von Jugend ist den Techno-Kids der Spitzenplatz des jugendlichen Schwachsinns sicher«, schreibt daher der Publizist Eckart Britsch im *Kursbuch* mit dem Titel »Der Generationenbruch«. Der Zustimmung der Mehrheit deutscher Eltern, Lehrer und Kulturschaffenden kann er sich sicher sein. Techno ist für einen großen Teil der Elterngeneration der Raver zu einem Reizwort avanciert: zu einem Synonym für politisches Desinteresse, Unkreativität, Hedonismus und Konsum. Die Szene reagiert mit Schulterzucken, und ein Raver kommentiert:

Es gibt keinen Grund anzuecken. Es läuft ja im Grunde genommen alles super easy. Die ganze Revoltekacke, das haben die Leute vor uns erledigt. Das Wochenende ist für die Leute hier im Prinzip nur noch dazu da, Spaß zu haben. Auch wenn man ausgeflippt in der Fußgängerzone rumläuft: um Spaß zu haben, um darüber zu lachen, um sich selber ein bißchen rauszuheben, aber nicht um Aggressionen zu stiften. Auf keinen Fall, weil es nicht notwendig ist, nicht mehr notwendig ist.

Raver sprayen keine Graffitis, um Zeichen zu setzen. Techno ruht in der eigenen Bewegung und ist nicht rebellisch, wie es die Elterngeneration von den Kids verlangt. Der Soziologe Thomas Lau sieht gerade hierin eine Form des Protestes. Er schreibt im *Forschungsjournal Neue Soziale Bewegungen:*

> In Techno finden wir eine sprachlose Auflehnung gegen die diskurserfahrenen und diskursverwaltenden Erziehungsinstanzen, eine Auflehnung durch eine Konsumorientierung, die sich gegen die ideologisch, moralisch korrekte Gesinnung der elterlichen Konsumablehnung richtet. Hier erfährt die sprach- und textgewandte studentenbewegte Generation eine im Prinzip gegen sie gerichtete, sich bewegende (aber schweigende) Bewegung.

Lau sieht im unpolitischen Techno den Protest gegen eine politische Elterngeneration, die moralisiert, pädagogisiert, zerredet. Dabei übersieht er, daß auch die Techno-Bewegung sehr wohl einen »intellektuellen« Flügel besitzt, der im Tanz zum digitalen Beat einen Lebensentwurf sieht, mit dem sich eine junge Generation bewußt und begründet von der leistungsorientierten Mehrheitsgesellschaft absetzt. Im Mai 1994 veröffentlichte der Techno-Tycoon Jürgen Laarmann im Fanzine *Frontpage* einen Artikel mit dem Titel »The Raving Society« – einen Bericht zur Lage der Techno-Nation, der in der Szene eine lebhafte Diskussion über Anspruch und Ziele auslöste:

> Man mag uns genußsüchtig nennen, wir finden, daß das kein Schimpfwort ist. Was haben andere davon, daß sie sich totschuften und keinen Spaß im Leben haben? Wenn sie sich dann noch als Moralapostel aufspielen, haben sie sich in unseren Augen lächerlich gemacht. Wir wollen unseren Spaß sofort und ohne Umweg. Wir wollen mehr erleben, die Farben riechen, den Sound schmecken, die Dinge fühlen, die Wahrheit sehen, die Lügen nicht glauben und das tun, was uns wirklich interessiert. Toleranz, Offenheit, Inspiration, Humor (natürlich auch ein gewisser Zynismus

gegenüber denen, die uns nicht verstehen) [...]. Für uns hört Raven (im Sinne von Techno leben) nicht bei der Afterhour auf, wir tun es die ganze Woche, vielleicht unser ganzes Leben.

Für seinen emphatischen Artikel erntete Laarmann auch durchaus Spott innerhalb der Szene. Die Anleihen an die Rhetorik der Hippies stießen manchem übel auf. Nachdem Laarmanns Magazin *Frontpage* sein Erscheinen mangels Anzeigenkunden einstellen mußte, hat er seine Position zwar revidiert, im Kern jedoch widersprachen bislang nur wenige: Der Anspruch auf moralische Korrektheit gehört zum unausgesprochenen »common sense« der Bewegung. In seiner Tanzbegeisterung will Techno vorleben, was vorangegangene politische Bewegungen gefordert haben. Das sieht auch ein weiterer Pate der Bewegung, Sven Väth, so:

Wenn man zurückblickt auf die Love-Parade, das ist doch wieder ein gutes Zeichen dafür, daß wenn wir alle zusammenkommen, daß es wieder wunderbar funktioniert. Wir waren bestimmt wieder eine Million Menschen, die da friedlich getanzt haben auf der Mission »come together in peace«, wo ich echt sage: Mein Gott, da können wir stolz darauf sein, das aus dem Boden gestampft zu haben in den letzten zehn Jahren. Sicher wird oft hinterfragt: Was ist denn da politisch, was ist denn eure Aussage? Aber ich finde, man muß das mal miterleben und dabeisein, und wenn da einem nichts abgeht, ja der ist dann fehl am Platz. Ja also spürt man da was oder nicht oder es funkt einfach nicht. Aber ich kann sagen, für meinen Teil, daß ich unheimlich viele Menschen zusammengebracht habe in friedlicher Absicht, in Peace, wo soviel Spaß geteilt wurde, wie ich es sonst noch nirgends erlebt habe. Und dafür bin ich dankbar, daß ich das machen kann und daß die Musik unser Sprachrohr ist: ohne groß Parolen oder Messages darüberzulegen und zu sagen: think green, think red oder think blue.

Literaturhinweise

Philipp Anz/Patrick Walder (Hrsg.): Techno. Zürich 1995.

Thomas Lau: Raving Society. Anmerkungen zur Technoszene. In: Forschungsjournal Neue Soziale Bewegungen. Nr. 2. 1995. S. 67–75.

Karl Markus Michel/Tilman Spengler (Hrsg.): Kursbuch 121: Der Generationenbruch. 1995.

Ulf Poschardt: DJ Culture. Diskjockeys und Popkultur. Reinbek 1997.

SPoKK (Hrsg.): Kursbuch JugendKultur. Stile, Szenen und Identitäten vor der Jahrtausendwende. Mannheim 1997.

Westbam (mit Rainald Goetz): Mix, Cuts & Scratches. Berlin 1997.

THOMAS GROSS

Pop Will Eat Itself
Retrotrends – Musik aus dem Zitat

So einfach schien das einmal: »When the music's over turn out the light« – wenn die Musik vorbei ist, mach das Licht aus –, raunte Jim Morrison, Zeremonienmeister der **Doors**, als wäre er der letzte seiner Art, und als wüßte er es. Orakelgesang aus der mythologischen Gruft der Rockgeschichte, befeuert durch Überdosen Alkohol und französische Literatur, beglaubigt schließlich durch den Tod in einer Pariser Badewanne. Das ist das alte Heldenlied des Genres, die Originalmelodie, die wir alle kennen: Live hard, die young, und trau keinem über dreißig. Oder?

Bekanntlich hat die Musik sich nicht an Morrisons Regieanweisung gehalten. Statt zu verlöschen, hat sie ihre Bühnen verdoppelt und verdreifacht. Oliver Stone verfilmte die Geschichte der **Doors** zu einem monumentalen Videoclip. Die Archive spucken in regelmäßigen Abständen **Doors**-Hinterlassenschaften aus. Und während der harte Kern von Fans noch immer darauf wartet, daß der Held aus seiner Gruft zurückkehrt wie Kaiser Barbarossa aus dem Kyffhäuserfelsen, führt Jim längst ein zweites und drittes Leben. Im Internet und an den Merchandising-Ständen dieser Welt. Gleich neben Kurt Cobain.

Das alles nagt an der Einmaligkeit. Vorbei die Zeit, in der Geschichte sich einem vielzitierten Satz zufolge bloß zweimal ereignete: einmal als Tragödie und einmal als Farce. Popgeschichte recycelt sich selbst, und das immer schneller. Sind die Britpopper **Oasis** großartige Erneuerer alter Rock-'n'-Roll-Tugenden oder doch nur geschickte Plagiatoren der ewig guten Rock-'n'-Roll-Melodie? Ist die Easy-Listening-Welle ein Weg jüngerer Generationen in die Archive der Geschichte oder doch bloß geschmäcklerisches Spiel mit dem Geschmack der Eltern? Gerade läuft wieder ein Eighties-Revival. Jedenfalls gibt es einen Film dazu. Und einen Soundtrack.

Die Retrotrends der Neunziger proben den Angriff des Zitats auf den Rest von Pop. Und kein Stil bleibt auf dem anderen. **Pop Will Eat Itself**, der Name einer eher obskuren britischen Band, zeugt nicht nur von der Fähigkeit der populären Musik, ihre eigenen Entwicklungen sloganhaft zu reflektieren, er dient auch als Metapher für einen umfassenden Kannibalismus des Genres am Genre. Das große Fressen als letzte Zustandsbeschreibung einer Musik, deren lineare Erfolgsstory sich verbraucht hat.

Es war Ende der Siebziger, als das Ende begann. Den Rock 'n' Roll ereilte seine erste Ölkrise. Plötzlich tauchte ein Bewußtsein dafür auf, daß die Ressourcen begrenzt sind, daß die Rockträume von grenzenloser Mobilität, von niemals endenden Straßen und Sex auf dem Rücksitz etwas Gestriges haben. Eine Generation, die noch unter dem Einfluß ihrer älteren Hippiebrüder aufgewachsen war, begriff, daß Popmusik nicht einfach ein Stück Natur ist, das aus den Körpern strömt, sondern etwas Zerrissenes, Künstliches, Zusammengesetztes – ein Stil oder Text.

Das neuerwachte Bewußtsein für die Textualität von Pop ging unter der Bezeichnung »Zitatpop« in die Annalen ein. **ABC, Scritti Politti, Heaven 17** – bereits die Namen der neuen Bands betonten den Schriftcharakter, die artifizielle Seite des Stils. Es war ein Sieg des Dandytums, des Künstlertypen, der den schlichten Rocker kurzfristig als Ikone der Coolness ablöste.

Die Innovationen der Popmusik seit diesem letzten großen Aufstand der Zeichen waren weniger ästhetischer als technologischer Natur. Die CD überführte die Bestände ins digitale Zeitalter und sorgte dafür, daß alles besser, wenn schon nicht neu klang. Walkman und Musikfernsehen reduzierten die popmusikfreien Zonen drastisch. Pop war überall, aber er zeigte Ermüdungserscheinungen. Die Idee einer zeitlichen Abfolge war ebenso zusammengebrochen wie die Vorstellung, die jüngere Generation habe zwangsläufig gegen ihre Eltern zu revoltieren. Statt dessen jubelten 15jährige 50jährigen zu, die seit 30 Jahren dieselbe Show liefern.

Erst der Sampler brachte noch einmal eine neue Qualität ins Spiel – die freilich auf einer neuen Dimension des Mischens, Zitierens und Kombinierens beruht. »Pop eats itself in the Age of Plunder« ist der Titel von Andrew Goodwins berühmtem Aufsatz über Popmusik in den Zeiten der Digitalisierung. Er beschreibt darin den Sampler als universelle Zitiermaschine. Mit dem Sampler kann alles in bislang unerreichter Geschwindigkeit und Kapazität verschlungen und am anderen Ende der Black Box wieder ausgespuckt werden. Hier ein Soul-Ornament, dort die Reminiszenz an ein Funk-Riff, im Obertonbereich Polizeisirenen und Maschinengewehrsalven, ganz unten eine Rhythmusspur aus verfremdeten balinesischen Tempeltrommeln – alles ganz nach Belieben.

Seither hat sich die Technologie, mit der Musik gesamplet und gemischt werden kann, permanent verbilligt, ohne daß es zu weiteren Teenager-Rebellionen gekommen wäre. Daß die populäre Musik heute von Zitaten ihrer heroischen Zeiten lebt, daß sie ins Stadium ihrer Selbstausplünderung getreten ist – in den Zeiten von MTV und Multimedia hat der aufgeklärte Verbraucher gelernt, dies mit einer gewissen Nonchalance als gegeben hinzunehmen. Und schließlich bietet es auch Vorteile: Man ist frei im »anything goes«, kann zwischen Zeiten und Moden zappen.

In der Postmoderne des Sounds ist jeder sein eigener Künstler, montiert sein Leben aus Fragmenten der Riesencollage Wirklichkeit. Eine Praxis, die Susan Sontag bereits in den Sechzigern »Camp« nannte. Camp ist Ausdruck einer ästhetischen Haltung zur Welt: Form geht vor Inhalt, Gegenwart vor Ewigkeitswert, Oberfläche vor Tiefe, Kunst vor Natur. Die Welt der Warenästhetik wird nicht mehr von höherer Warte aus kritisiert, sondern als Gegenwart akzeptiert, ja verschlungen. Claes Oldenburg hat Pop Art ganz in diesem Sinne definiert: Sie verarbeitet alles, »which can be eaten like a piece of pie«.

Die Spur des Zitierens als künstlerischer Praxis führt noch weiter zurück in die Geschichte. Bereits Kubismus und Surrealismus, die historischen Avantgarden Europas, nahmen vorgefertigte Objekte in ihre Praxis hinein. Zeitungsausschnitte, Illustriertenbilder und andere Fundstücke sind Bestandteil der Collagen Picassos und Max Ernsts. Als einmontierte Partikel zerstören sie den Anschein, das Werk sei ein Stück Natur, der Künstler ein Originalgenie. Nichts anderes meinte Theodor Adorno, als er schrieb, in den historischen Avantgarden gebe das Kunstwerk sich als »Artefakt« zu erkennen. Was einmal Eingebung von oben zu sein schien, entpuppt sich als Gemachtes, als brüchiges, montiertes Gebilde, wie ein Text zusammengestellt aus heterogenen Bestandteilen. Mit anderen Worten: Das Kunstwerk ist Bastelarbeit.

Genau dies tun Jugendkulturen, seit Teenager über genug Taschengeld verfügen, um konsumfähig zu sein: sie basteln. Was einst privilegierte Praxis weniger Künstlersubjekte war, hat sich in den Industriegesellschaften zu einer Methode verbreitert, der Langeweile des Alltags zu entkommen. Allerdings tun sie dies nicht im Namen künstlerischer Entwürfe, sondern um über Abgrenzungen zu einer spielerischen Identität zu kommen. An ihrem Stil sollt ihr sie erkennen! Was die Kulturindustrie aus ihrem Fleischwolf entläßt, wird neu arrangiert. Erst dadurch werden die Zeichen bedeutsam. Wer die zu einem komplexen Text geordneten Zeichen nicht zu lesen versteht, muß leider draußen bleiben. Nur wer drinnen ist, gehört zum gleichen Stamm. In Anlehnung an die Ethnologie läßt sich diese sozusagen wilde Form der Bastelei mit einem von Claude Lévi-Strauss entwickelten Konzept beschreiben: »Bricolage«.

Ohne Bastelei keine feinen Unterschiede. »Bricolage« kennzeichnet aber nicht nur die kreative Form der Rezeption, auch die Popmusik selbst bedient sich an ihrem Archiv, um das Alte, den Sound von gestern, mit einem neuen Arrangement zu toppen. Fragmente werden aus dem Kontext gerissen, mit anderen gemischt und kurzerhand zum neuesten Ding erklärt. Die Kulturindustrie, die das Spiel doch erst in Gang gesetzt hat, fungiert dabei paradoxerweise zugleich als Feind. Denn je öfter die Zeichen der Zeit schon wiederverwertet wurden, desto schwieriger wird es, sie noch mit Originalität auszurüsten. Differenz und Dissidenz, die großen Mobilmacher des Genres, werden zum knappen Gut. Das ist die Ausgangslage für die Popmusik in den Neunzigern. Alles schon mal dagewesen, oder: »Brand new, you're retro«, wie die japanische Bastler-Band **Pizzicato Five** es auf den Slogan gebracht hat.

Wer es dennoch schafft, anders zu sein, erhält das höchste Gütesiegel im Reiche Pop: Er gilt als cool. James Dean war cool, doch der ist lange tot. Bryan Ferry war cool, doch er ist ein wenig feist um die Hüften geworden. Auch **Oasis**, die neuen Helden aus Manchester, sind cool – zumindest gibt es Indizien dafür. Die Sonnenbrillen, die grandiosen Acryl-Pullover, die großen Töne: »Und jetzt verschwinde aus meiner Kabine. Und sag mir, daß ich Gott bin.« Solche Worte soll Noel Gallagher, der Songwriter und Chef der Band, dem Britpop-Idol Paul Weller nach einem Konzert ins Gesicht geschleudert haben – und da hatten sie noch nicht einmal ihr erstes Album draußen! So absolut von sich selbst überzeugt sein können nur coole Leute. Die **Oasis**-Biographie eines Fans übersetzt die Botschaft der Band an die Welt denn auch wie folgt: »Mit den richtigen Turnschuhen, den richtigen Drogen und der richtigen Portion Selbstbewußtsein bist du an guten Tagen den Göttern nahe.«

Auch das klingt cool. Aber hat man die Melodie nicht schon mal gehört? Daß das gesteigerte Selbstbewußtsein der Band sich auch auf die Musik erstrecken soll – für Nicht-Fans wirkt dieser Sachverhalt verblüffend. Jede Phrase ein Zitat, jeder Ton eine Reminiszenz. So konsequent hat noch kaum eine Band ihr Design auf Wiedererkennbarkeit ausgerichtet. Der **Oasis**-Sound ist

> ein stumpf-psychedelisches Festival von Old-School-Empfindsamkeiten mit einem weiteren wogenden Sack voller ebenso tauber wie unverfrorener Beatles-Anspielungen,

wie der *New Musical Express*, gewiß kein Feind des Britpop, es ausdrückte. Wer die Augen schließt, den kann das Gefühl beschleichen, einer Revivalband zuzuhören. Gelegentlich scheint ihr Plündern an Parodie zu grenzen. Doch es fehlt etwas: das Augenzwinkern.

Oasis sind die unironischste Band, die sich in den Neunzigern denken läßt. Sie sind geradezu das Gegenteil von ironisch. Ironie würde voraussetzen, daß die geschichtliche Vorherrschaft eines Originals anerkannt wird. Doch **Oasis** sind aus Prinzip ahistorisch. Statt vor den Ikonen des Genres den Hut zu ziehen, erklären sie sich kurzerhand selbst für Originale. So kitten sie die Brüche ihrer stilistischen Bastelarbeit und verwandeln Spiel in Ernst zurück. Und alles kann von vorn beginnen: die Story vom schnellen Leben und den leichten Mädchen, die Seifenoper vom proletarischen Elternhaus, die Mär vom rebellischen Sohn, der es mit den Mitteln des Rock 'n' Roll von ganz unten nach oben schafft. Selbst der Wettstreit mit dem Konkurrenzunternehmen **Blur** um die Nummer 1 in der Hitparade – 1995 ein großes Medienspektakel auf den britischen Inseln – wurde von den Bandleadern nicht als Reprise des alten Dualismus **Beatles** versus **Stones** inszeniert, sondern mit der Verbissenheit von Tragödienhelden gelebt.

Oasis tun, was jugendliche Stilisten immer tun: Sie kämpfen für ihr Recht auf die Party. Das Recht auf Rückkehr zur alten Rock-'n'-Roll-Mythologie beziehen sie aus der Gnade ihrer späten Geburt. Die Band hat ihre Wurzeln in der Manchester-Szene der späten Achtziger, in der Gitarren und gesamplete Sounds sich vermischten. Trotz ihrer traditionellen Besetzung strömt zu ihren Konzerten ein ähnliches Publikum wie zu den großen Techno-Raves. Es handelt sich um eine Generation, die die historischen Großtaten des Rock nur noch aus den Erzählungen ihrer Eltern kennt – weshalb **Oasis** von ihren Fans auch keineswegs als Retrorocker empfunden werden, sondern als legitime Wiederkehr vermißter Tugenden.

Können 12 Millionen Käufer einer **Oasis**-CD irren? Die Band aus Manchester ist ein Paradox der Neunziger: Retro ohne Retro-Geschmack. Sampling ohne Sampler. Konservativ sein auf nichtkonservative Weise. Rock 'n' Roll als Easy Listening. Das macht sie so wertvoll – und so konsensfähig. Christian Seidl schreibt in seiner Fanbiographie:

> Was es brauchte, worauf die Welt wartete, war eine Band, die sich wieder auf das Gute aus dreißig Jahren besann, ohne dabei in Nostalgie zu verfallen; eine Band, die Rebellengeist und Outsidertum verkörperte, ohne Humor und jugendlichen Überschwang aufzugeben oder gar falsch angezogen zu sein; eine Band, die die infolge von Punk in tausendundein Ghetto auseinandergedriftete Teenagerwelt wieder einte – und den Pop vom Genre wieder zum Zustand erhob.

Mit anderen Worten: Der Erfolg von **Oasis** beruht auf einer ebenso späten wie unvermuteten Quadratur des Pop. Das Beste aus dreißig Jahren zum Preis einer CD. Nie war es so einfach, einen rebellischen Geschmack zu haben.

Doch solche Einigungserfolge sind die absolute Ausnahme in den Neunzigern, und vergleichbare Verfahren können zu völlig verschiedenen Ergebnissen führen. Auch **Primal Scream** sampeln das Beste aus dreißig Jahren in ihrer Musik. Ähnlich wie bei **Oasis** rekrutiert sich ihr Stammpublikum aus britischen Nachgeborenen des Rock 'n' Roll, die in den Achtzigern Techno und Rave entdeckten. Doch statt dem Produkt ein klares, dauerhaftes Outfit zu verpassen, wechselt die Band immer dann, wenn der Kurs festzustehen scheint, abrupt die Richtung. **Primal Scream** sind die Anwendung der Bricolage auf das Bandprinzip selbst: Die einzige Konstante des losen Verbunds ist Sänger und Aushängeschild Bobby Gillespie, der Rest ist komplett austauschbar – die Grundausrichtung des jeweiligen Stils inbegriffen.

Im Laufe eines Jahrzehnts verwandelten sich **Primal Scream** von einer zarten Independent-Rock-Band in ausgewachsene Rocker, in Raver, von da in technoide Elektronikbastler und zurück zu einem mutierten Rockertum. Sie entdeckten in den späten Achtzigern Sampler, Beatbox und Mischmaschine, wurden digital, kehrten unter geliehener

Südstaatenflagge zu bluesinfizierten, schwitzenden Boogie-Rhythmen zurück, schwenkten seitwärts zur Rock-Rave-Collage, um schließlich das ohnehin schon Zweitverwertete noch einmal zu einem verwischten Puzzle zu arrangieren. Wie soll man diesen Hybrid noch nennen? It's only Rock 'n' Roll?

> Nein, nein, absolut nicht! Niemals würde ich Musik auf diesen Begriff beschränken können. Wenn ich nachts in einen Club gehe und mich total in Techno Music verliere, und wenn ich dann morgens früh nach Hause komme und eine Platte mit Country oder Southern Soul auflege, dann bewege ich mich immer noch in derselben Welt, oder?

So Bobby Gillespie über die Einheit hinter der Vielfalt: It's one world! Doch in dem Maße, in dem der Fundus der Rockgeschichte jedem jederzeit offensteht, ist dieselbe Welt längst nicht mehr für alle die gleiche. Jeder hat eben andere Vorlieben im globalen Supermarkt. Das gibt dem Patchwork der Band etwas Verlorenes. Sie sucht mit letztlich unverbindlichen Mitteln nach einem dauerhaften Standpunkt im Meer der Musik.

Cool ist das nicht. **Primal Scream** sind die Melancholiker unter den Bastlern der Neunziger. *Vanishing Point* heißt ihr jüngstes Album – Punkt der Auslöschung. Die Band schwankt zwischen der nostalgischen Sehnsucht nach einem verschwundenen Original und dem Bewußtsein, daß diese Identität in alter Pracht nicht mehr gelebt werden kann. Immerhin: Es reicht für Bobby Gillespie zwar nicht mehr zum Rock-'n'-Roll-Tragöden großen Stils, aber man kann aus den Fragmenten, die einem selbst etwas bedeuten, immer wieder Collagen für einen Tag, eine Nacht zusammenstellen. Vermutlich meint er das, wenn er sagt: »Es gibt keine referenzlose Musik. Wenn du anfängst, Musik zu lieben, wird sie ein Teil von dir.«

Zum Star größeren Stils hat es Bobby Gillespie – trotz hartnäckiger Beihilfe von seiten der britischen Trendpresse – nicht gebracht. Zu verwirrt dieses Kreiseln eines blassen jungen

Manns um die eigene verlorene Achse. Geschafft hat es ein anderer blasser junger Mann aus Kalifornien namens Beck. Doch das ist zugleich sein Problem.

Beck Hansen, der Enkel eines Fluxuskünstlers, ist der Autor eines Hits wider Willen. Das kleine Lied mit dem Titel »Loser« enthielt neben Geräuschen und vagem Genuschel als einzigen Bestandteil mit Wiedererkennungswert die Zeile »I'm a loser, Baby, so why don't you kill me«. Seither muß Beck unermüdlich klarstellen, daß das weder eine Anspielung auf den Freitod von Kurt Cobain ist noch als Kürzel für das Lebensgefühl der Generation X zu gebrauchen. Daß es sich um nichts weiter handelt als eine kleine Bastelarbeit.

> Der Song »Loser« war mehr ein loser Ausdruck von Gefühlen zum Zeitpunkt der Aufnahme. Eine Reaktion auf die achtziger Jahre, eine Zeit der Gewinner. Jeder, der mich persönlich kennt, sagt, was aus »Loser« und mir gemacht wurde, ist lächerlich. Du kannst den Song nicht aus dem Kontext reißen.

Beck ist ein Flüchtling vor gängigen Rockklischees, auf die er sich von Industrie und Publikum festgelegt sieht. Deshalb ist sogar sein Plattenvertrag eine Bricolage. Er garantiert dem Künstler das Recht, neben den Alben, die er bei der Großfirma abliefern muß, auf obskuren Labels genau den Stoff herauszubringen, den er für unkommerziell hält: Gesänge zur Folkgitarre, zu Hause und in extraschlechter Qualität aufgenommene Songtrümmer, böse kleine Tiraden gegen die Welt der Unterhaltungsindustrie. »MTV makes me wanna smoke some crack«, heißt einer dieser Privatscherze. Daß das Stück nicht auf MTV landet, kann freilich selbst Beck nicht garantieren.

Und so groß sind die Unterschiede zu seinen regulären Platten ja auch nicht. Beck tut genau das, was er der Industrie vorwirft: Er reißt aus dem Kontext. Sein Stil basiert auf einer Neukombination vorwiegend amerikanischer Musiktraditionen: Folk, Blues, Straßengesang, HipHop. Beck zitiert sie herbei, doch er respektiert sie auch. Von beiden Welten nimmt er sich das Beste: Von der Tradition die Würde historischer Ausdrucksformen, von der Postmoderne das Recht, diese zu mischen, zu brechen, mit Gegenwart zu versetzen. Und er tut dies im ungebrochenen Glauben an die Möglichkeit, eigene Kontexte zu setzen. Zumindest in dem Punkt ist er ein Erbe des amerikanischen Traums: Beck glaubt an eine Individualität, die sich im Arrangement der Teile verwirklicht. Als Monteur zieht er den Cowboyhut vor den Konstruktionsleistungen der Bluesmänner und Folksänger. Deshalb ist er kein Plünderer, eher ein komplexer Bewahrer. Er rettet Trümmer älterer Vorstellungen von Authentizität in die postmoderne Welt.

Mehr ist diesseits des breiten Rockmainstreams, der bloßen Revivals und melancholischen Bricolagen nicht zu verlangen. Die Musikmagazine wissen, was sie an Beck haben, wenn sie ihn als »King of Pop« oder gar als »Zukunft des Rock 'n' Roll« auf ihre Titelblätter hieven. Doch Beck weiß es eben auch. Deshalb geht er haushälterisch mit seinen Mitteln um. Beck verkörpert eine paranoische Form der Bricolage. Er geht auf Partys, er trägt exzentrische Hemden, er läßt sich von Starfotografen ablichten. Er sagt nicht nein zur großen Welt des Glamours, aber er läßt sich auch nicht von ihr zu Tode küssen. Immer, wenn es zu bunt wird, bleibt ein Fluchtweg offen. Er selbst sieht es so:

> Wenn du mit den Aufnahmen fertig bist, lernst du Musik wieder ganz von vorn. Die ganze Aufgabe lautet, den Raum zu füllen und einen Ausgang zu finden, um in den nächsten Raum zu treten.

Beck hat dem Rock 'n' Roll in den Neunzigern einen Raum geschaffen. Doch der bleibt Reservat. Und das Reservat wird immer kleiner. Im Schatten der Krise des Rocks erfolgte der Aufstieg des DJs.

Es waren Studiobastler, keine konventionellen Musiker, die 1989 den ersten vollrezyklierten Hit landeten. Unter dem anonymisierenden Namenskürzel **M/A/R/R/S** stückelten Mitglieder der britischen Bands **Colourbox** und **A. R. Kane** mehr als dreißig Samples zu einer neuen, tanzbaren Einheit zusammen. Worauf die Attacke ging, sagt bereits der Titel. Er macht keinen Inhalt, sondern ein physikalisches Maß – die Lautstärke – zum Thema: *Pump Up the Volume*.

Pump Up the Volume ist nichts weiter als eine ekstatische Folge von Befehlen: »The drumbeat goes like this!«, »Put the needle on the record!«, »Keep this frequency clear!« Und gerade deshalb das erste Stück Pop, das nicht mehr Song ist. Die Form hat sich komplett vom Inhalt emanzipiert. Statt sich noch auf die originalen Kontexte zu beziehen, bilden die verwendeten Samples die Substanz eines historisch Neuen.

»Die Botschaft von *Pump Up the Volume* ist die des Mediums«, schreibt Jean-Martin Büttner in seiner Analyse der Erzählweisen des Rock. »Es ist ein Meta-Popsong, der die Gesetze der Hitparade kommentiert und anwendet, Handlung und Handlungsanweisung in einem.«

Der Aufruf wurde weltweit verstanden. Als Techno ist die DJ-Musik die avancierteste Form des musikalischen Zitierens. Jedes beliebige Soundbit ist per Sampler abrufbar. Die gesamte akustische Welt ist zum Archiv geworden, das in einer ekstatischen Form der Collage auf den Körper zurückprallt.

Nichts anderes passiert, wenn der DJ sein Set zusammenstellt. Es zählt nur dieser eine Augenblick. Der allerdings enthält virtuell alles. Deshalb kommt Techno ohne nostalgische Geste aus. Was soll noch Überblick, wenn der Körper sich an Datenwirbeln berauscht? Techno ist der einzige Stil der Neunziger, in dem etwas vom Pathos der historischen Avantgarden wiederkehrt. Hier ein Manifest, dort ein Thesenanschlag. Mit rauschender Geste zitiert die Vision von der »ravenden Gesellschaft« einen Zukunftsoptimismus, wie er im Futurismus nicht schöner blühte. Nennen wir es heroische Bricolage: Man freut sich an der Verwirrung, die das Schlachtfeld beherrscht, begibt sich Nacht für Nacht neu ins Stakkato aus dem Sampler und hofft, daß das Alte darin vergeht.

DJ Westbam sieht es so:

Unbeholfen und roboterhaft-eingeengt reagiert die nach Rock-'n'-Roll-Schemata funktionierende Unterhaltungsmaschine: Die Vertriebe wissen nicht, wie sie vertreiben sollen, die Veranstalter wissen nicht, wie sie veranstalten sollen, die Plattenfirmen können »die Themen« nicht »handeln«. Die Medien berichten unzutreffend. Der Umbau der Unterhaltungsmaschine im Sinne der ravenden Gesellschaft wird zu den wichtigsten Aufgaben der nächsten Jahre gehören.

An dieser letzten Front wird noch verhandelt. Doch schon beginnt auch die DJ-Musik, ihr eigenes Retro auszubilden. Bands wie **The Prodigy, Underworld** oder **Propellerheads** implantieren dem Genre mit Teufelshörnern und Bomberjacken jenen Rock-'n'-Roll-Geist, den der Sampler ihm ausgetrieben zu haben meinte. Und die herbeizitierte Shirley Bassey singt dazu wie aus dem Grund des Archivs: »It's all just a little bit of history repeating.«

Ist Pop also doch unter der Hand historisch geworden – sein eigenes Museum? Die Frage bereitet den Diskursgebern des Genres zunehmend Kopfzerbrechen. Kulturpessimistische Abgesänge liegen mit trotzigen Jetzt-erst-recht-Entwürfen im Kampf. Es herrscht jene säkulare Erwartung einer Zeit der Entscheidung, die der Sampling-Artist Tricky in einen Plattentitel gefaßt hat: »Pre-Millennium Tension«. Am Ende des Jahrtausends steht das System Pop auf dem Prüfstand der in ihm gestauten Erwartungen. Selbst auf der »PopKomm«, der kulturrevolutionärer Umtriebe gewiß unverdächtigen Kölner Messe für »Popmusik und Entertainment«, beginnt man sich Sorgen darum zu machen, ob »das Sujet Musik ausdrucksstark genug« bleiben wird für die Märkte der Zukunft. Was, wenn die Entzauberung einmal so weit vorangeschritten ist, daß sie durch keinen Instant-Mythos mehr zu kaschieren ist? Wird der große Rock-'n'-Roll-Schwindel dann endgültig auffliegen?

Die Produzenten von Popmusik scheint das alles weit weniger zu interessieren. Die kreativen Konsumenten schon gar nicht. Sie basteln fleißig weiter in ihrer Subkultur. Zeichen sind eben arbiträr, das heißt: Sie haben für die jeweilige Gemeinschaft nur die Bedeutung, die sie ihnen zugesteht. Der Soziologe Max Weber würde dies eine »wertrationale Schließung« nennen. Deshalb ist Pop ein Spiel ohne Grenzen. Und das Licht geht nie aus.

Literaturhinweise

Jean-Martin Büttner: Sänger, Songs und triebhafte Rede. Rock als Erzählweise. Frankfurt a. M. 1997.

John Clarke [u. a.]: Jugendkultur als Widerstand. Milieus, Rituale, Provokationen. Dt. von Thomas Lindquist und Susi Büttel. Frankfurt a. M. 1979.

Claude Lévi-Strauss: Das wilde Denken. Aus dem Frz. von Hans Neumann. Frankfurt a. M. 1968.

Christian Seidl: Oasis. What's the Story? Die Geschichte der britischen Supergruppe. München 1996.

KLAUS WALTER

Smells Like Teen Spirit
Grunge, Bewegung aus Seattle

> Wir sind die erste Generation, die nicht soviel Geld verdienen wird
> wie ihre Eltern.

So bezeichnet Anfang der Neunziger eine »Grungerin« namens Linda ein Dilemma jener Generation, die einmal mit
dem Zusatz »X« versehen werden sollte. Ein anderes Dilemma
ihrer Generation beschreibt die US-Autorin Gina Arnold in
ihrem Buch *Route 666 – On the Road To Nirvana*:

> Ich bin aufgewachsen mit der Gewißheit, daß alles schon passiert
> ist. Die Beatles, die Beach Boys, Beethoven, Bread. Daß Elvis in
> Amerika den McCarthyismus zerquetscht hat, daß die Beatles
> John F. Kennedy gewählt haben und die Rolling Stones für Aufstieg
> und Fall von Robert Kennedy verantwortlich waren. Und kurz da-
> nach beendeten die Doors im Handstreich den Vietnam-Krieg.
> [...] Kurz gesagt, ich wuchs auf mit der Gewißheit: Ich bin zu spät
> geboren.

Aber für Linda wie für Gina sollte es eine Hoffnung geben. Der
Name dieser Hoffnung war: **Nirvana**.

Nirvana war der Name für die Hoffnung, selbst ein Vietnam, einen Kennedy, eine Mondlandung, einen Elvis oder
sonst was Bedeutendes mitzuerleben – einerseits. Andererseits – und daran dürfte Kurt Cobain, der Kopf von **Nirvana**,
schließlich auch gescheitert sein – der Name für die vergebli-
che Hoffnung, den übermächtigen 60er-Jahre-Mythos »Rock«
zu zerstören oder wenigstens außer Kraft zu setzen. Sogar die
Worte für seinen Abschiedsbrief mußte sich Cobain bei einer
berühmten Ikone der Generation Woodstock borgen, bei Neil
Young. »It's better to burn out, than to fade away ...« – lieber
schnell verbrennen als langsam dahinsiechen – heißt es in seinem Song »My, My, Hey, Hey«.

Noch zu Cobains Lebzeiten hat Juliana Hatfield in ihrer **Nirvana**-Hommage formuliert, warum sich mit dieser Band für viele junge Menschen so etwas wie Hoffnung verbunden hatte: »Ich habe Nirvana im Kopf, ich bin so froh, daß ich nicht tot bin.«

Am 7. April 1994 schoß sich Kurt Cobain in seinem Haus in Seattle eine Ladung Schrot in den Kopf. Mit seinem Tod endete auch die Geschichte einer Musik, einer Mode, eines Stils, einer Bewegung, eines Marktsegments:

> Grunge: Versuch der Plattenindustrie, die betont lethargische, bei aller Härte aber melodische Spielform neuer Rockmusik aus dem Umfeld von Seattle mit einem passenden Etikett zu belegen.

Was der Schweizer Autor Jean-Martin Büttner so lapidar beschreibt, fand zwar mit dem Tod von Cobain sein Ende. Begonnen hat die Geschichte des Grunge allerdings lange vor **Nirvana**, zu einer Zeit, als Kurt Cobain gerade mal 12 Jahre alt war. 1980 traf der 17jährige Punkfan Calvin Johnson bei der Radiostation KAOS in Olympia/Washington einen gewissen Bruce Pavitt. Der mochte dieselben Bands wie Calvin und bot ihm an, für sein Fanzine zu schreiben. Der Name des Fanzines: *Subterranean Pop*. Pavitt legte seinem Blatt regelmäßig Cassetten bei mit Aufnahmen von regionalen Musikszenen. Seine erste Vinyl-Produktion widmete er der Szene von Seattle und taufte sie: *Sub Pop 100.*

Soundgardens Hymne auf die »Sub Pop Rock City« Seattle ist zugleich eine Hommage, ein Verweis auf eine Tradition: Der Titel spielt an auf den Song »Detroit Rock City« der Gruppe **Kiss.** Und die Motorstadt Detroit war auch die Heimat von zwei Bands, die in Sound, Stil und Haltung als Urväter des Grunge gelten: **MC5** und die **Stooges**.

Beide Bands inszenierten sich Ende der Sechziger als aggressivere und härtere Alternative zum friedfertig-illusionistischen Hippiemainstream kalifornischer Prägung. Die **MC5** um ihren Mentor John Sinclair engagierten sich für die White-Panther-Bewegung und andere linksradikale Aktivitäten. Die exaltierten Shows der **Stooges** wurden gefeiert und gefürchtet, ihr Sänger Iggy Stooge bereicherte das Repertoire des Rock-'n'-Roll-Showmanship um die selbstzerstörerische Note: Einlagen wie: »Mikrophon gegen den Kopf schlagen«, »sich in Glasscherben wälzen« oder auch: »sich Bauch und Brust mit Rasierklingen aufschlitzen« dienen seither als ritueller Härtebeweis und symbolische Selbstauskunft. Generationen von Sängern haben ihn kopiert, und bis heute genießt Iggy – inzwischen POP – den Respekt der Nachgeborenen. POP-Ismen und -Manierismen ziehen sich seit nunmehr fast dreißig Jahren durch die Geschichte harter, weißer Rockmusik. **MC5** und die **Stooges** prägten einen metallischen, Rhythm-&-Blues-unterfütterten Hardrock, dem nicht nur das Ornament als Verbrechen galt, sondern auch Accessoire und Harmonie, Sanftmut und artifizieller Schnickschnack. Mit diesen Attitüden und Fähigkeiten avancierten beide Bands zu den – neben **Velvet Underground** wichtigsten – US-Prototypen des Punk und – in der Folge – des Grunge.

Stooges-Songs wie »I Wanna Be Your Dog«, »Real Cool Time« oder »No Fun« dienten in den folgenden Jahrzehnten immer wieder als Blaupause für junge Rock- und Punkbands. Sie lieferten das rudimentäre musikalische und stilistische Repertoire für kurze, primitive, nihilistische Akte der Rebellion gegen eine formierte und saturierte Gesellschaft mitsamt ihrer entsprechenden Populärkultur. Diese historische Kontinuität – sozusagen den dunklen Strang der Rockgeschichte – dokumentiert Gina Arnold aus der Fanperspektive in ihrer Chronik *Route 666 – On the Road To Nirvana* und widerlegt damit die ebenso weitverbreitete wie wohlfeile Mär vom explosionsartigen Ausbruch der Grunge-Revolution in Seattle. Die imaginäre Route 666 zieht sich in den Achtzigern quer durch die USA und verbindet die Hochburgen der unabhängigen Musik miteinander. Kreative Standorte um Independent Labels wie SST in Lawndale, Kalifornien, Touch & Go in Chicago, Alternative Tentacles in San Francisco oder Twin/Tone in Minneapolis. Von dort, aus Minneapolis, kamen Anfang der achtziger Jahre zwei Bands, die für den weiteren Verlauf der Geschichte eine ähnliche Rolle spielen sollten wie ein Jahrzehnt zuvor die **Stooges** und **MC5.**

»Ohne Bob Mould und Paul Westerberg hätte es Nirvana nie gegeben.« So zitiert Gina Arnold den einflußreichen Musikmanager Michael Hill. Mould und Westerberg waren die Songschreiber von **Hüsker Dü** und den **Replacements**. In ihren eigenen Worten unterstreicht Arnold die Analyse des Managers: »Die Brillanz von Hüsker Dü ist einmalig, aber die Replacements waren so verrückt und ansteckend.« Im amerikanischen Original klingt das so: »the Replacements were so stupid and contagious« ... wie in **Nirvanas** größtem Hit »Smells Like Teen Spirit«, »stupid and contagious«.

> Hüsker Dü hatten diesen Candycore-Style: ihre Mischung aus Wut, Talent und den Beatles nahm Grunge Rock um zehn Jahre vorweg.

Diese längst konsensfähige These von Gina Arnold wird bestätigt von Black Francis alias Frank Black, der mit seiner Band ein Bindeglied darstellte zwischen den frühen Hardcore-Tagen und dem späteren Grunge: »Als wir unsere erste LP machten, besaß ich vier Platten: drei von Hüsker Dü und eine von Iggy Pop ...« Mit diesem »Wir« meint Black Francis die **Pixies**, drei Typen und eine Frau aus Kalifornien, die Mitte der Achtziger ihrerseits eine musikalische Formel vorwegnahmen, die später die Welt erobern sollte.

In *Gigantic* zeigt sich das Wechselspiel von laut und leise, von sanft und hart, von Melancholie und Exzeß. *Surfer Rosa*, das zweite Album der **Pixies**, kreuzte die Energien einer ganzen Generation von amerikanischen Collegerock- und Hardcore-Bands mit einem all-amerikanischen Sinn für zuckrigen Pop. Der »Candycore« von **Hüsker Dü** war auf der nächsten Stufe angekommen und wurde bald zur Formel erhoben – und zu Tode kopiert. Einer von denen, die die **Pixies**-Formel besonders gut kapiert hatten, war Kurt Cobain:

> Ich wollte den ultimativen Popsong schreiben; im Prinzip habe ich versucht, die Pixies zu imitieren. Als ich die Pixies zum ersten Mal hörte, hatte ich gleich so einen starken Bezug zu dieser Band, daß ich eigentlich selbst bei ihnen hätte mitspielen sollen – oder zumindest in einer Pixies-Cover-Band. Wir haben ihre Art von Dynamik eingesetzt: erst sanft und leise, dann laut und hart.

Wie Tausende weißer Rockfans versuchte der junge Kurt Cobain aus Aberdeen im Staate Washington seine Songs bei einem der anerkannten Independent Labels der USA unterzubringen. Er schickte Demo-Tapes von **Nirvana** an SST, an Touch & Go und an Alternative Tentacles. Über den Produzenten Jack Endino geriet er an die Firma von Bruce Pavitt und seinem Partner Jonathan Poneman. Das Hauptquartier von Sub Pop war im nahegelegenen Seattle stationiert, und zudem hatten sie mit **Soundgarden** eine der Lieblingsbands von Cobain unter Vertrag. Im Zuge der allfälligen Konjunkturschwankungen im Underground USA war Sub Pop, Rock City Seattle, die attraktivste Adresse der Stunde, der Saison. Sub-Pop-Bands wie die **Melvins, Mudhoney, Mother Lovebone** und besagte **Soundgarden** verkörperten einen gewissen Paradigmenwechsel, der sich auch in der fast schon »corporate identity« zu nennenden optischen Präsentation der Firmenprodukte niederschlug:

> Das von Charles Peterson geschaffene Sub-Pop-Image: grobkörnige und verschwommene Schwarzweiß-Bilder, auf denen man mehr vom Publikum als von der Band sah. Der Fotograf Peterson mischte sich hemmungslos ins Volk und fing das ganze gewalttätige Treiben ein – jede Menge Schweiß und nackte männliche Oberkörper.

So der **Nirvana**-Biograf Michael Azerrad über die frühen Jahre von Sub Pop, Ende der Achtziger.

Das Sub-Pop-Image transportierte gleich einen ganzen Kanon von strategischen Botschaften: die grobkörnigen Schwarzweißbilder waren der denkbar größte (und schlichteste) Kontrast zur seinerzeit noch weitgehend ungebrochenen Hochglanzästhetik des MTV-Jahrzehnts. Daß man auf diesen Bildern mehr vom Publikum als von der Band sah, ist kein Zufall, sondern die wieder ebenso schlichte wie wirksame Negation herrschender Standards, will heißen: Bei *uns* geht es um die kollektive Verausgabung, bei *uns* verschwimmt die Distanz zwischen Star und Fan unter einem Wall of Haar, Schweiß und Sound, bei *uns* mischt sich Volk unter Volk, hemmungslos.

In der pop-öffentlichen Wahrnehmung spiegelte sich gleichsam der Aspekt des »Verschwimmens«. Die einzelnen Bands verschwammen unter dem Banner Grunge/Seattle zu einem amorphen Ganzen, Unterschiede in Stil und Sound wurden kaum wahrgenommen, ganz nach dem Motto: Eine neue Musik erkennst du immer daran, daß die Alten sagen »das klingt doch alles gleich!« Das war beim Rock 'n' Roll wie beim Beat, bei Techno wie bei Grunge. Zur Corporate Identity »Grunge« trug neben besagtem Foto-Image natürlich die Kleidung bei. Jeans, Flanellhemden, Band-T-Shirts, Turnschuhe, schlicht, abgerissen, zerrissen.

So entstand das dekorative Bild einer verlorenen Generation, ausgespuckt von den Reaganomics, desillusioniert von amerikanischen Träumen jeder Art. Der Begriff der »lost generation« allerdings war kulturhistorisch schon besetzt, also erfand man zunächst den »Slacker«, zu deutsch etwa »Hänger«, was den Habitus des antriebsarmen Zynikers ganz gut traf. Dem Schriftsteller Douglas Coupland war es schließlich vorbehalten, diesem Segment der amerikanischen Jugend in einem cleveren Roman nicht nur ein Denkmal zu setzen, sondern ihr auch gleich einen Namen zu verpassen: Zur *Generation X* zählten sich bald weite Kreise der – weißen – unter-30-jährigen US-Bürger. Die Freizeit- wie Bekleidungsindustrien lieferten umgehend das Warensortiment zum X. Der Sound zum X sollte aus Seattle kommen. Die Metropole des Nordwestens war bis dato ein weißer Fleck auf der Rock-Weltkarte, mal abgesehen davon, daß Jimi Hendrix hier geboren wurde.

Laut Grunge-Geschichtsschreibung beansprucht Seattle drei Superlative: die Großstadt mit der niedrigsten Arbeitslosenquote – vier Prozent –, mit der höchsten Regenfrequenz und mit dem leichtesten Zugang zu Drogen jeder Art.

Ich war total deprimiert. Ich zog wieder zurück nach Portland und beschloß, daß ich ab jetzt nur noch strippen und nie wieder in einer Band spielen würde. Aber eines Abends hörte ich Mudhoneys »Touch Me, I'm Sick«, und das hat mich gerettet. Ich wußte, daß ich auch auf ein Stichwort hin so kreischen konnte.

Die ehemalige Stripperin Courtney Love sollte mit ihrer Band **Hole** bald den Nachweis erbringen, daß sie mehr kann, als auf Stichwort kreischen. »Touch Me, I'm Sick« hat nicht nur die spätere Cobain-Ehefrau gerettet, der Song von **Mudhoney** kann in vielfacher Hinsicht als Grunge-Prototyp der Prä-**Nirvana**-Ära gelten: ein übersteuerter Drei-Minuten-Aufschrei in bester **Stooges**-Tradition mit plakativen Selbsterniedrigungen wie »I'm a creep« und »I'm a jerk«, der terminiert im negativ-hymnischen Refrain der Titelzeile: »Touch me, I'm sick« – die freundliche Einladung ergeht an die *moral majority*, an die *gesunde Mehrheit* der Gesellschaft und soll soviel heißen wie: Wenn ihr gesund seid, dann sind wir eben krank … wenn ihr Wohlstand verkörpert, dann sind *wir* Müll … white trash. – Vornehmlich aus diesem White Trash, aus den marginalisierten Schichten des weißen Amerika, rekrutiert der später kultisch verehrte Regisseur Russ Meyer die Protagonisten seiner frühen Filme.

In grobkörnigen Schwarzweißbildern frönen grobschlächtige Typen ihren beiden Leidenschaften: Gewalt gegen sich selbst und andere, Sex mit grobschlächtigen und großbusigen Frauen. Nach einem dieser Meyer-Filme benannten sich 1988 diese vier Typen, die bereits in diversen anderen Seattle-Bands am Gründungsmythos »Grunge« gearbeitet hatten: **Mudhoney**. Die White-Trash-Ästhetik des frühen Russ Meyer wurde für zahlreiche Videoclips von Bands des Genres ausgebeutet. Neben Sub Pop prägte vor allem das Label Amphetamine Reptile aus Minneapolis Sound und Vision dieser Gattung, dieser Jahre. Neben späteren Verkaufsschlagern wie **Boss Hog** und **Helmet** brachte Amphetamine Reptile (das »Amphetamin-Reptil«) auch Bands wie **Vertigo** (Höhenangst) und **Surgery** (Operation, Chirurgie) hervor. Ein Label-Video wird moderiert von Dr. Sphincter, einem grenzdebilen White-Trash-Doktor mit, nun ja, *galligem* Humor.

In Videos der Firma Sub Pop werden die Pausen zwischen den Bands überbrückt von (Nicht-ganz-)Stilleben durcheinanderwuselnder Regenwürmer-Berge oder mit expliziten und detaillierten Aufnahmen von Menschen mit extremen Hautkrankheiten, komplett mit entsprechend ekelerregenden Hautsekreten.

Mudhoney-Songs spielen in Methadon-Kliniken, die langsamste Sub-Pop-Band nennt sich **Codeine** (Codein), eine andere hat einen Hit mit »Lithium« (einem Antidepressivum) und nennt sich »stupid and contagious«, verrückt und ansteckend. Der medizinisch-pharmazeutische Komplex spielt also eine große Rolle in der Geschichte des Grunge. Der Topos »Krankheit als Metapher« durchzieht bereits die erste Promotion-Selbstauskunft einer Band aus Aberdeen, Washington, handgeschrieben von einem Typen, der später seine extremen Magenschmerzen mit Heroin bekämpfen sollte:

> Nirvana ist ein Trio, das herausgekrochen kam aus den Eingeweiden eines Redneck-Verlierer-Kaffs namens Aberdeen, Washington, und der Hippie-Kommune Bainbridge Island ...
> Nirvana klingt so, als würden Black Sabbath – The Knack (gesprochen: Näck) spielen und Black Flag, Led Zeppelin, The Stooges mit einem Quentchen Bay City Rollers. Ihre musikalischen Einflüsse sind: H. R. Ruffnstuff, Marine Boy, Scheidungen, Drogen, Soundeffekte-Platten, die Beatles, die Young Marble Giants, Slayer, Leadbelly, Iggy Pop.
> Nirvana erkennen, daß die Underground-Musik-Szene stagniert und sich zunehmend den Interessen kommerzieller Major-Labels öffnet. Aber wollen Nirvana diese Entwicklung verhindern? Überhaupt nicht. Wir wollen abkassieren, wir wollen uns antörnen, wir wollen ficken ...
> ... bald werden wir »Gloria« und »Louie Louie« als Zugaben bei großen Benefiz-Konzerten spielen mit all unseren berühmten Freunden.

Der grungetypische Jive aus frühreifer Desillusionierung, »alles schon gesehen haben«-Zynismus und trotzdem »alles über den Haufen spielen wollen«; die grungetypische Dialektik von Selbstmarginalisierung und Selbstermächtigung in den Worten von Kurt Cobain für das erste Promotion-Info seiner Band **Nirvana**.

Diesen Worten folgte 1989 das Album *Bleach*, »recorded in Seattle at Reciprocal Recording at Jack Endino for 600 dollars«, wie nicht ohne Stolz auf dem Cover vermerkt. Die Produktionskosten von 600 Dollar blieben also deutlich unter dem durchschnittlichen Tagesbudget für amphetaminhaltige Substanzen bei einer durchschnittlichen LP-Produktion von Elton John oder **Fleetwood Mac** in den siebziger Jahren. Außerhalb des engen Fankreises erregte *Bleach* zunächst kaum Aufmerksamkeit.

Als Segment der Popkultur entwickelte sich Grunge um die Jahrzehntwende von den Achtzigern zu den Neunzigern nach den bis dahin geltenden Gesetzmäßigkeiten der Industrie. Einige wenige Bands erlangten sukzessive einen größeren Bekanntheitsgrad und verkauften entsprechend mehr Platten unter dem Etikett Grunge. Dabei spielten die gravierenden stilistischen Unterschiede keine Rolle, solange eine gewisse Kompatibilität mit der Corporate Identity »Grunge« gewährleistet war. Ob der pompöse Hardrock von **Soundgarden**, die komplexen Doom-Metal-Experimente der **Melvins**, oder der Punktrash von **Mudhoney**: alles Grunge! Und als solcher Anfang der Neunziger eine eingeführte Marke an der Schwelle zwischen Underground und Mainstream.

Der Quantensprung folgte 1991. **Nirvana** nehmen mit dem Produzenten Butch Vig ihr zweites Album auf, während die Nation am Bildschirm den Golfkrieg verfolgt, *Nevermind*:

> Als wir diese Platte machten, hatte ich ein absolutes Wir-gegen-sie-Gefühl. All diese fahnenschwenkenden und gehirngewaschenen Leute, ich hab' sie echt gehaßt. Und plötzlich kaufen die alle unsere Platte, und ich denke bloß: *Ihr kapiert ja gar nichts.*

Plötzlich, ein halbes Jahr nach diesem Krieg, versteht Krist Novoselic die Welt nicht mehr. Alle kaufen sie *Nevermind*, alle lieben sie »Smells Like Teen Spirit«. Was war geschehen? Was war geworden aus diesem »Wir gegen sie«-Gefühl?

Ein global operierendes Unternehmen zur Verbreitung von Bildern und Tönen hatte das kommerzielle Potential von »Teen Spirit« entdeckt und für sich genutzt. Der Videoclip zu »Smells Like Teen Spirit« blieb nicht – wie all die anderen Punk- und Grunge-Videos zuvor – in der Alternative-Rock-

Nische hängen, sondern bekam Heavy Rotation. Die Worte »Teen Spirit« – eigentlich bloß der Name eines Parfüms – schlossen sich auf magische Weise kurz mit den Bildern einer irgendwie wilden, irgendwie rebellischen Jugend. Beides zusammen schloß sich auf ebenso magische Weise kurz mit dem ominösen »Generationsbegriff«, Generation X in diesem Fall. Vom globalen Pop-Leitmedium MTV wurde der Song in die Radiostationen dieser Welt gepusht, im Herbst 1991 war »Teen Spirit« auf allen Kanälen. »Nirvana im Radio, das heißt für mich: Meine Werte sind auf dem Vormarsch. Ich bin nicht länger in Opposition.«

Gina Arnold war angekommen, der lange Weg auf der Route 666 hatte dann doch zum Nirvana geführt. So naiv ihre Worte heute klingen: Damals, in einem kurzen Augenblick der Euphorie, glaubten tatsächlich viele an eine Wende zum Besseren durch »Teen Spirit« und die Folgen. Das vermeintlich lebenslängliche Verlierertum, das strukturell defensive »Wir gegen sie«-Gefühl – plötzlich hatte sich alles gedreht: *Wir* sind Nummer eins jetzt! Jetzt sind *wir* Nummer eins!

Die Euphorie dieses historischen Augenblicks entwickelte ungeahnte Dynamiken: Das Album *Nevermind* verkaufte sich – in Rezessionszeiten! – weit über zehn Millionen mal. Das Wort »Grunge« bekam einen herausragenden Platz im Pop-Vokabular, der Ort Seattle einen ebensolchen auf dem Pop-Globus. Im Fahrwasser von **Nirvana** charteten verwandte und weniger verwandte »Grunge«-Bands wie **Pearl Jam, Soundgarden, Alice In Chains** und die **Stone Temple Pilots**.

Der Hollywoodstar Matt Dillon mimte in der Seattle-Teen-(Spirit-)Seifenoper *Singles* einen Grungerocker mit Perücke. Musiker aus dem ganzen Land zogen nach Seattle in der Hoffnung auf einen Plattenvertrag. Die Plattenindustrie nahm Musiker aus dem ganzen Land unter Vertrag, wenn sie bloß irgendwie nach Seattle aussahen oder nach »Teen Spirit« schmeckten.

Binnen weniger Monate hatte sich das Gesicht des Mainstream-Rock völlig verändert. Aber – eben nur das Gesicht, und nicht die Strukturen. Ein typischer Fall von »Die Revolution ist vorbei, wir haben gesiegt«, aber das Leben geht trotzdem weiter wie zuvor.

Nirvana hat das Vakuum der Bedeutungslosigkeit, zu dem ROCK sich aufgeblasen hatte, wieder mit Aufregung und Dringlichkeit gefüllt. Cobain schleppte die Erblast von drei Jahrzehnten symbolischer Rock-Rebellion und -Romantik mit sich rum, die er eigentlich hatte zerstören wollen. Statt dessen hat er dazu beigetragen, ein bedeutendes Segment der Kulturindustrie aus der Legitimationskrise zu führen, dem häßlichen alten Monster namens Rock wieder ein bißchen Glaubwürdigkeit einzuhauchen.

Während sich bei der Plattenindustrie Goldgräberstimmung breitmachte, setzte bei vielen Fans schon sehr bald der Backslash ein. Denn was sollte werden aus dieser Musik, aus dieser Kultur, wenn sie nicht mehr »länger in Opposition« wäre?

Opposition – gegen wen oder was auch immer – war der quasi natürliche, der angestammte gesellschaftliche Ort dieser Musik – vom »Hope I die before I get old« der **Who** über das »No fun« der **Stooges** und das »Don't know what I want but I know how to get it« der **Sex Pistols** bis zum »we are stupid and contagious« von **Nirvana**. Ohne den Aggregatzustand Opposition – oder besser: Rebellion – hätte diese Musik keine Existenzberechtigung.

»Smells Like Teen Spirit« stand doch eigentlich für eine »Wir gegen sie«-Haltung, war Punk im Sinne des jungen Kurt Cobain: Und doch fand er sich plötzlich dort oben wieder, im Mainstream mit Michael Jackson und Mariah Carey, mit MTV-Awards und weltweiter Plakatierung: Wer erinnert sich nicht an das schwimmende Baby mit dem Dollarschein am Angelhaken vor Augen, ganz in Meeresblau – das *Nevermind*-Cover. Das Album einer Band, die angetreten war gegen dieses korrupte und verlogene Rockbusiness, hatte unversehens zu seiner Erneuerung und Konsolidierung beigetragen. *Nevermind* stand überall an der Spitze der Charts. Zwei Jahre später war Kurt Cobain tot, nicht der einzige prominente Tote der Grunge-Ära.

Fast fünf Jahre danach haben sich die Verhältnisse wieder zur Kenntlichkeit entwickelt.

Die Blüte des HardcoreIndieAlternativeGrungeRock – das wissen wir heute – fiel in eine Zeit der Auflösung des Mainstreams, wie wir ihn kannten. An die Stelle von Konsensmodellen traten diverse Substrümungen, der allgemein verbindliche Mainstream der Mehrheit wurde sukzessive ersetzt durch einen Mainstream koexistierender Minderheiten. *Ein Strang in diesem Hauptfluß wurde fortan von Grunge gebildet, der alsbald zu »Alternative« oder »Modern« Rock mutieren sollte.*

Grunge-»Überlebende« wie **Pearl Jam** und die **Smashing Pumpkins** sind heute stadionrockende Stützen der Rock-Gesellschaft. Courtney Love hat nach Jahren in Hollywood und Regenbogenpresse ihre Band **Hole** als **Fleetwood Mac** des End-Millenniums neu erfunden. Weniger MTV-kompatible Bands wie die **Melvins** und **Mudhoney** sind nach kurzen und frustrierenden Zwischenspielen bei der »großen« Plattenindustrie zwangsgesundgeschrumpft und arbeiten heute wieder in den Nischen von einst. Der Rest ist tot, aufgelöst oder vergessen. Fußnoten einer temporären Erhitzung. Zurück zu den Mac-Jobs.

Geblieben, immerhin, ist der Geruch von »Teen Spirit«. Die *Frankfurter Rundschau* meldet am 10. Dezember 1998:

Doris Schröder-Köpf, die Frau des Bundeskanzlers, hat am vergangenen Mittwoch die Bauarbeiten für die erste Therapiestation für drogenabhängige Kinder gestartet. Der Bau für »Teen Spirit Island« von rund 2,7 Millionen Mark soll aus Spenden finanziert werden, von denen 1,3 Millionen noch fehlen.

Literaturhinweise

Gina Arnold: Route 666. On the Road to Nirvana. New York 1993.
Michael Azerrad: Nirvana – Come as you are. Die wahre Kurt Cobain Story. St. Andrä-Wördern 1994.

Poppy Z. Brite: Courtney Love. Übers. von Sky Nonhoff. München 1998.

Joe Carducci: Rock and the Pop Narcotic. Testament for the Electric Church. Chicago 1990.

Scott Schinder: Rolling Stone's Alt-Rock-A-Rama. An Outrageous Compendium of facts, fiction, trivia, and critique an Alternative Rock. New York 1996.

Nick Wise (Hrsg.): Nirvana, Kurt Cobain, Courtney Love. In eigenen Worten. Aus dem Amerikan. von Kathrin Razum. Heidelberg 1997.

KERSTIN GRETHER

Material Girls
Geschlechterkonstruktionen im Pop

Wenn du 13 bist, kann sich das anfühlen, als würdest du allein im
Dunkeln sitzen, zusammengekauert in einem Winkel deines Zim-
mers, und zu schreien versuchen – ohne deine Stimme zu finden.
    Im Sommer 1994 entdeckte ich Team Dresch. Jeden Beat ihres
ersten Albums *Personal Best* ätzte ich in mein Gehirn ein. Es war,
als hätte ich endlich meine Stimme gefunden.

Soweit die junge Amerikanerin Madeleine Block in einem
bewegenden Erlebnisbericht über ihre Lieblingsband **Team
Dresch**.

Auch **Team Dresch** singen, und vor allem schreien, sich
die Seele aus dem Leib. Sie sind eine rockige Frauenband mit
durchaus fragilen Melodien. Auf der Bühne sehen sie aus wie
echte Kerle, pardon, wie echte Frauen. Ihr Outfit: schweiß-
nasse lange Haare, weite schlabbrige Hosen, und – manchmal – nackte Oberkörper. Einer ihrer Insider-Hits heißt »She's
Amazing«, ein Lied mit ausgefederter rhythmischer Kraft und
eingängigem Refrain. In dem nachdrücklichen Song-Text wird
eine Frau als geheimnisvolle Heldin gefeiert.

Sie sind schließlich immer noch eine Ausnahme: Mädchen
und Frauen, die ihre Emotionen und Gedanken lautstark ausdrücken. Und das gilt nicht nur in der männerdominierten
Rock- und Pop-Welt:

Die meisten Mädchen verlieren während der Pubertät ihre eigene,
innere Stimme. Sie verlernen zwischen echten und unechten Beziehungen zu unterscheiden. Aus Angst, mit ihren unerwünschten
Gefühlen alleine gelassen zu werden, schweigen sie. Oft finden sie
erst als erwachsene Frauen wieder zu sich.

So die Kernaussage der Carol-Gilligan-Studie, die Anfang der
Neunziger in den USA für Aufsehen sorgte.

Pubertierenden Jungs ist es eher gestattet, aufgestaute Wut

rauszulassen. Sie hören Metal, Punk, HipHop, Techno usw. – meist in der härteren Variante. Männliche Helden, Material Boys, prägen die Popkultur.

In Deutschland sind nur 10 Prozent aller bei der GEMA angemeldeten Musiker Frauen. Davon sind 8 Prozent Sängerinnen. Im Pop gelten Frauen als exotische Wesen und heiße Ware. Die Medien nehmen sie häufig über ihre »Geschlechtsstrategien« wahr. Männliche Musiker werden seltener sexualisiert. Ihnen wird eine allumfassende Gestaltung zugestanden. Und es wundert keinen, wenn sie um ihr Recht kämpfen, Partys zu feiern – um es mal mit den New Yorker **Beastie Boys** zu sagen.

Im Jahr 1991 trat ein Rudel wütender Außenseiterinnen aus New York City und Olympia, Washington, auf den Plan. Sie wollten aktiv von den Vorzügen der Sub- und Popkultur profitieren – und so die alten Spielregeln verändern. Und sie hielten nicht viel davon, erst erwachsen werden zu müssen, um einen angemessenen Ausdruck für ihre unterdrückten Gefühle zu finden. Sie schlossen sich in Netzwerken zusammen, gründeten Labels, Fanzines, Bands. Die »Riot-Grrrl«-Bewegung war geboren.

Bands mit Namen wie **Bikini Kill, Bratmobile, Cold Cold Hearts, Hole** und später auch **Sleater Kinney** überzogen das, was sich »Feminismus« nennt, mit einer Make-Up-Schicht. Sie betonten die Bedeutung von Style und Image. Die Riot Girls bestanden darauf, daß der Kampf für Frauenrechte auch Spaß machen solle – sie wollten damit den Feminismus von seinem moralinsauren Beigeschmack befreien.

Riot Girls, zu deutsch etwa »Aufstands-Mädchen«, sind angetreten, um ihre Wut und ihre Power auf kreative Weise auszudrücken. Sie singen und schreiben über alles, was jungen Mädchen das Leben schwermachen kann: Schönheitsideale, Eßstörungen, mediale Ohnmacht, gesellschaftliche und familiäre Zwänge, sexueller Mißbrauch – und gebrochene Herzen. Trotz oder gerade wegen dieser negativen, aber auch realitätsnahen Themen: Plötzlich war es cool, ein Mädchen zu sein. Und noch cooler war es, zu mehreren aufzutreten, mehr als nur ein Mädchen zu sein.

> Bevor ich bei Team Dresch einstieg, fühlte ich mich vollkommen allein in der Rock-Welt,

erzählt beispielsweise Jody Coyote, die Sängerin von **Team Dresch**. Und **Bikini Kill**-Sängerin Kathleen Hanna, ebenfalls Mitbegründerin der Riot Girls, ergänzt:

> Die Musik all der Jungsbands sagte mir nichts mehr. Und sie spielten ihre Instrumente technisch gut. Aber sie wollten nichts mitteilen. Aber auf der Bühne muß man den Leuten zeigen, daß sie ihr Leben selbst in die Hand nehmen können.

Auch **Bikini Kill** haben Lieder über aufsässige Mädchen geschrieben. Stücke wie das wütende »Rebel Girl«, das Kathleen Hanna mit einer quäkend-leiernden, sich dabei cool und sexy gebenden Stimme singt.

Und dann ist da noch Courtney Love mit ihrer Gruppe **Hole**. Ihre powervollen Rocksongs klingen äußerst aggressiv und angriffslustig – unterlegt mit einem süßlichen Sarkasmus. Auf der Bühne schleudert Courtney Love dem Publikum oft eine tiefe Verachtung, gemischt mit Verzweiflung, entgegen.

Die breitschultrige, grell geschminkte Ex-Stripperin zwängte sich in ihren frühen Videos in enge, mädchenhafte Röcke. Wohl wissend, daß einer erwachsenen Frau diese Verspieltheit nicht zusteht. Dazu wütete und strampelte sie sich ab vor der Kamera, als sei sie Zuhälter und Hure in einer Person. Auf Fotos machte sie auf Vergewaltigungsopfer: zerrissene Kleidchen, blutrot verschmierter Lippenstift. Ihr erklärtes Ziel: der ganzen Welt vorzuführen, daß auch verspottete Outsider wie sie es schaffen können.

Ganz neu war Courtney Loves Strategie allerdings nicht. Man denke nur an die vielen herausfordernden, melodiösen, ambitionierten Madonna-Hits. Die weiße Disco-Queen wirbelt seit fünfzehn Jahren in ihren Shows, Songs, Clips weibliche und männliche Geschlechterrollen durcheinander. Genüßlich räkelt sie sich in sexuellen Posen – und fordert Mädchen und Frauen auf, ihre eigene Sexualität zu entdecken. Dann wieder wirft sie sich in die Schale der Geschäftsfrau. In groovenden Popsongs demonstriert sie, daß eine Frau sexy und mächtig zugleich sein kann. Madonna überschreitet Grenzen: die Angst vieler Frauen vor der Macht und die Angst vieler Männer vor mächtigen Frauen. In ihren Videos sieht man sie oft kichern oder herumalbern. Es ist offensichtlich, daß sie dadurch versucht, ihr ehrgeiziges Auftreten zu entdämonisieren. Vielleicht will diese Pop-Künstlerin uns zeigen: Die Übernahme »patriarchalischer« Techniken wie Herrschaftsanspruch, Ehrgeiz, Kraft machen kein Monster aus einer Frau. Ihre Lieblingsrolle hat Madonna aber bei schwarzen Soul-Ladys wie Aretha Franklin abgeschaut: die souveräne Diva, die im großen Stil »Respect« einfordert.

Und auch in der HipHop-Welt steht »Respect« ganz oben auf dem Forderungskatalog. Rapperinnen wie Queen Latifah, MC Lyte und auch die drei quirligen souligen **Salt 'n' Pepa**-Girls: Sie alle demonstrieren den Stolz schwarzer Frauen. In einer Gemeinschaft mit viel Gewalt, Armut, Unterdrückung wollen sie sagen, was Sache ist – und trotzdem geschätzt sein. Ihre Message kommt auch außerhalb der HipHop-Community an. Ob in der Gesundheitsfürsorge, der Jugendaufklärung oder bei Partnerschaftsberatungs-Instituten: Der **Salt 'n' Pepa**-Slogan »Let's talk about sex« erfreut sich großer Beliebtheit auf Plakaten und Broschüren gemeinnütziger Einrichtungen.

Über Sex reden – das haben die jüngeren Schwestern von **Salt 'n' Pepa**, Latifah und Co. ganz anders verstanden. 1997 stand fast ganz im Zeichen der »Bad Girls«. Wenn »Bad Girls«-Rapperinnen wie Lil' Kim und Foxy Brown von Sex sprechen, dann sprechen sie auch gleichzeitig über Geld. »No money, money, no licky licky, fuck you dicky, dicky«, heißt das bei Lil' Kim. Eine ihrer Messages: Brauchst du Kohle, dann besorg's einem Kerl. Sie hüllen ihre leichtbekleideten Körper in edle Stoffe und bezeichnen sich selbst als »Diva-Huren«.

Afroamerikanerinnen sind, über Jahrhunderte hinweg, immer wieder zu Opfern sexueller Ausbeutung geworden. Indem Rapperinnen sich selbst als »Huren« bezeichnen, immunisieren sie sich gegen verbale Attacken. Unerwünschte Zuschreibungen sollen somit aus den Angeln gehoben werden.

Diva-Huren verkaufen viel mehr Platten als ihre respekt-predigenden Kolleginnen. Nicht immer zur Zufriedenheit von Kulturkritikerinnen wie Joan Morgan. Sie schreibt:

> Der Erfolg von Foxy Brown und Lil' Kim zeigt, wieviel wir unsere jüngeren Sistas noch über Sex, Feminismus und Macht lehren müssen. Feminismus besteht nicht einfach nur darin, das tun zu dürfen, was die Jungs machen – high sein, endlos über ihre Schwänze zu quatschen oder was auch immer. Es geht vielmehr darum, durch richtige Entscheidungen mehr Macht über die eigenen Möglichkeiten zu erlangen.

Mehr Macht über die eigenen Möglichkeiten erlangen – eine gute Umschreibung dessen, was sich seit den mittleren neunziger Jahren auch gerne »Girl Power« nennt. Das Schlagwort »Girl Power« wurde vor allem von der englischen Power-Girl-Group **Spice Girls** etabliert.

Viele finden, die **Spice Girls** sind vornehmer und gewitzter als ihre Boy-Group-Kollegen – zumindest verfügen sie über eine gehörige Portion Größenwahn. Sie benutzen das künstliche Pop-Scheinwerferlicht, um fünf unterschiedlichen Frauen-Stereotypen Kraft einzuhauchen. Ihre Aussage: Wenn fünf Mädchen gemeinsam etwas unternehmen – was kann dabei schon schiefgehen? (Außer zur größten Band der Welt zu werden!) Wie ihre Verkaufszahlen belegen, sind sie Pop an der Pop-Obergrenze. Noch ein Stückchen weiter, und sie kommen in den Himmel. Im Rock 'n' Roll würde man sagen: Sie laufen »on the edge«.

Pop hatte für junge Mädchen immer auch Rock-'n'-Roll-Funktionen. Pop erlaubt die Übertreibung, wie Rock 'n' Roll die Übertretung. Und die **Spice Girls** übertreiben alles. Mel B, Mel C, Emma, Victoria und vormals auch Gerri bezeichnen sich als »die Frauenbewegung der neunziger Jahre«. Sie wirken immer etwas overstyled. Und sie sehen nicht so aus, als könnte eine mächtige Diät-Industrie ihnen die Butter vom Brot nehmen. Dabei sind die **Spice Girls** selbst ein Markenprodukt. Man wird in jedem westlichen Dorf einen Kaugummi-Automaten finden, der **Spice Girls**-Ringe oder -Ketten für

1 DM vertreibt. Und sind nicht große Teile der Welt geprägt von den Vorstellungen westlicher Dörfer?

Girl Power, ein Sonderangebot der neunziger Jahre. Und die **Spice Girls** sind eine typische Girl-Group dieses Jahrzehnts. Sie klingen kommerziell, verbinden aber Spaß mit Kampfgeist. Diese Mischung ist auch in rauheren Variationen im Handel erhältlich. Das britische Mädchenduo **Shampoo** zum Beispiel: Zwei selbsternannte »Megababes« singen über ihr pralles Leben. Über hysterische Teenager-Mädchen auf dem Höhentrip: Ihr Glam-Pop-Hit »Trouble« handelt davon, wie sich die beiden Gören nachts in die Großstadt davonstehlen – und überall wo sie auftauchen für Ärger sorgen.

Dabei hatten Girl-Groups nicht immer so viel Ärger. In den Sechzigern klangen sie sehr viel versöhnlicher. Bands wie die **Shirelles, Supremes, Shangri-Las** sangen aufrichtige, einschmeichelnde Gefühlsballaden. Auch sie sprachen vor allem junge Mädchen an. Denn ihre Lieder handelten von der Suche nach der großen Liebe. Von einer Suche, die sich wie in dem **Supremes**-Hit »You Can't Hurry Love« lang und schwierig gestalten konnte.

Heutzutage klingt diese Suche etwas energischer. In ihrem betont andeutungsreichen Stück »Riegel Song« beschreibt die Berliner Mädchen-Band **Lassie Singers**, wie sie durch die ganze Stadt laufen, um einen (Schoko-)Riegel zu finden, der ihnen schmeckt. Ein Statement, das gut zu der mittlerweile aufgelösten Gruppe paßt, die vor allem über enttäuschte Liebe sang. Die **Lassie Singers** standen ungeschminkt auf der Bühne. Sie sahen aus wie ganz normale Menschen. Aber in ihrem echten Leben sind sie vermutlich großstädtische weibliche Actionhelden. Das kann man ihren Liedern entnehmen: zwei Freundinnen in tausend Nöten. Kein Klischee ist vor ihnen sicher. Mit Humor, Charme und Ernst zerpflücken sie Geschlechterrollen. Ihnen ist nichts heilig – außer ihr subjektives Wohlbefinden. Und so bekämpfen sie auch schon mal die Zweierbeziehung. In Songs, die »Pärchenliebe« heißen oder »Liebe wird oft überbewertet«. **Lassie**-Sängerin Christiane Rösinger erklärt das Lied »Liebe wird oft überbewertet« so:

Die Art und Weise, wie die meisten Bands über Liebe und Sex schreiben, ist ziemlich klischeehaft. Das liegt daran, daß Bilder von Sex vorgeprägt sind – durch Kino, Werbung, Sprache. Ich finde es deshalb total schwierig, überhaupt noch ein eigenes Empfinden zu haben. Also: Wie stell' ich mir Sex vor mit jemandem. Denn da hat man doch gleich alle möglichen Bilder vor sich: So sieht ein Kuß aus, so muß das aussehen, wenn zwei nackt miteinander im Bett liegen.

Trotz aller Girl-Groups – die meisten Mädchen stehen nach wie vor auf Boy-Groups. In der Popwelt haben weibliche Fans die lautesten Stimmen: Sie sind bekannt für ihr hysterisches Gekreische. Die Stammplätze von Mädchen befinden sich vor der Bühne. Dort stehen sie stundenlang eingezwängt inmitten Gleichgesinnter. Sie schauen nach oben, kreischen und warten auf ihre Stars.

Und auch in der Musikinsider-Hierarchie stehen weibliche Fans ganz unten. Manch älterer Bruder belächelt ihren hysterischen Habitus. Das ist nicht unbedingt fair. Oft waren weibliche Jugendliche die ersten Käufer späterer Kassenmagneten: von Elvis über die **Beatles** bis hin zu George Michael und Janet Jackson.

Richtig erfolgreich werden – à propos Janet Jackson – Musikerinnen im MTV-Zeitalter vor allem dann, wenn sie als süße oder sexuelle Wesen auftreten. Das gilt auch für »ernsthafte« Stückeschreiber wie Alanis Morissette, Björk oder P. J. Harvey. Sie fungieren als Rollenmodelle. Verkaufen sich als Gesamtkunstwerk – wovon ihre Musik nur ein Teil ist.

Viele Musikerinnen ziehen es deshalb vor, Platten bei unabhängigen Schallplattenfirmen in kleinen Stückzahlen zu veröffentlichen. Die Songwriterin Catpower zum Beispiel. Die Qualität ihrer Musik spricht für sich. In traurigen und heiteren Folk-Pop-Songs entwirft sie weite Stimmungsbögen. Ihre Lieder sind vielseitig und doch dezent arrangiert. Catpower, mit bürgerlichem Namen Chan Marshall, möchte sich nicht über ihr Frau-Sein definieren:

Mir gefällt der ausgetüftelte Radio-Pop von Frauen nicht. Viele Sängerinnen klingen viel zu geschlechtsfixiert. Sie werden von den Medien nur als Anschauungsmaterial verwendet. Ich kenne allerdings auch viele Feministinnen, die das okay finden. Sie denken: Ich möchte meinen Körper und meine Sexualität benutzen, um meine Ziele zu erreichen. Mir kommt das so vor, als würde man Feuer mit Feuer bekämpfen.

Catpower rät Frauen deshalb, auf ihre eigene Stimme zu hören:

Wir leben in unserer heutigen Zeit nach dem Motto: Alles ist besser als nichts. Aber erst wenn wir anfangen, unsere innere Leere zu entdecken, können wir kreativ sein. Ich stand kurz davor, mich selbst zu zerstören. Also versuchte ich all meine Gedanken auf etwas anderes zu konzentrieren. Ein Freund hatte mir eine Gitarre gegeben. Das half mir, unverarbeitete Erfahrungen auszusprechen. Deshalb weiß ich: Jeder kann Songs schreiben, jeder kann Musik machen, jeder!

Und wie sieht's aus im Bereich »Dancefloor«, Abteilung DJs? Mischen Frauen in der House/Techno/Drum'n' Bass/Electro-Szene mit?

DJs werden kaum über ihr äußeres Erscheinungsbild definiert, und sie können ihrer Kreativität hinter Turntables freien Lauf lassen. Könnte man meinen. Aber Moment. Dafür müssen sie Ahnung von Technik haben. Und, kein Zweifel, Jungs sind Technikexperten. »Computer haben scheinbar eine sehr verklemmte Ausstrahlung auf Mädchen«, schreibt die Musikjournalistin Elisabeth Vincentelli. Und sarkastisch fügt sie hinzu: »Ein Mädchen wird vielleicht in die Magersucht getrieben vor lauter Selbstzweifel und Einsamkeit – während ein Typ zum brillanten Einsiedler wird.«

Brillante Einsiedler sind jedoch nicht unbedingt die besseren DJs – behauptet zumindest House-DJ Luka Skywalker.

Wenn ich bösartig bin, sag' ich immer: Die Jungs haben irgendwie kein Gefühl für Musik. Die sind so technisch und wissenschaftlich gepolt. Sie entscheiden sich, sie wollen DJs werden, dann kaufen sie zwei Plattenspieler und Mischpult, und dann geht das halt los.

Wenn Luka Skywalker ihre schnellen, rauhen »Speed Garage«-Platten auflegt, wirken die Tanzenden gutgelaunt, oft übermütig, kommen in Bewegung. Die Kommunikation zwischen Publikum und DJ läuft. Wobei sich allerdings die Frage stellt: Wenn Frauen so gute DJs sind – warum gibt es dann nicht mehr weibliche DJs? »Wahrscheinlich ist es die Angst«, sagt Luka Skywalker: »Die männlichen DJs merken halt, daß Frauen gut sind – und fürchten die Konkurrenz. Wenn man Frauen an die Turntables lassen würde, wäre es bald vorbei mit der Männerdomäne im DJ-Bereich.« Fakt ist jedenfalls: Clubs, Labels und Szenezeitschriften haben meistens männliche Besitzer und Herausgeber.

Viele DJanes versuchen gemeinsam gegen diese Macht anzugehen. Sie legen ihre Platten zu zweit oder im Kollektiv auf. In Hamburg haben sich einige weibliche DJs zusammengeschlossen und »Top Ten« gegründet. »Top Ten« vermittelt weibliche DJs für alle Musikrichtungen. Das Leitmotiv von »Top Ten«: Da die Szene unausgesprochen ohnehin aus Männernetzwerken besteht, müssen Frauen sich eindeutig und plakativ zusammenschließen. Auch Luka Skywalker gehört zu den Top-Ten-DJs:

> Mit diesem Netzwerk kriegen wir viel auf die Reihe. Wir touren und schanzen uns gegenseitig Jobs zu. Sich zusammenzutun ist effektiv. Das hat nichts damit zu tun, daß man mit Männern nichts zu tun haben will.

Die Party hört bekanntlich nicht auf, wenn die Veranstaltung vorbei ist. Viele ihrer Anhänger lassen die Techno/Rave-Kultur in den Alltag überschwappen. Das äußere Erscheinungsbild des Ravers, der Raverin, war lange Zeit von einem androgynen Ideal bestimmt. Mädchen in baggy pants, Jungs in Röcken sind keine Seltenheit. Dazu Luka Skywalker:

> Die Androgynität ist bei der ganzen Dance- und Rave-Kultur hochgekommen. Wenn die Leute nicht magersüchtig aussehen, find' ich das eine tolle Sache. Androgynität bedeutet, daß man nicht geschlechtsspezifisch erkannt wird. Das ist eine vorteilhafte Angelegenheit – sich als Frau so verkleiden zu können wie ein Typ.

Das gilt nicht unbedingt für den Mainstream-Techno-Bereich. Auf Bildern von der Love Parade beispielsweise kann man auch viel gänzlich unverkleidete nackte Frauen- und Männerhaut sehen. Mädchen, die mager und niedlich aussehen, gelten als besonders hübsch.

DJ Luka Skywalker indes glaubt nicht, daß die allgegenwärtige Magersucht aufs Konto der Techno-Kultur geht. Sie sieht im Mager-Ideal eher ein Versagen der Modemacher:

> Es ist so einfach, eine Bohnenstange einzukleiden. Schwierig wird es, normal gewachsene oder dickere Frauen gut einzukleiden – und da trauen sich diese Modemacher nicht dran, da sind die zu feige dazu.

Eins ist jedenfalls klar – die Popkultur liefert jede Menge Stoff für Geschlechterkonstruktionen. Und die »Material Girls« im Pop führen das exemplarisch vor: Sie kämpfen darum, den Stoff selbst herzustellen. Das Material, aus dem die Träume sind.

Literaturhinweise

Anette Baldauf/Katharina Weingartner (Hrsg.): Lips, Tits, Hits, Power? Popkultur und Feminismus. Wien 1998.

Hilde Bruch: Der goldene Käfig. Das Rätsel der Magersucht. Frankfurt a. M. 1980.

Neal Karlen: Babes in Toyland. The Making and Selling of a Rock 'n' Roll Band. New York 1994.

Pagean Kennedy: Platforms. A Microwaved Cultural Chronicle of the 1970s. New York 1994.

Evelyn McDonnall/Ann Powers (Hrsg.): Rock She Wrote. Women write about Rock, Pop and Rap. New York 1995.

THOMAS LAU

Pop im Kinderzimmer

Jede Gesellschaft – also auch unsere – gewährt dem in ihr nachwachsenden Personal eine Phase, in der den Jugendlichen abverlangt wird, gegen die Schranken eben jener Gesellschaft anzurennen, Normen zu verletzen und Tabus zu brechen. Das ist der strukturelle Hintergrund, der alte Muster der Initiationsriten übernimmt und vor dem der Jugendliche mehr über die Funktionsweisen und Konstruktionen der gesellschaftlichen Wirklichkeiten erfährt. Gleichzeitig versichert sich damit die Gesellschaft der eigenen Normen- und Wertesysteme, nicht nur der schriftlich niedergelegten, sondern auch der sogenannten ungeschriebenen. Oder anders gesagt: indem der Jugendliche etwas macht, was *man* nicht macht, weiß *man* – sofern *man* darauf reagiert –, was die Regeln sind, die das Mit- und Nebeneinander bestimmen.

Die für diesen Abschnitt der Sozialisation dem Jugendlichen zur Verfügung stehenden Handlungen und Ausstattungsmittel gehören zu Teilbereichen der populären Kultur. Einzelne Aspekte der populären Kultur – vom Turnschuh bis zu den Trinkgewohnheiten – sind gekennzeichnet z. B. durch die Abhängigkeit von Moden, die gleichzeitige Existenz konkurrierender Angebote sowie die lokaler Sonderformen und oft sogar global wirksamer Elemente. Populäre Kulturen zeichnen sich allgemein dadurch aus, daß sie von einer größeren Anzahl Menschen ohne gravierende und auf den ersten Blick klar erkennbare Abgrenzungsmechanismen angenommen und somit getragen werden und über nationale Grenzen und Sonderwege hinweg wirksam sind. Als fraglos gegebene Strukturen eines globalen Dorfes befriedigen sie die Grundbedürfnisse – z. B. Nahrung (McDonald's), Kleidung (Levi's), Sex (Madonna), Gewalt (Baseballschläger) – sowie auch nicht ganz so grundständige Bedürfnisse der Bewohner – z. B. Sport

(Fußball – gucken und sich hauen) oder Bewaffnung (z. B. die israelische Uzi, eine Maschinenpistole, die, fast allen Antisemitismus überwindend, sowohl im Gazastreifen als auch im Gangkrieg in amerikanischen Metropolen oder in zentralafrikanischen Bürgerkriegen Verwendung findet). Womit wir auch schon im Kinderzimmer wären.

Die Uzi ist mittlerweile im Kinderzimmer gelandet. In dem Computer- und Konsolenspiel *Tomb Raider* ballert die mit einem bewunderungswürdigen Knackhintern ausgestattete Titelheldin Lara Croft wahlweise auch mit zwei Uzis herum. Das wird wieder einmal einigen am richtigen Leben vorbei pädagogisierenden Leuten nicht gefallen, aber hat man schon jemals einen Pädagogen mit einer Frau wie Lara Croft im Arm gesehen? Nein! Vielmehr strahlt uns Lara aus den einschlägigen Magazinen an und grinst von den Postern an den bis zur Rauhfaserunkenntlichkeit beklebten Wänden. Dort hängt sie zwischen den **Spice Girls** und Yoda – dem etwas anderen Pädagogen aus *Star Wars* –, gleich neben der Punkband **Terrorgruppe**, der Hockeyspielerin Britta Becker und den Simpsons. Nicht überall, keine Bange, aber in der Zusammenstellung wenigstens bei der 11jährigen, ungepiercten Tochter des Verfassers dieses Textes. Und Lara Crofts fulminanter Auftritt im Video zum **Ärzte**-Song »Ein Schwein namens Männer« rundet im Popkinderzimmer das heillose Durcheinander zwischen Zahnspange, Backstreet Girls und Spice Boys ab.

Pop bindet für eine kurze Zeitspanne eine unbestimmte Anzahl von Personen: in der Kinderzimmerversion z. B. die Barbienutzerinnen, die TKKG-Hörer oder die Fans von Schuhen mit dicken Sohlen. Durch diese Bindung liefert Pop Garantien und Sicherheiten in einer Zeit und in einer Welt, in der die klassischen Sicherheitsvermittler ihre Dienste einzustellen scheinen. Und sei es in diesem Lebensabschnitt die Sicherheit, daß man sich allein schon durch die Auswahl seiner Kleidung die Knalltüten aus der Klasse vom Leibe halten kann.

Pop war schon immer Bestandteil des Kinderzimmers. Dieser Raum ist die Schalt- und Schnittstelle zwischen Privatheit und Öffentlichkeit, in dem der hoffnungsvolle Nachwuchs die unterschiedlichen Konzepte von Coolness und In-Sein erprobt und sie anschließend im öffentlichen Raum abtestet. Anders ausgedrückt: Im Kinderzimmer entsteht die Theorie der Coolness, draußen – auf der Straße, in der Schule – wird die Theorie in die Praxis umgesetzt. Die zur Erstellung von Coolness und In-Sein notwendigen Utensilien und Accessoires werden im Kinderzimmer aufbewahrt, und man kann sie direkt vor Ort mit den Beständen der an ähnlichen Problemen Arbeitenden vergleichen, ergänzen oder verwerfen. Dort geschieht also genau das, was die erwachsenen Eltern – Alleinerziehende inklusive – mit ihrem Wohnbereich auch machen: hippe Regale vorführen, neue – den Nachbarn erblassen lassende – Stereoanlagen einweihen oder die Wahnsinnscouchgarnitur zur Bewunderung freigeben.

Das Kind oder der heranwachsende Jugendliche übt also im und um das Kinderzimmer einen Teil der Verhaltens- und Handlungsmuster ein, die ihm die Erwachsenen vorleben. Das machen die Großen nicht, weil sie von Natur aus böswillig oder machtbesessen sind, sondern weil sie, als Ältere, einfach schon da sind. Besonders eindrucksvoll wird dieses Abtesten und Einüben von Mustern im poppigen Teil des Kinderzimmers in der aus vielerlei Hinsicht interessanten TV-Sendung »Mini Playback Show« vollzogen.

Die alberne Debatte darüber, ob das jetzt die Einstiegsdroge oder Lieblingssendung potentieller Kinderschänder sei, wollen wir nicht fortführen. Mittlerweile wissen wir ja leider, daß diese Idioten ganz anderes Bildmaterial favorisieren. Weitaus spannender ist die vielschichtige Inszenierungspraxis dieser Sendung: Eine Moderatorin stellt ein Kind oder eine Gruppe von Kindern in deren Alltagsoutfit einem Saalpublikum vor. Nach einem kurzen Gespräch geben die Kinder bekannt, welchen Interpreten sie mit welchem Lied darstellen wollen. Die Kinder werden zu einer Garderobe geführt und suchen sich dort das für ihren Auftritt notwendige Kostüm aus. Durch eine nebelgefüllte Schleuse verlassen sie – mit den Kostümen im Arm – den Saal, um nach einem Schnitt, dem das Sichtbarwerden der Arbeit in der Maske zum Opfer fällt, eine Bühne zu betreten und im Playback den Interpreten ihrer oder ihrer Eltern Wahl zu präsentieren. Vor dem Publikum im Saal und vor uns daheim an den Bildschirmen. Eine Jury entscheidet am Ende über den Winner, der takes it all – wie schon die unvergessenen **Abba** wußten.

Was erfährt man nun hierbei? Zuallererst einmal ist da das Gespräch mit der Moderatorin, Marijke oder Blümchen genannt. Dieser Smalltalk spiegelt eine der wichtigsten Regeln im Popbusiness wider und wird daher gleich zu Beginn geliefert: zur richtigen Zeit am richtigen Ort die richtigen Leute zu treffen. Damit erfährt der junge Zuschauer – und wir Alten natürlich auch –, warum beispielsweise so skurrile Personen wie Verona Feldbusch oder Aaron Carter erfolgreich sind oder zumindest das haben, was von vielen Menschen als Erfolg angesehen wird, mediale Präsenz. Sie nämlich – und mit ihnen die meisten Bewohner der Posterwände im Popkinderzimmer – haben von dem Einhalten dieser Regel profitiert, wobei der wichtigste Bestandteil »die richtigen Leute zu treffen« ist. Die Chaostage würden in diesem Sinne beispielsweise nicht funktionieren, wenn die Punker nicht auf die »richtigen« Leute träfen. Im Fall »Chaostage« sind die richtigen Leute das Polizeiaufgebot in Kampfmontur.

Gleichzeitig bedeutet das aber auch – wenn man die Regel ernstnimmt, was man eigentlich mit allen Regeln tun sollte –, daß in dieser Pop-Glitzerwelt nichts, aber auch rein gar nichts planbar ist. Die Stories von den zu munteren Bands zusammenbackbaren Popclones und -clowns mit eingebackener Erfolgsgarantie sind eine der größten Lügen, für deren Verbreitung man immer noch ungestraft davonkommt. Die CD-Regale der Plattenläden stehen voll von Losern und Loserinnen, die angenommen haben, mit einem ausgefeilten Konzept und einer wahnsinnig duften Idee gleich auf Platz eins der Singlecharts durchstarten zu können. Pustekuchen! Wenn dem so wäre, müßte der Platz eins ja voll sein mit Reißbrettacts und anderen geilen Interpreten. Ist er aber nicht.

Bei der »Mini Playback Show« lernen wir das im zweiten Schritt, der Kostümauswahl. Man leiht sich also ein bereits bekanntes Konzept und benutzt das, was am wichtigsten erscheint: die Kopie eines bereits vorhandenen Bildes. Wir sind ja schließlich im Fernsehen. Und weil das Fernsehen nicht dumm ist – zumindest streckenweise nicht –, weiß es auch um die gerade genannte Unsicherheit, die Unplanbarkeit von Erfolg. In der »Mini Playback Show« wird diesem Umstand mit dem Gang der jungen Künstler durch die Nebelschleuse Rechnung getragen. Das ist Lernschritt Nummer drei: Von der Idee bis zum Bühnenauftritt bleibt vieles im unklaren. Eben im Nebel. Spannend und geheimnisvoll, aber undeutlich. Nicht unbedingt ein »Nebel des Grauens«, obwohl – ach, lassen wir das.

Die kleinen Akteure und die Zuschauer haben bis dahin – lange bevor der eigentliche Auftritt überhaupt begonnen hat – schon eine Menge über die Mechanismen von Pop gelernt. Jetzt folgt die – scheinbar – reine Unterhaltung, eingeleitet mit einem brutalen Schnitt von dem Eingang der Nebelschleuse auf den Ausgang zur Bühne. Eigentlich wäre das der Lernschritt Nummer vier: die Brutalität des Showgeschäfts. Aber damit soll der geneigte Leser nicht beunruhigt werden.

Vielmehr kommt jetzt der Playback-Auftritt der jungen Interpreten, häufig unterstützt von einem beeindruckenden und äußerst professionell agierenden Kinderballett. Besonders aufschlußreich dabei ist – und das wäre der fünfte Teil des unterschwellig mitlaufenden Lernprogramms: das Gelingen und Scheitern beim Imitieren sich bewegender Bilder. Die Playbacker und Playbackerinnen bedienen sich zur Vorbereitung auf ihren großen Auftritt häufig eines Musikvideos, dessen Inszenierung und Choreographie sie nun auf der Bühne nachzustellen suchen. Zu der Putzigkeit der kostümierten Kinder gesellt sich dabei die Putzigkeit des Scheiterns, weil sie auf der Bühne natürlich nicht die teilweise herben Schnittsequenzen der Videovorbilder imitieren können. Versuche, dieses Manko durch rasche Bildwechsel aus der Bildregie aufzufangen, gelingen ebenfalls nicht, weil es nie die aus dem Video bekannten Schnittfolgen sind. Haben die doppelt Putzigen ihren Auftritt beendet, lernen sie und wir den sechsten Punkt im Leben eines Popstars: das Urteil!

Stellvertretend für die CD-Käufer und all die kleinsten Teile der Einschaltquote, die Fernsehzuschauer, sitzt hier eine Jury, vor die die Interpreten nach ihrem Auftritt von der Moderatorin geführt werden. Diese Jury besteht aus drei Personen, mehr oder weniger bekannten Pop-Gesichtern und -Oberkörpern, die allesamt glauben, schon dort zu sein, wo die Kleinen einmal hinwollen. Überwältigend jovial gibt ein Jurymitglied nach dem anderen seinen Kommentar zu der Darbietung der Kinder ab, niveaumäßig irgendwo zwischen Kindergarten-Tätschel-Tätschel und Sind-sie-nicht-süß. Die Kinder, sichtlich erschöpft, stehen wehrlos und schweigend da, was aber auch daran liegt, daß Kinder generell nicht in der Lage sind, anmaßende Bemerkungen von Erwachsenen zurückzuweisen.

Nach allen fünf Präsentationen gibt die Jury ihren Gesamtsieger bekannt, ohne die Kriterien für ihre Entscheidung mitzuteilen und ohne daß man zumindest Teile der Entscheidungsfindung zu sehen und zu hören bekommt. Und wenn einmal etwas Kriterienähnliches zur Sprache kommt, dann sind es – ständig wechselnd – einmal »Originaltreue«, dann »Dynamik oder Begeisterung« und ganz selten »Waghalsigkeit«. Das ist die letzte Lektion Kinderzimmer-Pop: Der Konsument – hier vertreten durch die Jury – bleibt ein unberechenbares Wesen, und aus der Art und Weise der Darbietung eines Songs läßt sich über den weiteren Verlauf einer wie auch immer gearteten Karriere nichts, aber auch gar nichts ablesen. Ob es direkt auf den Platz eins der Charts und anschließend neben die Gummibärchen-Schüssel in »Wetten, daß« geht, oder ob man gleich durchrauscht in die Ramschkiste des Tonträgerhändlers deines Vertrauens – keiner weiß es, aber jeder macht mit.

Auf der diesjährigen »PopKomm« in Köln, der größten Musikmesse der Welt, war diese Unsicherheit trotz der dauergrinsenden Hostessen und trotz des Alles-im-Griff-Gebarens der Wichtigen und Halb- bis Viertelwichtigen spürbar. Umsatzeinbrüche und Personalentlassungen bei großen Firmen mit drei Buchstaben einerseits standen dabei extrem wichtigen Diskussionsforen gegenüber, in denen über neue Trends im messeeigenen Kaffeesatz gesucht wurde. Eine der wirkungsvollsten Ursachen für die Misere ist dabei außer acht gelassen worden: der gegenwärtige Zustand von Pop im Kinderzimmer. Zwar haben die Tonträgerindustrie und andere am Geschäft mit Pop partizipierende Unternehmen in den letzten Jahren die Kinderzimmer zugemüllt, als ob es morgen verboten würde. Aber so richtig nachgeschaut, was dort zwischen **Kelly**-Postern, Rucksäcken und dieser einen ultrascharfen Trainingshose geschieht, hat niemand.

Der gegenwärtige Zustand im Kinderzimmer of Pop ist – wie bei allen Kinderzimmern nun einmal üblich – ein unaufgeräumter. Um klären zu können, warum es dort heutzutage drunter und drüber geht, müssen wir etwas zurückgehen in der Popgeschichte, die untrennbar mit der Geschichte von Pop im Kinderzimmer verbunden ist. Zurück also in die Zeiten ohne CD und ohne Zahnspangen.

Zu Beginn der achtziger Jahre war die sogenannte *duale Welt* kennzeichnend für viele der jugendlichen Welten und Umwelten. In vielen Bereichen gab es nur eine Wahlmöglichkeit zwischen zwei Varianten, eventuelle dritte waren nicht ernstzunehmende randständige und so gut wie vollkommen unbedeutend. Kennzeichen für diese duale Welt ließen sich überall finden, das fing schon ganz oben an – wenn man von unten guckt. Da war erst einmal die politische Weltbühne mit dem Gegenüber der beiden das Ost-West-Verhältnis strukturierenden Weltmächte, Kalter Krieg inklusive, nebst der Existenz zweier deutscher Staaten. Und von dort oben ging das über die Medienlandschaft oder die Jugendkulturen ganz hinunter bis hin zu einzelnen Ausstattungselementen oder Accessoires – überall duale Strukturen. Das Medium Fernsehen bot nur ARD oder ZDF an, jugendliche Subkulturformationen existierten nicht gleichzeitig als konkurrierende, sondern in einer historischen Abfolge. Und selbst die Auswahl banal klingender Alltagsgegenstände fand meist nur zwischen zwei Marken statt: z. B. beim Schulfüller (Geha oder Pelikan), bei der Modelleisenbahn (Märklin oder Fleischmann) und Autorennbahn (Faller oder Carrera), oder bei den Fußballschuhen (Adidas oder Puma). Das kann man den jungen Menschen nicht oft genug erzählen: vor zwanzig Jahren war nix mit Nike, Reebok oder wie sie alle heißen. Nur Adidas oder Puma. Alle anderen hatten automatisch die Loserkarte gezogen.

Punk übrigens war das letzte Jugendphänomen, das sich die vorgegebene Struktur der dualen Welt zunutze machte. Und das ist auch einer der Gründe für den in mehrfacher Hinsicht durchschlagenden Erfolg gewesen. Das Ende von Punk in der damaligen Form ist deshalb auch nicht in der Kommerzialisierung oder ähnlich gekennzeichneten Verschwörungstheorien zu suchen, sondern in der Veränderung des gesamtgesellschaftlichen Kontextes: in dem Wechsel von der dualen zur *pluralistischen* Pop-Welt.

Ohne an dieser Stelle einen kausalen Zusammenhang konstruieren zu wollen, bleibt dennoch festzuhalten, daß fast zeitgleich zur politischen Pluralisierung der bundesrepublikanischen Gesellschaft, in der zunehmend mehr unterschiedliche religiöse und ethnische Gruppen nebeneinander leben, die duale Welt nicht plötzlich, aber prozeßhaft erkennbar verschwindet. Sogar der ungefähre Zeitpunkt läßt sich festmachen: Mit der Einführung des Privatfernsehens erhöht sich rapide das Angebot der konsumierbaren TV-Kanäle. Ein vergleichbarer Wandel führt bei den Jugendkulturen zu einem gleichzeitigen Nebeneinander nicht unbedingt konkurrierender Phänomene. Ein scheinbar unüberschaubares, in dieser Variationsbreite noch nie dagewesenes Angebot in den Bereichen Bekleidung, Frisur, Unterhaltungselektronik und Zeitschriften ergänzt die Kennzeichen für das Ende der dualen Welt. Und wie in den Industriestaaten mit pluralistischen Gesellschaften der Wegfall zentraler Trägerschichten einer gesellschaftlichen Mitte festzustellen ist, findet man weder im Bereich der Medien noch in dem der Jugendkulturen eine dominierende Instanz, die dem Konsumenten oder dem Jugendlichen eine selbstbestätigende Orientierung ermöglicht. Was dann meistens so ausgelegt wird, als würden die Jugendlichen über geheimnisvolle Codes verfügen, die die – wie immer dumpfbackigen – Erwachsenen nicht entschlüsseln können. Als ob es Jugendliche gäbe, die als Meister des Decodierens durch die Welt liefen oder berucksackt an den Bushaltestellen auf der Bordsteinkante säßen. Die Jugendlichen sind die ersten, die an diesen magischen Codes scheitern. Und dieses Scheitern ist übrigens der Grund für den Zustand, in dem sich die gegenwärtige Jugend befindet.

Die Kinder und Jugendlichen haben heute *ein* in dieser Form nie zuvor dagewesenes Problem zu lösen, nämlich die Art und Weise des Herangehens und Operierens in dieser Pop-Welt, einer Welt mit einem immensen Angebot, das hochgradig diffus strukturiert ist. Haare lang? **Kelly Family**, Heavy Metal oder kein Geld für den Friseur? Haare ab? Fascho, Techno oder Ronaldo?

Für den Umgang mit dieser Situation steht den Jugendlichen heutzutage kein historisch gewachsenes, bereits erfolgreich erprobtes Verhaltensmuster zur Verfügung. Die noch in der dualen Welt sozialisierten primären Erziehungsinstanzen wie Eltern oder Lehrer versuchen mühsam, den jugendlichen Vorsprung durch Technik aufzuholen. Dabei reagieren sie ähnlich distanziert wie in den Anfängen der sich hauptsächlich gegen das Fernsehen richtenden Medienkritik, als die fernsehlos sozialisierte Kritikergeneration versuchte, die mögliche Gefährdung der Heranwachsenden durch eine TV-begleitete Sozialisation darzulegen. Eine auch nur annähernd entsprechende Auseinandersetzung mit beispielsweise der Vielzahl der TV-Kanäle oder dem rapiden Anwachsen des Zeitschriftenangebotes hat in vergleichbarem Umfang noch gar nicht stattgefunden. Vielmehr beginnen sich heute die Muster der Wissensvermittlung zu vermischen: Hier lernen die Älteren von den Jüngeren.

In dieser Situation wählt der moderne Jugendliche daher – ohne Abgrenzungsverpflichtungen, mit der individuell zu bewältigenden Aufgabe der Zuordnung – einen Weg, den das ihn begleitende Medium Fernsehen vorzeichnet: Die erste mit der TV-Fernbedienung sozialisierte Generation zappt sich nicht nur durch die Fernsehprogramme, sondern auch durch die Stile und Praktiken der ihr angebotenen Kultursegmente. Dabei wird das filmische Gestaltungsmittel »Schnitt« zunächst manuell – mit der Remote Control – und anschließend habituell – z. B. in Verhalten und Ausstattung – aufgegriffen und verwendet. Pop-fiktional geschieht dies mit Musikvideos beispielsweise oder im Bereich Pop-real bei Fragen der Kleidung oder denen des Tonträgerkaufs. Das – fiktionaler und realer Pop – sind dabei zwei der anzappbaren Segmente: das eine – von der Couch aus – als medial vermittelte, das andere – auf der »Straße« – als im Alltag praktizierbare. Beide gemeinsam haben den Vorteil einer fast ständigen Präsenz in den jeweiligen Feldern, Medien und Alltag. Zusätzlich verstärken ein historisch gewachsener Kanon der zur Verfügung stehenden Möglichkeiten des kollektiven Ausübens von Pop – fast ausschließlich mit Unterstützung visueller Medien tradiert – die Attraktivität der Popwelt.

Unter diesen strukturellen Voraussetzungen wird es möglich, gegenwärtige Phänomene von Pop im Kinderzimmer zu begreifen und ihr Funktionieren zu erklären. Mit diesem Verfahren lassen sich keine zukünftigen Erfolge und Mißerfolge voraussehen, das überläßt man lieber Zukunftsforschern und anderen in die Glaskugel of Pop blickenden Personen. Was man aber erreichen kann, das sind auf einem reichlich sicheren Fundament stehende Aussagen über die Entwicklung zukünftiger Trends. Und das ist weitaus sicherer, als tätowierte Trendscouts durch die sogenannten Szenen zu scheuchen. Ausgehend von den drei Beispielen **Kelly Family**, Boy- und Girl-Groups sowie den Girlies werden wir sehen, wie die Grundzüge eines in nächster Zukunft nicht nur finanziell erfolgreichen Phänomens bei Pop im Kinderzimmer auszusehen haben.

Auf den ersten Blick sieht es bei den Konzerten der **Kelly Family** so aus, daß vor der Bühne das Kollektiv kollabierender Zahnspangenträger dasjenige Kollektiv idolisiert, das es – wie bei allen Idolen nun einmal üblich – selbst nicht erreichen kann, nämlich das der Familie. Aber schon der flüchtige Augenschein belegt die Ungenauigkeit dieser Annahme:

Einerseits nämlich findet die aktuelle Bühnenpräsentation der **Kelly Family** elternlos statt: Tod der Mutter, 1982; Schlaganfall des Vaters, 1990, andererseits ist der Anteil der im Publikum befindlichen Komplettfamilien erstaunlich groß. Feiert am Ende die Familie sich selbst?

Zu Beginn der Karriere musizieren sie multi-folkloristisch, akustisch und optisch. Sie legen die elterlichen Vorgaben bei Musik- und Bekleidungsauswahl erst ab, als der letzte noch lebende Repräsentant dieser Zwänge seine Definitionsmacht als Pflegefall verliert. Das Video mit »Papa Kelly live on stage again after 4 years« zeigt dann auch äußerst anschaulich den tränenüberströmten Triumph der Kinder, die mit deutlich sichtbarem Stolz einem mühsam die Bühne betretenden Moses-ohne-die-Gesetzestafeln-Lookalike die ausverkaufte Dortmunder Westfalenhalle zwischen »Let It Be« und »Amazing Grace« zu Füßen legen. Die diesen fulminanten Showstopper begleitenden Tränen der Fans sind gleichfalls doppelt besetzte: Der Trauertränenanteil gilt dem krankheitsbedingten Slow-Motion-Auftreten des mitleiderweckenden Vaters, der Freudenträgenanteil gilt den musizierenden Kindern, die bereits etwas vollzogen haben, was dem pubertierenden Teil des Publikums noch bevorsteht: die Überwindung der Eltern durch Ablösung oder Trennung und – in diesem Falle – Nachfolge.

Die **Kelly Family** sichert ihren Erfolg also weniger dadurch, daß sie sich selbst oder die sie mißtrauisch beäugenden Hobbypsychologen in einer der vermeintlich zur Verfügung stehenden heilen Welten plazieren, sondern daß sie die Bewältigung eines der Probleme vorexerzieren, dem alle Familien ausgesetzt sind, nämlich das der Auflösung. Die Familie ist nicht auf Dauer angelegt, sondern formiert sich ständig neu, wobei das Verlassen des Elternhauses durch die Kinder oder das Ablegen eines Familienmitgliedes zu den markantesten Kennzeichen familiärer Umbruchphasen gehören. Und wenn dann eine Familie erscheint, die ein nahezu komplettes Arsenal bewältigter Umbruchphasen präsentiert und dazu auch noch musiziert, ist der Automatismus des Erfolges in

Gang gesetzt, beschleunigt durch die gleichzeitig stattfindende gesamtgesellschaftliche Umbruchphase: Das Zusammenwachsen der beiden deutschen Staaten fällt zusammen mit dem rapiden Anwachsen der von der **Kelly Family** erwirtschafteten Gewinne.

In den Charts und an den Kinderzimmerwänden konkurriert die **Kelly Family** mit den sogenannten Boy- und Girl-Groups, zwei der seltsameren Begriffe der Pop-Moderne. Boy- und Girl-Groups sind, wie der Name schon sagt, Bands, die einerseits aus Boys und andererseits aus Girls bestehen. Ein Umstand, der in der Popgeschichte bisher nicht weiterhin erwähnenswert schien: Von den **Beatles** über **Genesis** bis zu den **Toten Hosen** sind die Männer unter sich, und bei den **Supremes, Runaways** oder **Bananarama** waren es die Frauen. Boy- oder Girl-Groups wurden sie aber nicht genannt. Über die Gründe für eine derartige Benennung gibt es auf der nach unten offenen Skala der Ernsthaftigkeit verschiedene Annahmen. Die eine lautet, daß mit einer solchen Kennzeichnung auf die popgeneralstabsmäßige Planung und Zusammensetzung der jeweiligen Gruppen verwiesen wird. Dem liegt die Theorie über künstliche Künstler zugrunde, nach der sorgfältig konstruierte Bands à la **New Kids On The Block** die nicht aus einer ursprünglichen Rumhänggemeinschaft entstandene Gruppe ablösen. Für diese Theorie spricht einiges. Die alte, unerfüllbare Sehnsucht der Menschen nach Natürlichkeit und Reinheit im Leben, dem Universum und dem ganzen Rest schlägt sich hier nieder. Aber da es »die Natur« nicht gibt, hält sich diese Theorie auch nicht lange. Denn überall dort, wo wir glauben, unverfälschte Natur vorzufinden, steht schon ein Papierkorb, oder ein Naturbursche aus der Zigarettenwerbung trampelt gerade aus dem Gebüsch.

Die weiteren Annahmen über den Sinn der Unterscheidung zwischen Boy- und Girl-Groups beziehen sich auf die Notwendigkeit einer Geschlechtertrennung in Zeiten von Unisex-Outfit oder auf die Auswirkungen von Feminismus und political correctness selbst im Pop-Vokabular. Der wahre Grund ist viel trivialer: Boy und Girl ist die grundlegende Unterscheidung zwischen den Geschlechtern. So grundlegend, daß jede weitere Spezifizierung unnötig und im Prinzip unmöglich ist. Der moderne Jugendliche agiert in einer Popwelt mit einem außerordentlich variantenreichen Stilangebot. All den heutzutage gleichzeitig existierenden »Stilformen« ist gemeinsam, daß nur noch der geschulte Beobachter eine entsprechende Zugehörigkeit ausmachen kann, falls er nicht gerade auf einen Informanten aus dem schier unerschöpflichen Reservoir derjenigen trifft, die scheinbar mühelos ständig die Szenen wechseln. In einer solchen Welt ist es äußerst aufwendig, sowohl einen eigenen Stil zu kreieren, als auch andere Stile als brauchbares Kontrastprogramm aufzufinden. Die Begriffe »Boy« und »Girl« liefern als grundlegende Unterscheidungen die klarsten Abgrenzungen und somit u. a. eine wichtige Hilfe beim Wühlen in Identifikationsangeboten. Die Verwendung der Begriffe »Boy-« und »Girl-Group« beginnt bezeichnenderweise in der Phase der verschärften Ablösung der dualen Welt. Als diese noch existierte, wurde die Dualität von Boy und Girl nicht benötigt, und die Begriffe dienten auch nicht der Kennzeichnung von Musikbands. Jetzt, da die duale Popwelt verschwunden ist, sind die Bezeichnungen »Boy-Group« und »Girl-Group« Hinweise auf die Sehnsucht nach einer klar gegliederten, dual strukturierten Welt.

Ein anderer künstlicher Begriff, in dessen Verwendung auf den gegenwärtigen Zustand von Pop im Kinderzimmer aufmerksam gemacht wird, ist der des »Girlies«. »Girlie« ist ein Kategorisierungsversuch in Zeiten der typisierungsverweigernden Jugendkulturen, wie sie für die neunziger Jahre charakteristisch scheinen. Als derzeit weltweit bekannteste Vertreterinnen dieser Mädchen mit einer großen Klappe werden die **Spice Girls** und Lara Croft vermutet.

Die verniedlichte Form des angebeteten und anbesungenen Girls ist quasi die Antwort auf das »Babe« (*Wayne's World* bis **Take That**), bei dem die Dauerinfantilisierung des Weiblichen, das »Baby«, nur scheinbar abgeschwächt wird. Girlies hingegen werden nicht besungen, sie singen höchstens selbst. Das ihnen zugeschriebene Selbstbewußtsein befindet sich –

genau wie sie – noch in der Entwicklungsphase. Die Linie der Rollenvorbilder reicht von Pippi Langstrumpf – ab 1941 – bis hin zum Tank Girl – ab 1988. Während Pippi ewig 9 Jahre alt bleibt und so die sich gleichfalls mit den erwachsenen Spitzbuben und -mädeln auseinandersetzende prä-pubertäre Leserschaft erfreut, liefert Tank Girl die daran anschließende Version. Sie bedient die weibliche Adoleszenz, zeitlich grob zu verorten zwischen erster Menstruation und wendyesken oder real existierenden Reitställen einerseits sowie Herum-raven und erstem Geschlechtsverkehr andererseits. Das ist die Altersphase, in der man einen Rucksack braucht.

Tank Girl, insbesondere der Film, zitiert neben der Film-geschichte die aktuellen Frisuren- und Bekleidungsmoden like punk never happened. Die Girlies samplen gleichzeitig fast das komplette Outfitangebot des Filmes und verzichten eigentlich nur auf den Panzer sowie auf das Känguruh bei der Partnerwahl. Dieses Verfahren des gesampleten Stils, kenn-zeichnend für viele der aktuellen Jugendkulturen, verläuft nicht mehr nach einem Reiz-Reaktions-Schema, bei dem ein medialer Auslöser für die alltagspraktischen Folgen verant-wortlich gemacht werden kann. Und das bringt alle ins Schwitzen: die Jugendlichen bei der Stilarbeit, das Jugend-marketing bei der Suche nach erkennbaren Strukturen und das Feuilleton beim Erfinden passender Kategorien.

Die Girlies, Tank Girls ohne Tank, sind eine solche Katego-rie. Mit ihr wird kein klar konturierter Typ gekennzeichnet, dessen Nachahmen auch nur annähernd von Erfolg gekrönt sein wird. Vielmehr wird hier das Verfahren personalisiert, mit dem die moderne Jugendliche ihre alltäglichen Mühen beim Herausarbeiten eines eigenen Stils bewältigt. Die von ihr dazu herangezogenen Mittel sind weniger »passende« oder »unpas-sende«, da sie nur einige Indizien auf ein selbstbewußtes (was immer das auch sein mag) Auswählen enthalten müssen. Be-tritt das gestylte Girlie dann die Straße, verschwindet es in der Menge gleichgestylter Mitgirlies, wobei der gleiche Style in der Gleichartigkeit der (scheinbar) beliebigen Kombination besteht. *Das* Girlie gibt es also nicht. Man kann sie suchen, wird sie aber nicht finden – weder auf der Love Parade noch auf den Chaostagen.

In all den bisher nur kurz angeschnittenen Fällen – »Mini Playback Show«, **Kelly Family**, Boy- und Girl-Groups und den Girlies – wird deutlich, daß es die Medien sind, die material und strukturell für den Zusammenhalt von Pop im Kinderzimmer sorgen. Die Medien stellen die Darstellungsbühnen zur Verfügung, auf denen die für diese Gesellschaft relevanten Bewertungsvorgänge gezeigt werden. Sie sind die Instanz, die Bewertungen durchführt und Tabus bildet, bricht oder ihnen aufsitzt.

Pop im Kinderzimmer bleibt aber, im Gegensatz zu großen Teilen der Massenkultur, ein nicht prognostizierbares Phänomen: Weder sind bestimmte Qualitäten vorhersehbar, noch sind sichere Aussagen möglich über einen potentiellen Kundenstamm, der sich die jeweiligen Gattungen oder Stilangebote aneignen wird. Und so werden weiterhin die Vertreter der diesen Umstand verleugnenden Profession der Trendforscher durch Feuilleton und Diskothek herumirren.

Sie hätten es leichter, wenn sie sich folgende Fragen stellen würden: Auf welche Art und Weise betreiben die Jugendlichen das kulturelle Zapping?

Welche der von ihnen entwickelten Ausstattungs- und Inszenierungspraktiken werden von den Medien aufgegriffen? Welche der medial angebotenen Coolnesskonzepte verwenden sie? Welche verwerfen sie?

Ein – materiell und ideell – erfolgreiches Konzept, mit dem man die Kinderzimmer of Pop stürmen kann, sollte sich klar und eindeutig von allen derzeit diffus angelegten Phänomenen abgrenzen und dadurch Sicherheiten bieten, die kein anderes Stilmittel gewährt: z. B. die Sicherheit des Geborgenseins, oder die der Zugehörigkeit. Gleichzeitig müßte das Konzept einen möglichst großen Teil der äußerst aufwendigen Arbeit am eigenen Stil durch präzise Vorgaben abnehmen. Es ist illusorisch zu glauben, daß es den Kids Spaß macht, tagein tagaus am eigenen Outfit und Stil herumbasteln zu müssen, ohne dabei zu wissen, ob diese Schinderei von Erfolg gekrönt sein wird.

Literaturhinweise

Charles Darwin: Die Entstehung der Arten durch natürliche Zucht-
wahl. Übers. von Carl W. Neumann. Stuttgart 1980.

Sigmund Freud: Zwei Kinderneurosen. (Studienausgabe. Bd. 8.)
Frankfurt a. M. 1982.

Walter Moers: Die 13 ¹/₂ Leben des Käpt'n Blaubär. Frankfurt a. M.
1999.

THOMAS LANGHOFF

Drum 'n' Bass und die Folgen

Nach Jahren der Dominanz von Krach, Härte und »Brett« scheint es nunmehr an der Zeit zu sein, ein Gefühl wiederzubeleben, das in den sechziger Jahren »Soul« hieß – vor allem, aber nicht nur, dank des 98er **4 Hero**-Albums *Two Pages*. »Wir wollten ein Album machen, das zeitlos ist, was den Prüfungen der Zeit standhält, was auch noch in zehn oder zwanzig Jahren gespielt werden kann«, erzählen **4 Hero**. »Die Platten, die wir wirklich großartig finden, sind irgendwie sehr musikalisch angelegt. Statt also Tracks zu produzieren, die sich anhören wie nackte, rohe Knochen, haben wir es mal mit Melodien versucht. Und da arbeitet man am besten mit echten Musikern.«

Gestern ist lange vorbei, und sieben Tage sind eine Epoche: Nach Jahren gnadenloser Hetze und pathologischem Aktualitätsdruck propagieren Drum-'n'-Bass-Produzenten wie **4 Hero** nun »Zeitlosigkeit«. Ihre Musik soll lange, lange überdauern.

Ein Plattengeschäft in St. Pauli namens »Otaku«: Im Hinterraum wird frisiert, vorn stehen ein paar Einkaufswagen mit Platten. Prototype, Reinforced, Metalheadz und wie all die – gemessen an Pop-Maßstäben von »Gold« und »Platinum« – kleinen und noch kleineren Labels heißen. Neben den labelspezifischen Fächern gibt es auch Fächer für Genres und Sub-Genres: HipHop, Techno, Drum 'n' Bass und – seit neuestem auch »Modern Soul«. Im Fach »New Soul« stehen Platten von **4 Hero** und Courtney Pine. Aber **4 Hero** machen doch Drum 'n' Bass! Oder ist das Hardcore? Hieß das nicht mal: Jungle? Ich dachte, das sei Breakbeat Science. Und Courtney Pine: Der macht doch Jazz! Und wieso heißt das jetzt alles »Modern Soul«?

Courtney Pine: Das war mal Jazz! Jetzt ist es – immer noch Jazz, allerdings elektronisch rhythmifiziert durch Breakbeats.

Also doch kein Jazz, sondern: Drum 'n' Bass. Und **4 Hero**? Hört sich so der Prototyp von »New Soul« an? Oder, um mal ganz ehrlich zu sein: Ist das nicht der berüchtigte Cappuccino-Schmuse-Sound für die »Neue Mitte«?

Die Begriffsverwirrung ist total. Emotional-technologische Zuschreibungen wie »Techno gleich Maschinenmusik« oder »Drum 'n' Bass gleich Hardcore« sind überholt. In der elektronischen Musik haben sich festumrissene Genres und Sub-Genres längst aufgelöst. Man kann auch nicht mehr davon sprechen, daß die Genres »an den Rändern« ausfransen, wie es mittlerweile auch bei anderen Populärmusiken der Regelfall ist. Die elektronische Musik kennt keine »Ränder« mehr, denn sie hat ihr Zentrum und ihre vielen Subzentren verloren.

Die elektronische Musik hat den Aggregatzustand maximaler Entropie bald erreicht – gleichmäßig im Raum verteilte Partikel von Sound, Stil und Haltung, garantiert ohne Klumpenbildung. Wie Acid, House, Techno, Alte und Neue Elektronik leuchtet auch Drum 'n' Bass nur als kleine Milchstraße am Firmament der elektronischen Musik.

Angefangen hat alles mit Momenten größtmöglicher Trennschärfe. **4 Hero** erforschen schon 1991 mit »Mr. Kirk's Nightmare« die dunkle Seite des Raves, Goldie entwirft mit seinem »Terminator« das Modell des – für harmonieverwöhnte Ohren – selbstzerstörerischen Breakbeatgewitters, das scheinbar ohne Rhythmus und Struktur daherkommt. Der Mann muß krank sein, dachte jeder mit »gutem Geschmack« ausgestattete Hörer.

Drum 'n' Bass hörte und hört sich oft noch immer an wie: akustischer Terror. Mögliche Assoziationsketten bewegen sich zwischen – Wahnsinn, Amoklauf, Blade Runner, Russischem Roulette und Sich-aus-dem-30.-Stock-Stürzen. Drum 'n' Bass war tatsächlich »hardcore«: Ein irrwitzig schnelles Schlagzeug und von alten Platten geklaute und bis zur Unkenntlichkeit verfremdete Instrumentalpassagen – die sogenannten »Breakbeats« – malträtieren in einer Geschwindigkeit von über 160 Schlägen in der Minute Kopf und Körper. Der Baß wummert in trägen, Reggae-inspirierten Wogen mit einer Frequenz von etwa 80 Schlägen in der Minute. Der im House nahezu obligatorische, gerade und rhythmisch-monotone »Four to the Floor«-Beat fällt durch seine demonstrative Abwesenheit auf. Melodie? Vergiß es.

Früher hieß Drum 'n' Bass mal »Jungle« – der englische MC Navigator wartet mit folgender Erklärung auf:

> In Kingston gibt es einen Platz, der heißt »Tivoli Gardens«, aber die Leute nennen ihn »Jungle«. Wenn du dir mal ein Tape aus Jamaica anhörst, und der MC grüßt »Alla the Junglist«, dann ist das ein Gruß an die Leute vom Tivoli. Als Rebel MC diesen Gruß gesamplet hat, begannen die Leute, diese Musik »Jungle« zu nennen. Ich selbst lebe in Broadwater Farm, einem echten Londoner Beton-Dschungel. Wir haben uns schon »Junglists« genannt, lange bevor diese Musik da war.

Von Kingston, Jamaica, geht es so in die betonierten Vorstädte Londons. Eine der Wurzeln von Jungle liegt im Ragga, einem speziellen Reggae-Stil, bei dem ein MC – der »Master of Ceremony« – über Instrumentalpassagen rappt oder »toastet«, wie es ursprünglich mal hieß.

Um eine genauso klare wie vereinfachend-falsche Unterscheidung zu treffen: Jungle orientierte sich am Ragga und integrierte stets das Rappen des MCs und/oder gesamplete Reggae-Vocals, Drum 'n' Bass hingegen war rein instrumental. Was zuerst da war, ist nicht geklärt und auch egal. In irgendwelchen Studios, Kellern oder integrierten Schlaf-Wohn-Kochnischen der westlichen Welt passiert immer alles gleichzeitig.

Andere Wurzeln musikalischer Natur lassen sich im Techno, im HipHop und im House finden. Jenseits der musikalischen Wurzeln sind aber die mentalen und sozialen Strukturen im England Anfang der Neunziger ausschlaggebend für die Entwicklung von Drum 'n' Bass.

> Nicola erwachte, und sie hörte den Regen, und wieder fiel sie zurück in den Schlaf, oder sie versuchte es. Der Regen rauschte wie durch Dächer entweichendes Industriegas.

Der englische Autor Martin Amis entwirft in seinem Roman *London Fields* das Stilleben der Großen Depression – einer Depression, die Thatcher und ihre Wähler zu verantworten hatten. Es regnet und regnet auf den »London Fields«, und nur Mord, Betrug und Schizophrenie bieten etwas Abwechslung.

> Zehn Uhr, und es war noch immer dunkel. Der Regen, so könnte man erwarten, würde sich silbern glitzernd oder quecksilberfarben gegen eine solche Dunkelheit abzeichnen. Nicht so am heutigen Tag. Sogar der Regen war dunkel.

London Anfang der neunziger Jahre, das waren: kaputte Vorstädte, Klassenkampf von oben gegen eine zerstörte Arbeiterkultur, besoffene und gröhlende Horden am Piccadilly Circus, der tägliche Zehnzeiler über den von Nazi-Skins zusammengeschlagenen Pakistani, ein in nahezu identischen Anzügen und Frisuren uniformiertes Finanzbürgertum in der Londoner City, Gitter vor den Geschäften in Brixton. Menschen mit Geld hielten es für schick, asozial und pervers zu sein.

Wenn MC Navigator den Begriff »Jungle« auf sein Leben im »Betondschungel« von Broadwater Farm zurückführt, dann ist das eine soziale Genealogie der Musik. Die Große Depression, Thatcher-Style, findet eine ihrer ästhetischen Übersetzungen im Drum 'n' Bass. General Levy erinnert sich:

> Jungle paßte zur Stimmung – die Leute hatten kein Geld und mußten sich abrackern, um ihre Rechnungen zu bezahlen. Die Kids fühlen sich befreit, wenn die Bässe in ihre Eingeweide hauen. Ich kenne zwar Techno-Raves nur aus dem Fernsehen, aber ich denke, Techno hat ähnliche Vibrationen wie Jungle. Die Musik ist hart, und sie knallt mitten in dein Gesicht.

(Die Wechselbeziehungen zwischen Pop und sozialer Realität sind wahrlich komplexer, als daß sich »Depression« stets auf »Hardcore« reimen ließe. Auch die House-Szene hatte im Hedonismus *ihre* Antwort auf die Tristesse der »London Fields« gefunden. Drum 'n' Bass war nur eine Antwort von vielen möglichen.)

Alles fing Anfang der 90er mit den illegalen Partys an. Besonders im Norden Englands gibt's 'ne Menge leerstehender Lagerhäuser – es gab absolut kein Licht, wir tanzten einfach in der schwärzesten Dunkelheit,

schwärmt Steve Beckett vom Warp-Label.

Das war wie der Start einer Revolution, das war absolut neu für uns! Wir hatten alle dieses Punk-Rock- und Post-Punk-Rock-Ding mitgemacht und das New-Wave-Zeugs auch. Und plötzlich kam Acid House, und wir alle mußten lernen, wie man tanzt! Und dann haben wir uns alle umarmt und so. Aber alle guten Dinge haben ein Ende, und dann haben die Leute gemerkt, daß man damit auch Geld machen kann, und dann ging die Seele verloren.

Als zuviel Geld, zu viele Pillen und zu viele *cheesy* Tracks das Spiel verdarben, war die Zeit reif für Drum 'n' Bass.

Die Dunkelheit, das illegale und die zum provisorischen »Club« umfunktionierten Industrieruinen – auch beim Drum 'n' Bass sind das die Eckpfeiler jeder Erinnerung. DJ Krust:

Wild Bunch war absolut mein Ding; wenn sie irgendwo spielten, versuchte ich immer, da zu sein. Ich weiß noch genau, wie das damals war: Du kamst rein und standest erstmal vor diesem Riesen-soundsystem. Es war eine echte Show! Da waren Leute, die die Wände besprühten, und die Breakdancer legten ihr PVC aus, und irgendwo standen die Plattenspieler. Dann drehten sie die Anlage auf, und es blies dich buchstäblich weg.

Leerstehende Stahlwerke und verfallene Lagerhallen – es scheint, als suchten sich die apokalyptischen Breakbeats post-industriell-apokalyptische Tanzböden. Drum 'n' Bass findet statt, wo sonst nichts mehr stattfindet: Orte symbolischer Nutzlosigkeit; Ruinen, die ihre bedeutungsvolle Vergangenheit verfallend bewahren. Schlachthöfe ein paar Tage vor dem Abriß, das Blut klebt wahrscheinlich noch an Wand und Boden.

Aber, ein Glück: Man sieht nichts. Man sieht nur Bruchteile von Sekunden, wenn das Stroboskop ein kaltes Licht auf zu Masken gefrorene Gesichter, in die Luft gereckte Arme und im

Stakkato steppende Füße wirft. Manchmal sieht man noch nicht einmal Gesichter, Arme, Füße. Wer die Samstagnacht bis in den Sonntagmorgen ausdehnt und in Kellern besetzter Häuser das Tanzen nicht lassen kann, der sieht: nichts. Die Nebelschwaden hängen schwer und dicht im feucht-kalten Raum, von der Decke tropft kondensierter Schweiß, wo der DJ und wo der Ausgang ist, weiß niemand.

Auch tolerantere Mitbürger, die gewisses Verständnis für »abweichendes« Verhalten haben, müssen Drum 'n' Bass für pervers halten. Mit spanischem Fächer und Wehrmachtshaube über die Tanzfläche delirieren ist okay, Handtaschen um sich schleudern auch, sich mitten auf die Tanzfläche setzen und einen Joint rauchen auch, wie bekloppt rumhüpfen und schreien sowieso.

Drogen gehören zum guten Ton, Maßlosigkeit ist das Gesetz, wir tanzen, bis die Kiefer klappern oder wir THC-verseucht umkippen. Ecstasy ist seltener als Speed und Kokain, Marihuana feiert seine große Renaissance.

> Einer hat mal was Lustiges gesagt: Jetzt laßt ihr uns hier den ganzen Abend Drogen nehmen und feiern, und dann ist plötzlich die Party aus. Das geht doch nicht, wir wollen weiterfeiern! Das fand ich sehr amüsant. Er hat ja recht!

DJ Hells Erinnerungen an »die letzte Platte« sind da durchaus »repräsentativ« für das Gefühl der TänzerInnen in den frühen Morgenstunden:

> Meistens ist es so, daß du noch eine Zugabe spielst und noch eine, und du denkst: Das war jetzt die letzte Platte. Und dann wird das Licht wieder ausgemacht, und dann gibt's noch 'ne letzte, und dann war's wieder nicht die letzte. Weil die Leute nicht Schluß machen wollen.

Morgens um fünf übernehmen dürre, ausgemergelte Bürschlein, die zum Frühstück **Aphex Twin** hören, die Tanzfläche. Offensichtlich ist es der Trend des Tages, sich fluoreszierendes Tesaband auf die Wangen zu kleben. Sonstige Merkmale: übergroßer Ludenmantel und ein ausgewaschenes Captain-

America-Käppi. Die üblichen Langhaarigen schleppen Bongos an und trommeln vor sich hin. Tätowierte Lederwestenträger, Modell Massenmörder auf Entzug, gesellen sich dazu und trommeln mit.

Das einzige Gesetz lautet: Benimm dich, wie du willst und – du hast recht. Die illegalen Drum-'n'-Bass-Partys schienen eine Zeitlang all diejenigen zu vereinen, die von Menschen, die sich zur Zentralkultur zählen, als »Randgruppen« bezeichnet werden. Im Gegensatz zu den mittlerweile folkloristisch anmutenden Techno-Extravaganzen geht's hier aber nicht um Karneval-nach-Feierabend: Diese Menschen, so scheint es mir, transponieren ihr – geheimes oder offizielles – *real life* ins Nightlife.

So sieht's in den kleinen Clubs aus und auf den illegalen Partys. Jenseits dieser Elektro-Kultur, die die reiferen Exemplare von Techno, Elektro und Drum 'n' Bass vereint, kleidet sich die Drum-'n'-Bass-Klientel auffallend unauffällig. Ein Nicki, *baggy pants* und, wenn's kalt ist, 'ne warme Jacke – das reicht. Armeehosen in allen Variationen – auch in Naturseide –, enge Trägershirts, Turnschuhe sowieso, auf dem Kopf eine warme Wollmütze: *That's entertainment.*

Die Knochen klappern in irrwitziger Geschwindigkeit, der Oberkörper täuscht in abrupten Zuckungen imaginäre Gegner, der MC schreit dich an, irgend jemand sagt: »Jetzt wird's abstrakt.« Du nickst und wartest auf den nächsten Luftangriff. (Natürlich gibt es auch langweilige Partys. Ein paar verirrte Süchtige hüpfen auf und hüpfen ab, um zwei Uhr dreißig geht's ins Bett.)

Der oft betont alltägliche Stil der Drum-'n'-Bass-Klientel kann, muß aber nicht, als Statement gewertet werden. In einer Zeit, in der sich der soziale Status zunehmend an der Originalität der Selbst-Inszenierung mißt, ist es ganz angenehm zu wissen, daß der total langweilige blaue Nicki, den man im Schrank seines Bruders gefunden hat, das Zeichen für Hipness schlechthin ist.

Ein 96-Flyer der damals wichtigsten Londoner Drum-'n'-Bass-Nacht – die Metalheadz-Sessions im »Blue Note« – betonte die Offenheit der Szene: »Attitude: Free« stand darauf, und: »But give it your special edge.« Jede Attitude ist willkommen, aber gib ihr *deine* eigene Note. Auch die beiden DJanes Kemistry und Storm residierten bei Goldies Metalheadz-Sessions im »Blue Note«: »Bei den Metalheadz-Sessions spielt es keine Rolle, wer du bist, wo du herkommst, was du anhast. Du kannst einfach hingehen und dich so zur Musik ausdrücken, wie du willst.«

Das »Blue Note« war ein langgestreckter Kellerraum, der oft schon um 20 Uhr bis in den letzten Winkel gefüllt war. Das Publikum zu beschreiben fällt schwer, denn irgendwie waren alle da: schüchterne, seitengescheitelte Unscheinbarlinge und aufgeputzte Diskostars, verstrahlte 20jährige und entspannte 40jährige. Nur eines hielt alle zusammen: Posieren galt als outdated – Cool war uncool. Man war ganz einfach – nett zueinander. Man kam, um gemeinsam zu tanzen.

Und es tanzten – abgesehen von einigen wenigen Säulenstehern – alle. Den Club zu durchqueren war fast unmöglich. Überall, dichtgedrängt, Körper an Körper, zuckend, hüpfend, schwitzend. Beim Pinkeln hatte man das Gefühl, daß einem gleich der Spülkasten auf den Kopf fallen würde – jeder Baßlauf drohte, den vibrierenden Kasten aus seiner Verankerung zu reißen.

»Metalheadz« – das war und ist noch immer mehr als nur ein Label oder eine Clubnacht. Bei den Metalheadz-Sessions versammelte sich stets die *inner society* der Londoner Drum-'n'-Bass-Szene – DJs, Produzenten und MCs. Man konnte Tracks hören, die gerade mal ein paar Stunden vorher als sogenannte »Dub Plates« gepreßt worden waren. (Was nicht exklusiv für die Metalhead-Sessions gilt – auf jeder Drum-'n'-Bass-Party, die unter der Schirmherrschaft der *main player* steht, gibt es Dub-Plates zu hören.)

Ein guter DJ war, wer viele Dub-Plates spielen konnte – und dazu bedurfte es entsprechender Szene-Kontakte. So etablierten die Dub-Plates schnell reaktionäre Hierarchien, die auf dämlicher Geheimnistuerei gründeten.

Obwohl Drum 'n' Bass schnell als potentielle Quelle toller neuer Megaseller galt, ist diese Musik nicht den Weg gegangen, den ein Teil von Techno ging: VIVA am Vormittag war nie das Ziel. Mark und Dego von **4 Hero**:

> Eines der Prinzipien der Drum-'n'-Bass-Szene war immer: Bleib deiner Musik treu! Laß dich nicht weichwaschen und laß dich nicht von den Plattenfirmen unterkriegen! Du kennst diese TV-Pop-Stars mit ihren lustigen, von der Plattenfirma vorgeschriebenen Frisuren und dieser tollen Choreographie. Die Drum-'n'-Bass-Szene wollte nie etwas damit zu tun haben, und das hat sie im Untergrund gehalten.

Steve Beckett von Warp verweist auf den Zusammenhalt der Szene:

> Die Drum-'n'-Bass-Szene hat immer zusammengehalten; die Leute haben die Szene kleingehalten – und die Macher der ersten Stunde, Grooverider, Kemistry und Storm und all die anderen, sind noch immer ganz vorn dabei. Jeder spielt die Platten der anderen, man legt gemeinsam auf Parties auf, man produziert auf dem Label des Kumpels und so. Das hat die Szene sehr stark gemacht.

Immer wieder verweisen Aktivisten auf Pop-mythologische Orte wie »die Straße«. »Die Straße«, das sind die Kumpel, die Plattenhändler um die Ecke, die lokale Tanz-Posse. Was zählt, ist der Respekt, den einem die Straße zollt. Diese Idee der »Community« hat nicht nur die großindustrielle Vereinnahmung unmöglich gemacht, sondern auch den Spielraum individueller Interpretationen vergrößert.

Nach den Ragga-inspirierten Anfängen, nach Jump-Up und Hardcore, nach Nicolettes Versuch, auf zerfetzte Breakbeat-Fundamente richtige *Lieder* zu singen, und nach Goldies ersten Breakbeatgewittern galt eine Zeitlang »Darkness« als das Gesetz der Stunde. Subsonische Bässe trafen auf den Sound of Blitzkrieg, darunter lag ein metallischer, monotontreibender »TechStep«-Rhythmus. Führend war hier das Londoner No-U-Turn-Label.

In Bristol versuchten Roni Size und DJ Krust, breakbeattauglichen Jazz zu erfinden. Andere – wie Boymerang oder Photek – forschten und frickelten ein ganzes Jahr an einem

Album herum, um die Breakbeatforschung zur Naturwissenschaft zu erklären.

Glück und Unglück der Drum-'n'-Bass-Szene: Tausende von Bedroom-Producern bringen im Stundentakt neues Material heraus. Daraus folgt einerseits: Viele Menschen produzieren mit viel Sachkenntnis – und manchmal auch mit Intuition und *devotion* – viele neue Ideen. Andererseits werfen diejenigen, die weder über Intuition noch über *devotion* verfügen, inspirationsfreie Kopien auf den Markt.

> Da kommt dann eine geniale Sache raus, wie zum Beispiel Brown Paper Bag, und zwei Wochen später ist dein amtlicher Plattendealer gerammelt voll mit irgendwelchen White Labels und Bootlegs, die genau das gleiche Thema aufgreifen und verwässern. Irgendwann macht es dann keinen Spaß mehr, und du sagst: Das ist völlige Kacke – *this sucks*,

schimpft Stefan Strüver vom K7-Label.

> Manche Leute benutzen Jazz-Samples, andere benutzen HipHop- oder Ragga-Samples. Dabei geht es nur darum, einen Hook zu finden, der dich aufhorchen läßt. Jetzt heißt es plötzlich »Jazzy Jungle« – wie abgefahren, wie toll! Dabei ist es dasselbe wie vorher,

erzählt belustigt DJ Krust in *Lost In Music*.

> Eines Tages werden wir einen Jungle-Tune hören, der Fleetwood Mac samplet, und unsere Eltern fangen an zu raven. Diese Musik ermöglicht dir besser als jede andere Musik, all deine verschiedenen Einflüsse zum Ausdruck zu bringen. Wir befinden uns in einer Periode, wo es heißt: Zeig, wo du herkommst. Wenn du eine Geschichte hast, dann laß sie sehen, laß sie hören.

»Zeig uns deine Geschichte« – DJ Krusts Forderung ist zum Leitmotiv zeitgenössischer Elektronik avanciert. Die spannendsten Club-Nächte sind schon lange nicht mehr die Nächte, die einen einzigen Style bedienen. Spannend wird's, wenn der DJ Geschichtsunterricht gibt. HipHop, Detroit Techno, House, Drum 'n' Bass, Elektro, DJ Hell, **Model 500** und **4 Hero** stehen schon des längeren in *einer* Plattenkiste.

Seit gut einem Jahr hört man – mitten in einem Set »elektronischer Musik« – plötzlich Hendrix, Lou Reed, **Suicide** und Julie Driscoll.

In einer Zeit, in der oftmals – um den Musikkritiker Lars Brinkmann zu zitieren – »minimale Verschiebungsfürze« – zur Revolution stilisiert werden, explodiert die Welt der Bleeps und Beats: Alles bricht auseinander, weil alles zusammenfindet. Pop ist größer als je zuvor.

Natürlich läßt sich jetzt despektierlich behaupten: Auch das haben wir schon gehabt, verstaubt gerade als »Postmoderne« unterm Sofa. Wohingegen mein Eindruck ein anderer ist: Während die postmoderne *Erfahrung* (nicht der *theoretische Überbau*) in ihrer Darreichungsform »Kunst/Kunsthandwerk« zumeist auf der Ebene der Symbole und Zeichen operiert, zerfetzt ein Song von Julie Driscoll inmitten eines Elektro-Sets ganz konkret deine ganz konkrete Welt. Das ist kein Spiel mit Symbolen, kein Erforschen geheimer Strukturen und auch kein »Hach, sind wir wieder originell«-Gehabe. Es ist nicht mehr die – stets rein formal-dekorative – »Originalität«, die Brüche in den Sets interessant macht. Wenn Hendrix nach Carl Craig nach **Suicide** nach Afrika Bambaataa läuft, dann wird jeder einzelne Track wieder *an und für sich* hörbar gemacht. Epochen und Ideologien ade – Musik wird reiner Sound.

> Am Ende des Tages geht's immer um die Musik, was hab' ich auf Platte, was hab' ich produziert. Nur das ist entscheidend. Wie das dann von den Journalisten genannt wird – das ist nicht entscheidend,

erzürnt sich DJ Hell über den Terror der Kategorisierung. **4 Heros** *Two Pages* nennt er »absolut genial, ein Meilenstein« und zieht Parallelen zu seiner eigenen **Munich Machine**:

> 4 Hero arbeiten auch songorientiert, mit Sängern und diesen ganzen jazzigen Einflüssen. Meine Einflüsse gehen mehr auf Disco und New Wave zurück, aber ich arbeite auch mit Sängern zusammen, es geht in Richtung Songstruktur. Und ich lasse meine

alten Einflüsse, die ich aus Punkzeiten und aus den achtziger Jahren mitbringe, einfließen. Das verarbeite ich jetzt, und das haben 4 Hero auch gemacht.

Am Ende des Tages geht es immer um die Musik – so lapidar DJ Hells Statement daherkommt, soviel einfache Wahrheit hält es bereit: Jede Dekade und jedes Jahr, jede »Bewegung« und jede Clique hat große Musik hervorgebracht, die auch heute Respekt verdient. Das hat nichts mit romantizistischem Sich-an-die-»Good ol' Times«-Erinnern zu tun oder einem pazifizierten »Don't look back in anger«.

> Das war so lange ein ungeschriebenes Gesetz, nur aktuelle Produktionen zu spielen. Fuck it! Es gibt so viele geile Old-School-Nummern, die heute noch ihre Berechtigung haben und oftmals noch besser sind als alles, was im Moment rauskommt. Warum soll man die nicht auflegen?

kritisiert Stefan Strüver von K7.

> Das ist doch gut, wenn DJ Hell den Leuten, die erst jetzt zur Dance-Music finden, Giorgio Moroder näherbringt. Denn Moroder war eine enorm wichtige Figur für die Entstehung von Detroit-Techno. Ich finde es einfach sehr gut, wenn den Leuten über solche Wege auch Geschichte mit vermittelt wird.

Gerade Pop hat immer wieder gezeigt, wie Respekt vor der Geschichte den Weg in die Zukunft weisen kann: **Public Enemy, Underground Resistance, 4 Hero** – immer ging und geht es darum, Grundmotive von Pop in eine zeitgenössische Sprache zu übersetzen. Das hat viel mit Technik zu tun, viel aber auch mit Sensibilität für die emotionale Bedürfnislage derjenigen, die Pop als Transmissionsriemen zwischen Realität und Wunsch benutzen. Um es einfach zu sagen: Die Welt dreht sich schneller, wenn Erinnerung und Fortschritt zusammengedacht werden – deshalb dürfen wir heute »New Soul« hören, ohne ein schlechtes Gewissen zu haben. Oder, warum auch nicht: Barry Manilows »Copacabana«, modifiziert von DJ Hell.

Literaturhinweise

Matthew Collin/John Godfrey: Im Rausch der Sinne. Ecstasy-Kultur und Acid House. Aus dem Engl. von Kirsten Borchardt. St. Andrä-Wördern 1998.

Kodwo Eshun: More Brilliant Than the Sun. Adventures in Sonic Fiction. London 1998.

Oliver von Felbert/Sascha Kösch: Jungle. In: Spex. November 1994.

Martin James: State of Bass. Jungle – the Story so far. London 1997.

Sascha Kösch: Jungle/British Hardcore. In: Philipp Anz/Patrick Walder (Hrsg.): Techno. Zürich 1995.

Tony Marcus: The Future Sound of Music. In: Philipp Anz/Patrick Walder (Hrsg.): Techno. Zürich 1995.

Ian Penman: Black Secret Tricknology. In: The Wire. März 1995.

Koexistenz der Widersprüche
Pop an der Jahrtausendwende

Eine virtuelle Diskussion mit Dieter Baacke, Ulrich Beck, Martin Büsser, Diedrich Diederichsen, Lars Dorsch, 4 Hero, Johannes Goebel, Goldie, Dieter Gorny, Thomas Groß, Erik Meyer, Ulf Poschardt, Michael Reinboth, Stefan Strüver, Patrick Walder, Klaus Walter – zusammengestellt und collagiert von Peter Kemper, Thomas Langhoff und Ulrich Sonnenschein.

Martin Büsser: Was Pop macht, ist nicht meßbar. Aber es gibt eine Emotion, die über die Musik rüberkommt, und die kann widerständige Gefühle wecken.

Klaus Walter: »Wenn sich ein Teenager heute einer Underground-Bewegung anschließt, ist diese Bewegung innerhalb von zehn Sekunden markterforscht, demographiert und an Nike verkauft worden«, hat Courtney Love gesagt.

Dieter Gorny: Aber jeder Künstler kann sich dieser Distribution entziehen, und es ist Attitüde, auch von Courtney Love, so etwas zu sagen und gleichzeitig nichts dagegen zu haben, daß Millionen Leute ihre Platten kaufen.

Michael Reinboth: Mir geht es um das, was Nike nicht kaufen kann. Mir geht es um das, was sich mit Geld nicht vermarkten läßt. Hier ist immer von Geld die Rede, ich rede von Musik.

Stefan Strüver: Allein Musik mit absoluter Substanz zählt: All Killers No Fillers! Wenn so eine Musik Stilbrüche voraussetzt, dann setzt sie die eben voraus. Ich finde, Musik muß unbedingt propper sein, ich mag keine halbgaren Tracks.

4 Hero: Es entwickeln sich ja immer neue Stile, die Dinge drehen sich im Kreis, unterschiedliche Stile drehen sich im Kreis, unterschiedliche »attitudes«, wie man Musik voranbringt. Es gibt ständig neue Wellen. In den letzten zwanzig Jahren konnte sich eine Menge neuer Musikstile entwickeln, die meisten davon verdanken sich einer neuen Technologie. Es werden immer neue Geräte erfunden, um immer verrücktere Sounds zu kreieren, z. B. »House«-Musik mit der »909«-Drum-Maschine oder »Acid« mit der »303« und »Drum 'n' Bass« mit Samplern. Es wird nicht lange dauern, und wir spüren eine neue Vitaminspritze im Bereich der elektronischen Musik.

Goldie: ... es funktioniert einfach, weil ein MacIntosh das gleiche Recht hat, auf der Bühne zu sein, wie ein verdammtes Saxophon.

Diedrich Diederichsen: Wenn man jetzt versuchen würde, die Technologie als hartes Kriterium einzuführen – was die Medienwissenschaften immer gerne machen –, kommt man zu dem Ergebnis, daß Sampling in der elektronischen Tanzmusik eine entscheidende Rolle spielt – also das digitale Fotografieren von Klängen, die man dann beliebig manipulieren, vervielfältigen kann. Das ist aber kein ausreichender Grund, denn das tun andere zeitgenössische Musiken genauso. Man könnte weiterhin von einem neuen Protagonisten, einem neuen Autor-Typus sprechen, dem DJ. Den gibt es in anderen Musiken ebenfalls. Und man könnte auf die Funktion dieser Musik hinweisen, daß es sich um eine reine Tanzmusik handelt, also um eine Musik, die sehr stark funktional bestimmt ist. Aber auch das galt früher schon für andere Musiken. Wenn man die drei Kriterien zusammennimmt, käme man vielleicht der Sache nahe. Ich meine aber, das entscheidende Kriterium ist, daß man es mit vollkommen neuen Beziehungen zwischen der Menge der Produzenten – der Warencharakter dessen, was sie produzieren, hat sich völlig verändert – und der Menge der Rezipienten zu tun hat. Hier entstehen ganz neue Verhältnisse.

Ulf Poschardt: Der DJ hat erst mal keine Instrumente gehabt, keinerlei Notenwissen, keinerlei Musikkenntnis. Das sind Leute, die nur mit ihrer Plattentasche in den Club gegangen sind und angefangen haben, diese Platten als Klangmaterial zu benutzen. Sie versuchten herauszufinden, was man mit zwei Plattenspielern, der Nadel und dem Mischpult eben anstellen kann. Damit der DJ so etwas tun kann, muß er eine Vorstellung davon entwickeln, wie sich so ein Clubabend gestalten läßt. Er muß sehr viel über die Musik, die er auflegt, wissen und ein sicheres Gespür dafür haben, wie er das, was er im Kopf hat, mit den beiden Plattenspielern und dem Mischpult umsetzen kann. Außerdem braucht er eine grundsätzliche kommunikative Fähigkeit, die nicht nur mit der Musik, den Platten und der eigenen Person zu tun hat: DJ-Musik entwickelt sich immer aus einem Zusammenspiel zwischen demjenigen, der Platten auflegt, und dem Publikum auf der Tanzfläche.

Lars Dorsch: Natürlich ist dieses Dance-Ding, das Pop abgelöst hat, als Massenphänomen noch immer total attraktiv für große Firmen, die erstmal Sachen in die Charts puschen wollen. Auf der anderen Seite sehe ich, daß viele musikinteressierte Leute ihre Genregedanken fallenlassen und einfach nur gute Musik hören möchten. Da lange Zeit rein gesamplete Musik gefragt war, kommt jetzt auch wieder eine etwas »organischere Kante« rüber. Das ist so, als würde man einen alten, verlorenen Freund wiedertreffen, den man lange nicht mehr gesehen hat.

Patrick Walder: Es gab ja mal eine Szene, die mit dem subversiven Gedanken angetreten ist, sich eine Technologie anzueignen und damit eine andere Vision von Zukunft zu entwerfen. Dieses Gedankengut ist mittlerweile völlig verlorengegangen.

Lars Dorsch: Und ich glaube, im Augenblick gibt es auch wieder einen Schritt hin zu warmer, organischer Musik. Ich denke, daß man sich in der Dancefloor-Szene bald auch wieder an Akustikgitarren gewöhnen wird. Das Ganze wird dann zwar mit Hilfe von Samplern usw. produziert, hört sich aber nicht unbedingt mehr so an.

Martin Büsser: Es war ja vor ein, zwei Jahren schick, gegen Rock zu sein. Das hieß dann Rockismus – und weg damit: Rock ist Männer-, Macho-Musik! Sicherlich hat das seine Berechtigung gehabt. Nur inzwischen sind wir ja an einem Punkt, wo man genausogut gegen »Pop« sein muß, weil eben mit diesem Begriff so viel Unsinn angestellt wurde. Pop wurde als subversiv, als destruktiv, als rebellisch dargestellt, nur können auch heute noch interessante Pop-Phänomene das alles eben nicht einlösen. Was ist bitte sehr rebellisch an einem elektronischen Musiker aus Köln, der bei »a-Musik« Fiepstöne herausbringt?

Erik Meyer: Heutzutage besteht daher die Notwendigkeit, genau auf die jeweiligen Praktiken zu achten: Was machen die Leute tatsächlich, und wie sind diese Zeichen im jeweiligen Kontext zu deuten? Das konfrontiert uns mit einigen Problemen.

Stefan Strüver: Wenn mich etwas puscht oder ich finde es geil, wenn mich das berührt oder sonstwie, dann finde ich es gut, und es spielt keine Rolle, von wem das kommt oder in welchem musikalischen Genre das passiert. Und ich glaube, in Deutschland müssen in dieser Hinsicht einige Leute noch eine ganze Menge lernen. Denn die legen wirklich so einen Purismus an den Tag und sagen: Ich höre nur dies oder ich höre nur das, oder: Ich höre nur Underground – das ist alles Bullshit, es ist auch völlig irrelevant.

Lars Dorsch: Es geht eben um eine gewisse Atmosphäre, einen gewissen Umgang mit Sounds. Den gibt es schon seit fünfundzwanzig, dreißig Jahren, und deswegen findest du in der elektronischen Tanzmusik auch den 71er Funk und den Jazz und den Soul. Das ist heutzutage die Basis von Breakbeats und ihren Arrangements. Was damals live eingespielt wurde, wird jetzt gesamplet, aber die Sound-Ästhetik ist eine sehr, sehr ähnliche. Außerdem gibt es heute so viele Veröffentlichungen wie noch nie zuvor, und das führt in gewisser Weise auch zu einer Qualitätssteigerung, denn die Leute entwickeln einfach mehr Souveränität im Umgang mit Sounds, mit fraktalem Denken: »Halt, dieses Break kenne ich noch nicht, das möchte ich benutzen und das suche ich jetzt. Hm, wo könnte ich es finden?« Und dann suche ich es eben auf alten Scheiben. Da kommen so ziemlich alle Breaks her, die heutzutage benutzt werden. Gemeint ist hier die Periode von '68 bis '75, als der Sound noch schön roh war und der Funk erfunden wurde. Rock ist daher für mich in erster Linie ein klassisches Genre. Rock war immer da, wird nie verschwinden, allenfalls ein bißchen kleiner werden.

Diedrich Diederichsen: Rock stellt sich für mich als eine Mischung dar. Einerseits haben wir es mit einer hochgradig entwickelten Spezialistenkultur zu tun, die alle Meriten einer Spezialistenkultur besitzt – man denke z. B. auch an Galerien, Kunst oder Jazz. Hier handelt es sich um Spezialistenkulturen, die ohne größere soziale Auffälligkeit oder entsprechenden Anspruch von bestimmten Vertretern gepflegt werden. Andererseits repräsentiert Rock den Übergang in eine Mainstream-Kultur, die nicht mal mehr eine Jugend-Mainstream-Kultur ist – im Unterschied z. B. zu Techno. Leider funktioniert die Geschichte aber auch nicht so, daß Rock durch etwas anderes ersetzt würde, was seine Funktion übernimmt. Ersetzt wird er durch andere Verhältnisse, in denen es diese Funktion so gar nicht mehr gibt. Teilweise sind ja auch schon verschiedene Funktionen, die der Rock 'n' Roll früher hatte, von anderen Kulturen oder Musiken übernommen worden. Entscheidend ist hier natürlich auch der technologische Schnitt, die Digitalisierung. Dabei scheint der digitale Herstellungsprozeß von Musik im Studio nur Praktiken nachzuvollziehen, die DJs schon entwickelt haben – zumindest, wenn man an »interfaces« wie Sampling-Geräte usw. denkt. Entscheidend ist, daß solche DJ-Praktiken sozusagen Programm geworden sind für eine Produktionsweise, die nicht nur bei Techno funktioniert, sondern die in sehr vielen Musikrichtungen heutzutage dominant ist.

Lars Dorsch: Ich spreche Rock auch nicht seine Daseinsberechtigung ab. Auf jeden Fall hat er aber eine Modernisierung seines Sounds nötig. Ich habe in der letzten Zeit auch wenig Überraschungen in diesem Genre erlebt. Nun scheint »Bigbeat« ja der inoffizielle Nachfolger von Indierock oder so zu sein – einfach weil das Beat- und Soundbewußtsein der Leute in Deutschland, das ja bis vor fünf Jahren gar nicht vorhanden war, auch durch den Dance-Faktor immer weiter gewachsen ist. Es wäre jedoch der falsche Ansatz, einfach eine Gitarre zu nehmen und über irgendwelche Tracks drüber zu schrubben, um dann zu sagen: Hm, das ist aber das Rockelement.

Martin Büsser: Wir hatten ja pophistorisch Zeiten, wo alles stark polarisiert war, wo z. B. für mich als Jugendlichen klar war: Die Sex Pistols mußten es sein. Diese Zeit der eindeutigen Polarisierung ist vorbei!

Dieter Gorny: Heute haben wir das Problem: Pop ist ein gesellschaftsumfassendes Kulturgut geworden, und wir neigen dazu, immer die großen Stars zum Maßstab zu nehmen. Dabei gibt es auch heute noch interessante Nischenmusik – nur wie immer versteckt, inmitten einer Massenkultur. Ich sehe das auch positiv: Obwohl alles Pop ist, ist am Ende nur wenig Pop.

Michael Reinboth: Es gibt verschiedene kleine Szenen, die unterschiedliche Musikaspekte beleuchten und beackern. Es gibt Plattensammler, die sich im Rare-Groove-, im HipHop-, im Jazz-Bereich bestimmte Elemente raussuchen. Die Suche nach diesen Elementen, der Antrieb dazu und das Finden selbst – das ist für mich der erste Schritt zu Pop. Dabei ist völlig egal, ob VIVA das zeigt oder ob das in einer Zeitschrift stattfindet. Ich sehe das Hauptproblem darin, daß die großen

Schaltzentralen – ob VIVA, MTV oder die Majors – keine Sensibilität mehr für die kleinen »certain aspects« von Musik entwickeln, auf die es gerade ankommt.

Martin Büsser: Pop ist ja sehr vieles, zunächst einmal Reflektor der Gesellschaft. Pop kann aber nur insoweit Reflektor der Gesellschaft sein, wie er auch wahrgenommen wird. Und vieles wird eben heute schwerer wahrgenommen, weil die Kanäle sich immer mehr monopolisieren und auf ganz bestimmte Sachen einengen. Wenn ich hier von Pop rede, dann im Sinne eines Überbegriffs für die sogenannte populäre Kultur. Das schließt dann die ganzen Subkulturen mit ein. Wenn man unter Pop aber etwas ganz Spezielles versteht, dann muß man den Begriff anders verwenden. Denn der spezielle Pop, die »pop music«, wollte in Wirklichkeit nie dissident sein. Pop im umfassenden Sinn von Popkultur beschreibt dagegen Phänomene wie z. B. »Gabber Techno«, die ganz bewußt dissident sein wollen. Wir haben sicherlich auch heute noch interessante Pop-Phänomene, aber die werden über die großen Medien nicht mehr mittransportiert. Die muß man in den Nischen suchen. Ob in Drum 'n' Bass oder im Postrock – es ergeben sich immer wieder aufregende Entwicklungen von unten, wo die Leute nicht den Anspruch erheben, von heute auf morgen zum Star zu werden. Im Gegenteil: Sie haben in einer – längst zum geflügelten Wort gewordenen – »dekonstruktivistischen Musik« Spaß daran, Pop-Mythen zu zerpflücken. Ich denke schon, daß Pop treppenartig aufgebaut ist und daß wir uns den verschiedensten Formen nähern können.

Dieter Gorny: Wir haben ja das Entstehen einer Musikkultur miterlebt, die zunächst ganz eindeutig definiert war: Sie hat immer einen gesellschaftlichen Gegenentwurf mittransportiert. Mittlerweile ist das Phänomen erwachsen und Pop für alles zuständig geworden: Pop beliefert Massenkultur, das simple Entertainment von vielen, aber auch noch die anspruchsvolle Musikkommunikation von wenigen.

Thomas Groß: Man versteht im Leben ohnehin nur zwei oder drei Musiken, danach wird es schwierig. Man hat einfach – wie Diedrich Diederichsen es mal ausgedrückt hat – nicht mehr das Relais in seinem eigenen Körper, um die Musik jetzt noch mit allen Fasern – oder wie Ulf Poschardt schreibt – mit dem Herzen voll und ganz zu begreifen. Es hat sicherlich etwas zu bedeuten, wenn eine Musik aus dem Kreis der Exklusivität heraustritt. Es gibt ja diesen berühmten Slogan von Underground Resistance:»Music for those who know«. Wenn dieses Wissen sich popularisiert, hat das Konsequenzen …

Martin Büsser: … im Sinne einer Oberflächlichkeit, die in alles eingezogen ist und die jetzt Pop genannt wird. Sie meint nichts anderes als »Jung, Sexy, Schön«!

Diedrich Diederichsen: Das ist ja selbst eine fragwürdige Idee, daß mit dem Aufkaufen eines Popstils irgend etwas kaputtgeht. So einfach ist das nicht. Natürlich kann irgendeine Bedeutung dieses Popstils dadurch ruiniert, andere können verwundbar werden. Aber vieles ist auch noch nicht kaputt. »Underground« ist z. B. ein Begriff im Kampf um kulturelle Hegemonie, in den wir alle verwickelt sind. »Underground« bezeichnet vor allem so etwas wie eine Zielvorstellung oder eine strategische Absicht in so einem Kampf um kulturelle Hegemonie. Vielleicht auch einen Ort, den man eine Weile verteidigen kann. Das ist absolut nicht unrealistisch, denn solche Orte, wo sich trotz aller ökonomischen Widrigkeiten etwas entwickeln kann, gibt es ja tatsächlich. Es geht auch da immer um gelebte Leben.

Patrick Walder: Man will sich entgegen der herrschenden Kultur, die nicht länger lebbar erscheint, eigene Lebensräume schaffen. Ich meine kulturelle Räume, die Perspektiven bieten, die mir wichtig, interessant und lebenswert sind. In einer globalen Perspektive kann ich sie aber nicht sehen, denn es müssen eben kleinere Räume sein. Die sind, wie ich finde, ganz typisch für Techno.

Diedrich Diederichsen: Auch Techno hat wie alle anderen Gegenkulturen ein Abgrenzungsproblem gehabt. Aber mit dem großen Unterschied, daß Techno sich sehr lange, sehr erfolgreich gegen eine bestimmte Art von Verstehbarkeit und Zuordnung gesperrt hat. Techno besaß die üblichen Elitismen, die innerhalb einer Szene entstehen, die aber z. B. bei der Love Parade normalerweise hätten zerstört werden müssen: der Streit darum, was das Eigentliche und was schon die verwässerte Form, weil kommerzielle Form ist, mit der man nichts mehr zu tun haben will. All das wurde lange Zeit ausgespart. Techno ist statt dessen in sich weiter gewachsen – um den Preis allerdings, nie genau zu sagen, um was es geht, sondern sich immer nur auf die Tanzsituation zu beziehen. In dem Moment wird »Lifestyle« natürlich zum Problem, weil es gar keine präventiven Absicherungen dagegen gibt. Immer dann, wenn ein Underground warenförmig wird, handelt es sich um einen Lifestyle.

Dieter Baacke: Zwischen Eltern und Kindern gibt es ja kaum noch Konflikte – wie früher, als man protestierend auszog, weil man anders leben wollte. Die meisten Heranwachsenden sagen statt dessen, was sie später genauso machen wollen wie ihre Eltern oder zumindest ähnlich. An einer Stelle allerdings wird der Konsens brüchig, nämlich in der Lifestyle-Dimension: Wenn es darum geht, wie man sich kleiden möchte, wie man die Wohnung einrichten oder wie man den Urlaub verbringen möchte, dann treten Risse auf, und die Jugendlichen setzen sich von den Eltern ab. Der Lebensstil, der sich ja dadurch vom Milieu unterscheidet, daß er nicht so stark verpflichtend ist und sich nicht nur über soziale Herkunft definiert, dieser Lebensstil ist für die heutigen Jugendlichen zentral geworden. Unsere zukünftigen Lebensformen werden durch die ästhetische Wahrnehmung selber allmählich verändert, und darum spreche ich von Rissen im Lebensstil. Ich glaube nämlich nicht, daß die Gesellschaft kategorial anders geworden ist als vor zwanzig Jahren. Wir haben weiter Milieus, wir haben eine Arbeiterjugend, das alles gibt es weiterhin, aber nicht mehr so dezidiert. In unseren theoretischen und praktischen Überlegungen werden wir deshalb immer vorsichtiger, Karrieren allein über soziale Herkünfte zu definieren oder Voraussagen zu machen. Denn die ästhetischen Ausdrucksmodalitäten sind so vielfältig, daß es ideologisch sehr schwierig geworden ist, sie in einen Begriff zu bannen. Ich sehe darin aber zugleich die Chance eines größeren Spielraums und einer größeren Denk-, Argumentations- und Lebensfreiheit.

Johannes Goebel: Wenn wir hier von Lebensästhetik sprechen, dann hat Ästhetik nichts mit Schönheit zu tun – wie im klassischen Sinn des Wortes. »Ästhetik« ist vielmehr der Versuch, sehr disparate Bestandteile des eigenen Lebens zu einem halbwegs geglückten Ganzen zusammenzufügen. Bei diesen Bestandteilen handelt es sich um Versatzstücke, aus denen heute jeder sein Leben konstruieren muß. Weil wir ständig ästhetische Bausteine in unser Lebensmodell einfügen und sie wieder verwerfen, läßt sich vielleicht das »Leben als Umkleidekabine« verstehen: Man zieht ein Stück an, betrachtet sich damit im Spiegel und tauscht es möglicherweise wieder aus. So ein Lebensmodell führt zu einem ständigen Testen von Werten.

Ulrich Beck: Die kulturkritische Welle, die Deutschland überzieht, der Ruf nach neuen Werten, das Sich-irritiert-Zeigen über das Auflösen von Verbindlichkeiten – all das beruht meines Erachtens auf einer Fehldiagnose. Man darf keine alten Kategorien an die neuen Bewegungen in unserer Gesellschaft anlegen. Wir wissen, daß diese Gesellschaft und vor allem die Jugendlichen sehr stark individualisiert sind. Deshalb lassen sich keine standardisierten Angaben darüber machen, wie sie leben, denken, handeln, was sie kaufen, wie sie wählen usw. Völlig falsch ist aber die Auffassung, daß diese junge Generation nur noch um sich selbst kreist und nicht mehr an andere denkt.

Dieter Baacke: Man sieht auch an den ganzen Umfragen, daß gegenüber politischen Entwicklungen Sorge geäußert wird. Auch Umweltprobleme, Arbeitslosigkeit bedrücken mit Recht viele Jugendliche. Wenn man dann die gleichen Jugendlichen aber fragt, wie sie ihr Privatleben verbringen, dann tun sie das ganz happy und ganz fröhlich und suchen sich auf diese Weise einen Ausgleich gegenüber der Überlast von Problemen, der sie sonst gegenüberstehen. Öffentliche gesellschaftliche Aktivität und das Überleben-Können und -Wollen durch eigene kulturelle Gestaltungsmöglichkeit müßten so zusammengebracht werden, daß wir das nicht als Gegensatz empfinden. Pädagogen tun das natürlich häufig.

Johannes Goebel: Es geht also nicht mehr um entsagungsvolles Arbeiten, nicht darum, sich in den Dienst einer Idee oder auch nur einer Familie zu stellen, sondern das Ich will sich in den Mittelpunkt stellen. Was in den Achtzigern noch als Selbstverwirklichung oder Individualismus diskutiert wurde, ist mittlerweile selbstverständlich geworden. Ich denke, da liegt ein Entwicklungsschritt, der die Achtziger von den Neunzigern unterscheidet. Es gab früher die mühseligen Versuche von Leuten, die in den sechziger und siebziger Jahren tatsächlich noch mit kollektivistischen Utopien aufgebrochen sind. Nur hat ihre eigene antiautoritäre Lebensweise im Laufe der Siebziger dazu geführt, daß diese geistigen Konstrukte immer hinfälliger wurden. Und als dann diese Ideen bei den Jüngeren nicht mehr auftauchten, blieb nur noch der Individualismus übrig. Orientierungslosigkeit war die Folge, und die Jüngeren haben gelernt, mit der Orientierungslosigkeit umzugehen und aus ihrer Not eine Tugend zu machen.

Literaturhinweise

Philipp Anz/Patrick Walder (Hrsg.): Techno. Zürich 1995.
Dieter Baacke: Jugend und Jugendkulturen. Darstellung und Deutung. 2., überarb. und aktualis. Aufl. Weinheim 1993.

Ulrich Beck (Hrsg.): Kinder der Freiheit. Frankfurt a. M. 1997.

Martin Büsser: Antipop. Mainz 1998.

John Clarke [u. a.]: Jugendkultur als Widerstand. Milieus, Rituale, Provokationen. Hrsg. von Axel Honneth [u. a.]. Dt. von Thomas Lindquist und Susi Büttel. Frankfurt a. M. 1979.

Diedrich Diederichsen/Dick Hebdige/Olaph-Dante Marx: Schocker. Stile und Moden der Subkultur. Reinbek 1983.

Johannes Goebel/Christoph Clermont: Die Tugend der Orientierungslosigkeit. 2. Aufl. Berlin 1997.

Tom Holert/Mark Terkessidis (Hrsg.): Mainstream der Minderheiten. Pop in der Kontrollgesellschaft. Berlin 1996.

Harald Justin/Nils Plath (Hrsg.): Tonabnehmer. Populäre Musik im Gebrauch. Münster 1998.

Ulf Poschardt: DJ Culture. Hamburg 1995.

SPoKK (Hrsg.): Kursbuch JugendKultur. Stile, Szenen und Identitäten vor der Jahrtausendwende. Mannheim 1997.

Plattentips

Die zehn wichtigsten Veröffentlichungen zum Thema in chronologischer Reihenfolge, ausgewählt von den Autorinnen und Autoren der jeweiligen Beiträge.

Jugend und Offizialkultur nach 1945
Von Peter Kemper

Bill Haley & His Comets: Rock 'n' Roll Stage Show (1956)
Conny Froboess/Peter Kraus: Teenager Melodie (1958)
The Beatles: Revolver (1966)
Frank Zappa & The Mothers of Invention: We're Only In It
    For the Money (1967)
The Jimi Hendrix Experience: Electric Ladyland (1968)
The Rolling Stones: Exile On Main Street (1972)
Roxy Music: Viva! The Roxy Music Live Album (1976)
Siouxsie & The Banshees: The Scream (1978)
Metallica: ... And Justice For All (1988)
Polygon Window: Surfing On Sine Waves (1993)

Abgrenzen und durchkreuzen
Von Tom Holert

Tim Buckley: Greetings From L. A. (1972)
David Bowie: Young Americans (1975)
The Contortions: Buy (1979)
Heaven 17: Penthouse and Pavement (1981)
Scritti Politti: Cupid & Psyche 85 (1985)
Beastie Boys: Paul's Boutique (1989)
A. R. Kane: »i« (1989)

Pussy Galore: Historia de la Musica Rock (1990)
Pet Shop Boys: Very (1993)
Doctor L: Exploring the Inside World (1998)

Gimmie Dat Old Time Religion
Von Martin Büsser

The Fugs: Virgin Fugs (1965)
The Velvet Underground: The Velvet Underground & Nico
    (1967)
V. A.: Woodstock. Music from the Original Soundtrack and
    More (1970)
The Sex Pistols: Never Mind the Bollocks (1976)
Throbbing Gristle: 2nd Annual Report (1977)
Pere Ubu: The Modern Dance (1978)
Fehlfarben: Monarchie und Alltag (1980)
Robert Wyatt: Old Rottenhat (1985)
Sonic Youth: Sister (1987)
Underground Resistance: X-101 (1991)

Aufbruch – Suche nach dem neuen Rhythmus
Von Rüdiger Bloemeke

Elvis Presley: Elvis Presley (1956)
Johnny Cash: Johnny Cash With His Hot and Blue Guitar!
    (1957)
Fats Domino: Carry On Rockin' (1957)
Bill Haley: Rock Around the Clock (1957)
Buddy Holly: The »Chirping« Crickets (1957)
Little Richard: Here's Little Richard (1957)
Gene Vincent: Gene Vincent & The Blue Caps (1957)
Chuck Berry: After School Sessions (1958)
Jerry Lee Lewis: Jerry Lee Lewis (1958)
Ricky Nelson: Bestsellers by Ricky Nelson (1963)

Subkultur im Widerstreit
Von Johannes Ullmaier

Booker T. & The MG's: Green Onions (1962)
James Brown: Live At the Apollo (1964)
The Crystals: Greatest Hits (1964)
The Birds: These Birds Are Dangerous (1985 [1964/65])
The Who: My Generation (1965)
The Action: The Ultimate Action (1980 [1965/66])
The Small Faces: The Small Faces (1966)
The Creation: Creation 1966–67 (1973)
The Who: Quadrophenia (1973)
Prince Buster: Fabulous Greatest Hits (1979)

Beat Beat Beat
Von Peter Kemper

The Beatles: Please Please Me (1963)
The Rolling Stones: The Rolling Stones (1964)
The Beatles: A Hard Day's Night (1964)
The Rolling Stones: Out of Our Heads (1965)
The Beatles: Help! (1965)
The Rolling Stones: Aftermath (1966)
The Beatles: Rubber Soul (1965)
The Rolling Stones: Beggars Banquet (1968)
The Beatles: Sgt. Pepper's Lonely Hearts Club Band (1967)
The Rolling Stones: Let It Bleed (1969)

Love, Peace and Music
Von Andreas Vick

Country Joe & The Fish: I Feel Like I'm Fixin' to Die (1967)
Big Brother & The Holding Company (mit Janis Joplin):
    Cheap Thrills (1968)
The Electric Flag: A Long Time Comin' (1968)

Ravi Shankar: Live At the Monterey International Pop
   Festival (1968)
Sly & The Family Stone: Dance To the Music (1968)
The Grateful Dead: Aoxomoxoa (1969)
Jefferson Airplane: Volunteers (1969)
Crosby, Stills, Nash & Young: Déjà Vu (1970)
Santana: Abraxas (1970)
Tower Of Power: East Bay Grease (1970)

Ich singe dir die Welt
Von Günter Amendt

Bob Dylan: Bob Dylan (1962)
Bob Dylan: The Times They Are A-Changin' (1964)
Joan Baez: Farewell, Angelina (1965)
Donovan: Colours (1965)
Bob Dylan: Highway 61 Revisited (1965)
Bob Dylan: Blonde On Blonde (1966)
Bob Dylan: Blood On the Tracks (1974)
Bob Dylan: Oh Mercy (1989)
Bob Dylan: The Bootleg Series. Vol. 1–3, 1961–1991 (1991)
Bob Dylan: Time Out of Mind (1997)

Turn On – Tune In – Drop Out
Von Ulrich Sonnenschein

The 13th Floor Elevators: The Psychedelic Sound of ...
   (1966)
The Doors: The Doors (1967)
Jefferson Airplane: Surrealistic Pillow (1967)
Kaleidoscope: Side Trips (1967)
Love: Forever Changes (1967)
The Velvet Underground: The Velvet Underground & Nico
   (1967)
The Chocolate Watch Band: The Inner Mystique (1968)

The Grateful Dead: Anthem of the Sun (1968)
It's A Beautiful Day: It's A Beautiful Day (1968)
Mad River: Mad River (1968)

Deutsch-Rock
Von Winfried Trenkler

Amon Düül II: Phallus Dei (1969)
Can: Monster Movie (1970)
Popol Vuh: Affenstunde (1970)
Tangerine Dream: Electronic Meditation (1970)
Faust: Faust (1971)
Kraftwerk: 1 (1971)
Grobschnitt: Grobschnitt (1972)
Neu: Neu! (1972)
Ton Steine Scherben: Keine Macht für Niemand (1972)
Ash Ra Tempel: Seven Up (1973)

Glanz und Glamour
Von Andreas Vick

T. Rex: Bolan Boogie (1972 [1969–71])
David Bowie: The Rise and Fall of Ziggy Stardust and the
    Spiders from Mars (1972)
Alice Cooper: School's Out (1972)
Lou Reed: Transformer (1972)
Roxy Music: Roxy Music (1972)
Slade: Slayed? (1972)
Mott The Hoople: Mott (1973)
The New York Dolls: New York Dolls (1973)
Roxy Music: For Your Pleasure (1973)
Queen: Sheer Heart Attack (1974)

Do You Like Good Music?
Von Gerald Hündgen

The Temptations: Meet The Temptations (1964)
Otis Redding: The Dictionary of Soul (1965)
Aretha Franklin: Aretha Arrives (1967)
James Brown: Revolution of the Mind (1971)
Marvin Gaye: What's Going On (1971)
Al Green: Gets Next To You (1971)
The O'Jays: Backstabbers (1971)
Sly & The Family Stone: There's a Riot Going On (1971)
Parliament: Mothership Connection (1975)
Chic: C'est Chic (1978)

Yes, Lion
Von Jens Soentgen

Bob Marley: Songs of Freedom (1992 [1963–80])
Peter Tosh: Legalize It (1976)
Linton Kwesi Johnson: Bass Culture (1980)
Gregory Isaacs: Night Nurse (1982)
Yellowman: Mister Yellowman (1982)
Lee Perry: Scratch Attack! (1988, enthält die beiden Dub-
    Alben »Blackboard Jungle Dub« und »Chapter I«)
Shabba Ranks: X-Tra Naked (1992)
Prince Buster: Fabulous Greatest Hits (1993)
Burning Spear: Best of Burning Spear (1996)
The Story of Jamaican Music (4-CD-Box, 1993, bietet einen
    Überblick von den Anfängen bis zum Dancehall-Reggae)

Dreck schwimmt oben
Von Ulrich Sonnenschein

The Clash: The Clash (1977)
The Damned: Damned, Damned, Damned (1977)
The Jam: In the City (1977)
The Sex Pistols: Never Mind the Bollocks (1977)
The Stranglers: Rattus Norvegicus (1977)
The Adverts: Crossing the Red Sea With The Adverts (1978)
The Buzzcocks: Another Music In a Different Kitchen (1978)
Sham 69: Tell Us the Truth (1978)
Crass: Stations of The Crass (1979)
The Slits: Cut (1979)

Hard & Heavy
Von Lars Brinkmann

Led Zeppelin: Led Zeppelin (1969)
Black Sabbath: Paranoid (1970)
Motörhead: Ace of Spades (1980)
Metallica: Kill 'Em All (1983)
Carnivore: Carnivore (1985)
Prong: Force Fed (1987)
Voivod: Dimension Hatröss (1988)
Obituary: Slowly We Rot (1989)
Zeni Geva: Maximum Love & Fuck (1989)
Fear Factory: Soul of a New Machine (1992)

Stop Making Sense
Von Kirsten Borchardt

Devo: Q: Are We Not Men? A: We Are Devo! (1978)
Joy Division: Unknown Pleasures (1979)
Bauhaus: In a Flat Field (1980)
Talking Heads: Remain In Light (1980)

The Cure: Faith (1981)
The Human League: Dare! (1981)
Soft Cell: Non-Stop Erotic Cabaret (1981)
Duran Duran: Rio (1982)
Depeche Mode: People Are People (1984)
Laurie Anderson: Home of the Brave (1986)

Gib Gas, ich will Spaß
Von Peter Kemper

Nina Hagen: Unbehagen (1979)
Hans-A-Plast: Hans-A-Plast (1979)
Male: Zensur & Zensur (1979)
Abwärts: Amok/Koma (1980)
Deutsch-Amerikanische Freundschaft (DAF): Die Kleinen
    und die Bösen (1980)
Fehlfarben: Monarchie und Alltag (1980)
Ideal: Ideal (1980)
Nena: Nena (1982)
Palais Schaumburg: Palais Schaumburg (1981)
Trio: Trio (1982)

The Kids Are Not Alright
Von Klaus Walter

Symarip: Skinhead Moonstomp (1970)
Sham 69: If the Kids Are United (1978)
Cockney Rejects: Greatest Hits. Vol. 1 (1980)
V. A.: Oi! The Album (1980)
The Redskins: Neither Washington Nor Moscow (1986)
V. A.: The 2 Tone Story (1989)
V. A.: Tighten Up. Vol. 1–6 (1992)

Rechtsradikale Oi-Musik kursiert zumeist im Untergrund.

Die Funktionäre im Widerstand
Von Jürgen Kuttner

Theo Schumann: Theo Schumann Combo (1969)
Klaus Renft Combo: Klaus Renft Combo (1973)
Renft: Renft (1974)
Puhdys: Die großen Erfolge (1977)
City: City (1978)
Engerling: Engerling Blues (1979)
Pankow: Kille Kille Pankow (1983)
Feeling B: Hea Hoa Hoa Hoa (1990)
Rock aus Deutschland Ost: Team 4 (1991)
V. A.: Sicher gibt es bessere Zeiten … Vol. 1 (1992)

Die Gunst der Stunde Null
Von Klaus Walter

V. A.: His Greatest Stiffs (1977)
V. A.: Höre Staune Gute Laune – Rondo Singles 1979 (1979)
Abwärts: Computerstaat (1980)
Dead Kennedys: Fresh Fruit For Rotten Vegetable (1980)
The Young Marble Giants: Colossal Youth (1980)
V. A.: Lieber zu viel als zu wenig (1980)
V. A.: Rough Trade Records Compilation (1981)
V. A.: Pillows and Prayers (1982)
Hüsker Dü: Zen Arcade (1984)
The Smiths: The Smiths (1984)

Video Killed the Radio Star
Von Thomas Langhoff

Musikvideos
Oskar Fischinger: Komposition in Blau (1934)
The Beatles: Strawberry Fields Forever (1967)
Duran Duran: Girls On Film (1980)

Captain Beefheart: Ice Cream For Crow (1982)
Michael Jackson: Thriller (1983)
The Smiths: Panic (1987)
Neil Young: This Note's For You (1988)
N. W. A: Straight Outta Compton (1989)
Madonna: Justify My Love (1990)
Aphex Twin: Come To Daddy (1997)

Idole, Ikonen und andere Menschen
Von Thomas Lau

The Beatles: 1962–1966 [das rote Album], 1967–1970
    [das blaue Album] (1973)
Sex Pistols: Never Mind the Bollocks (1977)
Kraftwerk: Die Mensch-Maschine (1978)
Queen: Greatest Hits I + II (1981, 1991)
Abba: The Singles – The First Ten Years (1982)
Michael Jackson: Thriller (1982)
Madonna: The Immaculate Collection (1985)
Prince: Sign O the Times (1987)
Elton John: The Very Best of Elton John (1990)
Die Toten Hosen: Learning English. Lesson 1 (1991)

Street Credibility
Von Heike Blümner

Grandmaster Flash & The Furious Five: The Adventures of
    Grandmaster Flash on the Wheels of Steel (1981)
Boogie Down Productions: Criminal Minded (1986)
N. W. A.: Straight Outta Compton (1987)
Public Enemy: Fear of a Black Planet (1990)
Gang Starr: Step in the Arena (1991)
A Tribe Called Quest: The Low End Theory (1991)
Dr. Dre: The Chronic (1992)
Notorious B. I. G.: Life After Death (1992)

Wu-Tang Clan: Enter The Wu-Tang (1993)
Nas: Illmatic (1994)

Welcome To the Machine
Von Erik Meyer und Thomas Ramge

16 BIT: Where Are You? (1986)
Phuture: We Are Phuture (1987)
Bomb The Bass: Into the Dragon (1988)
Rhythim Is Rhythim: Strings of Life (1988)
V. A.: Techno! The New Dance Sound of Detroit (1988)
Jeff Mills: Waveform Transmission. Vol. 1 (1993)
Christian Vogel: Beginning to Understand (1994)
Daft Punk: Homework (1996)
The Modernist: Opportunity Knox (1997)
DJ Hell: Munich Machine (1998)

Pop Will Eat Itself
Von Thomas Groß

Pop Will Eat Itself: Box Frenzy (1987)
Beastie Boys: Paul's Boutique (1989)
Primal Scream: Screamadelica (1991)
Beck: Mellow Gold (1994)
Blur: The Great Escape (1995)
Oasis: (What's the Story) Morning Glory (1995)
Beck: Odelay (1996)
Pizzicato Five: Happy End of the World (1997)
Primal Scream: Vanishing Point (1997)
Propellerheads: Decksanddrumsandrockandroll (1998)

Smells Like Teen Spirit
Von Klaus Walter

MC5: Kick Out the Jams (1969)
The Stooges: The Stooges (1969)
The Melvins: 8 Songs (1986)
Sonic Youth: EVOL (1986)
Mudhoney: Superfuzz Bigmuff (1988)
The Pixies: Surfer Rosa (1988)
Nirvana: Bleach (1989)
V. A.: Sub Pop Rock City (1989)
Soundgarden: Louder Than Love (1989)
Nirvana: Nevermind (1991)

Material Girls
Von Kerstin Grether

The Runaways: The Runaways (1976)
Salt 'n' Pepa: Hot, Cool and Vicious (1986)
Babes In Toyland: Fontanelle (1992)
Aretha Franklin: Respect and Other Hits (1993)
Liz Phair: Exile In Guyville (1993)
Luscious Jackson: In Search of Manny (1993)
Sleater Kinney: Dig Me Out (1997)
Catpower: Moonpigs (1998)
Lauryn Hill: The Miseducation of Lauryn Hill (1998)
Lassie Singers: Best of (1998)

Pop im Kinderzimmer
Von Thomas Lau

V. A.: Sesamstraße. Buch und Schallplatte. Einzig autorisierte
   Originalaufnahme (1973)
Eine kleine Zauberflöte. Kinderoper nach Wolfgang Amadeus
   Mozart (1979)
Nena: Komm lieber Mai ... Nena präsentiert deutsche
   Kinder- und Volkslieder (1990)

V. A.: The Best Christmas … Ever! (1993)
Die Ärzte: Das Beste von kurz nach früher bis jetze (1994)
Die Schlümpfe: Megaparty. Vol. 2 (1995)
Tocotronic: Digital ist besser (1995)
Spice Girls: Spiceworld (1997)
V. A.: The Best of Boypower (1997)
V. A.: BRAVO Hits (die jeweils aktuelle Ausgabe)

Drum 'n' Bass und die Folgen
Von Thomas Langhoff

4 Hero: Mr. Kirk's Nightmare (1991)
Nicolette: Now Is Early (1992)
Shy FX and UK Apache: Original Nuttah (1993)
Goldie: Timeless (1995)
A Guy Called Gerald: Black Secret Technology (1995)
Metalheadz: Platinum Breaks (1996)
No U-Turn: Torque (1997)
Reprazent featuring Roni Size: New Forms (1997)
V. A.: V-Classics (1997)
4 Hero: Two Pages (1998)

Koexistenz der Widersprüche

Daft Punk: Homework (1996)
Little Axe: Slow Fuse (1996)
Ben Harper: The Will to Live (1997)
Radiohead: OK Computer (1997)
Cornelius: Fantasma (1998)
Ib (Atom Heart): Pop Artificielle (1998)
Elliott Smith: either/or (1998)
Tortoise: TNT (1998)
Jeff Beck: Who Else! (1999)
Blumfeld: Old Nobody (1999)

Zu den Autorinnen und Autoren

Günter Amendt, geb. 1939, Dr. phil., Sozialwissenschaftler und Publizist. Lebt in Hamburg. Veröffentlichte 1970 *Sexfront*, ein Sexualaufklärungsbuch für Studenten und Schüler. *Das Sex Buch*, 1978 veröffentlicht und 1994 überarbeitet, wendet sich vor allem an berufstätige Jugendliche. Seit Ende der sechziger Jahre beschäftigt sich Amendt in verschiedenen Berufsrollen auch mit Drogen und dem sogenannten Drogenproblem, hat als Therapeut in der Hamburger Drogenklinik gearbeitet und mehrere Bücher zum Thema veröffentlicht. Bereits 1971 erschien *Sucht Profit Sucht. Zur politischen Ökonomie des Drogenhandels*, 1992 das Buch *Die Droge. Der Staat. Der Tod. Auf dem Weg in die Drogengesellschaft* und 1997 das Handbuch *Ecstasy & Co. Alles über Partydrogen* (gemeinsam mit Patrick Walder). Außerdem zwei Bücher über Bob Dylan (*Reunion Sundown. Bob Dylan in Europa*, 1985; *The Never Ending Tour*, 1991). Arbeitet für Zeitungen, das Radio und gelegentlich auch für das Fernsehen.

Rüdiger Bloemeke, geb. 1945. Studium der Sprach- und Literaturwissenschaften an der Universität Hamburg. 1969 Magister-Examen. Seit 1970 Journalist in Hamburg. Stellvertretender Chefredakteur einer Frauenzeitschrift. Autor von *Roll Over Beethoven. Wie der Rock 'n' Roll nach Deutschland kam* (1996) und von *John Fogerty und das Drama Creedence Clearwater Revival* (1999).

Heike Blümner, geb. 1970, lebt und arbeitet in Berlin u. a. als Journalistin und Dokumentarfilmerin. Sie schreibt für die *taz*, führte unter anderem Regie bei der Sendung »Lost in Music – HipHop Queens« und organisierte die Jugendfestspiele in der Berliner Volksbühne und der Kongreßhalle. Seit Anfang 1999 arbeitet sie im Team mit Lizzy Fichtl und Leigh Haas als »flora & fauna media«.

Kirsten Borchardt, geb. 1964, spielte mit vierzehn in einer Mädchenband und tauschte ein Jahr später ihre E-Gitarre gegen eine elektrische Schreibmaschine ein. Nach Übersetzerstudium und ersten Gehversuchen beim Privatfunk schreibt sie für Musikmagazine, Stadtzeitungen und Konsumblätter über Alternative Rock und Pop, übersetzt Rockbücher und ist immer noch vor allem Fan. Sie liebt perfekte Songs mit der richtigen Mischung aus Krach und Melodie und blasse britische Gitarristen mit schönen Händen.

Lars F. Brinkmann, geb. 1962, schrieb 1975 in der Schülerzeitung eine Streitschrift gegen den Bombast des Progressive Rock und für die Simplizität des Rock 'n' Roll. Bekam daraufhin von seiner Französischlehrerin ein Rock-Lexikon geschenkt, konvertierte 1978 zum Punk und verschwendete seine besten Jahre an die Musik. Schreibt seit 1987 für das Kölner Kulturmagazin *Spex* und andere marginale Selbstausbeutungsorgane. Lebt als Flexecutive in Hamburg-Eimsbüttel, korrumpiert sich in der Werbung und hat Reich-Ranicki fürs nächste Jahr den lang eingeforderten Gegenwartsroman versprochen.

Martin Büsser, geb. 1968, studierte vergleichende Literaturwissenschaft, Kunstgeschichte und Theaterwissenschaft in Mainz. Autor der Bücher *If the kids are united – von Punk zu Hardcore und zurück* (1995) und *Antipop* (1998). Herausgeber der Taschenbuchreihe »Testcard. Beiträge zur Popgeschichte«.

Kerstin Grether, geb. 1971, verehrte als Kind Vicky Leandros und AC/DC, gab, zusammen mit ihrer Schwester, von 1986 bis 1989 das heiter-besinnliche Indie-Rock-Pop-Fanzine *Straight* heraus und interviewte ihre Lieblingsbands. Schrieb dann einige Jahre für das Popkultur-Magazin *Spex* über Rockmusik, deutschsprachigen Pop, Mädchenbands, TV-Serien etc. Essay über Mädchen/Frauen, die in der Popkultur kreativ sind, sei es als Produzentinnen oder als Konsumentinnen, u. a. in *Lips. Tits. Hits. Power? Popkultur und Feminismus* (hrsg. von Anette Baldauf und Katharina Weingartner, 1998), *Kursbuch JugendKultur* (hrsg. von SPoKK, 1997), *dagegen dabei. Texte, Gespräche und Dokumente zu Strategien der Selbstorganisation seit 1969* (hrsg. von Hans-Christian Dany u. a., 1998). Schreibt Prosa und macht Musik. Lebt in Hamburg.

Thomas Groß, geb. 1958. Studium der Germanistik und Geschichte in Freiburg i. Br. Nebenher Stadtzeitungsjournalismus, Hausbesetzerbewegung, Bands. 1989 Promotion über Rolf Dieter Brinkmann. Seit 1991 Redakteur für Musik und Popkultur bei der Berliner *tageszeitung* und Autor in verschiedenen Kontexten.

Tom Holert, geb. 1962, Mitherausgeber von *Spex*, freier Autor, lebt und arbeitet in Köln. Buchveröffentlichungen: *Mainstream der Minderheiten, Pop in der Kontrollgesellschaft*, 1996 (Herausgeber, zusammen mit Mark Terkessidis); *Künstlerwissen. Studien zur Semantik künstlerischer Kompetenz im Frankreich des 18. und frühen 19. Jahrhunderts*, 1998.

Gerald Hündgen, geb. 1952, lebt in Köln. Gründer und langjähriger Mitarbeiter der Zeitschrift *Spex*, Herausgeber eines Buchs über afroamerikanische Musik (*Chasin' a Dream. Die Musik des schwarzen Amerika von Soul bis HipHop*, 1989); arbeitet hauptberuflich für eine Sozialmarketing-Agentur.

Peter Kemper, geb. 1950, Dr. phil., sammelte Mitte der Sechziger erste rockmusikalische Erfahrungen in einer Beat-Band, die u. a. als Vorgruppe von »Dave Dee, Dozy, Beaky, Mick and Tich« auftrat. Promotion mit einer Arbeit über die Sprachphilosophie G. W. F. Hegels. Seit 1981 musikjournalistische Arbeiten für die *Frankfurter Allgemeine Zeitung* und Veröffentlichungen zu Pop, Jazz und Alltagskultur in zahlreichen Zeitschriften und Sammelbänden. Übernahm 1986 die geisteswissenschaftliche Redaktion des »Abendstudios« im Hessischen Rundfunk, mittlerweile als Redakteur auch für das »Neue Funkkolleg« zuständig. Von ihm herausgegebene Bücher u. a. zur Postmoderne, zu Martin Heidegger, Hannah Arendt und Fragen der Erlebnisgesellschaft und Jugendkultur.

Jürgen Kuttner, geb. 1958, Studium der Kulturwissenschaft und Philosophie in Berlin, Dr. phil., lebt z. Zt. als freier Radio- und Theatermoderator in Berlin.

Thomas Langhoff, geb. 1963, studierte Publizistik, Volkswirtschaft und Filmwissenschaft in Berlin, Madrid und London. Während des Studiums arbeitete er für die *taz*, den SFB, den hr und Premiere. Er schrieb über Pierre Cardin und jüdische Flüchtlingskinder, über MTV und die Borussenfront. Volontariat in der Kulturredaktion des Hörfunks im hr; wechselte zum Fernsehen und machte Filme über Trendscouts, renitente Teenager und die Diktatur der Fit-for-Fun-Prediger. Seine erste musikalische Sozialisation erfuhr er in Dortmunder Partykellern mit den Doors, Jimi Hendrix und Led Zeppelin. Schließlich elektronifizierten Public Enemy und Afrika Bambaataa den *Planet Rock*. Favoriten der Jetztzeit sind Techno, Elektro und Drum 'n' Bass. Lebt als freier Fernseh- und Radioautor in Hamburg.

Thomas Lau, geb. 1954, promovierter Soziologe, selbständige Beratungstätigkeit als »Style Police« für Werbeagenturen und Medien, Autor des ersten umfassenden Werkes über Punk (*Die heiligen Narren – Punk 1976–1986*, 1992) sowie des ersten deutschsprachigen Aufsatzes über Techno (»Raving Society«, in: *Forschungsjournal NSB*, 2/1995), Mitherausgeber des Magazins *von vorne und von hinten*. Thomas Lau hat Kiss 1978 live in Düsseldorf gesehen, ist Fan vom FC St. Pauli, spielt gerne an der Playstation (»Tomb Raider«) und ist häufig als Zuschauer beim Damenhockey anzutreffen.

Erik Meyer, geb. 1968. Wissenschaftlicher Mitarbeiter am Institut für Politikwissenschaft der Universität Gießen und als Mitglied der AG »Sozialwissenschaftliche Politik-, Kultur- und Kommunikationsforschung« (SPoKK) Mitherausgeber des *Kursbuch JugendKultur* (1997). Autor der Dissertation *Die Techno-Szene – Ein jugendkulturelles Phänomen aus sozialwissenschaftlicher Perspektive* (1999).

Thomas Ramge, geb. 1971, Fernsehreporter beim Südwestrundfunk in Stuttgart. War nach seinem Volontariat beim SDR ein Jahr als redaktioneller Mitarbeiter beim jungen Feature von S2Kultur tätig. Autor zahlreicher Hörfunkbeiträge und -features zu Jugendthemen und Themen aus dem Bereich der Popkultur.

Jens Soentgen, geb. 1967, Dr. phil., studierte Chemie, Philosophie und Politik in Frankfurt am Main; Promotion (im Fach Philosophie) 1996 an der Technischen Hochschule Darmstadt; seitdem Gelegenheitsjobs.

Ulrich Sonnenschein, geb. 1961, Dr. phil., studierte Germanistik in Essen und promovierte über Arno Schmidt. Nach einem Jahr als Lektor an der Universität Limerick, Irland, entschloß er sich, den Wissenschaftsbetrieb zu verlassen und arbeitet seit 1989 als Autor, Moderator und Redakteur beim Hessischen Rundfunk, Frankfurt, in der Redaktion »Kultur Aktuell«. Neben seinen Schwerpunkten, Film und Literatur – besonders aus dem anglo-amerikanischen Raum –, beschäftigt er sich immer wieder mit Themen der Alltagskultur und der Popmusik. Schon während der Schulzeit in einem Internat nahe Hannover genoß er die laute Musik aus den Nebenzimmern und lernte noch vor dem Revival in den Neunzigern die großen Helden der sechziger Jahre kennen. Dann kam Punk, und alles wurde möglich. Heute steht die Gitarre zwar nur noch in der Ecke, doch Musik ist ihm deshalb nicht weniger wichtig.

Winfried Trenkler, geb. 1941, begann seine Karriere in den siebziger Jahren beim Westdeutschen Rundfunk, wo er die Sendungen »Pro Pop Music Shop«, »Rock In« und »Radiothek« moderierte. In den achtziger Jahren konzentrierte er sich dann auf elektronische Musik, die er in der Sendung »Schwingungen« präsentierte. Seit die Sendung im WDR eingestellt wurde, führt er sie bis heute als monatliches CD-Magazin weiter. Er lebt mit seiner Frau und seinen drei Kindern in Schweden.

Johannes Ullmaier, geb. 1968. Wissenschaftlicher Mitarbeiter am Deutschen Institut der Universität Mainz und Mitherausgeber der seit 1995 erscheinenden Zeitschrift *testcard*. Buchveröffentlichungen: *Pop shoot Pop. Über Historisierung und Kanonbildung in der Popmusik* (1995); *Yvan Golls Gedicht »Paris brennt«. Zur Bedeutung von Collage, Montage und Simultaneität als Gestaltungsformen der Avantgarde* (1995).

Andreas Vick, geb. 1959. Erste Helden: Huckleberry Finn, Graham Bonney und Percy Stuart, später Michael Holm, Vincent van Gogh,

Marc Bolan und David Bowie. Erstes Rock-Konzert: Slade 1973. Im Abiturjahr 1979 letztes Festival mit langen Haaren und Schlafsack: Knebworth Fair mit Led Zeppelin. Bis 1983 Studium der Kulturpädagogik in Hildesheim. Nach Zwischenstopps in London und Istanbul »permanent rotation« in Berlin. Studium der Literatur, Philosophie und Publizistik. Radio seit 1986. Artikel für *B. A. D.*, *Jazz Thing* und *TIP-Magazin*. Seit 1989 freier Autor, Moderator und Redakteur beim Sender Freies Berlin.

Klaus Walter, geb. 1955. Nach Abitur und Zivildienst Studium in Frankfurt am Main: Jura, Germanistik, Anglistik (ohne Abschluß). Seit Ende der Siebziger DJ in verschiedenen Clubs; Mitbegründer des Idiot Ballroom in der Batschkapp. Seit Mitte der Siebziger Veröffentlichungen in: *Pflasterstrand, taz, Wolkenkratzer, Spex, heaven sent, Frankfurter Rundschau, Konkret, Freitag, Superstar, Die Beute, Journal Frankfurt* u. v. a.; diverse Buchbeiträge. Von 1987 bis 1989 Redakteur der Zeitschrift *Pflasterstrand*, von 1989 bis 1997 Redakteur der Zeitschrift *Prinz*. Seit 1984 als Radio-DJ bei hr3: »Der Ball ist rund« wurde mehrfach von den Lesern der Fachzeitschrift *Spex* zur besten Radiosendung Deutschlands gewählt.

Namenregister

Michael Jacobs
All That Jazz

Die Geschichte einer Musik

332 Seiten. Mit 54 Fotos.
RBL 1684. € 9,90
ISBN 3-379-01684-5

Jazz ist mehr als nur eine Musikrichtung – Jazz ist Lebensart. Um Jazz zu spielen, sagt der Klarinettist Sidney Bechet, braucht man nicht einmal ein Instrument, es genügt, mit der Hand den Rhythmus zu schlagen. Es ist die Musik des Jahrhunderts, und sie erlebt stetig neue Revivals. Moderne Adaptionen erobern die Charts.

Der Jazzspezialist Michael Jacobs erzählt die Geschichte dieser Musik: vom Blues zum New-Orleans-Stil, vom Swing zum Bebop, vom Cool- zum Free-Jazz und zum Jazz heutiger Prägung. Stile und Spielweisen, berühmte Aufnahmen und Auftritte, die Lebensgeschichten der wichtigsten Musiker, Interviewausschnitte, Fotodokumente, Legenden und Episoden aus den berühmten Clubs lassen die Geschichte des Jazz lebendig werden.

»Keine Lektüre ausschließlich für Jazz-Fetischisten, sondern musikalische Allgemeinbildung für jeden, der was von Musik verstehen will!«
Intro/Musikmagazin

RECLAM
LEIPZIG

Die Kick-Kultur

Zur Konjunktur der Süchte

Herausgegeben von Peter Kemper und
Ulrich Sonnenschein
372 Seiten. RBL 20020. € 13,50
ISBN 3-379-20020-4

»Die Faszination dieses Buches steckt bereits in der Widersprüchlichkeit seines Titels, der Sucht und Süchte nicht als zwanghafte psychische und physische Abhängigkeiten darstellt, sondern als Phänome
des Zeitgeistes. Die einzelnen Beiträge sind informativ, facettenreich
und angenehm zu lesen.«
Psychologie heute

»Durchweg intelligente, prägnante Beiträge über alles, was irgendwie
Lust und süchtig machen kann. Ein veritables Stück praktizierter Kul-
turgeschichte für zwischendurch!«
Freitag

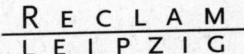
RECLAM
LEIPZIG

Heinrich Himmler und die Liebe zum Swing

Erinnerungen und Dokumente

Herausgegeben von Franz Ritter. Mit einer
Nachbemerkung von Guido Fackler.
284 Seiten. Mit 14 Abbildungen.
RBL 1493. € 22,00
ISBN 3-379-01493-1

»Der Nigger-Jazz ist von heute ab im Deutschen Rundfunk endgültig ausgeschaltet«, meldete der Völkische Beobachter im Oktober 1935. Doch das tat der Swingbegeisterung unter den Jugendlichen keinen Abbruch. Erfolgreich trat Teddy Stauffer mit seinen Original Teddies bis 1939 in Berlin und Hamburg auf, und die Swings bejubelten ihre Idole. Bald aber griff die Gestapo gegen die »anglophile Subkultur« energisch durch.

»Wer Verbote missachtete – dies belegen die Texte in erschütternder Eindringlichkeit –, wurde verhaftet, gefoltert und in Straflager gesteckt. Von unzähligen Schicksalen, Erlebnissen, und grausamen Misshandlungen, aber auch von Glücksmomenten erzählen die ehemaligen Swing-Jugendlichen. Die hier versammelten Dokumente autobiographischer Berichte sind Dokumente gegen das Vergessen und Dokumente über ein Stück deutscher Jazzentwicklung.«
Neue Zeitschrift für Musik

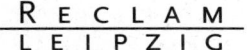

RECLAM
LEIPZIG